"十三五"江苏省高等学校重点教材

公益创业

Social
Entrepreneurship

Theory,
Case and Training

理论、案例与实训

彭　伟◎主编

ZHEJIANG UNIVERSITY PRESS
浙江大学出版社

图书在版编目(CIP)数据

公益创业：理论、案例与实训/彭伟主编.—杭州：
浙江大学出版社,2021.12
ISBN 978-7-308-20814-7

Ⅰ.①公… Ⅱ.①彭… Ⅲ.①慈善事业—高等学校—教材 Ⅳ.①C913.7

中国版本图书馆CIP数据核字(2020)第233873号

公益创业：理论、案例与实训

彭　伟　主编

责任编辑	王　波	
责任校对	吴昌雷	
封面设计	续设计	
出版发行	浙江大学出版社	
	（杭州市天目山路148号　邮政编码310007）	
	（网址：http://www.zjupress.com）	
排　版	杭州朝曦图文设计有限公司	
印　刷	广东虎彩云印刷有限公司绍兴分公司	
开　本	787mm×1092mm　1/16	
印　张	19	
字　数	404千	
版印次	2021年12月第1版　2021年12月第1次印刷	
书　号	ISBN 978-7-308-20814-7	
定　价	58.00元	

版权所有　翻印必究　印装差错　负责调换

浙江大学出版社市场运营中心联系方式：0571—88925591；http://zjdxcbs.tmall.com

前　言

习近平总书记在党的十九大报告中明确指出:"中国特色社会主义进入新时代,我国社会主要矛盾已经转化为人民日益增长的美好生活需要和不平衡不充分的发展之间的矛盾。"[①]作为一种在全球兴起的全新创业理念,公益创业推崇以商业化手段来解决社会问题,有助于弥补政府治理缺失和市场失灵,在解决生态环境破坏、食品安全隐患、弱势群体生存等诸多社会问题上发挥着重要的作用,日益成为我国创业活动的重要组成部分,也是推动我国民生改善、社会治理的一股重要力量。

党的十八大以来,我国高校高度重视创新创业教育,积极将创新创业教育融入人才培养体系,着力培养具有创新能力与创业精神的人才,取得了很好的进展。伴随着我国进入新时代,经济社会的高质量发展迫切需要培养更多富有社会责任感、家国情怀、创新能力和创业精神的人才。作为创业教育的继续与发展,公益创业教育是进行公益创业所需的意识、精神、知识、能力及其相应公益创业实践活动的教育,无疑是实现这一重要使命的一条可行路径。一个完整的公益创业教育组织体系应当包括教学、研究和实践体系。

国外著名高校如牛津大学、哈佛大学、斯坦福大学等早已成立公益创业研究中心,并为全校学生开设公益创业类课程,已构建了完善的公益创业教育体系。与国外相比,我国公益创业教育起步较晚,尚处于萌芽阶段。部分高校已经在探索开设"公益创业"课程,然而相应的公益创业教材建设却相对比较滞后,这在一定程度上阻碍了我国高校公益创业教育的广泛开展与深入推进。因此,我们探索编写一本将理论、案例、实训融为一体的公益创业教材,以期为推进我国高校公益创业教育贡献一份微薄的力量。

为了编写一部兼具理论高度、案例深度、实训厚度的公益创业教材,我们遵循国际化视野与本土化实践相结合、理论前沿与行动学习相结合这两个原则来展开内容编写。首先,考虑到公益创业研究领域的多样性与复杂性,我们基于国际化视野,全面梳理公

---

① 新华社. 习近平:决胜全面建成小康社会 夺取新时代中国特色社会主义伟大胜利——在中国共产党第十九次全国代表大会上的报告[EB/OL]. (2017-10-27)[2021-10-10]. http://www.gov.cn/zhuanti/2017-10/27/content_5234876.htm.

益创业研究的前沿成果，凸显理论高度：一方面，采用创业领域知名专家 Timmons 的创业要素模型，从创业者（创业团队）、创业机会、创业资源等方面来构建理论篇的编写框架；另一方面，大量查阅国内外创业领域重要期刊，如 *Entrepreneurship Theory and Practice*、*Journal of Business Venturing*、*Strategic Management Journal* 等上的相关研究成果，引用公益创业领域的经典论文，以便学生能深入理解公益创业活动背后的规律。其次，鉴于公益创业是一种实践性很强的活动，我们立足本土化实践，系统总结典型公益创业实践活动，凸显案例深度：一方面，选择那些立足中国本土国情、具有广泛社会影响力的经典公益创业案例作为典型个案；另一方面，选择那些符合学生情感特征、认知特点，与学生现实生活有一定交叉，有助于引起学生情感共鸣的公益创业实例作为典型个案，以便培养学生综合应用相关理论来分析公益创业实践活动的能力。最后，为了培养学生对公益创业活动的深度感知，我们坚持行动导向，构建递进式公益创业技能训练体系，凸显实训厚度：一方面，按照激发创业意识、提升创业能力、孵化创业项目的递进式逻辑链条来组织实训环节；另一方面，突出强调学生的行动学习导向，引导学生在课堂外的实习实践活动中培育公益创业思维，提高公益创业技能。

本书的框架设计、统稿工作由我本人完成，我指导的学生郑庆龄、赵栩、赵帅、沈仪扬、储青青、袁文文、鲍志琛、虞睿、孙步明、杜俊贤参与了文献梳理、案例初稿、资料收集等编写和校稿工作。由于时间紧迫以及能力所限，本书的部分内容仍有很多方面不尽如人意，疏漏之处在所难免。衷心希望广大读者能够给予批评和指正，及时反馈意见，以督促我们不断修改完善。

彭　伟

2021 年初冬

目　录

理　论　篇

案 例 篇

实 训 篇

理论篇

第1章　公益创业概述

[学习目标]

1. 掌握公益创业的概念,了解公益创业活动的类型。
2. 了解公益创业的特征,掌握公益创业的价值。
3. 理解公益创业的要素。
4. 了解公益创业过程的概念。
5. 掌握经典的公益创业过程模型。

1.1　公益创业的内涵

1.1.1　公益创业的概念

公益创业(social entrepreneurship)也译为"社会创新""社会创业"或"公益创新"。1994 年经济合作与发展组织(OECD)在一份报告中首次使用了公益企业的概念,其定义是:既利用市场资源又利用非市场资源以使低技术工人重返工作岗位的组织[1]。同一时期,一个致力于欧洲社会公平研究的项目组织(EMES)提出:公益创业是社会经济的转型,包括合作社之非营利化和社团之企业化。

随着时代的发展与社会的进步,公益创业的定义也在发生改变,各国学者从多种角度定义和阐述公益创业。一般认为,公益创业的概念有广义和狭义之分。从广义上讲,公益创业是指采用创新的方法解决社会主要问题,运用传统的商业手段创造社会价值。它既包括创办非营利组织或兼顾社会利益的营利组织,以及一些营利组织充分利用资源解决社会问题,也包括非营利组织支持个体去创立自己的小型公司或企业等。而狭义的公益创业主要是指非营利组织应用商业机制和市场竞争来营利或创办非营利组织。我们如今所谈的公益创业都是取的广义的理解。为了充分了解公益创业定义的多样性特征,表 1-1-1 中列举了一些比较权威的公益创业的定义。

表 1-1-1　公益创业的定义

来源	定　义
Leadbetter(1997)	公益创业是利用创业的行为为社会目标服务,这些目标并不以利润为目标,而是针对特定的弱势群体
Mort 等(2002)	公益创业是一个多维的概念,通过善良的创业行为达到社会使命的目的,具有识别社会价值和创造创业机会的能力,其关键决策特征是创新性、先动性和风险承担性
Shaw(2004)	公益创业是社区、志愿者、公共组织以及私人企业为整个社会工作,而不仅仅是为了经济利润
Choi(2004)	公益创业研究领域细分为五大方面:社会价值创造、社会创业者、社会创业组织、市场导向、社会创新
Mair 和 Marti(2006)	利用创新的方式整合资源实现社会价值目标的过程,通过探索和利用创业机会来促进社会变革和满足社会需求
Austin 等(2006)	公益创业是社会目标下的创新活动
Martin 和 Osberg (2007)	公益创业需要识别机会以创造社会价值,从而锻造一个新的稳定的社会平衡,帮助和减少弱势群体,建立一个稳定的系统以有更好、更均衡的社会
Zahra 等(2009)	公益创业通过一系列的活动和过程来发现、定义、利用机会来增加社会财富,可以通过创立新的实体,也可以在现有的组织中实行新的创新模式

资料来源:斯晓夫.社会创业理论与实践[M].北京:机械工业出版社,2019.

　　基于上述认识,我们认为公益创业可以定义为一种介于公益与营利之间的企业形态,是社会公益与市场经济有机结合的产物。从运作方式角度来看,它是一种创业企业,有明确的营利动机、风险意识、竞争取向、创新精神和不断扩大规模的资本积累冲动;从活动目的角度来看,公益创业的实质是利用创业行为为社会目标服务。这些服务不仅仅是以营利为目的,更是为了使社会更美好,朝着人们希望的方向发展。公益企业可以理解为企业的一种特殊形式,也可以理解为非营利组织的一种特殊形式。

1.1.2　公益创业的类型

　　公益创业着重于创造社会效益,但是并不意味着完全忽视经济效益。如今大多数公益组织介于纯慈善组织和纯商业组织之间,已经能够实现部分自给自足,不再全面依靠捐赠。Dees[2]提出了"公益企业光谱"的概念,从组织动机、运营方式、企业目标以及主要利害相关者的角度分析,认为公益企业是处于纯慈善、非营利组织与纯营利私人企业之间的一种连续体(见表 1-1-2)。

表 1-1-2　Dees 的公益企业光谱

		纯慈善性质	混合性质	纯商业性质
		\multicolumn{3}{c}{选择的连续体}
动机		诉诸善意	混合动机	诉诸自我利益
方式		愿景驱动	愿景与市场驱动	市场驱动
目标		创造社会价值	创造社会价值和经济价值	创造经济价值
主要利益相关者	受益人	免费获得	补助金方式、全额支付以及免费	按市场价格付款
	资本	捐款与补助	低于市场价格的资本或捐款与市场价格资本形成混合资本	市场价格资本
	劳动力	志愿者	低于市场行情的工作,或者同时有志愿者与全薪酬员工	按市场行情付薪
	供应商	捐赠物品	特殊折扣、物品捐赠以及全价供货	完全按市场行情收费

资料来源:Dees J G. Enterprising nonprofits[J]. Harvard Business Review,1998,76(1):54-67.

在 Dees 的基础上,Alter 绘制出一幅更为详细的可持续发展的光谱图示(见图 1-1-1)。这一概念说明了各种组织形式的融合与趋同:即传统非营利组织与传统营利企业在社会变革环境下,尽管初始的目标有所差异,但是为了实现可持续发展的战略,两种组织的形式最终还是向中间状态——"公益企业"或"公益责任型企业"靠拢[3]。

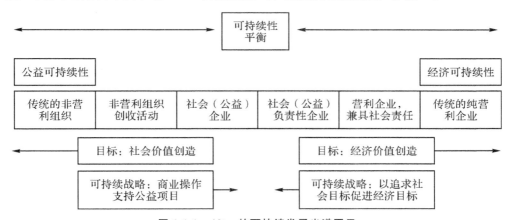

图 1-1-1　Alter 的可持续发展光谱图示

公益创业必须以满足社会需要为己任,服务社会利益,其涉及公益、商业、社会体制和文化等各个方面,因此涵盖面广,内涵较为复杂。目前可以根据实践主体把国内已有的公益创业大致为以下几个类型。

(1)媒体派。媒体是传播信息的媒介,其受众范围广、传播影响力大。公益企业依靠媒体传播能更好地激发企业活力,挖掘好的产品,努力扩大企业社会影响力,获得大众的认可和接受。如:CCTV-2 的《赢在中国》《爱心总动员》,上海东方卫视的《创智大赢家》。

(2)政府派。作为国家的统治和社会管理机关,政府与公益企业职责相近,如消除社会隐患、控制污染保护生态环境、减贫扶贫防贫等。由政府牵头举办公益创业项目可以获得充足的资金与人民的信任。如：团中央的"中国青年创业国际计划"，劳动社会保障部在全国失业人群中开展的再就业公益培训和公益创业培训。

（3）学院派。高层次知识水平的人才运用所学的知识和能力，解决社会存在的问题，实现自我价值。近年来在"大众创业，万众创新"等政策支持下，中国人民大学、清华大学、北京航空航天大学等高校开展了公益创业教育。

（4）民间派。此类主要是一些国外的基金会引进项目，如：光华基金会的"大学生创业接力计划"、新富平学校针对弱势人群和民间组织的能力建设培训、上海 NPI 公益组织的孵化器、北京的惠泽人等。

除了依据实践主体分类，国内学者汪忠还按照服务领域将公益创业分为创办兼顾社会利益的营利组织、创办兼顾社会利益的非营利组织、志愿公益活动和生态网络混合型四类（见表 1-1-3）。

表 1-1-3　公益企业的类型

类型	特点	实例
兼顾社会利益的营利组织	又称社会企业，公益创业的典型运作模式，旨在以商业化运作模式提供社会公共服务或解决某些公共社会问题，取得盈利用于组织的循环投资，扩大公共服务的受益面	深圳残友集团、四川省旭平兔业有限公司
兼顾社会利益的非营利组织	即非营利组织，不以营利为目的旨在为社会公众提供服务，具有组织性、民间性、非营利性、自治性、志愿性及公共性 6 个基本特征	瀛公益基金会、友成企业家扶贫基金会
志愿公益活动	主要有两类：1. 营利企业开展社会福利性质的商业活动，或基于提高企业形象承担社会责任而开展的社会活动；2. 在高校中各种协会社团开展的志愿服务活动	青年恒好公益创业行动、KAB 创业项目
生态网络混合型	政府、企业和高校以及科研院所等非营利组织合作，构建生态网络混合型公益创业生态系统	英国北安普敦大学教学研究和实践有机融合公益创业生态体系

资料来源：汪忠. 公益创业学[M]. 北京：机械工业出版社，2019.

1.1.3　公益创业的特征

在我国民政部的官方网站"中国社会组织网"上，对公益企业的特性给出了如下描述：公益企业不是纯粹的企业，亦不是一般的社会服务企业，公益企业通过商业手法运作，赚取利润用以贡献社会；它们所得盈余用于扶助弱势群体、促进区域发展及公益企业本身的投资。它们对社会价值的重视多于追求最大的企业盈利。其基本特征是：不以盈利最大化为目标，但又追求盈利。公益企业的目标是满足社会需求、创造就业机会、促进员工发展、建立社会资本、推动可持续发展等。在上述基础上，我们可以从市场、公益和文化三个不同的视角来分析公益创业具有哪些基本特征。

从市场的视角来看，公益创业具有创业企业的基本属性：经营性和创新性。Zahra

等[4]指出,识别创业机会是公益创业的关键维度。公益创业包括通过一系列的活动和过程来发现、定义、利用机会去实现社会财富。从这个方面来看,公益创业和商业创业没有差别。创新性是创业者必须具备的显著特征和运营方式,公益创业者必须用具有创新性和持续性的方式去使整个社会获益。现有社会福利系统的不完善是公益创业机会的重要来源之一,资源和情境的限制成为政府和公益创业者实现公益收益的障碍,这要求创业者能够创造出新的方式,改善和弥补现有的社会福利系统的不足。

从公益的视角来看,社会性是公益企业区别于商业企业的显著特征。公益创业以解决社会问题为导向,社会问题的存在是公益企业存在的前提和土壤。在传统的商业创业中也有诸如捐赠、采用环保材料等行为,但这些行为不直接面对社会问题。解决社会问题是公益创业者的使命和终极目的,公益创业是为了解决社会问题,这直接与公益创业的使命有关。公益创业主要受社会回报驱动,其追求的是社会影响最大化,用以动员更广泛的力量投入社会问题的解决。

从文化的视角来看,公益企业具有双重目标、双重价值两级属性。公益创业者富有创新精神,成为践行社会创新的实践者。公益创业通常不是作为营利事业开发和拓展起来的,而往往被作为一种有别于营利事业的价值理念和文化标识发展起来。其表达出的社会关怀、公益意识及精神追求成为创业者市场运作和经营模式的理念。将公益和市场有机结合起来,用市场手段实现公益的目的,往往能成为曲高和寡的精致之作,为一般的市场竞争者所难以企及。

综合上述三个不同的视角可以发现,公益创业是一项涉及创业学习、社会创新、非营利组织管理等众多领域和部门的研究活动,它要求公益创业者不仅要承载资本人格化的使命、公益人格化的负重,更要成为社会创新的先驱,在引领市场的同时引领公益,在引领市场和公益的同时引领创新。

1.1.4 公益创业的价值

(1)公益创业有助于孕育公民素质

在弘扬社会公益过程中,集体观念和创新意识通过积淀成为人们的心理结构,内化为人们的思维方式,潜移默化地调节着人们的行为。公益创业实践的示范效应让民众看到来自底层的自下而上的驱动力和变革力,看到创新的解决方案对于社会问题的正面冲击,认识到一些社会变迁不一定是自上而下的实施,也可以是从个人开始、从细微开始、从下而上的开始。其精神渗入公益成员的日常生活习惯中。这种理性的创新精神是社会发展和文化孕育的精神资源和动力。

(2)公益创业有助于经济快速发展

公益创业与商业创业不是相对立的,公益创业在解决社会问题和促进社会变革的同时,一个很重要的功能就是刺激经济发展。在公益创业最为发达的英国有一个统计数据：英国 5.5 万个公益企业每年营业额达 270 亿英镑，对 GDP 产生了 84 亿英镑的贡献，大约占英国 GDP 的 1%。目前这一数字正呈上升的趋势。由于公益创业具有社会性的特征，它在推动经济发展上不符合边际报酬递减的经济规律，因此公益企业创造的经济价值的边际效用比商业创业要高。这在一定程度上推动了社会经济的发展，具有更强的可持续性，在促进社会及经济发展中发挥着越来越重要的作用。公益创业在推动经济发展的同时，能为社会创造现实的就业机会，增加有价值的产出。大多数参与人员在公益创业过程中获得了更多的技能，变得更加独立自主。

(3)公益创业有助于构建和谐社会

公益创业的重要意义之一是推动构建和谐社会。和谐社会建设涉及很多因素，但最终的因素还是以人为本。对公益创业与和谐社会的研究发现，社会不和谐的根源在于许多社会问题，如环境污染问题、弱势群体问题、就业问题、人口老龄化问题、食品安全问题等。这些问题无一例外地需要寻求新的方法和途径来有效解决。而公益创业能很好地解决商业和公益、经济利益和社会价值之间的关系，这正是构建和谐社会所需要的创业与创新范式。例如，构建更多创业机会，可以引领边缘的贫困人群走向工作岗位[5]。公益福利机制的形成与完善可以使公益创业通过动员社会资本以解决社会问题，是形成自主性福利模式的有效途径。自主性福利模式鼓励服务对象主动对自己的生活服务，而不是把福利当作一种权益。如果公益创业在公共服务领域能得到大量的民间力量参与和政府在政策上的支持，形成政府与各级民间组织之间的互动和合作，那么个人和组织将作为一种重要的力量有效弥补政府公共服务供给的不足，提升全社会的公共服务水平。这对于建设和谐社会具有重大的价值和作用。

1.2 公益创业要素

1.2.1 Timmons 模型

Timmons 于 1999 年在他名为《新企业的创建》的书中提出了一个创业管理模型[6]，如图 1-2-1 所示。他认为，成功的创业活动必须对机会、创业团队和资源三者进行适当的匹配，并且还要随着事业的发展而不断进行动态平衡。创业过程由机会启动，在创业团队建立后就应该设法获得创业所必需的资源，这样才能顺利实施创业计划。在创业前期，机会的发掘与选择最为关键；创业初期的重点则在于组建创业团队；当新事业启动以后，资源的需求逐步增加，这三者保持着柔性和动态平衡。随着创业活动在时空上的变迁，机会、团队和资源这三个因素会由于相对重要性发生变化而出现失衡现象，而良好的创业管理者必须能够根据创业活动重心的变化及时做出调整，以保证创业过程重新恢复平衡。

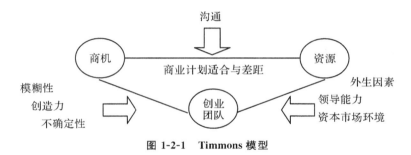

图 1-2-1　Timmons 模型

机会、资源和创业团队是创业过程模型中最重要的驱动因素。商业机会是创业过程的核心要素,创业的核心是发现和开发机会,并利用机会实施创业。因此,识别与评估机会是创业过程的起点,也是创业过程中的一个关键阶段。资源是创业过程不可或缺的支撑要素,为了合理利用和控制资源,创业者往往要制定精巧、谨慎的创业战略,这种战略对创业具有极其重要的意义。而创业团队则是实现创业这个目标的关键组成要素。创业者或创业团队必须具备善于学习、从容应对逆境的品质,具有高超的创造、领导和沟通能力,更重要的是具有柔性和韧性,才能够应对市场环境的变化。

如何把上述的三个核心要素有机地组合在一起,在 Timmons 模型中,商机、资源和创业团队这三个创业核心要素构成一个倒立三角形,创业团队位于这个倒立三角形的底部。在创业初始阶段,商业机会支配性高而资源较为稀缺时,三角形便会向左边倾斜;随着新创企业的发展,可支配的资源不断增多,而商业机会则可能会变得相对有限,从而导致另一种不平衡。创业者必须不断寻求更大的商业机会,并合理使用和整合资源,以保证企业平衡发展。机会、资源和创业团队三者必须不断动态调整,最终实现动态均衡。

1.2.2　公益创业要素

(1)公益创业机会

公益创业为社会提供公共产品,引领社会价值增加,促进社会进步。创业的核心是创业机会这一观点已经得到全球诸多学者的认同。[7-9]公益创业机会源于市场失灵或政府失灵,并由具有共担责任的独立创业者、创业团队或公司机构进行创业机会的开发。公益创业者通过新的手段、新的目标或新的手段—目标关系,来达到引入新产品、新服务、新原材料、新组织方式的境况,以弥补现有公共产品或服务的不足,或者以其他方式创造公益价值,从而形成公益创业的机会。

(2)公益创业资源

资源稀缺一直是创业实践与研究共同面临的问题,公益创业遵循利用商业化手段创造公益价值的原则,但目的、关系逻辑与商业创业截然相反。企业可以面向社会公众开展公开募捐活动或接受特定对象的捐赠资金及其增值以从事公益事业。然而,按照资本逐利的逻辑,追求经济收益最大化的商业创业活动尚且面临着资源稀缺的难点,以公益价值最大化为使命的公益创业如何应对资源稀缺呢?善于整合资源的社会创业者为了实现解决某个社会问题的目标,必须做事果断且不为现有资源所限。正如香港社会创业论坛主席谢家驹所说:"一个社会创业者善于千方百计地挖掘资源,懂得很多资源可以从社会上调动过来使用,包括借用、共享、人家无偿提供、以物换物(如以产品代替租金),特别是专业知识,可以找这方面的义工义务协助,这便大大减少了对资金的需求。愈有创意的社会创业家,愈能发挥'No Money,No Problem'的效应。"

(3)公益创业团队

创业有风险,对公益创业来说其所面临的风险更为严峻。公益创业是一种具有公益性的创业形式,从项目启动到投入是一个十分漫长的过程,相较于商业创业其所需的资金和人力资源都是比较稀缺的。创业团队的价值观和目标一致性有助于增强社会创业的成功性,其人口统计学特征、个性能力等方面的一致性,也有助于增强社会创业的成功率。首先,在项目的选择上,创业团队能够集思广益,提供有价值的创新点,避免个人的狭隘主义,从而降低公益企业不合适的风险;其次,创业团队成员具有不同的技术和专业背景,在创业过程中能够很好地实现所需技能的互补,降低了公益创业技能缺乏的风险;最后,创业团队中人际网络更广,所包含的社会资源更丰富,降低了缺乏社会资源的风险。

1.3 公益创业过程

1.3.1 创业过程的概念

创业过程是一个极其复杂的过程,对于什么是创业过程,学者们从不同的角度给出了不同的界定。早期的研究主要从活动角度描述创业过程,常把创业过程与组织这一要素紧密相连,如 Gartner[10]认为创业过程是新组织的创建过程;Katz 和 Gartner[11]认为创业过程包括商业计划成为现实企业组织过程中的所有事件,并对组织的创建过程做了细致的分析,提出了组织创建的四个必要条件,分别是为了创建组织而收集的信息、进入壁垒、必要的财务资源以及与外部供应商和消费者的联系。

此外,也有学者探讨了创业过程的内容及特征,比如 Timmons[6]认为创业是一种思考、推理和行为过程;Bhave[12]认为创业过程是一个理性的、非线性的、反复修正的实际过程,包括了最初的机会识别、产品生产线的建设、组织的创建、市场上的交易以及顾客的反馈等;Vesper[13]认为创业过程是技术知识、产品和服务创意、人际关系、实体资源和顾客订单这五大关键要素的集合体。唐靖和姜彦福[14]通过整合机会观和资源观,认为创业过程包括从最初的构思到最后形成一个新的经济组织,创业者通过一系列的决策使得创业机会和创业资源得到满意的利用。

总的来说,创业过程表现为创业者主导下的高度综合的复杂管理活动,它包括了创业者从产生创业想法到创建新企业或开创新事业并获取回报,涉及识别机会、组建团队、寻求融资等一系列活动。

1.3.2 创业过程模型

在以往对创业过程的研究中,学者主要集中研究的核心要素包括创业者或者创业团队、资源、机会、环境等。基于此,学者们构建了一系列创业模型试图来说明各要素之间的关系以及创业的过程[15],具体如表 1-3-1 所示。

表 1-3-1　创业过程模型的分类

划分依据	划分类型	常见的模型
按照理论划分	简单的线性模型	Galbraith 模型
	复杂的线性模型	Churchill-Lewis 模型
	动态调整模型	Timmons 模型
按照要素划分	要素均衡模型	Timmons 模型;Gartner 模型;Sahlman 模型
	要素主导模型	Wickham 模型;Christian-Julien 模型;Zahra-George 模型
按特征划分	基于特质批判论	Gartner 模型
	多要素创业模型	Wickham 模型;Sahlman 模型;Timmons 模型
	以机会为主线	Shane-Venkataraman 模型
按照过程特点划分	侧重复杂性	Gartner 模型;William 模型
	侧重动态性	Holt 模型;Olive 模型
	动态性与复杂性相融合	Timmons 模型;Christian 模型

按照要素来进行划分可以将创业模型划分为要素均衡模型和要素主导模型两类。要素均衡模型指的是模型中的各个要素相互协调、均衡发展并发挥作用,主要包括了 Timmons、Gartner 等学者所构建的创业模型。而要素主导模型中的各个要素不再是协调均衡的关系,而是以某一要素为主导来协调其他要素之间的关系,即一种主要因素的存在影响另一些因素的存在及相互作用,最终影响创业结果。Wickham、Christian 和 Julien 等学者所构建的创业模型就属于这一类。

（1）Gartner 模型

Gartner 于 1985 年提出了一个描述新企业创建过程的概念框架,构建了颇具特点的创业模型,如图 1-3-1 所示。在该模型中,他明晰了新创企业在创立过程中的四个维度:创办新企业的个人、所创办的组织、新企业面对的环境和创办新企业的过程。在创业者这个维度上考察的变量包括成就感、冒险性以及先前经验等特质。组织维度主要包括内部机构和战略选择等变量,环境维度包括的变量有供应商、技术、大学等,创业过程这个维度则主要有识别商业机会、获取资源、建立组织以及对社会和政府做出回应等。Gartner 认为任何企业的创办都有这四个要素的相互作用。

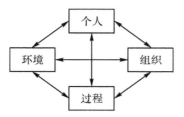

图 1-3-1　Gartner 创业过程模型

与早期创业研究(主要探讨创业者与非创业者的区别)有所不同,Gartner 认为,创业研究的目标不是厘清这些差异,也不是将不同的个体放在一起提炼出创业者的典型特质,而是识别出新企业被创办过程中的特殊变量。创立新企业是多维的复杂现象,每一个构面只能描述这些现象的一个方面,它们不能被孤立起来。创业者与非创业者固然不同,他们所采取的行动和行动的环境也存在着差异,但只有所有这些要素交织在一起,才能形成创立新企业的完整研究画面。

Gartner 模型突破了尝试识别创业者特殊人格特质研究的局限,率先从创业过程的复杂性来解释创业过程,比较全面地概括了创业过程的构成要素,为后续的创业过程理论模型提供了雏形。该模型的不足之处在于,只对一系列的构成要素进行集合,模型显得非常复杂,未能清晰阐述各要素之间的相互作用关系。此外,该模型缺乏针对性,如果将"个人"理解为企业管理者,将"创立过程"理解为管理过程,那么该模型对描述一般企业管理活动也有效。

(2)Sahlman 模型

Sahlman 在《关于商业计划——创业风险事业的若干思考》一书中提出了一个新的创业模型,如图 1-3-2 所示。Sahlman[16]认为,在创业过程中为了更好地开发商业机会和创建新企业,创业者必须把握人(people)、机会(opportunity)、外部环境(external context)和其自身的交易行为(deal)四个关键要素。这里的"人"指为创业提供服务或者资源的人,包括经理、雇员、律师、会计师、资金提供者、零件供应商以及与新创企业直接或间接相关的其他人;"机会"指任何需要投入资源的活动,不但包括亟待开发的技术、市场,还包括创业过程中所有需要创业者投入资源的事务;"外部环境"指无法通过管理来直接控制的因素,如资本市场利率水平、相关的政策法规、宏观经济形势以及行业内的进入威胁等;"创业者的交易行为"指创业者与资源供应者之间的直接或间接关系。

在 Sahlman 模型中,创业过程是四个关键要素相互协调、相互促进的过程。该创业模型十分强调环境的重要性,认为其他三个创业因素都受到环境的影响,并且反过来也会影响环境。考虑交易行为因素也是这个模型的一个重要特点。如前所述,"交易行

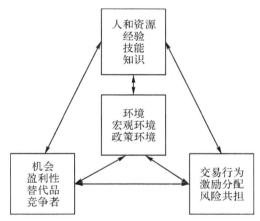

图 1-3-2　Sahlman 创业过程模型

为"指创业者与资源供应者之间的直接或间接关系,即与利益相关者之间的关系。所以说,Sahlman 的创业模型明确指出了社会网络对创业的重要性。Sahlman 模型的核心思想就是要素之间的协调性,也就是人、机会、交易行为与外部环境必须相互协调,才能共同促进创业成功。同时,该模型扩大了创业要素的外延,更具有实践指导意义,为创业过程研究开辟了新的视野。

(3)Wickham 模型

如图 1-3-3 所示,Wickham 在其构建的创业模型中把创业者视为调节机会、资源、组织等创业要素关系间的核心要素,创业者处于创业活动的中心地位。创业者在识别和确认创业机会以后,通过管理和整合资源、组织和带领创业团队来实施创业活动。该模型揭示了资源、机会和组织三要素之间的相互关系。资本、人力和技术等资源应该用来开发和利用机会;通过整合资源来创建组织,包括组织的资本结构、组织结构、程序和制度以及组织文化等;组织的资产、结构、程序和文化等应该构成一个有机的整体,以适应要开发的机会,为此,组织必须根据机会的变化不断调整。

Wickham 模型把创业型组织看作学习型组织,也就是说,组织不仅需要通过不断学习来对机会和挑战做出及时的反应,还应该根据现实反应的结构来调整和修正未来的反应,即组织的资产、结构、程序和文化等随着组织的发展而不断完善,组织在不断的成功与失败中得到学习与锻炼,从而获得更大的成功并且发展壮大。

Wickham 模型的特点主要在于:把创业者作为调节其他创业要素之间关系的中枢,承担着确认机会、管理资源和带领团队实施创业活动的职能。在这个过程中,组织不断学习,而创业者根据机会来动员所需的资源,领导组织适应机会的变化,最终取得创业成功。

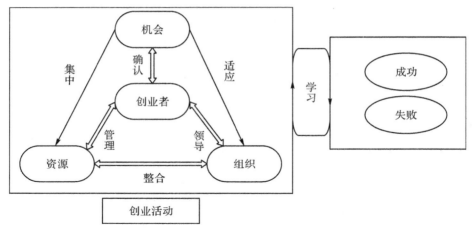

图 1-3-3　Wickham 模型

（4）Christian 模型

Christian[17]综合了众多研究者的研究结果，提出了四个创业要素：个人、所创办的组织、环境和过程。他认为创业管理应该聚焦于创业者与新事业之间的互动，并以此为核心来开展创业活动。在该模型（如图 1-3-4 所示）中，创业者与新事业是两个主要的元素，双向箭头表示两者之间存在着相互作用的关系，共同形成一个不可分割的系统。这个系统具备学习和创造的能力，同时也具有内在的目标。

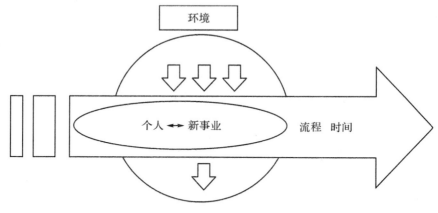

图 1-3-4　Christian 模型

该模型认为，在个人与新事业的互动下，随着时间的变迁，创业企业根据一定的过程演进与发展。在企业发展的整个过程中，外部环境不断对企业产生影响，使创业者个人与新事业之间的关系不断复杂化。因此，创业流程管理也会日趋复杂，并在一定程度上成为创业者—新事业、时间和环境的函数。

Christian 模型与 Timmons 模型一样，非常重视创业者的作用，把创业者视为创业活动的灵魂和推手，强调发展创业者的创业才能是创业管理工作的一大重点。虽然有人认为创业者敢于冒险、勇于开拓的个性属于先天的人格特质，后天很难培养，但 Christian

模型所强调的"创业者随环境变迁而动态调整创业模式的能力",与人格特质没有很大的关系,这说明创业者的能力确实可以通过系统的创业管理教育和创业实践来培养。同时,这两个模型都强调外部环境的重要性,强调创业者在创业过程中经由协调创业机会与资源的平衡关系或创业者与新企业互动的创业过程管理来实现新企业与外部环境的妥协[18]。

要素均衡模型和要素主导模型都揭示了影响创业过程的最重要因素,因此无论是对创业实践者还是对研究人员都具有重要的指导意义。但是,在应用范围上,两者存在明显的差异[19]。要素均衡模型强调各创业要素之间的协调均衡发展关系,基本上选择了目前创业研究者认为的最重要的要素,而所谓的均衡只是一种短期、动态的均衡关系。创业者或者创业团队的主要工作就是不断了解各种要素的配置情况,并通过各种渠道获取创业必要的资源,从而开发商业机会以动态维持要素之间的均衡。因此,在各种创业要素之间并不存在长期的均衡关系。要素主导模型则反映一种要素的主导作用及其与其他要素的相互影响关系。其实,这种关系常常是一种相对长期的稳定的均衡关系。将各模型从创业的三要素资源、机会和环境的角度来进行一个对比,如表 1-3-2 所示。

表 1-3-2　创业模型的资源、机会和环境三维度比较

创业模型维度	资源	机会	环境	综合比较
Timmons 模型	资源的整合源于团队的形成和团队对机会的把握。由团队来实现机会和资源之间的互动	创业源于对机会的识别,机会是创业过程的关键因素	强调环境的不确定性,以及资本市场环境对领导力的影响,环境不确定性是模型动态变化的前提	强调弹性与动态平衡;认为创业活动因时空而变,机会、团队和资源三要素会因其相对重要性变化而出现失衡现象。三要素随时空变化和动态平衡是这个模型的核心
Gartner 模型	人力资源是创业的主要资源,创业者通过整合内外部环境资源来实现创业	无	环境主要是指商务环境,而并非环境特性	模型中的四个因素相互影响,构成网状结构,用以解释基本创业过程;创业者在创业过程中必须对这四个因素进行协调
Sahlman 模型	区分人力资本和其他资源,探讨资源与机会和交易行为之间的互动关系	从产品盈利性、替代品和竞争对手三方面来阐释机会的内涵,根据市场机会整合资源,决定实施何种交易行为	强调环境的核心作用,其他三要素均以环境为核心相互进行调节,同时对环境产生反作用	强调要素间的适应性和匹配性,并扩展要素的外延,从组织行为学的角度研究创业活动

续　表

创业模型维度	资源	机会	环境	综合比较
Wickham 模型	资源是核心三角中的一角，源于对机会的识别和把握，创业者通过管理资源、领导组织来实施创业	与 Timmons 模型一样，强调机会的关键作用。机会既能够集中资源，又能够协调组织，是创业的直接诱因	强调组织适应环境和不断学习的重要性；应该不断从环境中获得和吸收知识，并善加利用	以创业者为核心，带领团队发现机会、组织资源，同时为适应外部环境而不断学习；动态学习过程是决定创业能否成功的关键
Christian 模型	无	无	强调环境随时间而变化，环境影响整个创业过程	强调个人能力随环境的变化和创业过程的演进而不断动态调整；新企业的创建是创业者创业能力动态变化的结果

资料来源：董保宝，葛宝山. 经典创业模型回顾与比较[J]. 外国经济与管理，2008，30(3)：19-28.

1.3.3　公益创业过程模型

公益创业是一种不受当前资源稀缺约束、永不疲倦地追求新的机会以创造社会价值的活动。由于公益创业在运用商业理念和手段创造社会价值方面取得了很大成功，因此公益创业作为一种全新的观念和方法，引起了实践者、政策制定者、媒体和学者的普遍注意[20－22]。在公益创业理念不断深入人心的背景下，了解公益创业的发生机理，以及公益创业者成功实施公益创业活动的方式，显得尤为重要。目前，关于公益创业动力机制和操作方式的研究还很少，现有的一些研究基本上都是描述性的，缺乏实证和理论研究[23]。

本节主要介绍 Mair 和 Noboa 的公益创业意向形成过程模型、Guclu 等的公益创业机会发展两阶段模型、Robinson 的基于机会识别和评估的公益创业过程模型、Dees 等的公益创业三阶段过程模型、Sharir 和 Lerner 的公益创业过程影响因素模型、焦豪等的公益创业过程整合模型。由于公益创业机会的特殊性、公益创业者的独特个性以及他们追求结果的社会价值与经济利益双重属性，因此，公益创业过程是一个值得研究的特殊领域[24]。

(1)公益创业意向形成过程模型

Mair 和 Noboa 认为，公益创业是公益创业者实施社会创业活动和创办公益事业的一系列流程。也就是说，公益创业是通过创造性地整合和利用资源来开发创业机会以持续创造社会福利的社会实践活动[23]。由于行为意向是预示行为特别是有目的性和计划性的行为发生的有效指标[24]，因此 Mair 和 Noboa 从创业意向形成的视角深入探索了公益创业的一般流程(参见图 1-3-5)。

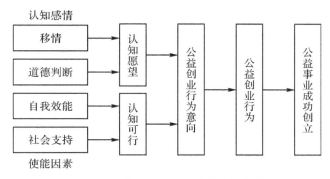

图 1-3-5　公益创业意向形成过程模型

Mair 和 Noboa 的公益创业意向形成过程模型剥离了其他情境变量因素的影响,专门选取个人变量因素来探讨公益创业意向的形成机理。在这个模型中,个体公益创业意向要受到自身认知的创业愿望和可行性的影响。创业愿望认知受其感情和认知态度因素的影响,创业可行性则受制于自我效能和社会支持等使能因素。政府和决策者可以通过剖析个体的公益创业意向形成过程,针对各个影响因素有的放矢地采取措施,以鼓励公益创业行为,推动公益创业事业的发展,从而增进社会价值与人类福祉。这是第一个揭示公益创业意向形成过程的模型,为推进公益创业过程研究奠定了基础。

(2)公益创业机会发展两阶段模型

创意的产生不仅需要创造性,还需要认真的观察和严谨的推理[26]。Guclu、Dees 和 Anderson[27]认为,机会的创造和开发不仅需要灵感、洞察力和想象力,而且还需要严谨的逻辑分析与客观研究。据此,他们构建了一个基于机会识别、创造和开发的公益创业机会发展两阶段模型(参见图 1-3-6)。在这个模型中,公益创业的机会创造过程分为两个步骤:一是公益创业者形成有成功希望的创意(promising ideas);二是公益创业者将有成功希望的创意发展成为有吸引力的机会(attractive opportunities)。

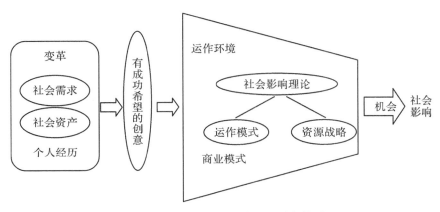

图 1-3-6　公益创业机会发展两阶段模型

公益创业者根据个人经历、社会需求、社会资产和变革等因素产生有成功希望的创意。个人经历常常是激发创意的基础条件，但由于个人经历通常各不相同，因此创意的产生也因人而异；社会的期待与现实情况之间往往存在差距，这种差距会激发社会需求，及时响应社会需求则是产生公益创业创意的社会基础；公益创业创意的形成还需要一定的资源支撑，公益创业者拥有一定的社会资产，会有助于创意的深入发展；变革可以创造新的社会需求，从而有利于公益创业者产生新的创意。只有当公益创业者采取机会导向型思维方式，并积极寻求能产生重要社会影响的创业机会时，个人经历、社会需求、社会资产和变革这四个因素才有可能激发有成功希望的创意。

在公益创业机会发展两阶段模型中，机会发展的分析框架包括了运作环境、商业模式、资源战略、运作模式等内容要素。社会影响理论是形成商业模式的理论基础，并决定商业模式的社会价值和社会影响力。将有成功希望的创意发展成为有吸引力的机会是公益创业成功的关键环节。在经济、政治和文化等环境因素的影响下，公益创业者选择合适的资源战略和运作模式，实现公益创业的终极目的。这个模型给我们的启示是：在决定一个有成功希望的创意是否能够发展并转化成机会时，社会创业者必须根据特定的环境来开发可行的商业模式和制定适当的资源战略，否则就很难把握住创业机会，当然就难以产生积极的社会影响。

(3)基于机会识别和评估的公益创业过程模型

正确地识别和评估创业机会是公益创业的起点和关键的成功因素之一。Robinson[28]运用商业计划分析和深度案例研究等多种研究方法，从认知和战略维度对基于机会识别和评估的公益创业过程模型进行了深入研究，为后续研究提供了研究框架。

在基于机会识别和评估的公益创业过程模型(参见图1-3-7)中，公益创业被认为是一个逐步发现机会并排除障碍的过程。在这个过程中，公益创业者通过不断的探索来克服通常由市场和社会因素造成的进入壁垒，最终运用公益创业战略来解决社会问题。Robinson认为，公益创业的机会存在于现实之中，但并不是每个人都能感知的。究其原因，主要是公益创业的机会是嵌入在特定的社会结构中的，而社会结构要受到各种正式和非正式的社会制度因素(如经济、社会关系、规则、制度和文化等)的影响。不同的社会成员由于嵌入在不同的社会结构中，因此会产生不同的进入壁垒感知和创业机会感知。现实中，公益创业的机会往往只被少数人所感知和发现。Robinson的研究告诉我们：公益创业者能否发现机会，取决于他们的个人经验和工作经历，以及拟进入的市场和社区的特征。成功的公益创业者总是从他们最熟悉的环境中识别和发现创业机会；在评估社会创业机会时，必然会考虑社会制度因素；在探索与开发新的创业机会时必须认真考虑满足与特定社会制度因素相适应的市场需求。

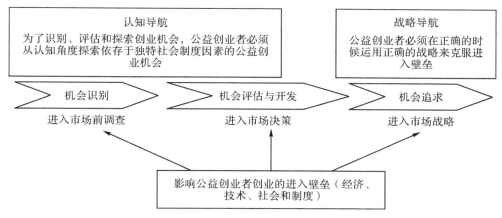

图 1-3-7　基于机会识别和评估的公益创业过程模型

(4)公益创业三阶段过程模型

Dees、Emerson 和 Economy[29]认为,公益创业是一个包括过渡、变革和稳定的三阶段过程。在过渡阶段,主要是创立创业团队,形成创业组织雏形,而创业团队主要由来自营利性组织和非营利性组织的个体组成;在变革阶段,主要是通过协商和沟通来建立制度,旨在平衡和支持组织的正常运转;在稳定阶段,主要是通过实际运作来提升解决社会问题的内在能力,进而解决社会问题和应对组织的外部挑战(参见图 1-3-8)。公益创业三阶段过程模型比较系统地归纳了公益创业的一般过程,界定了不同阶段的特征,明确了公益创业者在公益创业不同阶段的角色和任务,但没有对公益创业者如何在三个阶段之间进行角色转换提出建设性指导建议。

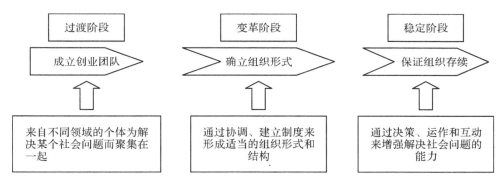

图 1-3-8　公益创业三阶段过程模型

上述公益创业过程模型都表明,公益创业是一个复杂的多阶段演进过程。这些模型可用来指导识别和解决公益创业过程中不同阶段出现的特定问题。现有研究从不同视角对公益创业的过程问题进行了研究,但目前研究成果还比较零散,彼此之间缺乏关联性,有些研究结论并不一致,这在一定程度上影响了相关研究成果的一般适用性。

(5)公益创业过程影响因素模型

在文献研究和实地调研的基础上，Sharir 和 Lerner 开发了一个公益创业过程影响因素模型[30]。该模型认为，新创社会企业一般要经历机会识别、发现、探索与开发等阶段，公益创业者个人、组织、环境和流程等方面的因素都会影响创业过程。其中，个人因素包括公益创业者的经验和经历、献身精神和创业初期能从家庭和朋友方面获得的支持等；组织因素包括组织在创立阶段的资本和员工情况、高层管理人员的绩效水平等；环境层面因素包括公众对公益创业的认知度、政府机构、基金会和其他非营利组织对公益创业的支持力度等；而流程因素则包括社会事业的社会网络稳定性和可拓展性、与其他组织的长期合作关系等。Sharir 和 Lerner 根据一项关于以色列 33 个社会事业的探索性研究，归纳出了影响公益创业的 8 个因素。它们分别是公益创业者的社会网络、献身精神、管理经验、创业组织初期的资本积累基础、公众接受创业理念的程度、创业团队构成、创业组织与公共部门和非营利组织之间的长期合作关系、创业组织的服务能力。其中，公益创业者的献身精神和社会网络是决定社会创业能否成功的最关键因素。

(6)公益创业过程整合模型

我国的公益创业活动仍处于起步阶段，"微笑图书室""多背一公斤"和"捐献时间"等公益创业项目已经引起了社会的关注。但国内的公益创业研究还比较薄弱，相对滞后于我国的公益创业实践。因此，在借鉴国外相关研究成果的基础上，结合公益创业活动的实践经验，我国学者焦豪等提出了公益创业过程整合模型[31]。

公益创业过程整合模型（参见图 1-3-9）包括公益创业过程的影响因素、过程阶段和过程监控三个相互关联的组成部分。公益创业过程是一个受多因素影响的复杂过程。影响公益创业过程的因素大致可归纳为个人、组织、流程和环境等四个层面的因素，这四个层面的因素会对创业过程的不同阶段产生不同层次的影响；其创业过程可根据先后顺序依次分为形成创业意向、发展创业机会、评估创业机会和实施创业机会四个不同的阶段，在每个阶段，公益创业者都必须根据环境和社会事业所处发展阶段的特点来完成相应的具体任务，最终实现创造社会价值、造福于社会的目的；在公益创业的评估反馈与过程监控方面，随着创业机会的创造、发展、评估与实施，公益创业者应该在不同阶段充当不同的角色。因此，公益创业者和创业团队成员必须具备不同的能力，也就是说，创业团队的能力要素应该因不同创业阶段而异，否则能力刚性会阻碍创业过程的阶段演进。因此，公益创业者必须定期对自己和创业团队的能力进行阶段性评估，并进行相应的完善和提高。

公益创业是一个受多因素影响的多阶段演进过程，不同层面因素的综合作用决定公益创业能否成功地从一个阶段向另一个阶段演进，实现创造社会价值和产生重要社会影响的创业目标。由于创业过程的不同阶段对公益创业者和创业团队的能力要求是

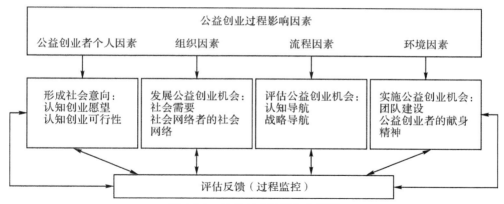

图 1-3-9   公益创业过程整合模型

不同的,因此,为了确保公益创业过程持续和稳定地演进,有必要对公益创业过程实施阶段性评估、反馈和完善。

[本章要点]

1.公益创业是一种介于公益与营利之间的企业形态,是社会公益与市场经济有机结合的产物。

2.公益创业必须以满足社会需要为己任、服务社会利益,其涉及公益、商业、社会体制和文化等各个方面,因此涵盖面广、内涵较为复杂。目前可以根据实践主体把国内已经有的公益创业大致为媒体派、政府派、学院派、民间派这四个类型。

3.公益创业对于当下中国发展的价值与意义包括孕育公民素质,快速发展经济以及构建和谐社会。

4.经典的 Timmons 模型将创业机会、创业资源、创业者(或创业团队)作为创业活动的三个核心要素。

5.创业过程表现为创业者主导下的高度综合的复杂管理活动,它包括了创业者从产生创业想法到创建新企业或开创新事业并获取回报,涉及识别机会、组建团队、寻求融资等一系列活动组成的流程。

6.创业的要素均衡模型强调各个要素相互协调、均衡发展并发挥作用,主要包括 Timmons、Gartner 等学者构建的创业模型。创业的要素主导模型认为各个要素不再是协调均衡的关系,而是以某一要素为主导来协调其他要素之间的关系,主要包括 Wickham、Christian 和 Julien 等学者构建的创业模型。

7.公益创业是一个受多因素影响的多阶段演进过程,不同层面因素的综合作用决定公益创业能否成功地从一个阶段向另一个阶段演进,实现创造社会价值和产生重要社会影响的创业目标。

[能力拓展]

请思考回答如下问题：

1.何谓公益创业？公益创业的特征是什么？

2.你怎么理解公益组织、慈善组织和商业创业的区别与联系？

3.公益创业的一般过程是什么？

[参考文献]

[1] 刘继同. 经济合作与发展组织报告节选[M]//中国社会工作研究. 北京：社会科学文献出版社，2002.

[2] Dees J G. Enterprising nonprofits[J]. Harvard Business Review，1998，76(1)：54-69.

[3] Alter S K. Social enterprise：A typology of the field contextualized in Latin America[R]. Inter-American Development Bank，2003.

[4] Zahra S A，Gedajlovic E，Neubaum D O，et al. A typology of social entrepreneurs：motives，search processes and ethical challenges[J]. Journal of Business Venturing，2009，24(5)：519-532.

[5] 斯晓夫，王颂，傅颖. 创业机会从何而来：发现，构建还是发现＋构建？——创业机会的理论前沿研究[J]. 管理世界，2016，270(3)：115-127.

[6] Timmons J A. New venture creation[M]. Singapore：McGraw-Hill，1999.

[7] Shane S，Venkataraman S. The promise of entrepreneurship as a field of research[J]. Academy of Management Review，2000，25(1)：217-226.

[8] Short J C，Ketchen Jr D J，Shook C L，et al. The concept of "opportunity" in entrepreneurship research：past accomplishments and future challenges[J]. Journal of Management，2010，36(1)：40-65.

[9] Suddaby R，Bruton G D，Si S X. Entrepreneurship through a qualitative lens：insights on the construction and discovery of entrepreneurial opportunity[J]. Journal of Business Venturing，2015，30(1)：1-10.

[10] Gartner W B. A conceptual framework for describing the phenomenon of new venture creation[J]. Academy of Management Review，1985，10(4)：696-706.

[11] Carter N M，Gartner W B，Reynolds P D. Exploring start-up event sequences[J]. Journal of Business Venturing，1996，11(3)：151-166.

[12] 唐靖，姜彦福. 创业过程三阶段模型的探索性研究[J]. 经济师，2008(6)：189-191.

[13] Vesper K H. Entrepreneurship and national policy[M]. Walter E. Heller International Corporation Institute for Small Business，1983.

[14] 张永安，李晨光. 创新科技政策及其三阶段周期研究[J]. 科学学与科学技术管理，2012，33(4)：19-26.

[15] 苏晓华，郑晨，李新春. 经典创业理论模型比较分析与演进脉络梳理[J]. 外国经济与管理，2012，34(11)：19-26.

[16] Sahlman W A. Some thoughts on business plan：the entrepreneurial venture[M]. New York：HBS Publication，1999.

[17] Christian B, Julien P A. Defining the field of research in entrepreneurship[J]. Journal of Business Review，2000，16(2)：165-180.

[18] 郑馨，崔毅. 创业研究概念框架的演进分析[J]. 科技进步与对策，2007，24(9)：126-129.

[19] 董保宝，葛宝山. 经典创业模型回顾与比较[J]. 外国经济与管理，2008，30(3)：19-28.

[20] Thompson J L. The world of the social entrepreneur[J]. International Journal of Public Sector Management，2002，15(5)：412-431.

[21] Brown L D. Social entrepreneurship and social transformation：an exploratory study[J]. The Journal of Applied Behavioral Science，2004，40(3)：260-282.

[22] Brainard L A, Siplon P D. Toward nonprofit organization reform in the voluntary spirit：lessons from the internet[J]. Nonprofit and Voluntary Sector Quarterly，2004，33(3)：435-457.

[23] Alvord S H, Brown L D, Letts C W. Social entrepreneurship and societal transformation：an exploratory study[J]. The Journal of Applied Behavioral Science，2004，40(3)：260-282.

[24] Reynolds P D. Sociology and entrepreneurship：concepts and contributions[J]. Entrepreneurship Theory and Practice，1992，16(2)：47-70.

[25] Bagozzi R P, Baumgartner H, Yi Y. State versus action orientation and the theory of reasoned action：an application to coupon usage[J]. Journal of Consumer Research，1992，18(4)：505-518.

[26] Drucker P. Innovation and entrepreneurship[M]. New York：Harper Business，1985.

[27] Guclu A, Dees J G, Anderson B B. The process of social entrepreneurship：creating opportunities worthy of serious pursuit[J]. Center for the Advancement of Social Entrepreneurship，2002，13(1)：1-15.

[28] Robinson J. Navigating social and institutional barriers to markets：how social entrepreneurs identify and evaluate opportunities[C]//Mair J，Robinson J，Hockerts K. Social Entrepreneurship. New York，Palgrave Macmillan，2006.

[29] Dees J G，Emerson J，Economy P. Strategic tools for social entrepreneurs：enhancing the performance of your enterprising nonprofit[J]. Administration in Social Work，2002，30(1)：117-119.

[30] Gartner W B. A conceptual framework for describing the phenomenon of new venture creation[J]. Academy of Management Review，1985，10(4)：696-706.

[31] 焦豪，邬爱其.国外经典社会创业过程模型评价与创新[J].外国经济与管理，2008,30(3):29-33.

第2章 公益创业活动概况

[学习目标]

1. 了解国外慈善公益事业的发展概况。
2. 了解国外公益创业活动兴起背景以及发展现状。
3. 了解中国慈善事业的发展现状。
4. 了解中国公益创业兴起的背景以及实践模式。

2.1 欧美公益创业概况

2.1.1 国外慈善公益事业的概况

(1)英国的慈善公益事业概况

英国的民间公益组织有着悠久的历史,英国是世界上最早出现民办社会公益性事业的国家。早在12至13世纪,英国就出现了五百多家民间志愿性公益慈善组织。女王伊丽莎白一世统治期间,英国掌握了海上霸权,民间财富显著增加,兴办民间公益性事业的个人或团体渐多,客观上产生了由国家立法进行管理的需要。1601年,世界上第一个规范民间公益性事业的法律——《慈善用途法》(也称《伊丽莎白一世法》)诞生。这部法律不仅是英国这个慈善法体系的生长原点,也是公共权力首次介入民间公益性事业的标志。

工业革命后,英国工业化和城市化进程导致了许多社会问题,而众多社会问题的解决主要依靠民间力量。19世纪中叶以后,各种民间公益事业有了长足发展[1]。民间公益性组织不仅在扶贫济困、发展教育、促进宗教、修缮维护各种公共设施等传统项目的范围内继续发挥重要作用,还扩展到更广泛的领域,例如:提供公共卫生和医疗服务,开设博物馆和图书馆,赞助音乐、美术和其他艺术活动,保护历史文化遗产和自然风景,维护动物权益,等等。这些公益事业对促进社会和谐、提升公民素质和丰富民众生活等都起到了积极的作用[2]。

然而,各种民间公益也出现了大量问题。为切实履行政府维护公众利益的职责、依法保障公益性事业,1853 年 8 月,英国议会通过了《1853 年慈善信托法》。根据这部法律,国家正式设立了慈善委员会,作为英国公益性事业总监管机构。

21 世纪后,英国的公益面临着更大的机遇和挑战。英国政府决心采取一系列措施,促进经济与社会可持续发展,保障人民福利。2006 年 11 月,英国议会通过了《2006年慈善法》。这是英国政府的重大举措,完成了英国慈善法律史上一场革命,新法彻底改革了民间社会公益性事业的法律定义和相关规定,特别强调为公众利益服务的概念,引导英国公益健康发展。英国目前至少有 55000 个公益组织,每年对英国经济的贡献高达 8.4 亿英镑,几乎占英国国民生产总值的 1%。公益组织雇用了 50 万人,占所有企业雇用人数的 5%。[5]

(2)美国的慈善公益事业概况

美国的慈善公益思想、规则和相关法律脱胎于以英国为主的欧洲传统。自从 1620年 11 月首批英国清教徒乘坐"五月花"号帆船抵达美洲大陆后,欧洲人尤其是英国人,开始移民新大陆,在艰苦移民的过程中,很多人得到了慈善资助。英国的慈善公益组织在北美捐助了大量资金,许多慈善基金从英国不断地流入美洲,建立图书馆、学校和学院,并对印第安人、黑人进行教育,对殖民地文化传播起到了很大的促进作用。

最有影响力的慈善家本杰明·富兰克林于 1743 年创办了美洲博学协会,该组织的主要宗旨就是资助各个领域内的学术研究。从某种意义来说,富兰克林创立的美洲博学协会是北美新大陆第一个慈善基金会,这为后来的美国现代慈善基金会的创立和发展创造了良好的开端。

19 世纪中后期,在美国各大城市中蓬勃发展的慈善机构和慈善协会,标志着慈善工作更加职业化。20 世纪初,一种新的慈善公益观开始酝酿。这种新观点主张慈善公益的宗旨应非常宽泛并且具有灵活性,就像后来的洛克菲勒基金会的宗旨那样,定位于"增进全人类的福祉"。这种观念倡导探究造成贫穷的社会问题的根源,而不是出资使这些问题只得到表面上的、暂时的缓解。其与救急式的慈善思想决裂,在历史上第一次将系统化的理论和大量的资源引入为科学的慈善思想服务的领域[3]。

20 世纪是美国非营利部门飞速发展的时期,非营利组织的数量由 1950 年的大约 5万个增加到 20 世纪末的 100 多万个。由于有庞大的志愿者队伍和巨额捐款,美国的慈善事业和社会服务事业得到了充分发展,对于各个领域各种社会问题都会有公益组织予以关注,各种各样的非营利机构也因此应运而生,这些机构在文化教育、医疗卫生、妇女和儿童权益、环保、预防犯罪、帮助少数族裔等方面发挥着十分重要的作用[4]。

2.1.2 国外公益创业的兴起与发展

第二次世界大战之后,发达国家纷纷走上了福利国家的道路,苏联和东欧国家也建立了一系列的福利制度,然而到 20 世纪 70 年代石油危机爆发的时候,这些福利制度的弊端得以显现,并难以为继。因此,在全球范围内兴起了公益创业的浪潮,许多民间的NGO 组织代替政府承担一些服务职责,推动社会变革。

(1)英国公益创业的兴起与发展

在英国,公益组织被定义为以解决社会问题为首要目标,将剩余价值再投资,主要用于实现社会目标而非追求股东或者所有者利益最大化的机构。英国的公益组织形式多样,主要有慈善团体的贸易部门、社区发展财务机构、合作社以及社区利益公司。社区利益公司是英国政府于 2005 年开设推动的专门为公益组织创立的一种组织形式,是指那些利用企业盈利和资产来服务公共利益的公益组织。成立社区利益公司手续简单,形式灵活,任何机构或者非政府组织都可以成立社区利益公司,并且可以选择私人股份有限公司、担保有限公司或者公开有限公司的任一形式。

英国公益组织的发展很大程度上得益于政府政策法规上的大力支持,具体表现为:首先,政府从法律上确定公益组织的合法地位。英国政府通过了《2004 公司审计、调查和社区企业法令》,确定社区利益公司为一种新的公益组织形式,将公益组织的法人形式进行了统一,很大程度上助推了英国公益创业组织的发展。其次,政府成立专门机构负责公益组织的发展。政府贸易和工业部小企业局于 2000 年成立了公益组织,通过贸工部、区域发展机构、国家和地方政府共同为公益组织的发展创造有利环境。英国政府于 2005 年制定了"公益组织行动计划勇攀高峰"计划,表明政府并不创造公益组织,但是可以通过与公益组织和代表公益组织的团体合作、培育公益组织文化、改善公益组织、便利公益组织取得适当融资四个方面加强对公益组织的帮助。最后,政府通过拓宽融资渠道和税收减免等政策以及增加业务资源和培训课程对公益组织进行支持。政府设立凤凰基金、发展基金、自愿指导者系统工程、社团发展风险基金等分类基金以扶持弱势群体创办公益组织。英国贸易和工业部提供拨款,资助外部机构为公益组织提供业务支援和培训,此外政府还成立了"业务通",为中小公益组织提供商业信息和商业建议。

在英国,高校和协会对公益组织的发展也发挥着积极的作用。英国许多商学院,如伦敦大学等都开展公益创业研究,为工商管理专业的学生提供公益组织的选修课。包括英国公益组织联盟、伦敦公益组织、公益组织行动网等一些促进公益创业发展的协会组织为公益组织的采购予以指导,并发布信息以方便公益组织取得公营部门的业务等方式来促进公益创业的发展。

(2)美国公益创业的兴起与发展

美国作为公益创业最为活跃的国家,其公益创业的兴起主要有两方面的原因。一方面,在 20 世纪 70 年代,美国社会对政府主导社会事务的能力产生了怀疑,为了解决复杂的社会问题,美国的社会团体得到了迅速发展[6],成为政府在公共服务领域的重要合作伙伴。据统计数据显示,2009 年美国的非营利机构已经超过 150 万个[7],然而面对如此巨大的非政府组织,慈善资本市场仍不能满足其需求,政府对其资助也在下降,私人捐赠和拨款已经不能维持非政府部门的发展,公益创业的道路势在必行。另一方面,经济的不断发展为私人部门创造了大量财富,越来越多的人投入公益事业当中,新一代拥有丰富的管理和创业经验的商业领导者开始关注社会公益领域,并试图运用商业模式引发社会变革。公益创业者们不断地将商业运作模式引入社会部门,从而在美国掀起了公益创业的热潮。

相对于英国而言,美国公益创业的发展更加得益于社会力量的支持。美国的社会基金组织、高校与协会以及培训和咨询机构对公益创业的支持是公益创业发展的强大力量来源。20 世纪 80 年代开始,私营基金组织成为美国公益组织发展的最大支持力量之一。这些基金组织对公益创业者或者所需的人力进行培训来推动公益创业的发展。此外,基金组织之间还通过合作联合来促进公益创业的发展,被称为公益组织的加速器。

高校和协会是美国公益组织发展的第二支重要支持力量。美国许多著名大学如哈佛大学、耶鲁大学、斯坦福大学、哥伦比亚大学等,它们的商学院大多都成立了公益创业研究中心,提供公益创业人才培训计划和课程。围绕公益组织的议题,美国存在许多会员制的协会,作为发展最快协会之一的公益组织联盟,通过建立网络连接公益组织,提供技术支持和学习机会,致力于推动公益创业的发展。

2.1.3 国外公益创业典型案例

(1)格莱珉银行

格莱珉银行的创建人,孟加拉国的大学教师穆罕默德·尤努斯意识到,经常被银行贷款拒之门外的穷人是最需要贷款来改变自己生活现状的人。经过深入的研究,他发现穷人并不是缺乏改变与消除贫困的途径与能力,也不是他们自身的懒惰与愚昧,而是金融机构不能帮助他们拓展经济基础,无法满足穷人的贷款需求,传统正式的金融体系也仍在用各种方式制造着穷人接近正规信贷的障碍。1976 年尤努斯以 27 美分分别贷款给 42 个农妇开始他的小额贷款尝试,1983 年格莱珉银行正式成立,其向贫困人口发放贷款的方式自成一体,被称为"格莱珉模式"。目前,"格莱珉银行"已成为孟加拉国最大的农村银行,这家银行拥有 2000 多个分支机构,650 余万的借款者,为 7 万多个村庄提供信贷服务,每年的放贷规模达 8 亿美元以上,偿债率高达 98％,足以让任何商业银行感到威胁。而且,每一位借贷者都拥有这家银行一份不可转让的股份,占据这家银行

92％的股份(余额由政府持有),是一家实实在在为穷人服务的银行。它解决了孟加拉国的贫困问题,同时又通过商业运转使得自身可以维持生存与发展,被普遍认为是一个典型的社会和企业双赢的公益创业组织。

(2)阿育王基金会

1980年美国环保署助理署长比尔·德雷顿在华盛顿创建了阿育王(Ashoka)基金会,其宗旨是为全世界公益创业者们提供支持和服务。其通过类似于风险投资公司的运作方式,精心地安排投资,在全世界范围内寻找公益创业者。在其支持对象中,大学生表现出了更多的公益创业的潜质,因其拥有较丰富的知识,对社会责任的感知也越来越强烈。阿育王基金会能够对他们进行资金和技术支持,帮助他们与更多的人建立联系,力图从中获得较高的回报,但是这种收益并不归自己所有,而是为促进教育、就业、扶贫等公益事业的发展。阿育王基金会成立后一直在努力铺设自己的国际化道路,在全世界范围内向大学生等具有公益创业者潜质的人群传播其价值体系,激励人们用不同的方式进行社会变革。从建立到现在,阿育王基金会成为对社会影响巨大的公益组织,掌控着全球的公益创业者的培养体系,对多个国家的公益创业者进行了5000万美元的资助,使更多的大学生实现了自身价值。

2.2　中国公益创业概况

2.2.1　中国慈善事业的概况

(1)慈善事业规模

统计数据显示,自20世纪末现代慈善事业诞生伊始至2000年,中国共建立起306个慈善组织,包括25个省(市、自治区)级别的慈善组织或基金会、109个地级慈善组织、106个县(市)级慈善基金会以及66个乡(镇、街道)级慈善组织[3]。根据1994年中华慈善总会团体会计单位统计数据显示,中国在海内外募集了共1.4亿元人民币的慈善基金。中华慈善总会自成立起一直到2000年底,共募捐善款约为4.2亿人民币[3]。

中国慈善事业从2008年起,五年时间内分别募捐善款1070亿元、630亿元、1032亿元、845亿元、817亿元与989亿元。其中社会组织占比为6.52％,政府占比1.49％,个人占比17.72％,事业单位与宗教组织占比0.76％等[4]。其中,医疗健康领域所接受的捐赠占总额近四成,以药物捐赠和手术资助为主,而针对医疗基础设施与设备的捐赠比例较低,医疗人才培养的比例更低。2010年至2013年,教育领域每年接受的募捐善款都要高达总额的25％,其中半数捐赠流向高等教育领域[4]。

(2)组织机构方面

在中国,政府成为主要的慈善筹款人。长期以来,在民政机关的带领下,中国的慈善机构和其他政府机关保持着紧密的联系与合作,同时,群众也广泛地参与其中。因此,慈善机构组织的丰富活动与社会人士参加的方式非常单一的活动形成了鲜明的对比。从总体来看,具有官方色彩的慈善组织规模大,作用也较大[7]。我国慈善机构主要有中华慈善总会、中国残疾人联合会、中国青少年基金会等[9]。

中华慈善总会成立于1994年,是规模较大、业绩较好的一个公益组织。其以人道主义精神为核心理念,发扬扶贫济困的中华传统美德。根据总会规章,以会员代表大会为总会的最高权力机关,以理事会为执行机构;以会费、政府出资补助、捐赠等作为总会经费;以创始基金的增值部分、捐赠款利息、兴办实体收入等作为行政经费。根据国家有关规定,项目经费可从捐赠款中按一定比例提取。

成立于1988年的中国残疾人联合会以残疾人为主要服务对象,并经过国家法律确认与国务院的批准,属于具有全国统一性的组织。其全国代表大会为最高权力机关,下设主席团、理事会(执行机构)、评议委员会等。会中各项经费的主要来源是残疾联合会向上申报,由国家有关部门拨款。

中国青少年基金会成立于1989年,包含了众所周知的希望工程、中华古诗文经典诵读工程、公益信托基金、中国十大杰出青年评选等项目。希望工程最具影响力,是中国青少年基金的核心项目,并受到社会的高度重视。据统计,截至2011年,全国希望工程募捐建设的希望小学约有九千余所、希望网校130所,资助两百多万名失学儿童重返校园[9]。

(3)慈善事业管理

中国现在还基本处于"官办慈善"的状态,全国慈善机构已经达到5000个左右,但大多数仍旧属于官方慈善机构之下。部分慈善机构实质上就是由政府民政机构兼职组建的,"一套班子,两块牌子"的现象较为严重。由于慈善机构本身所具有的官方背景,使得慈善业务开展受到较多的约束,慈善项目的实施以及人员任免都要受制于政府领导等。由政府主导的慈善机构普遍人员冗杂、效率低下,严重制约着慈善业务的开展,远远不能满足社会对慈善事业的需求。

此外,慈善机构并不具备独立法人的地位,使得慈善机构注册时习惯性以公司和事业单位程序前往工商部门进行登记注册。根据我国现行社会团体登记管理的有关规定:"慈善机构(协会、基金会)在成立前必须先经业务主管单位批准,再报登记管理机关审查批准。"正是因为这条规定,许多打算设立的慈善机构被挡在门外,许多慈善机构、慈善家、专家等明确指出这种制度安排严重制约了中国慈善事业的发展。

2.2.2　中国公益创业的兴起和发展

近年来,公益创业也开始在我国出现和发展,引起了政府相关部门的重视和学术界的关注。我国公益组织的实践发展领先于理论研究,并且在实践的发展中,已经开始形成公益组织的模式和特点。

(1)中国公益创业兴起的背景

我国公益创业的兴起与发展是改革开放不断深化条件下社会主义市场经济发展的必然结果。近年来随着服务型政府的建设、企业社会责任运动的高涨,非营利组织公益创新的热情被激发,在借鉴国际经验的基础上,公益创业渐渐成为实践中的热点,涌现出了一批有代表性的公益创业创新模式[2]。

第一,服务型政府的建设推动了公益创业的兴起。随着政府改革进程的加快,转变政府职能、建设服务型政府逐渐成为各级政府的中心工作之一。在建设服务型政府的过程中,各级政府努力探索,将原有的部分政府职能转移给相应的社会主体,在政府改革的实践中尝试构建公共服务的多元化治理格局。许多非营利组织开始成为政府转移相关职能或购买服务的合作者,一些企业也积极参与到这一过程中。在上海、天津、杭州、深圳等沿海发达城市,地方政府积极探索围绕公共服务构建政府、非营利组织和企业之间合作互动的制度形式,成为推动政府与非营利组织、企业合作互动的良好形式。

第二,企业社会责任运动的高涨为公益创业提供了基础。政企分开作为中国经济体制改革的重要内容取得了显著成功,其标志之一就是企业作为自主经营、自负盈亏的经营主体,表现出较强的获取效率和效益的能力。同时,从 20 世纪 80 年代中后期起,企业社会责任运动开始在中国开展起来。最初,企业主要承担的是以法律为基础的经济责任,随着希望工程等多个大型公益项目的启动,不少企业开始以扶贫和捐赠的形式履行社会责任。伴随着市场经济体制的建立,道德化市场建构理念渐成共识,越来越多的企业主动承担社会责任,为公益创业的兴起提供了必要的经济基础。

第三,非营利组织的公益创新与学者的推动作用。公益创业兴起的这一时期,正是中国非营利组织快速发展的时期。一批非营利组织走在推动公益创业发展的前头,学术界也发挥了积极的推动作用。英国文化协会、环球协力社、友成企业家扶贫基金会等一批非营利组织,通过开展各种形式的宣传教育、信息交流、访问考察、资助培训及相关研究等活动,大力宣传公益创业理念,推动公益创业模式在中国的发展。世界银行、美慈基金会等也积极参与支持了公益创业者相关培训和研讨活动。这些积极活跃的举措,推动了公益创业理念在国内的传播和公益创业在实践中的发展。

第四,政府倡导为公益创业提供了助力。随着公益创业的引入,各级政府采取开放灵活的态度,鼓励各种形式的公益创业探索和发展。各级政府都在积极关注并支持公益组织的理念宣传和实践探索。上海、深圳等地方政府积极提倡和推广公益创业的实践探索,支持建立和发展公益组织的孵化机制。政府的这些积极姿态,成为公益创业实践探索的助力。

(2)中国公益创业的实践模式

从目前的发展看,公益组织在我国尚处在起步阶段,大体上可以将实践中的探索分为两种模式:一是依托既有体制的公益创新模式,二是积极引进市场机制的社会创新模式。

第一，依托既有体制的公益创新模式。这种模式的公益创业主要依托两种体制，一是基于国有事业单位管理的社会福利企业模式，二是基于民间组织管理的民办非企业单位模式。依托社会福利企业和依托民办非企业单位发展起来的是两种不同的公益创业，前者更多地得到来自计划体制内自上而下的支持，后者则更多地得到来自市场体制内的自下而上的支持。这两种体制都是我国在社会转型过程中难以规避的路径依赖，因此可以认为是依托既有体制的公益创新模式[5]。

第二，积极引进市场机制的社会创新模式。随着公益创业理念的普及和社会创新意识的不断增强，国内开始出现一批具有公益创业者潜质的积极创业者，他们活跃在就业支持、教育扶贫、社区建设、艾滋病救助、灾害救援等许多领域，不仅直接指向公益性强的特定领域，面向弱势群体或基层社区，而且灵活运用各种市场机制，探索用更多的市场手段解决社会问题，逐渐形成公益组织与社会创新的实践模式。

2.2.3 中国公益创业典型案例

(1)壹基金

壹基金是依托中国红十字总会成立的一个具有公募性质的专项公益基金，是国内第一家民间公募基金会。壹基金以"尽我所能，人人公益"为愿景，搭建专业透明的公益平台，专注于灾害救助、儿童关怀与发展、公益支持与创新。其运作模式体现出专业化精神、市场化视野和公益性宗旨的结合。壹基金在定位上强调"创新""公益"和"可持续发展"。近年来，壹基金以其领先的市场运作能力和新锐的公益创新举措，行走在中国公益事业的前头，成为带动社会创新的新秀。

(2)善淘网

善淘网是中国第一家在线慈善商店，于2011年3月正式上线。善淘网将"电子商务"和"慈善商店"进行结合，打造了一个创新的公益模式，提倡"每一个都有价值"，鼓励人们将闲置物品捐赠给善淘网在线义卖；更优化所有的电子商务工作流程，为残障伙伴们提供可持续的、有尊严的工作岗位。善淘网的模式很简单：就是将人们捐赠的物品进行再次销售，所得的收入用来帮助公益机构。同时，鼓励人们通过这样的方式循环使用物品，减少碳排保护环境。其义卖的公益资金也将全部用来帮助中国8000万残障伙伴获得就业、培训和融入社会的机会。

(3)残友集团

深圳残友成立于1997年，成立之初，残友只有5个人，创始人郑卫宁和其余4位残疾人，本着"就是想换个活法"的初衷，靠着一台计算机在家里开始创业。经过近20年的探索发展，深圳残友已成长为拥有5000多名残疾员工、两家上市公司(残友软件有限公司与残友电子善务股份有限公司)、1家慈善基金会(郑卫宁慈善基金会)、14家公益组织、40 多家分支机构的残友集团,是世界上规模较大的公益组织,也是一家高科技公益组织。残友本着"推动残友平等参与、融入共享"的使命不断发展,力争让"全世界残友团结起来,用自己的行动改变命运",实践着残疾人等弱势群体的生存革命。

[本章要点]

1.概述英国和美国的慈善公益事业发展概况,了解英美两国在不同经济文化的差异下,公益事业发展历程呈现出的不同侧重点和独特性。

2.讨论了英美两国公益创业的发展现状,二者都呈现发展迅速、形式多样的势头,英国公益创业事业的快速发展得益于政府在政策法规上以及高校和协会的支持;相对于英国而言,美国公益创业的发展更加得益于社会力量的支持,此外,高校和协会是美国公益组织发展的第二支重要的力量支持。

3.对中国慈善事业的现状进行了梳理,在组织机构方面,政府是中国公益组织的主要慈善筹款人;就中国慈善事业规模而言,组织规模逐年扩增,覆盖领域也越来越广;在慈善事业管理方面,中国慈善组织大多数仍属于官方慈善机构之下。

4.中国公益创业组织兴起的背景包括以下四点:服务型政府的建设推动了公益创业的兴起;企业社会责任运动的高涨为公益创业提供了基础;非营利组织的公益创新与学者的推动作用;政府倡导为公益创业提供了助力。

5.公益创业在中国的实践活动大体可以分为两种模式:一是依托既有体制的公益创新模式,二是积极引进市场机制的社会创新模式。

[能力拓展]

请思考回答如下问题:
1.简述我国公益创业的发展趋势。
2.思考英美两国公益创业的发展情况对我国公益创业的启示。

[参考文献]

[1] 潘孟. 英国慈善制度对我国慈善机构内部控制的启示[J]. 辽宁经济,2017(5):56-57.

[2] 王志章,黄明珠. 英国反贫困的实践路径及经验启示[J]. 广西社会科学,2017(9):188-193.

[3] 林成华. 美国慈善基金会高等教育捐赠:决策、运行与启示[J]. 重庆高教研究,2018,6(3):44-55.

［4］Skillern J W，Austin J E，Leonard H. Entrepreneurship in the social sector［M］. Sage，2007.

［5］吴洪彪. 国外慈善理论与实践对中国慈善事业的启示［J］. 中国民政，2012（7）：30-31.

［6］刘原兵. 美国高校社会创业教育——基于哈佛大学商学院的考察［J］. 高教探索，2016（12）：51-55.

［7］周秋光，曾桂林. 中国慈善简史［M］. 北京：人民出版社，2006.

［8］湛军. 全球公益创业现状分析及我国公益创业发展对策研究［J］. 上海大学学报（社会科学版），2012，29（4）：117-130.

［9］孟志强，彭建梅，刘佑平. 2011 年度中国慈善捐助报告［M］. 北京：中国社会出版社，2012.

［10］姚建平. 中美慈善组织政府管理比较研究［J］. 理论与现代化，2006（2）：70-75.

第3章 公益创业者与团队

[学习目标]

1. 了解公益创业者的内涵和分类。
2. 了解公益创业者的人格特质。
3. 了解公益创业团队的重要性。
4. 掌握如何组建和管理公益创业团队。

3.1 公益创业者的内涵

3.1.1 公益创业者的含义

公益创业者作为创业活动的主体,是公益创业能否成功的关键。为此,国内外学者分别从不同角度对公益创业者进行了论述。Thompson[1]认为公益创业者具有商业创业者的特质,采取商业创业者的类似行为进行运作,但相对营利组织而言其更关注社会的福利。Light[2]认为公益创业者是致力于通过创新性思维,探讨政府、非营利组织及企业对社会重大问题应该做什么,如何通过行动推动整个社会可持续变革发展的一类个体。Martin 和 Osberg[3]则认为公益创业者是专注于社会不平衡,并且将改变这种贫富的不均衡作为目标,进而采取行动,富有创造力、具有勇气、性格坚韧的个体。

国内学者也对公益创业者的内涵进行了探讨。胡馨[4]认为公益创业者是拥有一种传奇性的魅力个性,将理想主义、社会使命感和开创性相联系的人。肖建忠和唐艳艳[5]认为公益创业者富有创造力,具有容忍、坚韧的个性以及强烈的道德责任。严维佳[6]则从更具体的方面探讨公益创业者的属性内涵,认为公益创业者是以经营公益组织为职业,通过利用自身经营型人力资本以及所拥有的社会资本,对公益组织的经营活动进行有效管理,创新性地解决社会问题、创造社会价值,最终达到满足社会需求和促使整个社会组织体系创新这一目标的人。陈劲和王皓白[7]认为公益创业者是那些具有正确价值观,能够将伟大而具有前瞻性的愿景与现实问题相结合的人,他们对目标群体负有高度的责任感,并在社会、经济和政治等环境下持续通过公益创业来创造社会价值。他们在物质资源和制度资源稀缺的情况下,为了实现社会目标,不断发掘新机会,不断进行适应、学习和创新。

总体而言,国外学术界对公益创业者主要从其个人特质、从事活动的目的来探讨公益创业者(见表 3-1-1)。绝大多数的学者认为,公益创业者应该具备创业者的素养与修养,以追求社会使命为己任。国内学者普遍认同"公益创业者兼具创业精神和社会使命感"的观点,他们富有创造性,勇气十足,性格坚韧,能够在资源匮乏的情况下,整合利用资源并发现机会。

表 3-1-1　国内外学者对公益创业者的界定

学者(年份)	具体描述
Roberts & Wood (2005)	公益创业者是追求社会变革、有远见、热情的、具有献身精神的个体
Light(2006)	公益创业者是致力于通过创新性思维,探讨政府、非营利组织及企业对社会重大问题应该做什么,如何通过行动推动整个社会的可持续变革发展的一类个体
Martin & Osberg (2007)	公益创业者是专注于社会不平衡,并且把改变这种贫富的不均衡为其目标,采取行动,富有创造力、具有勇气、性格坚韧的个体
Bornstein(2007)	公益创业者是具有伟大思想的开拓者,他们扮演了社会部门中改革推动者的角色,是一批会对社会产生强烈深远影响的人
Ashoka(2012)	公益创业者是对当前社会问题采取革新行动的个体
胡馨(2006)	公益创业者有一种传奇性的魅力个性,是将理想主义、社会使命感和开创性相联系的人
陈劲和王皓白 (2007)	公益创业者是那些具有正确价值观、能够将伟大而具有前瞻性的愿景和现实问题相结合的人
严维佳(2013)	公益创业者是以经营公益组织为职业,通过利用自身经营型人力资本以及所拥有的社会资本,对公益组织的经营活动进行有效管理,创新性地解决社会问题、创造社会价值,最终达到满足社会需求和促使整个社会组织体系创新这一目标的人

3.1.2　公益创业者分类

Zahra 等人[8]依据机会识别的不同类型将公益创业者划分为三类。①第一类公益创业者被称为"社会修补匠"。Weick[9]认为,机会的发现和实践只能发生在地方一级。社会修补匠利用任何可利用的资源解决目前面临的问题。对这一类公益创业者而言,其范围可能会受到限制,他们也许不打算扩大其经营规模以及将事业拓展到其他地区。然而,他们在社会中发挥的重要作用不容忽视。许多地方性的社会需求只有地方性的公益组织去解决。②第二类公益创业者被称为"社会建构者"。社会建构者专注于解决市场失灵问题,他们关心的是当前没有得到足够重视的社会需求问题,试图为广泛的社会体系带来改革与创新。与社会修补匠不同的是,社会建构者关注的是更加广泛的社会问题,他们的发展更加组织化,他们的社会解决方案也更容易得到扩展。这类公益组织在社会中发挥着重要的作用,因为以营利为目的的企业可能缺乏解决类似社会问题的动力。社会建构者甚至可以是某一行业的局外人,由于意识到现有的经济行为参与者(企业、公共机构、非政府组织等)没有充分关注某一社会问题,从而在这一行业发现了商机。③第三类公益创业者被称为"社会工程师"。社会工程师能带来最高水平的社会变革,他们的目的主要是通过革命性的变革,以解决系统性的社会问题。社会工程师能够发现复杂的社会问题,而这些社会问题有可能是由于制度不健全而造成的。社会工程师尝试建立不同的社会结构来解决这些系统性问题。这一类型的创业者可以对一个国家,甚至对整个世界都带来深远的社会影响。他们能够发现社会结构的漏洞,并代之以新的社会结构,解决了原有社会结构所产生的社会问题。可以说,他们是掀起社会变革的重要力量。

从创业动机的角度出发,Cannon[10]把公益创业者分成了三种类型。第一类公益创业者在其他领域已经赚到了很多钱,现在从事公益创业活动旨在回报社会;第二类公益创业者往往不那么满意现有社会支持系统,因此积极寻求更加有效的方式来创建新的社会支持系统;第三类是那些曾在商学院学习(或者有过类似经历),但却满脑子想着公益创业的人。

从参与公益创业方式的角度出发,可以将公益创业者分为四种类型。①参与型的公益创业者,类似于志愿者、义工的角色。他们常常在工作或学习之余,根据自己的专业技能、兴趣爱好等参与公益创业实践,为公益创业项目的实施贡献力量。但这又不同于木偶式、充人数式、形式化的志愿者,他们真诚地参与社会问题的解决。严格意义上来说,他们还不算公益创业者,但他们参与了公益创新项目的创造,且极有可能成为潜在的未来公益创业者。②深度参与型的公益创业者,多为公益创业机构的核心志愿者骨干或全职员工。这部分群体既可能是全职负责某一个部门的工作,还可能是兼职解决公益创业机构的重大需求。因而,他们对公益创业机构的发展具有很大的贡献,并且这种参与不是短期的一天、两天,而是长期陪伴式的参与,但对机构的发展不负最终责任。可以将这部分人称作公益创业机构的"发烧友"。③主导型的公益创业者,可以是机构创始人或联合创始人、某草根团队的创始人以及某机构旗下的公益创业项目的负责人等角色。这部分人多为全职公益创业者,兼职的草根公益创业团队创始人也属于此类,他们主导着公益创业项目的发展。④深度主导型的公益创业者,创业者的最高层次就是成为公益创业者、公益创业家,这部分人可能原本是创业者,也可能是公益机构领导人。

3.1.3 公益创业者的人格特质

(1)公益创业者的品质特质

伯恩斯坦的名著《如何改变世界：公益创业者与新思想的威力》、埃尔金顿和哈蒂根合著的书籍《非理性的人的力量——公益创业者如何创造并改变世界的市场》等都聚焦于公益创业者的故事和个性。此外，越来越多的近期研究重视创业者的人格特征。具体体现在，一方面该领域关注的焦点已经从"创业者喜欢什么"转变成"人格特征中的哪些特质激励着创业者"；另一方面，研究发现人格特征即使对创业没有直接影响，但也可能有着深远的间接影响。

公益创业者不仅仅是创业者的一种，他们还具有类似于商业精英的商业型思维和行动。通常情况下，在论及创业者人格时，有 5 个特质经常出现：①冒险倾向。创业者的冒险倾向是创业中充满趣味性的地方，具有极高的不确定性。因此，创业者被看作可以承担风险的人，他们选择了高风险的创业之路，这个特征在创业研究中常有涉及。迄今为止大量的研究也表明，公益创业者具有很高的冒险倾向，是风险偏好型的创业者。Dees[11]证实，公益创业者会大胆地面对他们遇到的挑战。因此，冒险倾向是公益创业者创业性格的有机组成部分。②创新性。熊彼特已经认识到，一个创建企业的人必须愿意"改革或革新"。其他早期商业创业的思想领袖，如彼得·德鲁克同样强调了创新的重要性——创新是创业活动的核心。因而，公益创业者作为创业者，创新的性格特征也早已注入其血液之中，成为公益创业者创业性格的重要组成部分。③成就需求。在关于创业者的研究中，成就需求多被定义为"一个人需要通过艰苦努力达到成功"。与前面提及的特质一样，在公益创业研究中有显著证据证明成就需求的重要性。因此，成就需求被整合为公益创业者应该具有的创业人格特质之中。④独立性需要。Cromie[12]表明，创业者很难在既定规则和界限内墨守成规地工作，这与独立性或自治需要是有关联的。在缺乏团队支持的公益创业者中，也存在相似的争论，Light[2]并不认同公益创业者能像个人英雄那样独立运作。尽管如此，Barendsen 和 Gardner[13]仍然认为，公益创业者偏好于个人决策和独立工作，以及独立领导这些行动组织[14]。因此，独立性需求作为公益创业者创业性格的组成部分，显著影响着公益创业活动的开展。⑤主动性。主动性被认为是创业特质的一个方面，亦即"那些愿意打造新事物的人，最有可能成为创业者"。并且，相关公益创业的研究暗示了拥有此类特质公益创业者的存在。Mort 和 Carnegie[15]特别描述了公益组织的前瞻性，Peredo 和 Mclean[16]也提出要有效抓住和利用身边机会的能力。

我国学者陈劲和王皓白[7]认为公益创业者能够将伟大而具有前瞻性的愿景与现实问题相结合，他们对目标群体负有高度的责任感，并在社会、经济和政治等环境下持续通过公益创业来创造社会价值。赵莉等[17]研究表明公益创业者首先应具有创业者的共同特性，如具有很强的创新力、资源整合能力与风险承受力等；同时相对于商业企业创业者而言,公益创业者更加善良、富有爱心与热心,具有奉献精神、强烈改变社会的意愿以及事业进取心。唐亚阳等[18]认为公益创业者应有的素质包括富有进取心、乐观自信、不畏艰难、坚忍不拔、心态平和、理性细致。仲伟仁[19]等则认为创业者的个人特质包括风险倾向、内控资源、成就需要、不确定容忍度和警觉性等素质。

综上所述,公益创业者与商业创业者都具有冒险精神、创新性、成就需求、独立性需要和主动性。除此之外,公益创业者还有一些显著的特质。首先,公益创业者的根本目的是通过商业化的手段推动社会福利的增加,实现社会价值是其根本目标。因此,公益创业者有更高的社会使命感,更具有爱心和奉献精神。其次,公益创业者不同于商业创业者重视短期利益,反而对解决社会问题有着更为执着的追求,故表现出更强的成就动机。在资源短缺、社会认知度不高等压力之下更加倾向于创新和奋进,更有毅力和决心。最后,在企业的经营和管理中,公益创业者有着更强的自强自主和风险承担意识。

(2)公益创业者的行为特质

英国学者 Leadbeater[14]认为,一个合格的公益创业者必须具备至少三种能力:①创业能力,公益创业者能发现那些未被充分利用的、被闲置的资源来解决那些未被满足的社会需求;②创新能力,通过把传统意义上互不相关的做法进行有机结合,公益创业者能创造新的服务、产品和方法来解决社会问题;③改变现状的能力,公益创业者能通过发掘自我发展的可能性来改变他们所服务的对象。对于一个成功的公益创业者来说,通常还需要具备以下技能:①领导能力,成功的公益创业者们通常都是雄心勃勃的,他们通过设定一个远大的使命带给企业革新的力量;②会讲故事,公益创业者通过故事和寓言来传递他们的价值观和动力源泉,这让他们显得与众不同且更具说服力;③深谙人事管理,公益创业者认识到,他们的员工、支持者和用户所掌握的知识和想法是组织最重要的资源;④远见卓识,把握机遇,公益创业者决不会让自己受到计划和战略的束缚,而是切合实际,把握机遇;⑤建立同盟,成功的公益创业者都善于建立合作网络,他们在社交上都有足够的自信[20]。此外,Dees[11]、Bhise[21]以及 Martin 和 Osberg[3]等都认同公益创业者在解决社会问题方面的突出表现,他们能够整合资源,具有强大的执行力,不断革新、适应,创造社会价值。

在行为特质上,与商业企业层级分明的股权制结构相比,公益组织更多的是合伙制。这种更为扁平的组织结构使得公益创业者更具有亲社会性,并且更加重视组织成员的使命感和认同感。首先,公益创业者需要通过努力适应现实环境并识别有利机会,不断创新,才能实现最初的社会目标,公益创业者做出的经营战略决策和行为更具亲社会性。其次,公益组织很难提供基本工资之外的期权、分红等激励,所以公益创业者在这种现实情况下会对团队目标和组织认同更为重视,会更多地考虑员工的职业发展目标与企业的社会目标是否一致以及员工对于公益组织的认同感。此外,更为扁平的组织结构体现了公益创业者更为友好的管理观念,更重视非正式沟通,重视员工之间的关系,依靠共同的使命感和认同感推动社会目的的实现。

（3）公益创业者特征模型

Thompson[1]通过对两个成功的公益创业者的案例研究引出了一系列社会创业的问题，诸如"有多少能够为社会创造实际价值的潜在公益创业者仍置身事外，或是已经参与却未领导一个项目，还在思考自我的角色？ 什么样的培训是公益创业者所需要的？什么样的支持是有用的？ 社会创业的培训与指导范围是否能够进一步扩大？"基于这些论题，Thompson 构建了公益创业者创业成功的特征模型（见图 3-1-1）。模型左侧的椭圆形是构成创业相对成功的主要决定因素，右边的矩形则代表主要决定因素如何更好地被满足。因此，一个成功的公益创业者要满足如下需求：①特殊技能的培训，如人员管理和资金筹措技能，新进的公益创业者通常缺乏管理经验；②管控技巧以确保资源的高效部署和有效管理；③经验共享、互帮互助的同级社会网络；④创业指导，为公益创业起步者提供咨询与建议，给予困难者信心与鼓励。

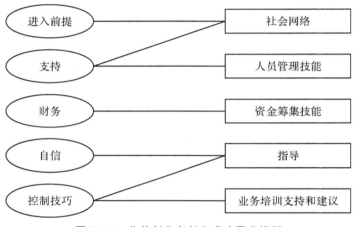

图 3-1-1 公益创业者创业成功需求模型

3.2 公益创业团队

3.2.1 公益创业团队的重要性

（1）公益创业团队是创业的核心

美国一家著名风险投资公司的合伙人说过，当今世界充斥着丰富的技术、大量的创业者和充裕的风险资本，真正缺乏的是出色的团队。蒂蒙斯经典创业模型强调创业是一个多因素动态平衡的过程，其中，机会是创业过程的开始；资源是创业的必要条件与成功的保障；而创业团队则是关键组成要素与主导者，是创业活动的核心元素。

团队是创业基石，对任何企业来说，人才都是企业发展过程中的必要因素。当然，这个团队未必能在最初的时候就如同铜墙铁壁，坚不可摧，但因多人多能，各尽所需的配比与互补，使得哪怕每个人仅仅在各自领域驾取一点点的经验，也可以让团队整体的力量很强大。所以团队于创业,就如同水之于鱼,是必不可少的因素。团队如同镜子,让创业者可以看清自我。公益创业团队需要时刻明确自身的定位,不能被利润牵着鼻子走。团队成员间的相互扶持,让创业之路不孤单,正所谓"德不孤,必有邻"。团队是企业凝聚力的基础,成败是整体而非个人,成员能够同甘共苦,经营成果能够公开且合理地分享,团队就会形成坚强的凝聚力。

(2)公益创业团队能够使创业资源形成互补

创业能否成功的一个关键要素就是创业者是否拥有关键资源,以及能否对其进行优化整合。每个独立个体占有的资源都是不同的,其所掌握的知识技能、获取的信息、拥有的社会关系都是有差异的,而不同人聚合在一起,不同的资源之间相互补充,则集体所有的资源不仅仅是量上的增加,更是质的提升。

公益创业也是如此,就资源占有的质量而言,公益创业团队最大的优势在于组成成员的职能背景和技能构成具有异质性,即创业团队的成员具有不同的知识结构、技能、专业背景、人际网络和信息来源。团队成员的异质性能够很好地满足创业资源互补的需求,丰富了团队的信息来源,有助于团队成员相互之间取长补短,从而大大提高了创业的效率。近年来,越来越多的研究表明,创业团队成员的异质性越强,其对创业所需资源的补充越全面,团队整体的功能就越完善,从而创业的成功率也越高。

(3)公益创业团队有助于降低公益创业风险

创业有风险,公益创业面临的风险则更加严峻。从项目选择、技能储备再到资源获取,每一阶段都存在一定的风险。作为公益创业者,首先要考虑项目的选择是否合适,自身是否具备创业技能,以及是否能及时有效获取创业过程中所需的社会资源,这些都直接影响到公益创业的成功。

创业团队的出现有助于降低公益创业的风险,主要体现在:项目选择上,创业团队成员能够信息共享,集思广益,发现有价值的创新点,从而避免个人的狭隘主义,公益创业项目选择不当的风险大大降低;创业技能上,创业团队成员具有不同的技术和专业背景,可以博采众长,实现技能的有效互补,降低了公益创业技能不足的风险;社会资源上,团队成员的人际网络各不相同,因此可以形成广泛的人际关系网络,庞大的网络所包含的社会资源更加丰富,降低了缺乏社会资源的风险。

(4)公益创业团队有助于维持公益创业的持久性

公益创业从项目启动到投入应用是一个十分漫长的过程,相较于商业创业,其所需的资金和人力资源都是比较稀缺的。创业团队作为一个工作团队,在合作过程中成员能够相互鼓励与支持,形成一种凝聚力、责任感、抗压力和进取心,人员流动率也大大降低,更多志同道合的创业者愿意加入进来,很大程度上解决了人力资源稀缺的问题。团队中成员的社会资源更丰富,增加了资金筹集的途径,从而在一定程度上缓解资金稀缺的问题。因此,创业团队能够有效地解决公益创业中的问题,有助于维持公益创业的持久性,进而提高公益创业的成功率。

3.2.2 组建公益创业团队

(1)公益创业团队的战略目标

如同其他组织的成功运作首先是建立在战略目标的正确选择之上一样,公益创业活动,尤其是创业团队的组建,同样以公益创业战略目标为导向和基石。明确的战略目标,直接决定了公益创业活动的主要内容和性质,而这是组建一个功能完善而高效的创业团队的重要依据,团队的投入要素包括成员的数量、性质和结构。公益创业不是依赖经济利益而是通过唤醒人们的社会责任感来吸引加入者,而社会责任感作为一种高层次的需求,必须由相对应的目标来引发其转化为创造社会价值的行为动机。因此在确立战略目标时,必须清楚而生动地描述:公益创业活动的使命是什么?它的实现将形成一幅什么样的图景?它将为社会创造什么样的价值?目标被描述得越丰富、越栩栩如生就越容易感染人。目标被描述得越崇高宏大,就越容易激发人的社会责任感、成就感和荣誉感。目标是组织所有活动的起点,能够为决策指明方向和依据,更有效地衡量团队绩效,也可以更好地激励团队成员。

(2)公益创业团队的价值观

创业团队是特殊的高管团队,是创业取得成功的关键。每一个团队都拥有自身独特的团队文化,而价值观则被视为团队文化的决定性要素,是全体团队成员的信条,是行为选择的向导,是一个团队成长过程中处理一切矛盾的准则。"道不同,不相为谋",拥有相似价值观的团队成员更可能以相似的方式解决问题,更能密切配合、相互信任,共谋发展;反之,价值观的差异则会使成员之间存在偏见,引发信任危机,导致团队冲突,最终降低成员间的合作、凝聚力、决策的速度和质量,不利于创业团队的稳定和长远发展[22]。

公益创业团队的价值观,主要分为工作价值观和管理价值观。Elizur 和 Abraham[23]认为工作价值观是一种直接影响个体行为的内在思想体系,是个体关于工作行为及其对工作环境中获取某种结果的价值判断。国内学者霍娜和李超平[24]通过综合考虑需求层面和判断标准层面,提出了工作价值观是超越具体情境、引导个体对工作相关的行为与事件进行选择与评价、指向希望达到的状态与行为的一些重要性程度不同的观念与信仰,其类型决定了个体在工作中想要满足的需求及其相应的偏好。管理价值观往往是企业文化的基础和核心,是高层管理者关于如何管理企业、发展企业的价值取向,是企业经营管理的立场、观点和态度的基础,是在运营管理过程中抉择取向和偏重。管理价值观可以通过三个途径影响个体行为:第一,特定的价值观使得管理者偏爱特定的行为和结果;第二,价值观促使管理者在决策过程中倾向于寻找并接受特定的信息,从而避开某些相反的信息;第三,对于管理者试图采取的某种管理规范和激励方式,拥有不同价值倾向的个体会有不同的感受与反应。国内学者孙海法[25]等通过半结构式访谈提出了经营管理价值观的六种类型,如表 3-2-1 所示。

表 3-2-1　经营管理价值观

类型	定义	维度
创新价值观	不满足于现状,鼓励新思想、新行动,把思想投入技术创新和管理创新中	创新理念与精神 技术创新 管理创新 市场创新
市场价值观	重视客户需要和竞争对手信息,按照市场数据来进行经营管理决策	理解市场需求 客户导向 竞争导向
人才价值观	重视人力资本,通过人才的引进、使用、激励和培养来增强企业竞争力	重视人才 引进人才 使用人才 激励人才 培养人才
长远发展价值观	重视企业的长远发展,按照长远发展目标指导企业的规划及经营管理	事业心 战略规划 长期利益导向
团队价值观	重视集体目标和集体利益,主动协调团队人际关系,积极维护团队团结	全局观念 团队信任 合作精神
经济效益价值观	追求经济效益,以投资回报率为最高标准来指导经营管理决策	成本意识 利润至上

(3)成员能力与个性特征

创业团队被视为组织取得成功和创造价值的基本单位,通过多个创业者之间的优势互补,能够有效突破个体创业者在能力、经验、资源等方面所受到的限制。大量研究表明,一流的创业团队能够带来大量的知识、经验、技能,并提升对公司的承诺,进而促进创业成功。创业团队成员能否做到优势互补,这在很大程度上取决于成员的选择与组合,能力与个性特征则是选择成员的关键所在。

公益创业活动牵涉到一系列复杂而具体的事务,包括机会识别、技术创新、风险承担和资源整合等。完成这一系列相互衔接而又各有专攻的活动,一方面,创业团队必须具备各种技巧和能力,如创业机会的识别往往需要较高的发现问题、分析问题、解决问题的能力;技术创新通常需要专业背景的加持;而资源整合则需要与全面的规划挂钩。另一方面,还强调团队成员在这些必需的技能上各有所长、相辅相成,包括人际沟通技能等。对于创业团队来说,由于公益创业活动的创新性、风险性和复杂性等特点,以上几种技能缺一不可。当然，并非在团队组建的一开始，就可以具备高水平的上述技能。这些技能可以随着团队的进步发展而得以学习和提升。

个性特征对团队行为和绩效有深远影响。组建公益创业团队应考虑将具备不同程度的、不同心理特征的成员进行合理组合。首先，为社会创造价值的战略目标决定了团队成员应具备良好的社会责任感，关心公众利益，能够在微薄甚至呈负数增长的个人经济回报下，仍坚定不移。其次，公益创业活动通常期望以创新性的技术或服务，为生活在社会底层的人们提供改善经济状况、提高生活水平、摆脱贫困的机会，这往往需要团队成员具有良好的外向性和开放性，愿意不断地发展自己与各种新型的人和事物的关系，对于创造性地探索和解决问题，保有持续的兴趣和热情。最后，公益创业事业复杂、艰巨、持久的特性，对创业团队的协作性和情绪稳定性也要求较高。只有具备了较好的协作性和情绪稳定性，面对困难甚至是巨大的挫折时，团队成员才能仍然互相支持、沉着冷静、保持士气，从而不断地克服困难，将曲折的创业活动向前推进。因此，总的来说，选择公益创业团队的成员，应综合考察其是否具备良好的社会责任感、外向性、协作性、责任感、情绪稳定性和开放性，同时还应注意不同成员之间在同一个维度上的程度差异不应太大。

(4)成员选拔工具

公益创业战略目标决定了公益创业任务，公益创业团队的组建应该根据目标和任务的性质来选择适合具体工作内容的成员。这要求在选拔公益创业团队成员的时候应该在候选人身上寻找特定的能力和个性特征。这项有效工作的完成很多时候必须借助规范化的人员测试和选拔工具。①心理测试。包括个性、气质、能力、态度等多个方面。这些测试通常是根据相应的心理学原理编制而成的问卷，要求被测试者完成一定数量经过精心设计的问题，然后通过对问题的答案进行分析来报告被测试者在各种心理特征方面的倾向，以帮助选拔者确定被测试者是否具备期望的心理特征。②面试被试者。与测试者进行面对面的交流，通过测试者提出各种问题和被试者回答各种问题来观察、获取被试者在知识、技能、潜能、心理特征等方面的信息。测试的问题可以是事先拟定的，也可以是在面试时根据具体情况而选择的。前者称为结构性面试，后者称为非结构性面试。③评价中心。根据被试者可能承担的工作内容或角色性质，编制一套与该工作过程或角色扮演中可能出现的与现实情况相似的测试题，要求被测试者在逼真的、模拟的情境中处理各种可能出现的问题，通过各种方法来获取被试者的能力以及心理等特征方面的信息。

3.2.3 管理公益创业团队

(1)团队的领导与激励

领导在创业活动中发挥着重要作用，深刻影响着创业团队的发展与运作。由于公益创业事业自身具备的鲜明特点和团队管理的不同特性，公益创业团队的领导与传统组织中的领导相比,已发生了很大的转变,主要体现在领导者所要扮演角色的区别。①预见者。作为公益创业团队的领导者,其肩负的第一使命就是"预见"公益创业的目标,为团队活动确立方向。②塑造者。公益创业的领导者不仅要为团队活动明确方向,还要借助其个人能力、气质、风格等特质来影响和塑造团队。公益创业活动通常是一个长期又艰苦的过程,一方面面对着收入微薄的现实,另一方面要付出巨大的努力。既要引领创新又要承担风险,这需要一种稳定的沟通与协作机制和独特的激励方式,来面对在创业中面临的各种困难。③联络者。公益创业活动期望通过创业团队的努力来为社会创造价值,这必然牵涉到各种各样的内外部利益相关者,而领导者正是连接彼此的桥梁。作为公益创业团队的代表,领导者需要对外发布活动信息、了解和发现服务对象的需求、处理与供应商之间的关系,更需要发动各种资源来支持公益创业活动。④问题处理者。当公益创业团队在工作中出现问题时,领导者需要给予帮助并找到解决措施。此时,领导者常常需要出席会议、参与讨论、提出问题,引导团队成员找出问题的根源,并分析各种解决问题的措施,领导者还应该获得相应的资源来帮助团队解决问题。

领导者还需注意利用激励手段,让团队成员感受到创业成功后能获得相应的收益和价值。因此,在制定激励方案时,领导者需要注意三个方面:一是差异性,在一般情况下,不同的成员很少会对企业做出同等贡献,应该制定不同的标准,以此激励团队成员为企业发展尽心尽力。二是重视业绩,该业绩应包含每个人在企业生命的整个过程所表现出的业绩,而不仅仅是此过程中某个阶段的业绩。三是灵活性,在团队发展过程中,新成员的加入或既有成员的退出是普遍存在的,灵活的薪酬制度可以适应这种变化,有助于产生公平的合作氛围。

(2)团队的冲突管理

公益创业团队的发展过程中,不可避免地在成员之间,创业团队与其他利益相关者之间存在观点上的分歧、认知上的不一致从而导致冲突的发生。

公益创业团队的冲突类型多样,有基于任务导向的合作式冲突、让步式冲突和对抗性冲突。合作式冲突的目的是达成共识,团队成员会坦率表达自己的见解,同时理性地分析他人的观点,以此来解决问题。在整合创业团队成员异质性信息的同时,强化团队成员之间的认同感,进而迸发出创新性的想法,提高企业绩效。如果创业团队成员为了维持团队表面的和谐及脆弱的凝聚力,为了避免冲突而不发表自己的观点,就会形成让步式冲突,阻碍团队成员间的知识分享和群体决策,并制约新企业绩效的改善。在决策过程中,对抗性冲突最有可能给企业绩效带来负面影响,在对抗性冲突中,团队成员常常坚持自己的观点,并试图强迫他人接受自己的观点,他们并非为了客观解决问题,而只是出于在团队的地位、决策制定权等方面的考虑。此外,还包括基于感知导向的认知冲突和情感冲突等形式。认知冲突来源于行为主体在完成组织目标过程中工作理念的不一致,它可以鼓励团队成员质疑当前思考中的不足,寻求更有效的观念,更加开放地考虑反对意见。而情感冲突则完全是因为行为主体之间的个性差异,此类情绪冲突会表现为个人之间的不相容或争端,表现为个人之间的为难。在创业团队中,如果存在过多认知冲突的话,则将导致成员之间的观点对立、相互不信任和猜疑;如果存在过多情感冲突的话,则将导致成员情绪上的失控和不稳定,进而影响共同目标的达成。团队成员间的有效交流能有效化解冲突,将对抗性冲突和让步式冲突转化为合作式冲突,以及包容适度的认知冲突而尽量避免情感冲突,可以提高团队效能。

(3)团队的人力资源

由于公益创业活动具有较高的理想性,员工通常带着自己的价值观和理念进入团队,对公益组织有着比商业企业更高的期待,这使得公益组织的人力资源管理更加复杂。

就一个公益组织的人力资源管理而言,不仅要点燃或唤醒个人的内在精神,更重要的是创造条件,让人们去实现这样的内在价值,而且这个过程要能够持续。在相应的保障和支持条件没有跟上的情况下,终身奉献是一件相当困难的事情。因此,与商业企业组织相比,公益组织一般很难招聘到专业的、高水平的、有竞争力的人才,这是一个很大的潜在威胁。在人才市场上作为招聘的非营利机构常常没有太强的竞争力,这直接影响到公益创业成功与否。所以,公益组织不能永远只靠使命,还必须要有相应的保障性措施,提供合理的薪酬、医疗保险等,只有这些措施跟上来才能够吸引和留住人才。

很少有创业团队一开始就是完美高效的,公益创业团队也一定是在发展中前进,从矛盾冲突走向磨合,而帮助创业团队完成这一转变的重要方法就是团队培训。因此,对于新进人员,后续还要持续地开展团队培训。这不仅仅可以让成员们正确认识团队的性质和发展历程,了解和学习处理各种团队问题的工具和技能,还可以有效地促进团队凝聚力的提升。团队培训可以是正式的,也可以是非正式的。正式的团队培训往往由专业人员来主持某种试验或游戏,通过这些活动来让团队成员学习和发展团队技巧。非正式的团队培训可在工作中进行,在实际工作情境中由相关人员来指导和调节团队,帮助成员学习团队技巧。其中的指导人员可以是团队领导者,也可以是专业人士。

(4)团队的结构优化

公益组织和商业企业在治理结构上存在着很大差异,也与政府自上而下的科层制治理结构有很大的不同。对商业企业来说,社会责任是外在的;而对于一个公益组织来说,践行社会责任是内在的组织使命。因此,要求治理结构除了对资产的出资人负责外,还要对社会负责。

在新企业生存与成长过程中,创业团队成员流动率比较高。因此,在保持核心团队成员稳定的前提下,通过吸纳新成员、让部分既有成员退出的方式来调整创业团队成员构成,实现成员优化,进而实现成功创业并促进新创企业成长。在团队成员加入方面,目前研究主要基于5个理论:人力资本理论、社会资本理论、资源依赖理论、吸引理论和社会网络理论。前三个统称为资源寻求理论,属于"问题式搜索"。当现有创业团队成员掌握的资源数量或质量难以满足新创企业生存和成长的需要时,就会引进新成员以获得某些新的能力、知识、网络关系等关键性资源。后两种理论可以统称为人际吸引理论,属于"机会式搜索",即为了满足创业团队成员的社会心理需求,或是维护创业团队的和谐氛围,寻求某些个性特征、价值观和决策风格相近的成员加入,保持创业团队的同质性。

在创业阶段,具有企业成长与盈利动机的创业者更可能制定退出战略、退出方案,或是中止、放弃创业项目。到了新创企业起步阶段,创业者因拥有股权而不得不集中精力应对新企业的日常经营管理业务,反而难得有闲暇考虑退出等长远大计。这个阶段倘若发生退出事件,通常是因为经营不善或创业团队解体。在新创企业成长阶段,有成长目标的创业者更倾向于制定退出战略,而把经营企业作为生活方式的创业者则会不愿舍弃或不愿退出。这个阶段若发生退出事件,往往会出现"愿走的走、愿留的留"的情况。在企业成熟阶段,一般有成长目标的创始人很少会留下来继续控制企业,而那些把经营企业作为生活方式的创业者要是退出企业,那么不是想尽快收回投资就是急需流动资金,或者是退休或病故。

[本章要点]

1. 公益创业者是指那些认识到社会问题,并通过运用创业者精神以及各种方法来创造、管理一个组织,最终实现社会使命的人。

2. 公益创业者身负社会价值的使命,不断识别与利用新的机会去实现社会使命,在创业过程中,能够整合调动资源,不断革新、适应,克服现有条件的限制,对目标人群高度负责。

3. 公益创业者首先应具有商业创业者的特质;其次应富有强烈的社会使命感;最后公益创业者应具有独特的个人魅力。

4. 公益创业团队是创业的核心,有助于降低公益创业风险和维持公益创业的持久性。

5. 组建公益创业团队需要制定适当的战略目标、正确的价值观,选择成员时要注意成员的能力和个性特征,还需要借助相应的选拔工具。

6. 公益创业团队的管理过程中,领导者要合理地利用激励方法,鼓励正当的冲突。吸引优秀的人才并进行持续的培训,优化团队结构。

[能力拓展]

请思考回答如下问题:

1. 公益创业者应该具备哪些素质?

2. 怎样理解公益创业团队对公益创业成效的影响？

3. 公益创业团队成员的异质性对公益创业的影响是积极的还是消极的？

4. 在公益创业团队的管理中应该注意哪些问题？

[参考文献]

[1] Thompson J，Alvy G，Lees A. Social entrepreneurship：a new look at the people and the potential[J]. Management Decision，2000，38(5)：328-338.

[2] Light P C. Reshaping social entrepreneurship[J]. Stanford Social Innovation Review，2006，4(3)：47-51.

[3] Martin R L，Osberg S. Social entrepreneurship：the case for definition[J]. Stanford Social Inonoration Review，2007，5(2)：28-39.

[4] 胡馨. 什么是"Social Entrepreneurship"（公益创业）[J]. 经济社会体制比较，2006，2(2)：23-27.

[5] 肖建忠，唐艳艳. 企业家精神与经济增长关系的理论与经验研究综述[J]. 外国经济与管理，2004，26(1)：2-7.

[6] 严维佳. 公益组织家的内涵与界定：基于社会创新的视角[J]. 西北大学学报（哲学社会科学版），2013，43(5)：113.

[7] 陈劲，王皓白. 社会创业与社会创业者的概念界定与研究视角探讨[J]. 外国经济与管理，2007，29(8)：10-15.

[8] Zahra S A，Gedajlovic E，Neubaum D O，et al. A typology of social entrepreneurs：motives，search processes and ethical challenges[J]. Journal of Business Venturing，2009，24(5)：519-532.

[9] Weick K E. Cognitive processes in organizations[J]. Research in Organizational Behavior，1979，1(1)：41-74.

[10] Cannon C. Charity for profit：how the new social entrepreneurs are creating good by shar-ing wealth[J]. National Journal，2000，16(2)：1898-1904.

[11] Dees J G. Enterprising nonprofits[J]. Harvard Business Review，1998，71(1-2)：54-69.

[12] Cromie S. Assessing entrepreneurial inclinations：some approaches and empirical evidence[J]. European Journal of Work and Organizational Psychology，2000，9(1)：7-30.

[13] Barendsen L，Gardner H. Is the social entrepreneur a new type of leader? [J]. Leader to Leader，2004(34)：43-50.

[14] Leadbeater C. The rise of the social entrepreneur[M]. London：Demos，1997.

[15] Mort G S, Weerawardena J, Carnegie K. Social entrepreneurship: towards conceptualisation[J]. International Journal of Nonprofit and Voluntary Sector Marketing, 2003, 8(1): 76-88.

[16] Peredo A M, McLean M. Social entrepreneurship: a critical review of the concept[J]. Journal of World Business, 2006, 41(1): 56-65.

[17] 赵莉, 严中华等. 国外公益组织理论研究综述[J]. 理论月刊, 2009, 6(1): 154-157.

[18] 唐亚阳, 邓英文, 汪忠, 等. 高校公益创业教育: 概念、现实意义与体系构建[J]. 大学教育科学, 2011(5): 49-53.

[19] 仲伟仁, 王亚平, 王丽平. 创业文化对创业者创业动机影响的实证研究[J]. 科学学与科学技术管理, 2012, 33(9): 160-170.

[20] Bornstein D. How to change the world: social entrepreneurs and the power of new ideas[M]. New York: Oxford University Press, 2007.

[21] Baughn C, Neupert K E. Culture and national conditions facilitating entrepreneurial start-ups[J]. Journal of International Entrepreneurship, 2003, 1(3): 313-330.

[22] 胡望斌, 张玉利, 杨俊. 同质性还是异质性: 创业导向对技术创业团队与新企业绩效关系的调节作用研究[J]. 管理世界, 2014, 30(6): 92-109.

[23] Elizur D, Sagie A. Facets of personal values: a structural analysis of life and work values[J]. Applied Psychology, 1999, 48(1): 73-87.

[24] 霍娜, 李超平. 工作价值观的研究进展与展望[J]. 心理科学进展, 2009, 17(4): 795-801.

[25] 姚振华, 孙海法. 高管团队组成特征、沟通频率与组织绩效的关系[J]. 软科学, 2011, 25(6): 64-68+75.

第4章　公益创业机会

[学习目标]

1. 了解公益创业机会的来源，理解公益创业机会的属性。
2. 掌握公益创业机会的识别过程，了解公益创业机会的识别方法。
3. 理解公益创业机会的评价模型，明确公益创业机会的评价方法。
4. 掌握公益创业机会的开发方式，了解公益创业机会的开发过程。
5. 明确公益创业机会识别、评价、开发的影响因素。

4.1　公益创业机会识别

4.1.1　公益创业机会的内涵

(1)公益创业机会的来源

公益创业机会从根源上说来自政府、市场以及公益部门的"三重失灵"，公益创业者正是致力于寻求尚未被商业创业满足，并且也未被政府部门和公益组织部门满足的创业机会[1]。

首先，政府失灵上，由于政府角色的多重性以及资源的有限性，导致其更可能将有限的资源投入到那些不确定性较高的社会需求中去；加之方法或手段等的局限性，政府也较难精准识别最迫切的社会需求。所以，在解决社会问题上政府极易出现事实上的失灵现象。此外，公共政策及政府垄断力量也会使得纯粹的市场机制无法发挥资源的最大化效用，例如，政府可能为了追求经济发展改变地方税收制度、提供片面优惠政策、吸引投资，从而导致生态环境恶化[2]。公益创业强调的则是通过创新方式解决社会难题，用较少的社会资源获得较大的社会价值。因此，政府失灵现象为公益创业机会的识别提供了良好契机。

其次，市场失灵上，主要表现为市场运行机制存在弊端。商业企业以利润最大化为运营的主要目标,常常只关注经济水平高、有足够消费能力的顾客,忽视那些消费能力相对不足的顾客[3]。实际上,庞大的底层消费者的潜在社会需求往往孕育着公益创业机会,但由于这些机会的紧迫性、高成本性和高获得性,大大降低了以利润最大化为主要目标的商业企业进入该领域的可能性。并且由于社会资源是有限的,底层消费者又通常缺乏足够的支付能力,这又降低了商业企业的进入动机。从经济学角度来说,公共物品一般不会通过大规模收费来回收成本,因此市场失灵在公共物品供给方面非常容易出现,社会公共物品的供不应求反过来孕育了公益创业机会。

最后,公益部门失灵上,长期依赖于捐赠存续、无法"自我造血"的公益组织,作为第三部门正面临着资金持续减少的困境,难以应对日益增多的社会需求,正逐渐丧失发展活力。公益创业兼具双重使命,以社会价值为首要目标,同时倡导采用商业化手段来解决社会问题,具有较强的"自我造血"能力[4],在缓解就业压力、促进经济发展、推动社会变革等方面发挥着重要作用[5],很大程度上解决了那些被政府、市场和公益部门所忽略或无法充分解决的社会问题。

总的来说,公益创业机会源于"三重失灵",具体表现为政府不作为或过度作为造成的效率低下、公共物品在市场中的不足以及公益部门难以持久的困境。这些矛盾正是公益创业机会的根源所在[7]。

(2)公益创业机会的属性

公益创业机会与商业创业机会存在显著不同。具体而言,Austin 等[8]认为商业创业机会倾向于关注突破性和新的需求,而公益创业往往注重于通过创新的方式更有效地服务于基本的和长期的需求。对于一个商业创业者来说,机会意味着可以与之匹配的市场或结构上具有吸引力的行业。而对于公益创业者来说,一个公认的社会需求或"三重失灵"现象通常保证了一个足够规模的市场。普及性、相关性、紧迫性、可获得性以及创新性是区分公益创业机会与商业创业机会的 5 条标准。

①普及性,指公益创业机会存在主要源于人类社会需求的普遍存在。据统计,当今世界上还有将近 1/3 人口的死亡原因是与贫困有关的。贫困还会引发其他一系列社会问题,如教育、医疗、暴力等,这些社会问题的普遍存在催生了公益创业机会。从某种程度上而言,只要我们生活的世界上还存在贫穷与落后,还存在着地区经济发展不平衡现象,公益创业机会便会普遍存在于人类社会中。当前,大学生公益创业活动正逐渐成为缓解毕业生就业压力、拓展传统就业途径、提升经济活力的新方式,也反映出公益创业机会存在的普及性。

②相关性,指创业者的家庭背景、价值观以及所拥有的技能和资源与机会相匹配的程度。公益创业旨在通过创新商业化手段解决社会问题,但是社会问题的形式多种多样,内容不尽相同。公益创业者并不是随便开发公益创业机会,当社会问题与某些创业者越相关,就越能吸引这部分创业者的注意力。这种现象可能与创业者自身的认知、技能和价值观有重要关系。例如,清朝末年张謇在高中状元后并没有陶醉于仕途之路和

官宦旅途,而是回到家乡南通办起了纱厂,这正是因为从小饱读孔孟之书的他,遵从"穷则独善其身,达则兼济天下"之教。事实上,相关性能够在很大程度上影响创业者对周围环境变化的反应,进而使个体在面对公益创业机会时的侧重点有所不同。

③紧迫性,体现在创业者对于不可预测性事件的迅速反应和及时应对。公益创业机会往往具有紧迫性特征,比如地震、台风等自然灾害和战争等人为灾难后,迫切需要进行灾区重建工作。例如,2008年汶川大地震后,一些大学生自发前往灾区成立公益企业。事实上,社会公共服务产品的不足,以及当今社会普遍存在的环境保护、资源浪费以及贫困等,都是关乎人类发展的重大问题。对旨在解决社会问题的公益创业来说,时效性是影响价值创造的重要因素。

④可获得性,指通过传统的福利机制解决社会问题的困难的感知程度。我国公益创业的普及与宣传做得还不到位,很多人并不完全了解公益创业对培养人才、推动社会变革的意义,甚至把公益创业等同于传统的商业创业,更有甚者对公益创业持怀疑态度。"红十字会"等公益慈善组织在"郭美美"事件后遭遇信任危机,其负面影响至今存在。传统福利机制的衰落意味着必须要有新型福利机制来承担起服务大众的责任,公益创业作为一种新型的创业组织形式,具有双重价值使命,成为继传统福利机制后一种全新的旨在解决社会难题的创业组织形式。

⑤创新性,指为解决一个特定的社会问题,通常伴随着重大创新和社会变革。对于公益创业活动而言,其目的在于以创新化的手段促进复杂社会问题的解决,根本目标在于增加人民福祉、推动社会变革。公益创业者所利用的机会必须具备一定的创新性,否则公益企业既不能在激烈的市场竞争中长久存活,对经济发展也只能发挥有限的作用。在企业运营中,公益创业者可以通过新的技术、管理理念、市场方法等,整合各类资源,用创新性方式开展创业活动使整个社会系统受益,努力构建主动型社会福利系统。

4.1.2 公益创业机会的识别过程

公益创业机会的识别过程是创业主体与外部环境互动的过程,主要表现为创业者利用各种渠道和多种方式,掌握并获取有关创业环境变化的信息,发现产品、服务、原材料和组织方式等存在的差距和缺陷,进而找出创造或改进"目的—手段"关系的可能性,最终识别出可能带来的新产品、新服务、新原材料和新组织方式的公益创业机会。

公益创业机会的识别过程更多地依赖于创业主体的把握,创业者从创意中筛选出合适的创业机会,持续不断地开发这个机会,使之成为真正的公益企业,直至最终收获成功。在这一过程中,机会的潜在预期价值以及公益创业者的自身能力得到反复的权衡,因而公益创业者对创业机会的战略定位也越来越清晰,即创业者对信息的不断内在化和读懂的过程,如图4-1-1所示。

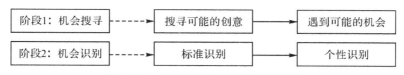

图 4-1-1 公益创业机会识别过程模型

阶段 1：机会搜寻。这一阶段公益创业者对整个经济系统中可能的创意展开搜寻，如果公益创业者意识到某一创意可能是潜在的公益创业机会，具有潜在的发展价值，就将进入公益创业机会识别的下一个阶段。

阶段 2：机会识别。相对整体意义上的公益创业机会识别过程，这里的机会识别是狭义上的，即从创意中筛选合适的机会，包括两个步骤。首先是通过对整体的市场环境以及一般的行业分析来判断该创业机会是否符合广义上有利的公益创业机会；其次是考察对于特定的公益创业者和投资者来说，这个机会是否有价值，即个性化的机会识别阶段。

4.1.3　公益创业机会的识别方法

（1）市场信息的收集与研究

机会识别必须要先进行市场研究，从广义上讲，包括收集有关产品的市场信息以确定潜在的市场规模，进而明确在市场方面公益创业计划是否具有可行性。信息的收集，是使创意变为现实机会的基础工作，可以分三步走。首先，根据创意明确目标或目的。其次，从已有二手资料中收集信息，大量的纸媒资料源于图书馆、政府机构、大学或专业咨询机构以及各大门户网站等。最后，收集第一手资料，如实地考察、问卷调研等，一般来说成本更高，但却能够获得更具时效性和现实意义的信息，因而能更好地识别公益创业机会。

（2）环境分析

公益创业环境分析在公益创业机会识别过程中扮演着重要角色，创业者准备公益创业计划之前，必须首先对环境进行研究分析，主要包括政策环境分析、市场环境分析和技术环境分析。

政策环境分析，包括政府政策、法律法规等，直接或间接地影响公益创业活动，创业者应对此进行深入分析。市场环境分析，具体来说可以从宏观、中观、微观三个层次来进行分析，宏观上主要针对经济、文化等因素，中观上主要是行业需求，微观上则是影响公益企业的具体因素。技术环境分析，除了要考察与企业所处领域的活动直接相关的技术手段的发展变化外，还应及时了解国家对科技开发的投资和支持重点、专利及其保护情况等。

(3)功能分析

公益创业机会识别和设计创新与产品的功能密不可分,产品设计的目的是创造一种新的、合理的、和谐的生活和行为方式。对产品功能的分析是设计找寻新的突破的有效手段,进而识别公益创业机会。

综上所述,公益创业机会识别既是一门艺术,又是一门科学。公益创业者必须依靠直觉使之成为一门艺术,也必须依靠有目的的行动和理性的分析技能,使之成为一门科学。

4.2　公益创业机会评价

4.2.1　公益创业机会评价的定义

公益创业机会评价是创业者运用实验法、调查法等方法,对筛选出的公益创业机会进行考察和可行性分析,判断其是否值得进一步开发的过程。通过基于实践的创业机会评价,能够科学、有效地判断创业机会是否适用于某一特定的社会环境、能否产生社会影响力以及运作模式是否可持续发展等。财力、物力和精力是公益创业者评价创业机会所需的重要元素,充足的资源可以支持创业者展开充分的调查与试验,准确评价待开发的公益创业机会。

然而,公益创业机会评价的难点在于,若要准确把握创业者评估创业机会时所需要的知识结构和信息处理能力,必须基于特定的创业背景。而公益创业背景的高度不确定性导致创业感知难以被预测和评估。因此,Dacin 提出了适用于不确定背景下探索决策制定过程的"奏效理论",并应用于公益创业机会感知的研究之中,即公益创业者在高度不确定的背景和资源约束下,利用自身的本能和直觉,预先设计出几种不同的创业路径和策略,并根据资源和环境的变化对策略进行相应的调整[9]。这一思路将有助于区分公益创业机会与商业创业机会评价过程的差异,进而挖掘出公益创业机会评价涉及的相关知识结构和信息处理能力。

4.2.2　公益创业机会评价模型

当创业机会被识别后,就要做出是否继续开发的决定,因而必须对其进行评价。而在公益创业中,从创业机会中提炼出社会价值的能力是最重要的。因此,社会价值在公益创业机会评估中占有重要位置。

当公益创业者把目前所存在的社会需求和满足这些需求的方法有机结合时,他们就能够发现公益创业机会。公益创业机会被识别后,将产生三种可能性,如图 4-2-1 所示。只有当识别到公益创业机会并且认可它的时候,才会出现公益创业机会的开发和公益创业的发展。

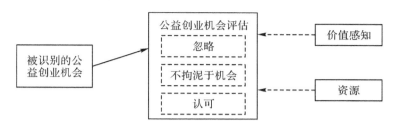

图 4-2-1　公益创业机会评估模型

随后,创业者会根据这一模型对所识别的创业机会进行评估,确定继续开发是否能够产生相匹配的社会价值。评价过程一般会包括 6 个阶段,如图 4-2-2 所示。

图 4-2-2　公益创业机会评估流程

确定评价目标:评价目标的确定是创业机会评价的第一步,直接影响后续步骤,即应该对评价目标进行充分的分析,以更好地确定影响公益创业机会的因素,从而确定公益创业机会评价的基本框架。

分析影响因素:影响公益创业机会实现的因素有很多,既有内部的公益创业团队因素,也有外部的公益创业环境因素;既有社会因素,也有经济因素;既有市场因素,也有政治因素。公益创业者需要从各种影响公益创业机会的因素中提炼出关键因素,为构建公益创业机会评价指标体系提供支撑。

构建评价指标:公益创业机会评价指标是在对公益创业影响因素进行深入分析的基础上构建的。

选择评价方法:公益创业机会评价会涉及很多指标,包括可量化的,如潜在市场规模、市场增长率等;有些指标则不易量化,如产品结构等。由于定性方法难以对创业机会的优劣进行排序,单一的定量方法难以对决定创业机会的关键因素进行抉择。因此应该在借鉴相关模型的基础上,选择定量与定性相结合的方法进行评价。

实施评价:公益创业机会评价的实施指对定量和定性指标进行处理,引入所需的数据和相关专家的评定,并结合相关模型最终得到评价结果,是评价的实际操作阶段。实施评价也是对公益创业机会进行选择和淘汰的过程,其关键是相关数据的获取和模型的选择。

完善评价:公益创业机会评价是一个动态过程,其本质上是一个主观的理论分析过程。创业机会是否可以在现实中被开发,还需要进一步从实践中证明。此外,根据公益创业活动实践,可以从风险规避和价值创造这两个方面对公益创业机会评价的结果做进一步修正。

4.2.3　公益创业机会评价方法

(1)定性评价

对公益创业机会的评价事实上就是预测公益创业过程中将遇到的问题,属于一种前瞻性的评价。由于事情的发展往往是出人意料的,创业中会遇到许多问题,而且大多数问题都是无法精确预测的。这就给公益创业机会评价增加了难度。因此,定性评价方法是公益创业机会评价中不可忽视的一种重要方法。

(2)定量评价

定量评价主要是进行效益分析,是在初步拟定的规划基础上,从经济社会效益维度进一步判断选定的机会是否符合创业目标。好的公益创业机会一般符合下列五个重要特征:市场前景可以明确界定;市场稳步且快速增长;创业者能够获得利用机会所需要的关键资源;创业者不被局限在刚性的技术路线上;创业者能够利用不同的方式创造更多的机会和社会价值。

4.3　公益创业机会开发

4.3.1　公益创业机会开发的内涵

公益创业者在公益创业机会评价后,会对机会进行开发,这主要涉及合法性构建、资源动员和社会创新 3 个重要方面。

(1)合法性构建

公益创业者想要达成的社会变革,通常都会面临制度上的抵制,加之创业者在解决社会问题中运用的创新手法并不为人所熟知,因此获取合法性是公益创业成功的关键所在。对于如何获取公益创业的合法性,现有研究指出了利益相关者参与、跨部门合作和使用修辞等策略。对于各个利益相关方来说,公益创业者若能有效将其纳入组织决策中,不仅有助于提高组织的竞争优势,也有利于其获得合法性。一些研究还发现,许多公益企业认为与商业企业的合作能够增加其合法性。而在这些合法性策略中,修辞策略正受到越来越多的关注。因为合法性是建立在制度逻辑之上的,越来越多的证据表明修辞策略是这一制度性工作的重要组成部分。例如,公益创业者可以通过引用社会接受的元叙事、重视积极的主角元叙事和消极的对抗性元叙事的修辞手法,将自身塑造成正面形象,而将挑战变革的组织和个人塑造为反面形象,通过正反鲜明对比有效提升公众对公益企业合法性的感知。

（2）资源动员

资源动员在公益创业过程中发挥着重要的基础性作用，因为大多数创业者都面临着资源约束，缺乏资本、原材料或专业知识等来充分开发公益创业机会。相较之商业创业，公益创业面临着更加严重的资源约束，社会使命和经济回报之间的冲突，利润分配的约束以及制度环境的缺失都限制了公益创业中的资源获取。对于公益企业家如何进行资源动员，Desa 和 Basu[10] 指出资源拼凑和资源优化是两种重要的手段，其中，资源拼凑对公益创业有着独特的作用。资源拼凑被定义为"利用现有手头资源创造新产品或服务"，能在资源匮乏的情况下，对现有资源进行重新配置和转换，实现"从无到有"。同时，公益创业往往面临着制度缺失的问题，资源拼凑则能够打破常规，在缺乏制度支持的情况下进行。资源优化不同于资源拼凑，是指在公益创业企业对目标有一个清晰的想法并知道其需要哪些资源以达到目标的情况下，搜寻这些资源并用市场价格获得它们。

（3）社会创新

Zahra[12] 指出公益创业的关键在于其通过创新性手段来解决复杂社会问题的能力，社会创新是公益创业的开始，公益创业是立足于社会创新基础上创立新公司来实现社会效益的活动。然而，已有研究还没有对于"社会创新"一词达成一致的定义。Zahra[12] 认为社会创新是指新的概念和方式，旨在通过激发私营部门，特别是公益创业者的创造性以改变提供公共服务的方式。总的来看，社会创新包含创新的一般内容，都是通过技术革新等手段以解决问题，但是两者在动机上存在根本差异，商业创新由利益驱动，是通过创新获得更多经济收益，但是社会创新则是为了更好地解决社会问题，创造社会价值。

4.3.2　公益创业机会开发的方式

公益创业机会开发是一项具有开拓性的工作，仅仅有机会的感知或机会的识别，不一定能够将机会完全开发，从而演变为一项可行的创业活动。相比于机会识别，更应该关注机会开发。事实上，机会的开发已经包含识别。机会开发是由创业者将未完全成型的灵感或创意逐渐与资源和外部社会环境链接而开发到成型的过程，它包含识别的过程和链接的过程。

纵观已有研究，关于公益创业机会识别与开发的研究可以分为三个方面。①公益创业机会存在于客观环境中，是经过公益创业者发现的[13]，创业机会的开发是填补现有市场空缺的过程，进而达到市场的均衡点；②公益创业机会开发是创业者构建机会的活动，主张公益创业机会开发的重点不是从现有手段中选择最优化的创业机会，而是在创业者使用自身已经拥有的手段和资源的组合关系中与外界创业环境互相交织以构建出新目标的过程[14]；③公益创业机会并非客观存在于现实世界中，也并非先于创业者的意识而存在，而是被创业者从无到有创造出来的[15]。上述三种关于公益创业机会的开发方式分别属于发现型创业机会、构建型创业机会和创造型创业机会。

4.3.3 公益创业机会开发的过程

(1)发现型公益创业机会开发过程

当产品或服务在现有市场中既有需求也有供给，但由于某些原因在一些空间或时间上供给不足，将产生公益创业机会。此时，如果创业者具备机会警觉性并且发现了这种供给不足，公益创业机会就能够被发现。从理论上讲，发现型创业机会源于柯兹纳提出的用创业者机会警觉性填补市场空白，进行市场套利。发现型公益创业机会在时间或空间上一般存在着较明显的市场缺口，大多数人都能够发现创业机会的存在，但仅有小部分人能够开发机会。发现型公益创业机会仅仅需要较低的人力资本和较低的创业机会警觉性[16]。比如，通过利用小额贷款购买货物并以较低价格在乡村沿街叫卖，属于较为典型的发现型创业机会[17]。

公益创业不仅仅是这种发现现存市场缺口从而解决自身贫困问题的底层创业，也可以是当前已经具备一定盈利能力的公司或企业。发现型公益创业机会是独立于创业者本身而独立存在的，但机会只能被一部分创业者发现，并且要求创业者根据自身创业技能和市场行业经验进行合理的开发。例如，某贫民在贫民窟发现没有早餐店，因此利用自身的烹饪技能创办了一家早餐店服务贫民，属于利用自身技能的机会发现型创业过程。

发现型公益创业机会源于机会本身，公益创业机会是外生的，独立存在于外界的创业环境，遵循着"三重失灵"带来的公益创业机会影响创业者的机会和资源链接。在公益创业过程中，"三重失灵"现象意味着机会来源于政府、市场和公益组织部门的失灵，具备机会警觉性的创业者进行一定程度的搜寻就能够发现公益创业机会。创业者能够真实地感受到创业机会的存在，即未被满足的现实社会需求，并在此基础上将公益创业机会与自身所拥有的创业资源和社会网络相链接，实行机会与特定市场资源的适宜性匹配，最终开发创业机会。

(2)构建型公益创业机会开发过程

当市场上存在尚未被发掘的潜在消费需求，但是并不存在能够满足该潜在需求的供给时，产生的创业机会就属于构建型创业机会。构建型创业机会的产生需要创业者与外界创业环境进行有效的互动和交织行为以构建公益创业机会[18]。例如，在推出智能手机之前，广大消费者并不知道自己需要这样一款智能手机，苹果智能手机的推出是乔布斯与广大消费者手机使用习惯不断交互的结果。构建型公益创业机会源于潜在的市场需求，这些处于尚不成熟或者暗藏的市场需求能够被具备较高创业机会警觉性的创业者察觉到。

构建型公益创业机会源于市场机会被公益创业者感知和觉察到的情形。也就是说,公益创业机会存在外生性属性,但公益创业机会的识别特别是被市场接纳的过程极度依赖于创业者,需要公益创业者不断适应外在的混沌情境。在构建型公益创业机会开发过程的机会识别阶段,公益创业者基于潜在的市场需求,进行创造性想象,经过反复循环思考和多重考量从而确定一个最优化方案。在公益创业机会链接阶段,公益创业者往往通过社会化技能,进而生产出市场和社会能够接受的产品和服务。总之,构建型公益创业机会存在于社会现实需求中,是公益创业者与社会化技能互动的结果,公益创业者通过概念化、客观化和过程实施三个步骤完成公益创业机会的构建过程[19]。

实际上,如果说发现型公益创业机会有规律可循的话,那么构建型公益创业机会就带有些许随机成分,交互是不能被完全预先察觉到的[20],因此其失败的概率远远大于发现型公益创业机会。值得注意的是,创业者构建公益创业机会时,一个最关键的区别在于公益创业者的社会使命感,即社会价值的美好传递愿望,试图通过以创新的方式解决贫困、资源浪费、环境破坏等社会问题;抑或公益创业者出于同理心,唤醒亲社会动机[21],构建属于弱势群体的公益创业机会。

(3)创造型公益创业机会开发过程

当市场上还没有出现对某一产品和服务的需求时,公益创业机会出现的根本原因不在于创业环境,而是源自于公益创业者的内心创造,这种类型就属于创造型公益创业机会。创造型公益创业机会没有历史数据可供参考,也没有同行可以借鉴,亦没有合理的预测模型,体现了创业情境下的高度不确定性和不可预测性。创造型公益创业机会是公益创业者反复思考,继而将其创造性想象进行迭代,最后形成产品或服务[22]。公益创业者通过思考进而开发公益创业机会,意味着创业者要探索从 0 到 1 的新道路。创造型公益创业机会需要创业者尝试从未尝试过的事情。

创造型公益创业机会源于创业者坚定的创业信念,信念又是创业机会成功开发的重要因素[23]。创业信念是个体希望通过自己的创业活动改变他人的生活甚至改变世界,是创业者整合资源,进行某项创业的"第一人"活动。在机会开发过程中,公益创业者努力把自身接触到的新信息转化成有意义的信念,这种信念可以驱动个体的行动,随之而来的创业灵感是创造型公益创业机会的根源所在。创造型灵感的形成并非一蹴而就,创业者首先加工头脑信息,继而把内心的主观信念、产品服务加以反复考虑和评估,最终形成具体的创意方案[24]。随后与潜在的公益创业情境和所拥有的资源相链接。事实上,由于机会识别阶段的创业灵感和链接阶段的不可预测性,公益创业机会的创造是不能被完全预测出来的,它只能够在时间轴上被多阶段选择出来[25]。

发现型公益创业机会与构建型公益创业机会都能够通过填补现有市场空白为创业者带来经济收益和社会价值,而创造型公益创业机会的成功开发将会影响整个行业链以及多个行业链的整合,再产生出大量新的公益创业与就业机会,既能产生社会层面的创业实绩,也能影响企业层面的绩效。在这种情况下,创造型公益创业机会对社会价值的贡献更大。

4.4 公益创业机会的影响因素

4.4.1 公益创业机会识别的影响因素

(1)知识与信息

创业者所拥有的相关知识和信息很大程度上影响公益创业机会的识别。俗话说"外行看热闹，内行看门道"，拥有相关行业经验和专业知识是很多投资者考察创业者的重要指标。先前知识和经验被认为是影响公益创业尤其是创业机会识别的重要因素。先前知识来源于两个方面：一是直接来源，如先前从业经验；二是间接来源，如公益创业教育。创业者在先前经验中积累的有关市场、顾客和产品的知识信息形成的"知识库"会影响创业者公益创业机会识别和开发的过程[26]。公益创业教育能够为创业者带来显性知识，有目的、有计划地引导公益创业者获得相关创业信念和知识技能。在信息不对称的现代社会，对信息拥有先有权的人更可能识别公益创业机会。

(2)创业警觉性

对创业者来说，具备一定的公益创业知识是必要的，但却不是识别公益创业机会的充要条件，创业者还必须具备对创业机会的警觉性。创业警觉性即"对目前虽然被忽视，但却可获得的创业机会的敏感性"[27]，创业者在搜寻机会时具备的一种明显创业特质，这种特质使他们能够比其他人更容易发现公益创业机会。也就是说，公益创业者在公益创业机会的搜寻过程中除了要发现必要的社会需求外，还应该具备满足这种需求的创业灵感，即把需求与满足需求结合起来。创业者独特的市场机会敏锐性体现了创业者独特的公益机会识别认知模式。这就是为什么有的人能识别公益创业机会，而有的人却无法识别。人们对机会的识别能力除却先前经验以外，首先要受到他们自身敏感性的限制。创业警觉性使得公益创业者能看到别人看不到的公益创业机会，而公益创业机会的识别又是公益创业机会开发的前提条件。

(3)社会网络

个体社会网络能够显著影响创业者识别公益创业机会[28]。从理论上讲，创业者为实现预期目标，一般会通过社会网络，利用信任与互惠等获取信息和资源支持。先前知识和公益创业教育会对个体的社会网络产生一定的促进作用[29]。创业者社会网络的强度和结构都能够对机会识别起到一定的影响作用。在机会识别阶段，创业者可能不会意识到公益创业机会，但却可通过社会网络中的其他人而识别到机会的来临，如顾客、雇员、熟人等都是机会的重要来源。在公益创业的研究中，各种类型的学者都强调了社会网络的重要性，因为它不仅是公益创业机会的源泉，也提供了获得信息、资源和支持的渠道。

4.4.2　公益创业机会评估的影响因素

(1)价值感知

如果一个需求越符合创业者个人的价值观和信仰,那么就越符合个体的自我认知。社会责任感是公益创业者的深层次动机,公益创业者往往通过公益创业机会可能产生的社会价值来评估其可行性。

(2)创业资源

公益创业者在评估创业机会时,可获得的资源是个体做出是否进行公益创业决定的重要参考。公益创业者为了能够开启创业之旅必须掌握必要的资源,例如政府创业资金和创业扶持政策等[30]。如果缺乏这些必要资源,那么即使公益创业者发现了切实可行的创业机会也不会选择去开发。如果可创造的社会价值并不被看作是有效的或者可获得的创业资源并不充足,创业者在评估公益创业机会时可能会重新考虑。在这种情况下,公益创业者懂得应势而为,即可能尝试去满足现存需求的其他类型的行动,例如,向公益部门捐款或为了达到有意义的目标开展志愿服务。这种行为虽然值得赞扬,但并不代表是公益创业活动。

4.4.3　公益创业机会开发的影响因素

(1)资源

资源的可获得程度不仅影响机会评估,还会影响行动策略的执行情况。Dees 这样定义创业者:创业者是通过"冲破目前手中掌握的资源限制勇敢地采取行动"的角色[31]。Mair 和 Marti 则认同"由于一般意义上的空白而产生的机会开发过程——'自力更生'"的定义[32]。他们将"自力更生"定义为"创业者利用手中掌握的一切资源来达成目标的过程"。这一策略对于资源相对匮乏的公益创业者来说尤为重要,因为他们所处的环境缺乏必要的创业资源。资源的获取情况将会对公益创业者的创业机会开发策略产生显著影响。

(2)价值感知

在公益创业机会开发中,价值创造是决定机会是否可用的主要因素。合格的公益创业机会不仅能够创造社会价值,而且在进行机会开发的过程中也会创造经济价值。在公益创业机会的评估阶段,如果一个人认为创业机会仅仅能够创造社会价值,那么他除了建立一个非营利组织外别无他选。相反如果个体认为这一公益创业机会既能够创造社会效益,同时又能够创造经济效益,那么他可能决定采取一个能带来各种效益(社会价值和经济价值)的经济探索策略来开发这一机会。公益创业者在机会评估过程中对价值创造的理解,最终将会影响机会开发阶段所采用的策略。

(3)社会网络

在机会开发阶段,社会网络发挥着重要作用,尤其是对公益创业者在社会冒险阶段所采取的策略。社会冒险往往被认为是在资源和组织匮乏的环境中存在的。这种冒险必须依托于自力更生来促使创业者社会项目的开展。"自力更生"要求创业者必须充分调动他们的技能和资源,并且在接下来的生活中不断学习。社会网络是公益创业者信息、资源和支持等的重要获取渠道。因此,拥有庞大社会网络的公益创业者会倾向于利用他们的社会网络去形成战略联盟,获得资金等资源。创业者社会网络的质量同样会对创业者是否采用诸如联合行动之类的策略,开发公益创业机会产生重要影响。

[本章要点]

1. 公益创业机会来源于市场、政府以及公益部门"三重失灵",具有普及性、相关性、紧迫性、可获得性和创新性等属性。

2. 公益创业机会识别遵循机会搜寻—机会识别的步骤,识别方法包括市场信息的收集与研究、环境分析法和功能分析法。

3. 公益创业机会评价是创业者运用实验法、调查法等方法对筛选出的公益创业机会进行考察和可行性分析的过程,是公益创业机会识别的先导。

4. 公益创业机会评价包括确定评价目标、分析影响因素、构建评价指标、选择评价方法、实施评价和完善评价结果六个阶段,有定性评价和定量评价两种方法。

5. 公益创业机会可以分为发现型公益创业机会、构建型公益创业机会、创造型公益创业机会三种类型。

6. 公益创业机会的识别、评估和开发均受到多种因素的影响,公益创业机会识别受知识与信息、创业警觉性、社会网络影响;公益创业机会评价受价值感知、创业资源的影响;公益创业机会开发受资源、价值感知和社会网络的影响。

[能力拓展]

请思考回答如下问题:

1. 为什么说公益创业机会源于市场失灵和政府失灵?

2. 公益创业机会的属性包括哪几类? 结合自身的理解谈谈你对其中一项或多项属性的看法。

3. 你认为创业者自身的价值观和使命感在公益创业机会识别和开发过程中起什么样的作用?

[参考文献]

[1] 刘志阳，李斌，陈和午. 企业家精神视角下的社会创业研究[J]. 管理世界，2018，34(11)：177-179.

[2] Dean T J，McMullen J S. Toward a theory of sustainable entrepreneurship：reducing environmental degradation through entrepreneurial action[J]. Journal of Business Venturing，2007，22(1)：50-76.

[3] Karnani A. The mirage of marketing to the bottom of the pyramid：how the private sector can help alleviate poverty[J]. California Management Review，2007，49(4)：90-111.

[4] 屠霁霞. 大学生公益创业影响因素分析及建议[J]. 教育发展研究，2018，38(1)：7-13.

[5] Dacin M T，Dacin P A，Tracey P. Social entrepreneurship：a critique and future directions[J]. Organization Science，2011，22(5)：1203-1213.

[6] Eckhardt J T，Shane S A. Opportunities and entrepreneurship[J]. Journal of Management，2003，29(3)：333-349.

[7] 刘志阳，庄欣荷. 社会创业定量研究：文献述评与研究框架[J]. 研究与发展管理，2018，30(2)：123-135.

[8] Austin J，Stevenson H，Skillern J. Social and commercial entrepreneurship：same，different，or both？[J]. Entrepreneurship Theory and Practice，2006，30(1)：1-22.

[9] 薛杨，张玉利. 社会创业研究的理论模型构建及关键问题建议[J]. 天津大学学报（社会科学版），2016，18(5)：392-399.

[10] Desa G，Basu S. Optimization or bricolage? Overcoming resource constraints in global social entrepreneurship[J]. Strategic Entrepreneurship Journal，2013，7(1)：26-49.

[11] Weber C，Weidner K，Kroeger A，et al. Social value creation in organizational collaborations in the not for profit sector give and take from a dyadic perspective[J]. Journal of Management Studies，2017，54(6)：929-956.

[12] Zahra S A，Rawhouser H N，Bhawe N，et al. Globalization of social entrepreneurship opportunities[J]. Strategic Entrepreneurship Journal，2008，2(2)：117-131.

[13] Shane S. Reflections on the 2010 AMR decade award：delivering on the promise of entrepreneurship as a field of research[J]. Academy of Management Review，2012，37(1)：10-20.

［14］Sarason Y，Dean T，Dillard J F. Entrepreneurship as the nexus of individual and opportunity：a structuration view［J］. Journal of Business Venturing，2006，21(3)：286-305.

［15］Alvarez S A，Barney J B. Discovery and creation：alternative theories of entrepreneurial action［J］. Strategic Entrepreneurship Journal，2007，1(1)：11-26.

［16］傅颖，斯晓夫，陈卉. 基于中国情境的社会创业：前沿理论与问题思考［J］. 外国经济与管理，2017(3)：40-50.

［17］Alvarez S A，Barney J B. Entrepreneurial opportunities and poverty alleviation［J］. Entrepreneurship Theory and Practice，2014，38(1)：159-184.

［18］Sarasvathy S D，Dew N，Velamuri S R，et al. Three views of entrepreneurial opportunity［M］. Handbook of Entrepreneurship Research，2003：141-160.

［19］Tocher N，Oswald S L，Hall D J. Proposing social resources as the fundamental catalyst toward opportunity creation［J］. Strategic Entrepreneurship Journal，2015，9(2)：119-135.

［20］Luksha P. Niche construction：the process of opportunity creation in the environment［J］. Strategic Entrepreneurship Journal，2008，2(4)：269-283.

［21］Miller T L，Grimes M G，McMullen J S，et al. Venturing for others with heart and head：how compassion encourages social entrepreneurship［J］. Academy of Management Review，2012，37(4)：616-640.

［22］Vaghely I P，Julien P A. Are opportunities recognized or constructed? An information perspective on entrepreneurial opportunity identification［J］. Journal of Business Venturing，2010，25(1)：73-86.

［23］Wood M S，McKelvie A，Haynie J M. Making it personal：Opportunity individuation and the shaping of opportunity beliefs［J］. Journal of Business Venturing，2014，29(2)：252-272.

［24］Corner P D，Ho M. How opportunities develop in social entrepreneurship［J］. Entrepreneurship Theory and Practice，2010，34(4)：635-659.

［25］Eckhardt J T，Ciuchta M P. Selected variation：the population level implications of multistage selection in entrepreneurship［J］. Strategic Entrepreneurship Journal，2008，2(3)：209-224.

［26］Hockerts K. Determinants of social entrepreneurial intentions［J］. Entrepreneurship Theory and Practice，2017，41(1)：105-130.

［27］Eckhardt J T，Shane S A. Opportunities and entrepreneurship［J］. Journal of Management，2003，29(3)：333-349.

［28］Ma R，Huang Y C，Shenkar O. Social networks and opportunity recognition：a cultural comparison between Taiwan and the United States[J]. Strategic Management Journal，2011，32(11)：1183-1205.

[29] 林海，张燕，严中华. 社会创业机会识别与开发框架模型研究[J]. 技术经济与管理研究，2009(1)：36-37＋67.

[30] 钟一彪. 青年公益创业：为何而生与如何更好[J]. 中国青年研究，2016(4)：10-13.

[31] Dees J G，Elias J. The challenges of combining social and commercial enterprise [J]. Business Ethics Quarterly，1998，8(1)：165-178.

[32] Mair J，Marti I. Social entrepreneurship research：a source of explanation，prediction，and delight[J]. Journal of World Business，2006，41(1)：36-44.

第 5 章　公益创业资源

[学习目标]

1. 了解创业资源的定义及类型，理解公益创业资源的定义与分类。
2. 了解公益创业资源的识别，掌握公益创业资源获取的途径。
3. 了解创业资源整合的特征，理解公益创业资源整合的功效。
4. 了解资源拼凑的内涵，理解公益创业资源拼凑的独特属性。
5. 掌握创新性资源整合方式，理解公益创业资源拼凑的过程。

5.1　公益创业资源的内涵

5.1.1　创业资源的定义

每个组织都是独特的资源和能力的结合体，该集合体的特征——价值性、稀缺性、难以模仿性和不可替代性，共同构成了企业竞争战略的基础，这是资源基础观的基本观点。基于此，Wernerfelt[1]曾指出，相对企业外部环境而言，企业内部资源和环境对企业获利和维持竞争优势具有更重要的意义。而对于新企业来说，拥有独特的资源基础仍是企业保持竞争优势的必要条件。创业本质上是一个通过识别机会、利用资源进而开发机会的过程。其中，创业资源的开发过程正是构筑资源基础、奠定竞争优势的过程[2]。从这个角度来说，创业的本质其实就是对创业资源进行合理配置以实现价值创造、获得竞争优势的过程。

创业资源指的是主体所拥有或者所能支配的有助于实现自己目标的要素组合，是企业创立及成长过程中所需的各种生产要素和支撑条件。即只要是对创业者的创业活动及新创企业成长有益的各种要素，都可以视为创业资源。创业资源是创业的关键要素与基本前提条件。在创业过程中，如果没有足够的创业资源，即使出现了较好的创业机会，创业者也难以迅速抓住并利用这个机会。因此，优秀的创业者需要了解创业资源的重要作用,不断开发、积累创业资源,并善于借助企业内外部的力量对各种创业资源进行整合与管理。

学界对创业资源存在不同的分类方式。按照存在形式其可以分为有形资源和无形资源。有形资源指具有物质形态、价值,可用货币度量的资源,如原材料等;无形资源指具有非物质形态、价值,难以用货币度量的资源,如信息等。按照来源其可以分为自有资源和外部资源。自有资源指创业者或者创业团队自身拥有的资源,如自有资金等;外部资源指从外部获取的资源,如融资等。按照资源的性质可以分为人力资源、社会资源、财务资源、物质资源、技术资源和组织资源等。

5.1.2 公益创业资源的定义

公益创业资源指公益创业过程中,一切合法的、可以为公益创业服务的物质条件或者非物质条件,其既有一般创业资源的共性,也有公益创业自身的特点。公益创业资源具有以下四个特征:(1)开放性。公益创业以追求社会公平与和谐为主要目标,尤其体现了人类的社会性。在公益创业活动过程中,一切合法的、可以为之服务的物质条件或非物质条件,都可以视为公益创业资源。(2)时代性。创业资源的含义和各类资源的权重随时代变迁而发生变化。农耕时代把土地和劳动力等生产要素当作重要创业资源;工业革命时代把机器和人力资源当作重要创业资源;信息时代把资本、技术和人力资源当作重要创业资源。当下互联网时代,适宜的社会环境和政策环境、充裕的社会物质财富和社会资本、较高水平的公益创业者和参与者,都是公益创业的重要创业资源。(3)均衡性。既体现在公益创业资源内部配置的协调,也体现在公益创业本身在社会资源配比的比例与比重。(4)持续性。不同类型的公益创业活动对于创业资源的需求各有侧重,即使是同一类型的公益创业活动,在不同时段也具有不同的资源需求。因此要用持续的、发展的视角来看待公益创业资源。

5.1.3 公益创业资源的分类

公益创业作为创业的一种新形式,也适用于 Timmons 的创业管理理论框架。即从一个可以创造社会价值的创业机会开始,由创业者带领创业团队,结合创业资源与条件,进行人力、财力等资源的获取、整合和管理,开展公益创业实践活动。商业创业资源类型的划分通常依据资源属性为标准,旨在强调创业活动如何整合这些异质性资源,使企业能够获得超额利润并保持竞争优势。与之相比,公益创业更关注价值创造,通过不断创新的活动形式和资源的整合来追求机会,从而促进社会变革和解决社会问题。

根据不同的分类标准,公益创业资源存在不同的分类方式。按照资源的存在形式划分,公益创业资源可以分为物质资源和非物质资源。物质资源主要指具有一定物理形态的社会资源,如自然资源条件、场地空间、工具、原材料、资本等;非物质资源指具有非物质形态的资源,如人力资源、政策资源和信息资源等。按照资源的来源可以分为内部资源和外部资源,即促进企业成长的内部资源和外部环境背景两个方面。内部资源通常是公益创业者或创业团队所拥有的,并可以直接使用、参与企业日常生产和经营活动的有形和无形资源。外部资源指的是公益创业过程中从外部获取的可以利用的、未直接参与企业生产各种资源,但对企业的有效运营提供了强大的后备和辅助的资源。如通过社会网络从外部筹集的资金、获得的政策支持、信息文化知识和品牌资源等。按照资源的作用形式,公益创业资源可以分为直接资源和间接资源。直接资源指人力资源、财务资源、市场资源和公共关系资源;间接资源指政策资源、信息资源等。

(1)公益创业的直接资源

①人力资源。人力资源一直是创业活动中的首要资源,是创业实践活动中最为关键的资源。广义上讲,公益创业的人力资源是指一定时期内公益创业活动中的人所拥有的能够被公益创业组织所用,且对公益价值或者社会价值创造起贡献作用的教育、能力、技能、经验、体力等资源的总称。狭义上讲,就是公益创业组织中所需人员具备的能力的总和。公益创业的人力资源与其他资源相比,具有其独有的特点:第一,能动性。参与公益创业活动的成员,在不同的岗位上发挥自己的智力、体力等优势,不但执行管理计划,而且参与管理计划的设计与安排,这种能动性是人力作为公益创业首要资源的关键所在。第二,增值性。人力资源在参与公益创业的过程中,通过工作、教育、培训等经历,增加知识并丰富经验与阅历,实现人力资源个体价值的增值。因此,基于人力资源增值性这一特点,在公益创业中,人力资源管理得当会使社会效益稳步提高。第三,社会性。与一般创业资源的使用方式不同,人力资源的使用不仅取决于资源使用效益的最大化原则,还要符合基本的社会管理规范。在对人力资源进行安排时,机构需要考虑相应的法律法规、社会道德伦理等因素。

②财产资源。财产资源是公益创业的物质基础,主要分为资本和物资两类。对于公益创业来讲,足够的创业启动资本和充裕的流动资金是公益创业能够启动并且健康持续运转的重要前提。所以,资本对于公益创业至关重要,其主要来源于自筹资本、政府购买、公益创投、社会捐助等。公益创业资本的性质不同于商业资本,它为公益创业事业所投入的资金是可持续使用的,所得盈余不分配,同时还要兼顾公益机构中员工的激励与人才留任。物资是指公益创业活动所需的实体性资源,包括场地、设施、设备等硬件。

③市场资源。公益创业的市场资源是指公益创业组织在创业过程中所拥有或者掌握的与市场高度相关的资源要素,如市场份额、服务品牌、服务对象及其忠诚度、组织的美誉度等。市场资源的开发与有效整合,是公益创业项目在社会立足的必备条件。我国公益事业的发展,经历了从政府统揽到政府主导,再到社会力量介入、政府举办的公益事业与民间公益组织并存的格局。其间,公益创业围绕市场资源的开发与整合活动从未停息并仍会继续。在公益创业如雨后春笋般不断加入社会公益服务的阵营时,公

益创业组织之间的市场资源的争夺也是可以预见的。

④公共关系资源。公益组织用于开展公共关系服务的渠道和合作方则可视为公益创业的公共关系资源。其中,公共关系指公益组织在公益创业实践过程中,构建和改善与公众的关系,提高公众对组织的认识、理解及支持,以达到树立良好组织形象、促进公益服务的目的,而开展的一系列公共活动。公众是公益创业公共关系的客体与对象,既涵盖公益创业服务的受众,也包括公益创业过程中参与的相关方以及传播媒介。在公共关系资源中,最为主要的公众群体是服务受众,他们是公益创业服务的直接感知者。公益创业服务以他们为对象,通过为他们提供相应的公共服务实现社会价值的创造、社会公平和正义。在公共关系资源中,最需要平衡的是政府。以政府为主导是我国的公益创业事业的基本格局,政府也是我国公益创业事业中主要的政策制定者、实际的管理者、运营的监管者和重要的资金来源。因此公益创业者要熟悉政府相关政策,了解政府的运营和治理方式,平衡好管理与被管理的关系。在公共关系资源中,最具活力的是传播媒介,如各类媒体等。媒体是创业活动的放大器,同时也是创业活动的双刃剑。尤其是在互联网和自媒体时代,由于公众对于公益创业所寄予的道德期待远高于商业创业,因此,公益创业者整合好传播媒介的公共资源就显得尤为重要。

(2)公益创业间接资源

①政策资源。政策资源是指在公益创业过程中,一切可以对公益创业行为产生影响的法律法规、政策性文件和决策。对于公益创业来说,合理整合政策资源,可以规避运营风险,争取更多的运营便利。按照政策的级别可以分为国家政策和地方性政策。国家政策一般是来自中央人民政府或者是部委出台的各种政策性文件。国家政策普遍适用于全国范围之内,但是由于我国各省地市在政治、经济和社会等方面发展的不均衡性,地方会因地制宜出台一些地方性政策去完善和细化国家政策。

②信息资源。公益创业中的信息资源是指在公益创业的过程中积累起来的,以信息为核心的各种信息要素的集合,既包括了信息本身,也包括了为信息生产、交流、分析、使用而存在的各种设施、技术、人员等。公益创业者既是信息的使用者,也是信息的产生者与传递者。信息资源是创业实践者进行决策的重要依据,信息经过合理的过滤处理才能为科学研究和决策提供参考。信息资源与财产资源相比,具有可重复性、共享性、实效性和动态性的特点。在移动互联时代,尽管社会活动空间里信息资源是海量的,但是有效的信息资源却是稀缺的。对于公益创业者来说,获取信息的能力固然重要,但是,筛选、辨识和整合有效信息的能力更为重要。

③技术资源。公益创业的实践活动,不仅仅需要帮扶弱势群体、改善社会治理、实现社会公平正义的初衷与热情,也不仅仅是具备了人力、物力和财力之后的实践活动,创业活动的与时俱进与有效进行,离不开技术的支持。公益创业要善于利用先进的技术,将先进技术融入公益创业,改进公益服务的质量,提高公益服务的效率。

5.2　公益创业资源的管理

资源管理一直是企业管理关注的核心问题。对于新创企业而言,资源管理同样重要甚至更为重要,因为创业的本质就是对创业资源进行合理配置以实现价值创造的过程。

公益创业在通过创新途径吸引、整合、利用稀缺资源创造并扩散社会价值的机会开发过程中,表现出行为的异质性与多样性[3]。公益创业以社会价值最大化为使命,这颠覆了传统商业创业以利润最大化为目标的常态。也正是由于这一差异,公益创业难以获得与商业创业同等数量及质量的资源水平。追求经济收益最大化的商业创业活动尚且面临资源稀缺的难题,以社会价值最大化为使命的公益创业如何应对资源稀缺的困境显得更为重要。因此,创业者如何整合与利用资源的问题成为探究公益创业独特属性的视角之一。

5.2.1　公益创业资源的识别

创业资源的识别是创业者根据自身资源禀赋,对创业企业所需资源进行分析、确认的活动。Brush 等[2]认为,创业资源是创业活动中至关重要的要素,是企业创立、发展的关键基础。识别所需的资源不仅要确定资源的数量、质量、利用时间和顺序,还要评估资源的类型。创业者除识别创业资源本身的特质之外,也要对资源潜在供应商进行准确识别。创业资源识别能够影响创业者对其创业资源的利用,同时也会影响创业企业的机会选择。

公益创业资源的识别是指公益创业者在创业实践中辨别和判断出对创业活动有促进作用的资源。公益创业资源的识别有赖于内部因素和外部因素。内部因素主要包括创业者自身的素质、公益组织内部对于创业资源占有的广度和深度、公益组织内部对于资源合理利用的战略意识和战略规划、公益组织内部已有的技术条件对于资源甄别的效能。外部因素包括干扰信息源的作用、资源呈现的时机等。创业资源的识别需要公益组织和公益创业者保持对于资源整合的高度敏感性,提高战略决策的能力。

5.2.2　公益创业资源的获取

获取公益创业资源,需要积极主动的态度、合作共赢的心态、合法公平的原则、精简高效的过程。在现实中,一些公益组织很容易认为自己做的是公益慈善事业,所以政府、企业等合作伙伴就有支持的义务,依赖思维往往阻碍了机构的发展。公益组织由于不能给资源提供方提供对等的或者市场价值意义上的经济回报,本身在资源市场上与商业企业相比就存在一定的弱势。因此,在急需资源的情况下,更需要以主动的态度积极地扩展获取资源的信息渠道。在获取资源的过程中,应当保持合作共赢的心态,尽管大部分公益组织不能以直接的经济回报给予资源的提供方或者合作方,但是公益组织可以以品牌战略合作、公共形象宣传等隐形价值方式对资源提供方或者交换方给予回报。获取资源的原则应当是合法公平的,公益创业的过程是产生社会福利价值的创业活动,其所有涉及资源变动的情况,都应当符合相关法律法规。公益创业资源的获取过程要精简高效,通过有效的流程管理,在保证严谨的情况下,实现资源利用上的时间效率。

通常公益创业资源的获取主要包括市场途径和非市场途径两个方面。市场途径主要是通过市场交易的方式获取资源。非市场途径主要是通过非市场交易的方式获取创业所需资源。公益创业通过市场交易的方式获取资源主要表现为购买和加入平台两种形式。购买是指通过资金等财务资源从市场中购买资源,如物质资源、技术资源、人力资源等。购买是最为常见的资源获取途径,但公益创业相比一般商业创业企业,具有经济盈利能力较弱的特性,因而在购买资源方面会受到更大的制约,往往难以大量购买市场中的资源。加入平台是指公益组织通过加入某一公益平台,在平台的协助下进行资源的整合与利用。平台与公益组织之间是互惠互利的关系,公益组织通过平台不仅可以获得资金、场地等资源,还可以借助平台的网络、信息等隐性资源来进行创业活动;平台通过支持公益组织的组织运营可以提高解决更为广泛的社会痛点问题的能力,提升资金、信息等资源的配置与利用效率,扩大自身的影响力。非市场途径主要包含资源吸引和资源积累两种方式。资源吸引是通过发挥无形资源的杠杆作用,以针对社会痛点问题的可行性解决方案为基础,通过创业项目路演以及创业团队声誉等获取和吸引资源的方式。资源积累指公益创业者及创业团队通过自己拥有的手头资源,不断在内部培育新资源的过程。该过程可以逐步积累相关的人力资源、物质资源以及技术资源。

5.2.3 公益创业资源的整合

资源整合是指企业获取所需的资源后,将其进行绑聚以形成和改变能力的过程[4]。创业资源整合主要呈现如下 4 个特征:第一,激活特征。处于沉默状态的资源很难被企业所利用,激活后的资源才能发挥其最大效能。第二,动态特征。资源结构是随着环境的变化而变化的,且所需资源自身的属性也会因为受到各方面的影响而逐渐发生改变,因此,资源整合必须要保持与环境的充分互动,随机应变。第三,系统特征。企业获取资源的时候,应该将主要资源的相关资源一并获取,孤立的资源往往是不存在的,因此,资源整合要将企业所有资源作为一个整体。第四,价值增值特征。资源整合并不是单项资源的简单加总,而是各类资源的有机结合和相互作用方式的综合,使其达到"1+1>2"的放大效应。资源整合本质上是企业提升竞争优势的过程。

资源整合是创业活动中的关键环节。有学者认为新企业创建的过程其实就是一个完整的资源整合过程[5]。有学者认为资源整合过程包括资源拾取和资源配用两个步骤[6],其中资源拾取是指创业企业搜寻和筛选所需资源的过程;资源配用是指配置和部署企业资源的过程。另有学者将资源整合过程分为资源识别、资源获取以及资源利用三个顺序过程。资源识别指创业者根据自己所发现的创业机会和自己的愿景,在对现有资源进行评价的基础上确定资源需求和来源的过程,主要包括评价初始资源、细化资源需求和确定资源来源三方面;资源获取指新企业在确定了资源需求以后利用自身的资源禀赋获取资源的过程,主要包括外购、吸引和积累三方面;资源利用指新企业利用自己的资源开发创业机会以及创造顾客价值和企业财富的过程,主要包括动员、协调和配置三方面。还有学者将资源整合划分为集聚资源、吸引资源、组合资源,以及将个人资源转化为组织资源四个步骤[2]。

通过资源整合形成异质性产品或服务不仅是新创企业完成机会开发的基础,也是其获取竞争优势,提高企业绩效的重要手段。首先,企业对资源进行不同的配置和部署将直接影响企业能否获得竞争优势,因而创业企业需要首先识别其所获取的关键资源,再进行合理配置和部署,通过合适的方式整合资源以提升企业竞争优势。其次,大多学者都认同资源整合有利于提升企业绩效[7]。资源整合将有用资源积累起来进行存储,经过消化吸收并加以配置,就会在企业内部发展并形成独特的优势和能力,夯实企业的资源整合能力,进而将资源整合能力转化为企业绩效。但是,资源整合对企业绩效的作用并不仅仅是有利的,当创业企业比竞争对手投入更少的物质资源和人力资源时,资源再整合可能不利于提升企业绩效。此外,复杂的外界环境会影响不同资源整合方式对创业绩效的效果,如在高宽松、低动态环境情境下,稳定型资源整合方式和突变型整合方式均对新创企业绩效具有积极影响,而在低宽松、高动态环境情境下,只有突变型资源整合方式对新创企业绩效有积极影响,稳定型资源整合方式发挥的作用不明显[8]。

在公益创业中,资源获取后,对资源的整合利用与配置尤其重要,这是创业资源在公益创业过程中发挥作用最为关键的一个步骤。优质的资源如果不能在开发利用的过程中实现优化配置、对公益创业事业产生积极的促进作用,就意味着资源本身价值的内在贬损。公益创业资源整合是根据公益创业需求,对物资资料、设备、资本、劳动力等生产要素或创业资源进行组织的过程,在该过程中,应当把握效率原则。

5.3 公益创业资源拼凑

资源约束是创业过程要面对的首要障碍,很多创业者都因无法整合到必要的资源而难以开发创业机会。在商业创业情境下通常会面临这样的问题:创业者如何利用手头现有的、很多人认为是没有价值的零散资源,进行创造性使用并以此开发创业机会?这是传统的资源基础理论无法直接回答的问题。追求经济收益最大化的商业创业尚且面临资源稀缺,而以社会价值最大化的公益创业如何应对资源稀缺,如何整合并利用资源等问题,更是传统资源基础理论无法回答的。公益创业的资源从何而来以及创造何种结果？这些基础性问题仍未得到有效解释,理论发展滞后于实践。尽管现有研究基于现象驱动得出了公益创业的资源需求、整合与利用的独特性规律[9-11],但大多只关注已建立的公益组织,而忽略了组织生成前的机会识别、资源整合和开发过程,因此公益创业共识性概念方面的研究成了"累积性碎片"[3]。

5.3.1 资源拼凑的内涵

Bake 和 Nelson[12]借用法国人类学家列维-施特劳斯(Levi-Strauss)在《野性的思维》一书中提出的"拼凑"(bricolage)概念,对创业者和创业企业的资源拼凑行为进行了系统研究。他们创建了创业资源拼凑理论,对创业者在资源整合与利用方面的行为特征进行了深刻解读。

资源拼凑理论包含三个核心概念。第一,手头资源,即创业者、新企业、市场中具备的但并未被发现或重视的资源,包括创业者不必经过搜寻,通过社会交换或非契约形式即可低成本获得的资源,以及个体层面的经验、知识、关系等无形资源。第二,将就使用,即创业者面对资源约束时利用手头资源应对新挑战或机会的行为偏见,不纠结手头资源是否切实可行,认为"可以"比"应该"更重要,而非犹豫手头资源是否产生有益结果[13]。第三,资源重构,即整合资源以实现新目的,指创业者根据新目的,以不同的既有策略意图及使用方式来创造性地再造资源的利用方式,既有目的需要相应的资源整合以实现,而新目的需要资源的再整合[14]。

5.3.2 公益创业资源拼凑的独特属性

以资源拼凑理论的手头资源、将就使用和资源重构 3 个维度为理论基础与逻辑框架,提炼公益创业资源拼凑的独特属性。

(1)手头资源——公益创业的启动。公益创业的手头资源可以划分为静态类型与动态获取。静态类型相关研究表明,公益创业的手头资源主要包括物资(如场地、资金等)、劳动力(如员工、志愿者等)和技能(如医疗、教育的专门知识等)3 个方面[15-16]。基于正式制度有无的情境差别,有研究将公益创业手头资源进一步划分为 2 类。①正式制度相对健全情境下的西方发达国家中以市场主导的资源[17],如经济收入、政府再分配和公共部门补贴和互惠性资源等[10,17]。②制度缺失情境下的发展中国家中以关系主导的资源[18],如公益创业者先前经历、志愿者及其技能和声誉与沟通能力等。而动态获取相关研究则有所不同,其认为公益创业由于经济能力的先天不足而难以实现自负盈亏,特别是在公益组织创办前的启动阶段,由于难以提供相应的产品与服务而不得不依靠低成本获得的资源,并非静态类型所强调的"自给自足"。因此,公益创业者的优质个人信用和相对完善的关系网络是最重要的手头资源,能够在启动阶段吸引外部静态资源,减轻因经济理性而造成的资源瓶颈。由此可见,静态研究关注手头资源的

"即时可获性"，而动态研究强调"可延展性"。创业研究中的资源拼凑有利于实现组织摆脱对特定资源或资源拥有者的依赖以及产生独特竞争优势。但与之不同，公益创业的手头资源是非经济理性导向的，特别是动态获取的"可延展性"能够有效克服资源的趋利倾向，通过手头资源的共享与流动鼓励授权合作而非竞争优势，从而建立稳定的外部网络，共同探索可持续的社会价值创造方式。

（2）将就使用——社会价值的创造方法。公益创业关注资源使用效率及价值效应，具体表现为经济身份的手段导向与社会身份的因果逻辑。一方面，公益创业资源拼凑的将就使用，无论是手头资源种类还是将就使用方式，都是以社会价值为使命，即因果逻辑是将就使用的主导逻辑或基础；另一方面，经济收益只是创造社会价值的工具，尽管公益创业者总是试图创造切实可行的方案或依托所处关系网络获取必要的经济能力，但由于公益创业受众往往难以足额支付产品及服务价格或者经济能力先天不足，手段导向只是将就使用的支持逻辑或工具。因此，社会身份的因果逻辑与经济身份的手段导向之间是"子集关系"，即社会价值主导下的经济收益创造，因而创办后的公益组织通常规模较小且盈利能力较低。

（3）资源重构——公益创业者的"去特质化"。公益创业中的资源重构，总体上是将就使用内在逻辑的实践化，即具体的资源拼凑途径及结果。一方面，将市场主导的资源作为"有形"要素在手段导向逻辑下投入公益创业，努力降低在市场经济中的不确定性，在经济层面创造经济收益，拓展与政府、企业等部门关系，从而解决经济身份"工具属性"的非预期问题。另一方面，关系主导的资源在因果逻辑下通过关系网络提升社会大众的认知水平，以资源重构作为应对市场功能失灵、缓解制度压力、调动利益相关者的资源共同创造社会价值的手段，构建可复制的系统方法来实现社会使命。创业资源拼凑主要有要素投入、制度规范化和获取新顾客群体这3种路径。秦剑[19]进一步指出这3种创业路径之间的互动整合最终会影响新企业成长，但在公益创业中则有所不同。公益创业所要解决的关键问题就是如何改变资源的趋利性认知，构建跨组织的"经济—社会"和"手段—目的"关系的资源利用认同机制，而这有赖于资源重构的结果或效果。进一步审视资源与社会资本的关系发现，商业创业中社会资本是创业者整合资源的主要途径，创业者的社会资本水平影响资源整合效率和效果，从而最终决定创业初期的绩效。社会资本与公益创业的非交易关系类似，很难通过市场交易获得，但却是个人行为能力的重要资源和公益创业得以持续的重要保障。尤其在制度缺失的情境下，公益创业者通过良性循环积累社会资本并不断拓展生存与发展的空间。由此可见，资源重构的直接结果可能是社会资本的构建与积累。同时，以公益创业资源拼凑为视角的研究梳理，在一定程度上表明了公益创业者行为并非现象驱动研究所呈现的情境化与差异化，至少在资源与机会互动上是存在共性的，这有助于揭开公益创业者"特质化""英雄神话"背后的共性特征与规律。

5.3.3　公益创业资源拼凑的策略

公益创业面临的是资源稀缺与环境约束的双重挑战,需要采取创新性资源整合方式,即利用现有资源来解决资源约束瓶颈,并且在拼凑中发现资源的新用途,调动一切可以利用的资源。因此,当明确了使用拼凑资源整合的方式后,公益创业的资源整合过程就可以以资源拼凑的核心概念为基础,划分为"准备阶段—机会识别—机会开发—组织成立"这四个阶段。

(1)资源整合前的准备。在开启公益创业之前,公益创业者及其团队需要进行一定的准备。公益创业通常针对的是"金字塔底层"的社会需求,能够直面社会痛点问题并加以解决。但是,由于公益创业在盈利能力不及商业创业,而且受众通常难以足额支付产品和服务的价格,因此,在资源整合之前,公益创业者及其团队需要做好两方面的准备。一方面是个人信用水平的建立与提升。小到人们的日常工作、学习和生活,大到企业的资源整合,信用水平都是非常重要的。一旦违背信用、信任这种市场规则,就会在区域、社群和组织中产生对自己不利的消极影响。因此,公益创业者及其团队的信用水平在资源整合前的准备阶段就显得尤其重要,甚至直接决定了公益创业过程能否顺利开启。另一方面是人脉资源的审视与积累。从组织层面看,公益创业者的关系网络形成了新公益组织的社会资本,组织的社会资本是组织通过社会关系整合稀缺资源并由此获益的能力;从个体层面看,很多研究发现,创业者的人脉关系会对创业活动产生影响。人脉资源和关系网络并不等同于我们通常所说的"拉关系""走后门"等寻租行为,而是基于正常的社会经历建立的如师生、同学、朋友和同事等人际关系网络,为创业带来有价值的信息和资源。因此,对公益创业者及其团队来说,要善于同其他公益创业者及其团队、公益组织平台、受众及志愿者等利益相关者建立良好的关系,积极参加公益创业论坛、项目路演等活动,为后续项目启动的资源整合奠定基础。

(2)机会识别阶段的手头资源梳理。在机会识别阶段,公益创业已经由准备阶段的创意逐步向机会识别与定位过渡。在这一阶段,公益创业者需要全面梳理手头掌握的各种资源,并结合自己的信用水平和人脉资源情况搜寻可控制和可支配的各种资源,为识别和把握公益创业机会做准备。总体来看,公益创业的手头资源可以划分成静态资源和动态资源两类。静态资源是公益创业者掌握的手头资源,主要包括实物、劳动力、知识技能三方面。其中,实物资源主要表现为场地、资金、设施设备、工具等;劳动力资源主要表现为公益创业者自身以及可以调动的家庭成员、亲朋好友等;知识技能主要表现为某一方面的知识储备,如医疗、语言、专长等各种技能。动态资源主要表现为可以通过信用水平和人脉关系进一步支配和利用的资源。

(3)机会开发阶段的资源将就使用与积累。在机会开发阶段,公益创业过程已经识别和定位了需要满足的需求和需要解决的社会问题,在此基础上进入准备筹建组织。这一阶段,按照资源拼凑的核心概念与内在逻辑,公益创业可能无法选择资源的种类、数量和质量，但是可以通过将就使用手头资源，不断创造经济、社会、环境和人文等方面的产出，不断积累资源，特别是新动态资源。从资源拼凑的类型来看，机会开发阶段中，公益创业同时运用物质拼凑和概念拼凑来实现资源积累。在物质拼凑方面，公益创业通过使用"现成"资源找到解决社会问题和把握机会的可行方法，帮助公益创业者与利益相关者就如何创造社会价值达成共识；在机会开发阶段，公益创业还需要重点关注资源将就使用的效率及资源积累效应，这具体表现在公益创业对手头资源将就使用的内在逻辑上，即经济身份的手段导向与社会身份的因果逻辑。一方面，资源的将就使用，无论是手头资源的种类还是将就使用的方式，都是以社会价值为使命，即因果逻辑是将就使用的主导逻辑。另一方面，经济收益只是创造社会价值的工具。尽管公益创业者总是试图创造切实可行的方案或依托所处关系网络获取必要的经济能力，但由于公益创业受众往往难以足额支付产品和服务价格，因此，手段导向只是将就使用的支持逻辑或工具。

（4）组织成立后的资源重构与吸引。在公益组织成立后，公益创业进入了手头资源的重构与吸引阶段。公益创业中的资源重构，总体上是将就使用的进一步实践化，即范围更大、程度更深的外部资源吸引。具体而言，一方面，在手段导向逻辑下，市场主导的资源作为"有形"要素投入到公益创业降低在市场经济中不确定性的努力中，在经济层面创造经济收益、商品和服务销售渠道，拓展与政府、企业等部门的关系，从而解决经济身份"工具属性"的非预期问题；另一方面，在因果逻辑下，关系主导的资源通过关系网络提升社会大众的认知水平，以资源重构作为应对市场功能失灵、缓解制度压力、调动利益相关者的资源共同创造社会价值的手段，并通过特许经营等手段迅速将社会价值传播到更大范围的受众，构建可复制的系统方法实现社会使命。通过对该阶段公益创业资源吸引的研究发现，组织成立后的公益创业过程中，通过资源拼凑可以影响宏观制度变革、引领技术规范构建以及提高社会认知水平的内在机制[16]。公益创业者面临的资源稀缺性程度更高，在"经济—社会"的资源利用认同机制建立之前，难以利用既有社会资本实现外部新资源整合，需要创造性地利用手头资源来实现社会资本的不断积累，进而拓展原有关系网络，而后随着社会资本积累程度的加深，才能够让公益组织在组织层面实现持续成长。

［本章要点］

1.创业资源是指主体所拥有或者所能支配的有助于实现自己目标的要素组合。公益创业资源是指公益创业过程中，一切合法的、可以为公益创业服务的物质条件或者非物质条件。

2.按照资源的存在形式，公益创业资源可以分为物质资源和非物质资源；按照资源的来源可以分为内部资源和外部资源；按照资源的作用形式，公益创业资源可以分为直接资源和间接资源。

3.公益创业资源的识别是指创业者在创业实践中辨别和判断出对创业活动有促进作用的资源。通常公益创业资源的获取主要包括市场途径和非市场途径两种渠道。

4.公益创业资源整合是指根据公益创业需求,对物资资料、设备、资本、劳动力等生产要素或创业资源进行组织的过程,在该过程中,应当把握效率原则。

5.资源拼凑是创业者面临资源约束时的一种行动战略。资源拼凑理论包含三个核心概念:手头资源、将就使用、资源重构。

6.公益创业资源拼凑在3个维度上存在其独特属性,手头资源启动公益创业实践活动,将就使用的核心构念创造社会价值,在资源重构中实现公益创业者的"去特质化"。

7.公益创业资源整合以资源拼凑三个核心概念为基础,按照"准备阶段—机会识别—机会开发—组织成立"的过程主线,划分成四个阶段。

[能力拓展]

请思考回答如下问题:

1.公益创业资源的类型有哪些?

2.公益创业资源的获取途径有哪些?

3.公益创业资源拼凑的过程包括哪几步?

[参考文献]

[1] Wernerfelt B. A resource-based view of the firm[J]. Strategic Management Journal, 1984, 5(2): 171-180.

[2] Brush C G, Greene P G, Hart M M. From initial idea to unique advantage: the entrepreneurial challenge of constructing a resource base[J]. Academy of Management Perspectives, 2001, 15(1): 64-78.

[3] 刘振, 管梓旭, 李志刚, 管珺. 社会创业的资源拼凑——理论背景、独特属性与问题思考[J]. 研究与发展管理, 2019, 31(1): 10-20.

[4] Sirmon D G, Hitt M A, Ireland R D. Managing firm resources in dynamic environments to create value: looking inside the black box[J]. Academy of Management Review, 2007, 32(1): 273-292.

[5] Ciabuschi F, Perna A, Snehota I. Assembling resources when forming a new business[J]. Journal of Business Research, 2012, 65(2): 220-229.

[6] Sirmon D G, Hitt M A, Ireland R D, et al. Resource orchestration to create com-

petitive advantage: breadth, depth, and life cycle effects[J]. Journal of Management, 2011, 37(5): 1390-1412.

[7] Sirmon D G, Hitt M A. Contingencies within dynamic managerial capabilities: interdependent effects of resource investment and deployment on firm performance [J]. Strategic Management Journal, 2009, 30(13): 1375-1394.

[8] 尹苗苗, 马艳丽. 不同环境下新创企业资源整合与绩效关系研究[J]. 科研管理, 2014, 35(8): 110-116.

[9] Austin J, Stevenson H, Wei-Skillern J. Social and commercial entrepreneurship: same, different, or both? [J]. Entrepreneurship Theory and Practice, 2006, 30 (1): 1-22.

[10] Meyskens M, Robb-Post C, Stamp J A, et al. Social ventures from a resource-based perspective: an exploratory study assessing global Ashoka fellows[J]. Entrepreneurship Theory and Practice, 2010, 34(4): 661-680.

[11] Dacin P A, Dacin M T, Matear M. Social entrepreneurship: why we don't need a new theory and how we move forward from here[J]. Academy of Management Perspectives, 2010, 24(3): 37-57.

[12] Baker T, Nelson R E. Creating something from nothing: resource construction through entrepreneurial bricolage[J]. Administrative Science Quarterly, 2005, 50(3): 329-366.

[13] 于晓宇, 李雅洁, 陶向明. 创业拼凑研究综述与未来展望[J]. 管理学报, 2017, 14(2): 306-316.

[14] 方世建, 黄明辉. 创业新组拼理论溯源、主要内容探析与未来研究展望[J]. 外国经济与管理, 2013, 35(10): 2-12.

[15] Desa G, Basu S. Overcoming resource constraints in global social entrepreneurship[J]. Strategic Entrepreneurship Journal, 2011, 7(1): 26-49.

[16] Desa G. Resource mobilization in international social entrepreneurship: bricolage as a mechanism of institutional transformation[J]. Entrepreneurship Theory and Practice, 2012, 36(4): 727-751.

[17] Sunduramurthy C, Zheng C, Musteen M, et al. Doing more with less, systematically? Bricolage and ingenieuring in successful social ventures[J]. Journal of World Business, 2016, 51(5): 855-870.

[18] Mair J, Marti I. Entrepreneurship in and around institutional voids: A case study from Bangladesh[J]. Journal of Business Venturing, 2009, 24(5): 419-435.

[19] 秦剑. 基于创业管理视角的创业拼凑理论发展及其实证应用研究[J]. 管理评论, 2012, 24(9): 94-102.

第6章 公益创业组织运营管理

[学习目标]

1. 了解公益创业商业模式的要素、特点、识别与评价。
2. 掌握公益创业商业模式的设计原则。
3. 了解公益创投的概念、特征和分类。
4. 明确公益创投与商业创投运行机制的异同。
5. 了解我国公益创投发展面临的挑战及对策建议。

6.1 公益创业商业模式

6.1.1 商业模式的定义

商业模式的概念不是突然出现的,商业模式的构建是基于战略领域经典的价值链概念和战略定位理论。同时,出于对竞争优势的考虑,商业模式的概念也借鉴了资源基础理论。此外,当公司的运营越来越多地触及与外部不同机构的合作时,商业模式概念也涉及了战略联盟和合作网络理论。最后,商业模式还涉及企业边界的选择和交易成本经济学。因此,商业模式是一个极其复杂而又庞大的概念,其覆盖的范围非常广泛,研究者所选择的切入角度不同通常会呈现不同的解读方式。

部分研究从经济类的视角探讨企业的商业模式。如 Stewart[1]认为,商业模式是一种关于企业维持正常运转并获得持续性收益的逻辑表述。Rappa[2]认为商业模式主要的功能是让企业具有源源不断获得盈利的能力,这可以看作是商业模式最基本的功能。Afuah[3]等学者将商业模式定义为企业利用自身资源,向客户提供多于竞争对手的产品和服务。总的来说,学者们认为企业的最终目的是实现盈利以满足自身发展和回报股东,所以商业模式的根本目的就是让企业实现盈利。

也有研究基于运营类视角探讨企业的商业模式。如 Timmers[4]认为,商业模式主要是对企业所生产的产品、向顾客所提供的服务和信息的描述，包含对不同类型的商业参与主体及其主要作用、潜在利益和获利来源的逻辑描述。Mahadevan[5] 则认为，商业模式是企业与其商业伙伴之间包含价值流、收入流和物流的一种特殊的组合。这些研究将商业模式视为企业的运营架构，其侧重点是说企业为了获得商业活动和日常生产中的利益最大化，选择一种适合自身发展的内部运营流程和基本框架，主要要素包括管理流程、资源流和后勤流等。

近年来，一些研究开始用战略类的观点分析企业的商业模式。原磊[6] 认为，战略定义将商业模式描述为对企业所采用不同战略方向的总体考察，包括市场主张、组织行为、发展机会、自身优势和可持续发展。Linder[7] 则认为，战略类别中的业务模型是对企业自身组织或所开展的业务系统能为企业所创建出的价值的逻辑描述。Boon[8] 认为，商业模式是对目标客户群体结构、营销、价值转移和关系资本的描述，这些都是企业及其合作伙伴网络为实现可持续收入而创造的。

目前，主流的观点认为商业模式是对前面三个定义的综合，是企业如何更好地运行的基本描述。一种成功的商业模式必须是无可替代的，必须是与竞争对手有着最根本区别的，并且在较短时间内很难被竞争对手或者其他企业所模仿、复制和超越的。Morris 等[9] 研究者在比较过众多商业模式定义之后，给出了一种较为完整的商业模式定义：商业模式是一种清晰的说明，旨在描述企业为了在一个特定的市场建立竞争优势，自身价值链定位和内部集成了一系列变量的相关性，如战略方向、运营结构和经济逻辑。Osterwalder[10] 指出商业模式是一种基于多个因素及其关系的概念工具。

由此可见，随着商业模式研究的深入，商业模式的概念界定呈现出多样化的发展局面。不过整体而言，不同视角的商业模式概念均承认商业模式并不只是组织行动的一个侧面，而是反映了组织整体的行动特征，以及由此激发的组织不同于其他竞争者的独特优势。

6.1.2 公益创业商业模式的要素

针对公益创业组织的定义、特性与发展现状，以及对商业企业的商业模式进行文献分析之后，林海[11] 提出公益创业组织商业模式主要包含六大要素：价值主张、经营策略、盈利模式、资源配置、价值网络和可持续能力，并分别对这六个要素进行了界定。

(1)价值主张

对于一般的商业企业而言，创造利润是商业企业的核心价值，承担社会责任是企业实现经济价值的副产品。而对于公益创业组织而言，创造社会价值是首要目标。Dees[12] 指出公益创业组织的目标是为它的客户创造更高的社会价值，因此，创造经济价值则成了使组织实现可持续发展的副产品。Afuah[2] 认为，价值主张是企业需要回答的第一个问题，即企业运用哪些资源可为顾客提供明确价值。Hamel[13] 认为，价值主张是企业提供给顾客的利益组合。简言之,价值主张描述了组织提供何种价值给顾客,公益创业组织针对社会问题,确定社会使命,利用创新的方法透过一系列产品或服务提供给目标顾客,从而满足社会需求并实现可持续发展的价值。

(2)经营策略

Hamel[13]指出,经营策略必须能够清楚定义以下内容:①产品及市场范围,描述公司在何处从事竞争,界定顾客、地理区域或是产品区域;②差异化基础,说明公司竞争时运用的方法与竞争者的差异性。Austin 等[14]指出,对于一个公益创业组织而言,关注的通常不是市场大小或是市场吸引力,而是识别与回应社会需求或市场失灵的问题,其中最重要的问题在于如何使用创新的方法,将有限资源充分利用以满足社会需求并达到永续发展。因此,公益创业组织应界定未来产品方向与市场定位、说明与竞争对手的差异化并确定组织服务投资组合,确保资源与能力能够有效运用在组织使命中和确保组织成长能够与目标、宗旨同步。

(3)盈利模式

一个好的商业模式必须建立在明确顾客需求并创造价值的基础之上,同时也要建立在创造的社会价值与获取利润相平衡的基础上。因此,公益创业组织必须描述清楚成本与收入结构,并明确实现的利润目标,如定价方式、收费方式、销售方式和收入来源比重等,并让股东知道此投资未来可能获得的回报。Austin 等[15]指出,结合经济价值与社会价值的双重底线,公益创业组织需要获取更大的竞争优势。因此设计能够实现利润目标的成本收入结构,对于探讨社会创业组织的商业模式至关重要。

(4)资源配置

Hamel[13]认为公益创业者一个很重要的能力评价指标就是整合各项资源、促进生产效率、创造更大价值的能力。对于公益创业组织而言,资源配置主要是指为了实现其为顾客提供价值的主张对其资产、资源和流程所进行的安排,公益创业组织为创造更高价值,充分整合各方资源,优化流程方法,以有效传达组织的价值主张并实现永续发展。

(5)价值网络

尽管公益创业组织的根本目的不在于经济回报,但为了更好地创造双重价值,组织仍然需要一个强有力的网络帮助其获取资金、管理者和员工等资源。Austin 等[15]认为公益创业组织与一般的商业企业最大的差别就在于资源配置困难,譬如在人力资源方面,许多公益创业组织仅能以一般薪资雇用人力资源,却无法像商业企业一样将给予股权、奖励红利作为吸引人才的手段。关系管理对于公益创业组织相当重要,其利益相关者可能有志愿者、董事会成员、非营利组织、政府和其他合作伙伴,因此,为了做好关系管理,公益创业组织必须建立一个能够联系和沟通社会资源的价值网络,并有效整合资源,创造更大的社会价值。这个价值网络就包括为目标客户创造价值的合作伙伴以及其沟通渠道与协调机制。

(6)可持续能力

Weerawardena 和 Mort[15]指出,公益创业组织的形成与驱动力主要是为了可持续发展。因此,如何维持其可持续性是在探讨公益创业组织商业模式时不可忽略的问题。一个成功的商业模式应该能够呈现竞争优势、专注于目标市场以及具有极低成本创造高价值的能力。也就是说公益创业组织为了追求可持续发展,要在培养关键核心能力、关注核心价值以及培养创新能力上多做出努力。

6.1.3 公益创业商业模式的特点

公益创业的商业模式首先应当具备一般企业商业模式的特征。在现有的商业模式理论研究和实践中,成功的商业模式一般拥有以下特点。

(1)全面性

商业模式是对企业处理和应对用户需求、提供有竞争力的产品、获得商业利润等环节的归纳总结,涉及了组织运营和成长的方方面面。商业模式涵盖了影响组织成长的那些重要因素。无论是企业经营的组织层面还是在组织发展层面,都在商业模式所囊括的概念范畴内。因此,商业模式的全面性反映了创业者是否对创业发展中所遇到的各类问题进行了全面的思考。

(2)独特性

成功的商业模式通常具有很强的独特性,创业者要在创业行动中积极彰显自身的独特价值。这种独特价值首先体现在创业者的产品上,创业者的产品要具有明确的独特性,能够与其他同类型产品产生明确的区分度。除了产品独特以外,在运营、渠道、供应链等方面的独特价值也是非常有意义的。当然,商业模式的独特性并不是一味地追求与众不同,商业模式的独特性必须能够创造最终的价值。在现实的案例中,常常可以看到的是很多企业的商业模式非常奇怪,与市场上的同类企业完全不同,却难以让用户为之买单。

(3)难以模仿性

成功的商业模式必须是难以模仿的。很多有价值并具有很强独特性的商业模式在市场上推出后,很快就有追随者效仿,这就大大削弱了商业模式的价值。因为迅速跟进的追随者很快就会使得企业的盈利能力下降。商业模式的难以模仿性,一方面来自产品或技术方面的优势,这种优势有时候是其他人难以模仿的;另一方面来自特定的资源、合作网络甚至是价值理念,这同样是竞争对手难以模仿的。

除了上述特征以外,公益创业组织由于独特的企业属性和运行机制,其商业模式还要展现出以下两个特征。①社会性。与传统创业企业商业模式在遵守法律和政府规定的前提下,把追求经济利益作为首要目标不同,公益创业组织旨在满足社会需求并使社会更加有效运行,如解决诸如气候变化、水资源短缺、贫困、可持续发展等社会问题。因此,社会价值是其首要目标,社会性贯穿于整个商业模式的始终。而为了维持自身的可持续发展,公益创业组织的商业模式需要同时兼顾经济价值和社会价值。②网络性。商业企业的伙伴关系多限于供应商、经销商和顾客。公益创业组织则致力于通过共同的愿景与合作伙伴建立起联系网络,因此其合作伙伴超越了传统的商业交易关系,并且能囊括更为多样化的组织或个体,包括其他公益创业组织、商业企业、非营利组织、政府、高校和顾客等,都能够参与到社会价值的实现过程中。这种网络是公益创业组织商业模式的重要构成部分。

6.1.4 公益创业商业模式识别与评价

如何确定适合组织并形成组织自身不可复制和独一无二的商业模式,并且在实施商业模式过程中,如何对其进行调整完善,是公益创业组织的战略选择和着重思考的问题。因此,对公益创业组织商业模式进行有效识别与客观科学的评价至关重要。林海[11]构建了有关要素的衡量评价指标(如表 6-1-1 所示),这些指标为公益创业组织有效描述自己的商业模式并做出具有针对性的评价提供了方向。

表 6-1-1 公益创业组织商业模式要素评价

序号	要素	评价指标
1	价值主张	1.解决哪些社会问题,满足哪些社会需求? 2.组织使命是什么? 3.使用何种创新方式,提供什么价值给顾客? 4.这些价值满足顾客什么需求?
2	经营策略	1.选定的目标市场是什么? 2.在行业产业中的竞争定位是什么,竞争程度如何? 3.组织提供的产品和服务差异化程度如何?
3	盈利模式	1.组织的盈利来源及比重如何? 2.定价策略是什么? 是否与价值主张一致? 3.产品(服务)销售方式是什么? 4.组织各项活动的成本与利润分配方式是什么?
4	资源配置	1.组织独特的资源与能力是什么? 2.组织的服务流程及价值传递系统是什么? 3.如何从顾客的角度提供最便利的服务?
5	价值网络	1.组织在价值网络中有哪些合作伙伴? 2.这些合作伙伴分别扮演的角色是什么? 提供什么价值? 3.价值网络中沟通协调与资源整合机制是什么?
6	可持续能力	1.组织为了维持可持续发展进行了哪些创新行为? 2.组织为了维持可持续发展有什么先动性? 3.组织如何进行风险管理?

资料来源:林海.社会创业组织商业模式概念框架模型构建研究[J].广东科技,2012,21(19):166-168.

6.1.5 公益创业商业模式的设计原则

(1)解决社会问题的根本原因

公益创业者注重从根本上入手解决社会问题，他们希望带来系统的和可持续的变化，从而获得影响力。要做到这一点，公益创业者必须理解复杂的社会问题，否则他们很难把握社会问题的核心。健康石公司是一家总部位于波士顿的公益组织，该组织的创始人马克·赛贝尔致力于寻找到问题的核心，他通过提高并普及民众在健康方面的知识来达到预防疾病的目的，而不仅仅是治疗疾病。赛贝尔是一名医生，他谱写了许多与健康有关的儿童歌曲，并组织这方面的表演。但是，这些关于糖尿病、刷牙或 H1N1流感的儿歌，如果没有引入儿童的日常行为，就不会具有任何实质性的效果。因此，为了提高他的歌曲的效果，赛贝尔医生试图把不同主题的健康歌曲与和这一主题有关联的目标人群联系在一起。例如，厌食症在年轻女性中是比较常见的，赛贝尔就让一个年轻的女孩来唱他写的有关厌食症的歌。通过这种方法，目标群体会因为歌曲的传播受到影响，并更有可能为预防某种相关疾病而采取措施。

(2)受益者赋能授权

对受益者的赋能授权是公益创业实现目标的关键手段。穆罕穆德·尤努斯创办格莱珉银行的目的是消除贫困。但是，他没有依靠募集捐款并将捐款发放给穷人的方式来消除贫困。相反，他将权利交到了受益者手里。通过为贫困的人提供无须抵押的小额信贷来帮助他们摆脱贫困。格莱珉银行的成功充分表明，穷人有自己的想法、动机和技能，他们能依靠自己的双手来改变贫穷的面貌，只是无法得到启动致富之路所需的资源。

(3)协同创造

协同创造意味着在产品和服务的设计、生产和输送等方面，公益组织都可以和目标群体共同合作，而这种合作是公益创业经常利用的宝贵资源。协同创造有两大优势：其一，公益创业者可以获得稀缺资源；其二，目标群体的参与是保证公益创业价值主张具有持续性的先决条件。例如，苏黎世枢纽是一家为公益创业者服务的协同合作组织，该组织成立于 2010 年，创办人采用的是融资和办公空间协同合作的原则。苏黎世枢纽用来建设办公区，为办公区提供办公装备所需的部分资金来自一些小额贷款。提供贷款的是那些赞同苏黎世枢纽创办目的、并相信该组织会获得成功的人。贷款提供者也就是所谓的"众筹"。苏黎世枢纽会在指定的日期将贷款还给各位贷款人。同时，为了获得"众筹"的贷款，苏黎世枢纽创办人还会组织各种活动并邀请人们为他们的办公室建设提供贷款。

(4)价格差别和交叉补贴

公益创业者要增加社会价值，这通常意味着他们试图满足那些不能够支付产品或服务正常价格的人的需求。价格差别和交叉补贴这两个原则可以应对这一挑战。阿拉文德眼科医院的目标是消除不必要的眼睛失明。该组织专注于标准化的眼科手术。约40%的患者能够承担手术的费用,这40%能够覆盖所有患者的治疗费用。如果医院为每个人提供免费的眼科手术,公司就不能以可持续的方式提供服务,而且还需要依赖资金的帮助。另外,如果阿拉文德眼科医院不能为那些无法负担治疗费用的病人提供治疗,那么它就无法实现自己消除不必要的眼睛失明的社会目标。因此,在这家医院,有支付能力的病人会把治疗费用交给医院,而医院又把这笔钱用于补贴那些没有支付能力的病人。这种交叉补贴方式保证了医院能够实现自己的创业目标。

6.2 公益创投

6.2.1 公益创投兴起的背景

20世纪下半叶,随着全球化、信息化时代的来临,西方国家政府普遍面临管理层次较多、组织机构膨胀、财政开支大等问题,无法有效应对快速变化的社会现实。20世纪末期,这些国家的政府相继掀起了一场政府改革的浪潮,学术界称之为"新公共管理运动"。新公共管理是一种以采用商业管理的理论、方法及技术,引入市场竞争机制,提高公共管理水平及公共服务质量为特征的管理主义[16]。通过一系列改革实现了政府机构的精简,降低了政府行政成本,提高了政府的社会管理水平。市场竞争机制的引入直接推动了政府作为安排者与生产者角色的分离,政府更多地采取向第三方购买的方式提供公共服务与公共产品,社会组织能有效弥补政府公共服务的不足和空白,因此政府普遍采取向社会组织购买公共服务来满足群众的需求。通过向社会组织购买公共服务,可以为社会组织提供资金支持,推动社会组织的快速发展。

改革开放以来,我国一直致力于政府机构改革,推进政府职能转变,努力打造更精简、高效的政府。就改革的内容来看,政府职能转变就是进一步厘清政府与市场和社会的关系,还权于市场和社会,政府更加重视社会管理和公共服务,而政府向社会组织购买服务也被我国各地方政府普遍采用。政府对社会组织的认识逐渐转变,尤其是社会组织在弥补政府公共服务不足方面展现出独特优势,社会组织的发展受到政府越来越多的关注。相较于西方发达资本主义国家,我国社会组织的发展水平还比较低,无论是数量还是质量,都与西方国家有较大的差距。如何推进社会组织的发展,增强社会组织的可持续发展能力和作为政府购买公共服务承接者的能力,成为推动政府职能转变、提高政府公共服务水平所面临的重大问题。

公益创投实践活动最早在欧美国家开展,进入我国的时间较短。公益创投最初是在公益领域引入商业风险投资理念,主要通过非资金支持帮助社会组织加强组织能力建设,增强社会组织的"造血"能力,以完成组织使命或实现社会组织的财务可持续。而公益创投在我国的开展几乎成为政府向社会组织购买公共服务的另一种形式,政府与社会组织的互动还不够深入。政府通过项目的形式为社会组织开展公共服务提供资金支持，以满足特定人群对特殊公共服务的需求，弥补政府公共服务的不足。从目前我国公益创投实践活动的开展状况来看，其在推动社会组织发展上确实取得了一定的成绩，伴随着政府购买服务在更多的地区和城市广泛开展，这一活动形式也将会被更为普遍地应用。

6.2.2 公益创投的概念

"Venture Philanthropy"是一种源于欧美的公益模式，可译为"战略公益"或"影响力投资"。"公益创投"，顾名思义即公益领域的创业投资，是当今公益界和投资界最为前沿的创新思维。

理念倡导者洛克菲勒三世把公益创投定义为"一种用于解决特殊社会痼疾的具有一定风险的投资形式"。欧洲公益创投协会（EVPA）认为，公益创投发起方通过提供资金（限定性和非限定性）和各种专业服务扶持创新型公益组织成长，建立高度参与的伙伴关系，提升社会目标组织的社会影响力，并对其进行严格的绩效评估。在广州市民政局、市财政局联合印发的《广州市社会组织公益创投项目管理办法》中规定："公益创投项目是指遵循扶老、助残、救孤、济困的宗旨，让有能力且项目可行性和创新性较高、预期社会效益良好、与政府目标契合的公益性社会组织获得更多的资助资金，有效满足和解决社会公共服务需求问题。"[①]成都市民政局，2014年7月印发的《成都市社区公益创投活动管理办法》中明确"社区公益创投活动"的概念是指"秉承以社区为平台、社会组织为载体、专业社工为支撑的'三社互动'理念，通过公益资本投入，为社会组织提供资金、管理和技术等支持，促进社会组织提升社会服务能力[②]，进而由社会组织开展满足社区居民需求、解决社区社会问题的公益服务项目的过程"，同步制定《成都市社区公益创投活动资金使用管理细则》，规范创投活动的资金使用。

6.2.3 公益创投的特征与分类

(1)公益创投的特征

公益创投与公益慈善事业和商业创投紧密相关，但也形成了自身的特征。Letts等[18]首次从传统公益中区分出来公益创投，并且提出了公益创投相比于传统公益的五个特征：公益创投需要考虑投资风险性；应具有明确的业绩目标和评价方式；与被投资者建立更加长期和深度的伙伴关系；能帮助被投资者获取持续投资；具有明确的退出战

---

① 关于印发《广州市社会组织公益创投项目管理办法》的通知广州市人民政府行政规范性文件全文检索系统 http://sfzb.gzlo.gov.cn/sfzb/file.do? file Id=2C90892540DDB8440141EEF50DE100A2.

② 《成都市社区公益创投活动管理办法》http://www.cdmzj.gov.cn/cdmz/zwgk/zywj/DDEE-BDA374564D2AB4FB32C9E84C110E.html

略。相似地,Hafenmayer[19]提出,公益创投具有以公益组织为投资对象,进行尽职调查、量体化投资、长期投资、监督和业绩评价、优先社会回报等特性。EVPA把公益创投看作各种投资主体以寻求社会收益为目的而投资的善举。EVPA认为公益创投具有以下几个基本特征:

①社会组织能力建设(organizational capacity building)。公益创投的关注点在合作伙伴的能力建设上,通过多形式支持提升合作伙伴的综合能力,如项目开发能力、组织管理能力和筹资能力等。社会组织只有完成自身能力构建之后,才能更好地参与公益事业,惠及众人。

②高度参与(high engagement)。传统慈善中,捐赠方和受助方之间的紧密度不高,捐赠方负责将资金捐赠给符合所属组织的宗旨和使命或自身意愿的相关方,不参与受助方的内部组织管理和项目运作等,二者间的关系仅限于"支出—收入"式。在公益创投中,创投者积极参与被投者的组织管理和项目运作等环节,双方建立一种"合作式伙伴关系",相互沟通组织管理遇到的问题、项目运作遭遇的瓶颈,共同探讨组织战略计划。

③非资金支持(non-financial support)。公益创投中,创投方为合作伙伴提供的资金支持只是次要的,多样化的服务性支持才是关键。如组织管理、筹资方式和人力资源等。EVPA调查研究发现,欧洲公益创投为资助伙伴提供包括战略咨询、社会网络、公司治理、筹资策略、财务管理、市场营销和运营管理等多元服务[20]。

④创投周期长(multi-year support)。传统慈善中,资金投资的周期长短根据项目时长而定,短的2至6个月,长则1至2年。慈善组织要花大量的时间在资金筹集上,这不利于实现项目和组织的持续化。而公益创投的投资周期一般在3至5年,长的甚至可达8至10年[21]。欧洲公益创投协会2012—2013年度的年报显示,欧洲的项目期限少于两年的仅有2个,2~4年的有32个,4~6年的有31个,6~8年的有11个,8~10年的有3个[22]。长时期的投资,有利于双方形成稳定的伙伴关系。对于创投对象而言,资源的支持周期要足以使其能够完成一定程度的能力提升,发起方退出后才能实现可持续运行。

⑤风险共担和责任管理(share risk and accountability management)。公益创投使得创投方和慈善机构或服务组织结成合作伙伴,在组织和项目运作中,很多潜在的风险被共担了,降低了风险的发生率。同时,针对社会组织,创投方也会对组织和项目提出一定的规范要求,使得组织形成责任意识,透明化、高效性运作。

⑥绩效评估(performance measurement)。和传统资助相比,公益创投需要更高的回报标准,不再只要求社会回报,还要有一定的财务回报,或者说是影响力回报。对于组织的绩效,也要采用标准的评估体系,充分利用多种工具进行评估,如平衡计分法等。

⑦退出策略(exit strategies)。在传统慈善捐赠中,也有退出形式,只是没有形成一定的制度体系,一般是以捐助项目的结束为结点,象征双方关系的终止。但是在公

益创投中,退出是有一定的标准和规范的,最关键的衡量标准就是创投对象是否实现了可持续运营和发展,另外还包括是否真正实现了组织使命以及是否拓展了许多新的资源。

(2)公益创投的分类

基金会公益创投是最为常见的公益创投组织,也就是基金会作为发起者或支持者进行的公益创投活动。基金会依托公益优势,搭建行业支持和跨界交流平台,为公益组织、公益项目和公益人提供多样化的能力建设支持,如资金、项目优化和品牌宣传等。在西方,基金会公益创投主要是对整个目标组织进行多方位资助,以达到目标组织能力提升,从而规模化解决社会问题。但是在中国,经过本土化之后,公益创投的形式呈现多元化。张银[23]根据现阶段基金会创投的对象来分,将基金会公益创投分为三类:公益组织创投、公益人才创投和公益项目创投。

①公益组织创投。公益组织创投是指基金会公益创投的对象是整个社会组织,即支持那些证明其服务模式能够产生明显社会效果的社会目标组织实现可持续发展。基金会为社会目标组织提供多方面支持,如资金资助、项目优化、品牌传播、行业培训、协助评估和技术支持等。目的是全面提升社会目标组织的能力建设,如筹资能力等,从而使其更高效地解决社会问题,并产生具有一定影响力的社会效益。

②公益人才创投。公益人才创投是指基金会资助青年公益人突破成长瓶颈,主要是草根机构的领导人和创始人,也包括个体行动者,帮助其成长为公益领域的领袖或骨干,从而推动社会公益组织和公益行业的发展,这也是人才创投的核心价值。目前做人才创投的基金会并不多,最具代表性的可能就是南都公益基金会实施的银杏伙伴成长计划。

③公益项目创投。项目创投是指基金会公益创投的对象是各类社会公益项目。基金会根据自身兴趣偏好,资助对应的公益项目,也有的基金会不限定项目领域,只设立一定的资助标准,通过评估项目的社会价值选择资助项目,如上海慈善基金会。项目创投的周期较短,一般为1年左右,资金量也比较小,一般为几万元左右。

6.2.4 公益创投的运行机制

商业创业投资运行一般经过筹资、投资和退出三个阶段[24]。同样,公益创投运行也依次经过这三个阶段[25]。首先,公益创投以筹资者的身份出现在公益资本市场,获得公益创投资本。其次,公益创投以投资者的身份,对公益创业组织进行筛选和谨慎调查,选定公益创业组织作为投资对象进行投资并帮助公益创业组织生产出具有市场价值、能够解决特定社会问题的创新产品。其间,公益创投依据投入资金享有公益组织的股权或债权。最后,公益创投作为卖方,再回到公益资本市场,在公益组织具有一定的可持续发展能力,且自身获得社会影响力的前提下,把公益组织的股权卖出去,并将投资收益留存,作为下一个投资的资本。和商业创投一样,公益创投总是依次经过这三个阶段,并且最终回到原来的起点,随着新基金的筹集,这一过程又开始新的循环(见图 6-2-1)。

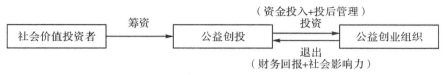

图 6-2-1 公益创投的运行机制

基于公益创投的双重使命,越来越多的学者开始探究公益创投的运行机制与商业创投存在的差异,主要体现在以下三个方面(见表 6-2-1):

筹资过程中存在不同特点:①筹资来源不同。相比于商业创投,公益创投的资本来源相对狭窄,并且其中政府和各类基金的占比高。而商业创投中机构投资者和个人占主要地位。②组织形式不同。与商业创投普遍采用合伙制、公司制、信托制三种组织形式不同,公益创投主要以合伙制和信托制为主。

投资过程中存在不同特点:①筛选标准不同。商业创投者一般根据市场前景、预期收益率和企业家能力等经济指标对项目进行初步筛选[26]。而公益创投在项目选择时必须要以社会价值为首要目标,同时兼顾经济目标。不仅要关注企业的市场前景、预期收益率和企业家能力等,还要关注企业的产品或服务是否能够满足社会需求或解决社会问题。②投资工具不同。相比于商业创投,公益创投采用的捐赠、担保和债权等投资工具都是低息或无息的。并且,公益创投投资工具的选择主要建立在被投资者的有效需求上,而商业创投的投资工具选择主要建立在投资者的偏好上。③投资规模不同。商业创投通常采取高风险、高收益的投资组合策略,同时投资于多个项目,投资组合规模大。而公益创投的投资组合规模通常比较小,会选择把大量的资本和资源投入到少数的几个项目中去。④投资关系不同。在对投资对象进行投资后,商业创投者通常会和被投资企业建立起高度的合作关系,而公益创投与公益组织间的关系通常表现为深度的投资前与投资后的参与和互动关系,并且这种关系会不断地迭代,这远远超出了商业创投中的合作关系,即使最终决定不进行投资,公益创投的双方也可以实现相互增值。⑤投后管理不同。商业创投面临委托代理关系,商业创投家是委托人,企业家是代理人。商业创投家面临着企业未来的不确定性、企业家的逆向选择问题以及企业家的道德危害问题[27]。而在公益创投中,则更倾向于使用不那么复杂的治理结构,而非使用在传统商业创投中用利益捆绑条例来约束保证自己的股份兑现的手段。

退出过程中存在不同特点:①绩效评价不同。在商业创投的绩效评价中,比较传统的方法包括资产评估法、权益评估法和贴现现金流量评估法等。而在公益组织中,由于不存在分配限制,这种估值过程并不适用。②退出时机不同。商业创投通常选择在自身财务回报最大时退出,而公益创投则是在被投资者实现自身可持续发展,并且取得一定社会影响力时退出。③退出方式不同。首次公开发行（IPO）是商业创投退出渠道中常见的也是最为成功的途径，公益创投虽然也可以采取出售股份和社会目标组织管理层回购等方式实现退出，但公益创投的退出方式仍然不清晰，还没有形成一致的最优退出方式。④收益分配不同。在退出投资之后，对有特定期限的商业创投基金来说，商业创投需要把投资收益分配给基金的投资者，而公益创投一般不存在收益分配问题，公益创投的投资回报一般用于再投资，以创造更多的社会价值。

表 6-2-1 公益创投与商业创投的运行机制比较

机制		公益创投	商业创投
筹资	筹资来源	社会天使、机构投资者、基金、政府和私募基金等，其中政府和各类基金占比高	机构投资者、基金、银行、保险公司。政府、个人与家庭等，机构投资者和养老基金占主要地位
	组织形式	合伙制、信托制	合伙制、公司制、信托制
投资	筛选标准	以社会价值为首要目标，同时考虑经济目标，关注企业的产品或服务是否能够满足社会需求或解决社会问题	根据市场前景、预期收益率和企业家能力等经济指标对项目进行筛选
	投资工具	捐赠、股权、低息债权和夹层融资等 关键问题在于对社会回报与财务回报的权重配比，以及投资对象的现金流充足程度 量体裁衣，以满足投资对象需求为原则	股权、债权、优先股和可转债等 关键问题是投资的变现和投资风险防范，以及对创业企业的控制 以投资者偏好为原则
	投资规模	投资组合规模通常比较小，会选择把大量的资本和资源投入到少数的几个项目中去	高风险、高收益的投资组合策略，同时投资于多个项目，投资组合规模大
	投资关系	管家关系，深度的投资前和投资后的参与和互动关系	委托代理关系，投资后建立起高度的合作关系
	投后管理	深入投资对象的运营过程，大量运用外部力量，通过战略咨询、社会网络和组织建设等方式，协助投资对象达到社会价值最大化	为投资对象的运营提供意见，通过战略咨询、法律帮助和引进其他融资等方式，协助投资对象达到经济价值最大化
退出	绩效评价	利用 BACO、SROI、IRIS 和 EVPA 五步法等	资产评估法、权益评估法和贴现现金流量评估法等
	退出时机	被投资者实现自身可持续发展，并取得一定社会影响力时	自身财务回报最大时
	退出方式	出售股份、社会目标组织管理层回购和公益组织交易所 IPO 等，但 IPO 方式还很少	出售、并购和 IPO 等，其中 IPO 是最常见的也是最为成功的方式
	收益分配	一般不存在收益分配问题，投资回报用于再投资	把投资收益分配给基金的投资者

资料来源：斯晓夫等.社会创业理论与实践[M].北京：机械工业出版社，2019.

6.2.5 我国公益创投发展面临的挑战及对策建议

(1)我国公益创投发展面临的挑战

①基金会信息化程度低。在基金会运作公益创投中,网络平台的支持和信息的共享是关键的一环,公益创投信息的发布、项目优化、品牌传播和资源配置等都需借助网络平台来完成。从各省市来看,官方网站的设立情况也不是很好,都低于50%。如果要推动公益创投在我国的进一步发展,各省市相关部门需加强对基金会信息化建设的管理,增加基金会官方网站的数量。

②公益创投、政府购买和招投标混淆使用。在很多基金会的公益创投信息公布中,会出现公益创投、招投标和政府购买混合使用的情形,可见基金会对于"公益创投"这一新型资助模式的内涵理解仍不深入。政府购买是指在制度化的购买机制中,政府通过竞争性和非竞争性(包括指定、委托、协商等)方式向有能力的社会组织购买其成熟的服务,从而实现其公共服务目标,是一种服务过程;公益招投标则是政府购买的升级版,突出了政府购买的竞争性和择优性,只有能力较好的社会组织才能够承接政府的项目,它可以被认为是政府购买的一个分支。而公益创投则是一种"自我造血式"的公益孵化,相当于公益行业的组织"厂方",并输送给政府这一"提供方",最后服务社会公众。

③绩效评估不足。基金会对于公益创投的绩效评估不足,或评估的标准较简单,不能真正体现创投的成效。基金会在前期的创投对象选择和中期的陪伴式成长方面倾注了大量的资金和精力,为创投对象提供多样化的支持。但是却很少在后期对自身运作的公益创投进行评估与总结,有的只是单纯地看资助的机构、项目和人员数,未对公益创投进行专门的分析报告。评估做不好,公益创投的效果就得不到保证,也很难寻找社会问题的最优化解决路径。目前公益创投绩效评估面临的最大问题是非营利组织绩效评估的可测量性,慈善活动本身很难测量其价值。

④淘汰机制尚未建立。公益创投的终止标志,不是通过明确的创投对象淘汰机制或基金会退出机制来实现的,而是根据前期签订的时间周期自然终止的。在欧美等国家,都建立了完善的基金会退出机制,例如股权购买、上市。而我国基金会公益创投只是在形式上设立了退出的程序,却并没有做好实质性的"淘汰"机制。其根本原因在于我国基金会的公益创投中很少涉及股权投资,因为作为创投对象的公益组织是不能分红的,也就不存在股权的问题。而欧美公益创投主要对象是公益组织,是经过工商注册的可分红的社会机构(根本目标是以实现社会价值为使命的),因此就可以采用股权和债券的投资形式。我国公益创投必须形成相适应的退出机制,制定科学合理的参考指标。

⑤对公益创投活动的未来规划不足。目前基金会运作公益创投呈现了明显的"现在式",缺乏对整个公益创投活动的未来规划。公益创投的最主要目的是培育可持续、有影响力的公益组织和公益项目,形成可观的社会效应从而解决社会问题。但是我国基金会在运作公益创投时,优先考虑的是"数量"指标,即本次公益创投可以资助多少家

企业、多少个项目，相应地服务了多少人数，却没有思考本基金会的公益创投是否可以真正为中国的公益生态带来变革，或者未来需要达到什么样的模式。

(2)我国公益创投发展的对策建议

①基金会多方位提升公益创投实践的成效。基金会作为公益创投的发起方与资源中心，要充分发挥自身的功能定位。首先，基金会应明确自身定位，加强组织内部建设。基金会组织定位中应偏重成为"资助型基金会"，发挥"公益金融中心"的功能，提升资金保值增值能力以保证公益创投的财务基础。同时，要根据相关章程要求进行常规运作，尤其要加强透明化运作，树立良好的社会形象。如建设基金会官网和微信公众号等，并做好信息公示，尤其是财务信息的公示。其次，成立基金会行业协会，促进行业间的交流学习。欧洲行业协会通过行业网络来联络公益创业者，为他们参与公益提供必要的支持，从而推动公益创投的发展。目前我国运行公益创投的基金会还很少，许多基金会不知道怎么开展，如果建立了基金会行业协会，并选举优秀的基金会成立行业委员会对基金会的发展进行监督指导，尤其是已经成功运作公益创投的基金会，那么就可以为其他基金会提供参考范本。公益创投中基金会共享资源也有利于调动整个社会的资源流动，造就良好生态。最后，加强评估力度，完善评估体系，健全退出淘汰机制。公益创投的社会效益如何，只有通过专业化的评估才能体现，如何为创投对象提供最优支持也需要评估来完成，可见评估的重要性。基金会要形成公益创投前期、中期和后期评估，包括组织、财务和人员等多方面评估，并运用平衡计分法和社会影响力评估等多种评估方法形成一套健全的评估体系，以此实现公益创投的效益最大化。也只有通过绩效评估的结果，才能健全基金会公益创投的淘汰退出机制，实现公益资源的优化配置和最大化创投成效。

②政府要积极发挥"掌舵"功能，支持基金会公益创投。为了更好地激发基金会公益创投的活力，政府应完善相关的法律政策。首先，政府应明确公益创投在我国公益发展中的重要作用，加大对社会组织尤其是基金会发展的政策促进。如通过政策优惠、税收减免和专项奖励等手段，刺激和支持更多的基金会投身公益创投。如美国政府就对公益创投发起方募集的资金予以减免税。其次，出台相关政策推动我国评估行业的发展，地方民政系统可将评估费用纳入项目经费当中。最后，制定配套政策文件，如公益从业人员的薪资待遇和社会组织注册登记等。

③公益创投对象积极参与基金会公益创投实践。公益创投这一新型资助模式，不仅需要基金会积极发起运作，也需要公益创投对象、公益组织和公益人的积极参与。当基金会公布公益创投信息时，公益组织(公益项目、公益人才)应积极申报。在基金会初步筛选开展尽职调查环节，公益组织也要积极配合。在后期陪伴式成长过程中积极和基金会交流，提出自己的想法。即使未能得到基金会创投资助，也可以询问专业的评估建议，以实现自身的进一步发展。公益组织要提高对基金会的信任感，形成与基金会的伙伴关系。同时，因为基金会公益创投的资金和社会资源有限，会优先选择具有发展潜

力的公益组织、公益项目和公益人进行创投。因此,公益创投对象要加强自身的能力建设和品牌建设,使得自身能够符合基金会公益创投的资助标准。另外,公益创投对象,尤其是公益组织和公益人要不断提升自己的可持续发展能力,在公益创投结束后仍然保持"自渔"的能力,并"反哺"于公益创投,即成为基金会公益创投的下一轮资源支持者,继续培育创新型公益组织、公益项目和公益人,这样才能真正实现公益生态的良性循环与可持续发展。

④媒体加强公益创投理念的公众倡导。对于一个新生事物来说,其所处的时代和环境等因素影响着其能否瓜熟蒂落。社会环境对公益创投能否在社会组织中广泛应用起着重要的导向作用,尤其是舆论环境。某种程度上,舆论氛围是承载公益话语的绝佳平台:通过发布人们的困境,唤醒身在安乐中人们的同情心;通过传播公益的价值观和精神,提高公益理念的"市场占有率",抢占文化阵地。一个社会的舆论导向惯性异常强大,一旦形成势头,极容易形成"恶性循环"或"良性循环"[28]。因此,媒体向社会公众传播公益创投的理念及优势,能够激发基金会、公益组织和企业等的积极参与,进而形成"蝴蝶效应",有利于激活公益生态系统。

6.3 公益组织的管理策略

6.3.1 公益组织运营和管理中的问题

公益组织往往缺乏战略规划,需要不断地应对威胁和紧急事件。这个问题通常会伴随着不同的借口和不同的形态出现,例如,"我们根本没有时间去做计划,我们很忙,能把手边的工作做完就谢天谢地了"、"哪有必要写计划书,那根本是没人看的东西,且有紧急的事计划书就扔到一边去了"、"计划当然是好事,但是每天柴米油盐的,谁管这呀"、"能领到下个月的薪水已经不错啦,做未来三年的计划,我看免了吧"。面对这些问题的心态和借口都不相同,但都来自同一根源,那就是这个公益组织对它未来五年想做什么并没有明确的想法。事实上,这是可以避免的。

公益组织往往着眼于具体项目,而忘了要从大处着眼。这个问题可能以下方式出现:"未来几年有哪些事情会影响我们的机构,我们又怎么会知道呢"、"眼前的计划零零碎碎,哪有什么重点和主题可言"、"我们只是一个劲儿地做,哪里还有时间想到后果,所以有时结果出来后我们自己也很意外"、"我们需要一个更好的决策方式"。

公益组织往往缺乏宣传能力,所在社区通常不了解公益组织在做什么。通常距公益组织几步之遥的人们都不知道他们在干什么,更别说其所在的社区了。公益组织无法通过直接邮件更好地募集资金,一个简单的原因是公益组织没能让人们更好地了解他们。例如,"如果人们没有向我们捐款的理由,我们又怎么能够责怪他们不支持我们的工作呢"、"新闻媒体对我们的支持也好不了多少,让媒体刊登我们的消息是一件非常困难的事情"。

公益组织往往缺乏充足的资金。有谁不需要更多的钱？很难想象一个公益组织由于没有充足的资金而决定缩减它的筹款计划。令人遗憾的是，事实表明，无论处于什么样的经济环境，总有大量公益组织无法募集到源源不断的资金。

公益组织往往缺乏良好的财务管理。很多公益组织通常很难掌握到底花了多少钱，更难以对募款成效进行专业评估，也不清楚哪些地方可以再节约一些经费。由于缺乏优秀的财会人员，会计部门的报表通常只有他们自己才看得懂。因此也很难向资助人交代，向他们解释说赞助费到底用到哪里去了。在公益组织里像这样的抱怨经常可以听到，如果说存在一个所有的公益组织管理者都会遇到的问题，那就非财务问题莫属了。如何看懂财务报表是所有公益组织的管理人员必须解决的问题。

公益组织往往缺乏优质的人力资源。如何留住肯干又能干的人才是所有公益组织面临的严重挑战。虽然也有越来越多的人开始认识到传统价值的重要性，他们并不把赚钱当作人生的最优目标，而是希望自己能有所创新，对社会有所贡献。但是，公益组织往往并不深入研究上述人口统计、个人和家庭价值观的变化趋势，也没有发展出相应的激励机制。

公益组织内部管理效率低下。公益组织的通病之一是甲部门通常不清楚乙部门在做些什么，即使他们所从事的工作密切相关。在公益组织里经常开会，但是会议时间不是过长就是过短，有时还会发生激烈争吵，以至于机构的工作人员毫无沟通可言。公益组织的内部沟通情形尚且如此，和社会大众的沟通会更加艰难。随着公益组织规模的扩大，内部沟通也会越来越困难。

许多公益组织的日常治理很不完善。志愿者理事会特别是小型非营利组织机构理事会，往往管的内容过细。从墙壁应该涂什么颜色到应该聘用什么人，他们都发表意见，有时候连买什么型号的计算机也要追问。但是，这些理事却不帮助组织去了解所在的社区，不告诉执行人员应该向哪个部门寻求赞助或者如何去找一个合适的办公地点，他们也不能提供机构未来10年的发展规划。

在许多公益组织中，传统志愿者模式作为主要运营模式效率低下。公益组织越来越难招募和留住好的志愿者。有以下两种比较好的解决措施：公益组织需要了解自身的属性或志愿者属性的变化，并了解志愿者真正想加入什么样的公益组织；成功的公益组织不仅要做好招募工作，还要做好对不同层次志愿者的训练和培养工作。

许多公益组织的员工管理水平较低下、工作满意度低。精疲力尽是许多公益组织工作的敌人。的确需要做的事情太多，人手太少，挫折太多，酬劳太少。在某些工作中精疲力竭几乎是难以避免的。例如照料和抚养残障儿童和辅助贫困潦倒的成年人等工作。但是良好的管理会大大提高这些工作的效率。然而遗憾的是，大量公益组织的管理不仅没有提升这些工作的效率，在很多情况下甚至使得工作更加繁杂。执行人员的工作满意度日益下降，使得他们很难持续性地开展工作。

6.3.2 公益组织运营和管理中的特殊性和难点

早期的公益组织出现在市场体系之前,人类最早的学校、医院其实都是以公益组织的形式出现的。但是随着市场体系的出现和发展,早期的公益组织开始分化。学校和医院中有一部分走向了市场,另一部分则一直保留着公益组织的形式。在第二次世界大战后,特别是 20 世纪 80 年代以后,世界各国都涌现出大量的公益组织。有学者从 20 世纪 80 年代开始做这方面的统计,发现非营利部门在各国社会经济生活中的地位和贡献度并不低,但是在各国之间存在一定的差异。

当今全球最大的跨国公司员工可能达到数十万人,收入达到千亿美元的量级。显然,还没有一个公益组织能达到如此规模。然而这并不意味着公益组织的管理要比企业管理容易。事实上,公益组织的管理具有一些难以把握的特殊性和难点。

(1)公益组织的愿景

一般而言,公益组织的产生有两种动力:愿景的驱动和社会需要。每一个成功的公益组织都有伟大的愿景和使命。正因为有了明确的公益愿景和对其使命的驱动,才产生了公益组织,这是公益组织的第一种动力。公益组织的第二种驱动力是社会的需要。这与愿景有很大的不同,面对的是当下紧迫的社会问题,比如自闭症儿童的救助和关怀。公益组织选择面对这样的社会问题,并积极回应这种社会需要。特蕾莎修女到印度的时候看到无数病人患病露宿街头,她深受震动,下决心要去帮助穷人,让他们有尊严地离开这个世界。她发起了一个叫"博济会"的志愿机构在加尔各答帮助穷人,世界各地的很多人都来到印度加入博济会和特蕾莎修女一起帮助穷人。这个博济会就是一家公益组织,它产生的驱动力来自印度普遍的社会问题和救助穷人的社会需要。

愿景和社会需要的结合是许多公益组织产生的原因。公益的愿景往往能够唤起很多人的共鸣,因而也成为共享的愿景。当个人能与他人共享愿景的时候,他就会加入公益组织,许多志愿组织就是这样产生的。最著名的如无国界医生,作为一个由医务人员自愿组成的公益组织,其共享的愿景是为身处困境的人们以及天灾人祸和武装冲突的受害者提供帮助。这样的愿景吸引了大批来自世界各地的愿意共享这一愿景的医生。他们加入无国界医生,可以申请做一年的志愿服务。公益的愿景和使命是公益组织的灵魂。

(2)公益组织的领导者

公益组织的领导者必备的品格,首先是正直、公益、有爱心和愿意承担,这些都是非常重要的领导品格。其次,与其他领导者一样,公益组织的领导者通常都会面临一个问题,那就是怎样树立和维持在组织中的威望和感召力。对公益组织来说,当组织成员追随一个公益组织的领导者时,也就会认同这个组织的使命和愿景,也会认同领导者本人的品格、德行、修养和信心。领导者有一系列特质,拥有心甘情愿的追随者而不是被迫和被强制的追随者,这是公益组织领导者的一个重要特点。

其次,公益组织的领导者也应当是一个好的倡导者,能够把愿景和使命表达出来,让大家共享。领导者要努力创建一个学习型的组织环境或场域,使人能够在其中学习和产生影响,使追随者也能成为领导者,这对公益组织的追随者来说尤其重要。一个优秀的领导者还应该是一个催化者,能够催化环境、催化学习者、催化机构健康成长并走向卓越。

最后,公益组织的领导者应该是一个终身学生,他永远能跟上社会变革的步调,他一定要是一个持续的高效学习者。

(3)公益组织的营销和筹款

营销管理是公益组织管理的核心环节之一。营销活动对公益组织的重要性表现在以下五个方面:第一,通过营销分析确认公众的需求,公益组织可据此提供正确的公共服务,并有意识地引导公众的健康需求;第二,通过营销公益组织可以把自身的组织宗旨和其他信息传达给公众,从而提高其公众形象并刺激公众给予回应;第三,公益组织可根据营销的状况决定组织目标,并拓宽组织资源的吸收途径,使任务的实现更为顺利;第四,公益组织可以通过营销引起公众注意,吸引公益组织需要的各种关注和支持;第五,营销使公益组织在社会上具有更大的影响力。公益组织提供的一般是竞争性的公共物品,而企业提供的一般是私人物品,所以公益组织的营销不同于企业。许多公益组织的营销活动涉及无形的社会利益与精神利益,存在评估上的困难,并且得到准确信息的难度大,这使公益组织的营销与企业相比,显得更为复杂。

筹款是将分散的社会公益资源动员并集中起来的过程,是一个需要艺术、策略、专业化知识和技巧的市场运作的系统化过程。筹款是公益组织基于组织的宗旨和目标,向政府、企业、社会大众或基金会等发动筹集资金、物资和劳务的过程。公益组织筹款的理念发展大致经过了三个阶段,即产品导向阶段、推销导向阶段和顾客导向阶段。最初的筹款战略是一种产品导向战略,这个阶段的特点是大部分的款项由公益组织的高级管理人员利用他们的关系网筹得,不存在专门的筹款人。有些组织还依赖志愿者友好人士得到一些捐赠,少量忠心的捐赠者提供了大部分的捐款。随着公益组织之间的竞争加剧,筹款形势日益严峻,以产品为导向的筹款越来越困难,公益组织意识到,必须走出去采取推销导向的手段。现在筹款的策略上也开始采取顾客导向手段:主动分析组织在市场中的位置,关注那些接受组织宗旨的人,设计使潜在捐款人满意的活动计划,甚至和潜在捐款人一起合作设计活动项目,同时也通过筹款活动培养新的潜在捐款人。

6.3.3 公益组织运营与管理

(1)公益组织的多重使命

公益组织运用独特的运营模式开展商业活动,通过销售产品和提供服务获取资金支持,满足了目标群体的要求,完成了服务社会的使命,可以说使命是公益组织的精神根基。一个成功的公益组织往往可以把双重底线置入使命并通过多种使命发挥作用。第七代公司是一家销售清洁和个人护理产品的公司,由艾伦·纽曼创立于1988年。公司之所以取名"第七代",是因为每个决策都要考虑未来七代人的影响。作为公益组织的先驱,第七代致力于用自己的实践使我们拥有一个更加美好和可持续发展的未来。杰弗里·霍伦德是第七代公司的联合创始人兼CEO,他认为第七代公司成功地将双重底线置入了公司使命。具体而言,第七代公司拥有如下多重使命:第一个使命是为弱势就业者提供工作机会,为此第七代公司不仅使员工通过工作达到自给自足,还努力使员工可以在工作中获得满足感,使他们有机会像正常人一样成长和发展;第二个使命是为消费者提供更加安全和健康的家居产品,为达成这一目标,第七代公司努力加强对消费者环境、社会和健康问题教育,让消费者相信自己的行为可以带来改变;第三个使命是可以在公益组织运营中实现使命与利润的整合,目前第七代公司有着1亿美元的销售收入和近50%的利润率。霍伦德试图建立一个最成功的公益组织,而且至少需要完成三个使命。在他看来,摈弃单一使命、拥有多重使命会产生神奇的作用。

(2)公益组织的常见运营模式

公益组织的目的是同时实现经济价值和社会价值创造,根据公益组织内部商业活动和社会使命的不同关系,以及商业活动与社会项目的不同集成水平,产生了七种社会运营模式。它们描述了公益组织商业业务和社会活动之间的关系,说明了公益组织经济价值和社会价值的创造过程,用创造性的方法促进社会价值和经济价值的融合[29]。

①创业支持模式。公益组织为目标人群(个人或企业)提供商业支持和金融服务,目标人群再向开放市场提供产品和服务,以此获取收入。现实中,小额信贷机构、小型企业和业务发展计划多采用创业支持模式,常见的类型有金融机构和管理咨询等专业服务机构。创业支持模式往往可以形成一个嵌入式公益组织,而该公益组织的使命是通过支持企业家的创业活动使他们获取收入。这种模式的缺点在于其应用范围狭窄且有限,只适用于经济发展组织或就业创业支持项目。此外,由于创业支持模式的客户主要为弱势群体,这使组织生存能力受限。

②市场中介模式。公益组织为目标人群(个人企业和合作社)提供产品开发、市场准入和信贷服务。客户生产产品后,公益组织以合理的价格购买产品,然后再在市场上销售。在现实中,市场供销合作社多采用市场中介模式,常见的类型有食品公司和农产品公司。该公益组织的使命是帮助客户在市场上实现产品销售,公益组织通过产品销售获取收入,用于支付项目成本和运营开支。市场中介模式的优点与创业支持模式类似,即通过自负盈亏扩大社会影响,强化组织使命。但由于其业务仅面向生产商,会出现市场饱和及产品质量差等问题,因此,为客户制造的产品要想找到合适的市场有时面临困难。此外,由于生产商比较分散,公益组织对产品的质量要求也难以控制。

③就业模式。公益组织为其目标人群(存在就业障碍的人群,如残疾人、无家可归

者、边缘青少年、前罪犯、妇女等)提供就业机会和在职培训,通过在公开市场销售产品或提供服务获取收入。这些收入用于支付项目成本和运营开支,包括工资和雇佣导致的其他费用。现实中,就业模式被广泛用于残疾人组织和青年组织,以及关注低收入妇女、吸毒者和无家可归者的组织。常见的类型有清洁公司、网吧、书店、旧货店、面包店和修理厂。该类公益组织的社会使命是为目标人群提供就业机会、开发目标人群的技能和增加目标人群的收入。就业模式的优点在于操作方便;就业模式的缺点在于,由于客户多为弱势群体,会在一定程度上影响组织的生存能力。此外,就业模式公益组织与商业企业在市场上的竞争造成效率低下,也使这类公益组织的生存面临挑战。

④有偿服务模式。公益组织商业化其社会服务,或者直接销售给目标人群(如个人、企业、社区),或者间接卖给第三方。公益组织通过收取服务费来实现财政自给自足,盈余可以用来补贴其他社会项目。现实中有偿服务模式应用非常广泛,超越了非营利部门的界限,常见的类型有会员组织、行业协会、教育机构、公园、博物馆、医院、诊所。有偿服务模式的优点是易于实施,但许多组织仅仅将有偿服务作为一种创收方式,而不是作为一个可扩展的商业业务。当有偿服务模式在经济上获得成功时,组织的逐利倾向会使其使命和利润产生冲突。

⑤服务补贴模式。公益组织向外部市场销售产品或提供服务,产生的收入用于补贴社会项目,满足目标人群的需求。服务补贴模式往往可以形成一个整合式公益组织:商业活动和社会项目交叉,共享成本和收入。商业活动主要用于社会项目的融资机制,盈利收入主要用于补贴或全部支持组织的社会服务。现实中,服务补贴模式主要用于存在多种服务人群的组织,常见的类型有咨询、教育、物流和就业培训等。服务补贴模式的优点在于其可以广泛应用于各种类型的组织,如非营利组织、企业和公共部门等。该模式还可以通过策略化地商业化其服务扩大公益组织的影响。但是,一个组织采用这种形式必须要能够清楚地界定自己所提供的社会服务类型。

⑥市场联动模式。公益组织充当经纪人角色,连接买家和生产者,提供市场信息,促进目标人群(小生产者、当地企业和合作社)与外部市场之间的贸易关系,然后收取服务费用。与其他运营模式不同,市场联动模式的客户大多是有经济实力的私营部门,因而公益组织生存能力较强。现实中,市场联动模式为贸易协会、网络组织和合作社提供各种服务,帮助它们进行进出口贸易,开展市场调研服务和其他活动。

⑦组织支持模式。公益组织在外部市场开展商业活动、销售产品和服务获取收入然后用于支持社会服务组织的社会项目。组织支持模式往往可以形成一个外部式公益组织:商业活动与社会项目分离。因此,公益组织根据财务优势选择商业活动,而这些商业活动并不一定与组织的使命相关。与服务补贴模式、市场联动模式的优点类似,组织支持模式在现实中的应用非常广泛。尽管商业活动与组织使命无关,但组织的收入大部分来自商业活动,所以商业业务必须高度有利可图。

[本章要点]

1. 成功的公益创业商业模式一般具有全面性、独特性、难以模仿性、社会性和网络性五个特征。

2. 公益创业商业模式的设计原则包括：解决社会问题的根本原因、受益者赋能授权、协同创造、价格差别和交叉补贴。

3. 公益创投定义为一种借鉴商业创投的方法，对初创期社会目标组织（主要是公益组织）进行投资孵化，通过社会目标组织的成功间接为社会创造价值。

4. 公益创投具有社会组织能力建设、高度参与、非资金支持、创投周期长、风险共担和责任管理、绩效评估、退出策略等特征。根据现阶段基金会创投的对象将基金会公益创投分为公益组织创投、公益人才创投和公益项目创投三类。

5. 公益创投与商业创投均会经过筹资、投资和退出三个阶段，但基于公益创投的双重使命的复杂特征，公益创投与商业创投在运行的各个阶段均存在差异。

6. 我国公益创投在发展过程中通常面临基金会信息化程度低，公益创投、政府购买和招投标混淆使用，绩效评估不足，淘汰机制尚未建立，对公益创投活动的未来规划不足等挑战，需要基金会、政府、公益创投对象及媒体各个方面共同建立相应的支持体系。

[能力拓展]

请思考回答如下问题：

1. 如何设计公益创业商业模式，以及如何进行商业模型创新？

2. 你认为公益创业商业模式最核心的模块是什么？为什么？

3. 公益创投如何在我国实现良好的发展？

[参考文献]

[1] Stewart D W，Zhao Q. Internet marketing，business models，and public policy [J]. Journal of Public Policy & Marketing，2000，19(2)：287-296.

[2] Rappa M. Managing the digital enterprise business models on the Web[EB/OL]. http：//digitalenterprise. org/models/models. html，2000.

[3] Afuah A. Internet business models and strategies：text and cases[M]. Boston：McGraw Hill，2002.

[4] Timmers P. Business models for electronic markets[J]. Electronic Markets，

1998，8(2)：3-8.

[5] Mahadevan B. Business models for Internet based e-commerce：an anatomy[J]. California Management Review，2000，42(4)：55-69.

[6] 原磊. 国外商业模式理论研究评介[J]. 外国经济与管理，2007，29(10)：17-25.

[7] Linder J，Cantrell S. Changing business models：surveying the landscape[R]. Accenture Institute for Strategic Change，2016.

[8] Boon C，Eckardt R，Lepak D P. Integrating strategic human capital and strategic human resource management[J]. The International Journal of Human Resource Management，2018，29(1)：34-67.

[9] Morris M，Schindehutte M，Allen J. The entrepreneur's business model：toward a unified perspective[J]. Journal of Business Research，2005，58(6)：726-735.

[10] Osterwalder A，Pigneur Y，Tucci C L. Clarifying business models：origins, present，and future of the concept[J]. Communications of the Association for Information Systems，2005，16(1)：1-25.

[11] 林海. 社会创业组织商业模式概念框架模型构建研究[J]. 广东科技，2012，21 (19)：166-168.

[12] Dees J G. Enterprising nonprofits[J]. Harvard Business Review，1998，76(1)：54-69.

[13] Hamel G. Leading the Revolution[M]. Boston：Harvard Business School Press，2000.

[14] Austin J，Stevebson N H，Skillern W J. Social and commercial entrepreneurship：same，different，or both? [J]. Entrepreneurship Theory and Practice，2006，30(1)：1-22.

[15] Weerawardena J，Mort G S. Investigating social entrepreneurship：a multidimensional model[J]. Journal of World Business，2006，41(1)：21-35.

[16] 陈振明. 公共管理学原理[M]. 北京：中国人民大学出版社，2013.

[17] 吕双慧. 杭州市公益创投模式的优化分析[J]. 商，2015(33)：95-95.

[18] Letts C W，Ryan W，Grossman A. Virtuous capital：what foundations can learn from venture capitalists[J]. Harvard Business Review，1997，75(2)：36-50.

[19] Hafenmayer W. Venture philanthropy：approach，features，and challenges[J]. Trusts & Trustees，2013，19(6)：535-541.

[20] 刘志阳，邱舒敏. 公益创业投资的发展与运行：欧洲实践及中国启示[J]. 经济社会体制比较，2014(2)：206-220.

[21] Romirowsky R. A venture worth taking? Sustaining 21st-century nonprofit organizations through social venture philanthropy[J]. Journal of Jewish Commu-

nal Service，2007，82(1/2)：129.

［22］刘宸. 行政主导下的公益创投：实践观察与理论思考[D]. 南京师范大学，2015.

［23］张银. 我国基金会公益创投运作机制研究[D]. 上海师范大学，2018.

［24］Gompers P，Lerner J. The venture capital revolution[J]. Journal of Economic Perspectives，2001，15(2)：145-168.

［25］Scarlata M，Alemany L. Deal structuring in philanthropic venture capital investments：financing instrument，valuation and covenants[J]. Journal of Business Ethics，2010，95(2)：121-145.

［26］Kaplan S N，Stromberg P. Venture capitalists as principals：contracting，screening，and monitoring[J]. American Economic Review，2001，91(2)：426-430.

［27］Amit R，Glosten L，Muller E. Entrepreneurial ability，venture investments，and risk sharing[J]. Management Science，1990，36(10)：1232-1245.

［28］康晓光，冯利. 中国第三部门观察报告[M]. 北京：社会科学文献出版社，2013.

［29］Alter K，A business planning reference guide for social enterprise[M]. Creative Commons Attribution Share Alike，2000.

案例篇

案例1 姜英爽:守护"星星"的媒体创业者[①]

引 言

姜英爽,生于1977年,山东平邑人,曾是南方都市报社第一位首席记者。2014年创办大米和小米微信公众号,2016年开办了第一家线下干预康复中心,五年间,已在国内主要城市地开设了数十家康复干预服务中心,为上万名自闭症儿童提供康复服务。并且,大米和小米与多所高校和科技企业合作,借助创新科技解决干预康复过程中的诸多问题与困难,成为一家处于高速发展中的独角兽企业。品牌观察总编辑郑学勤曾感慨道:"一家优秀的企业,早期都像是个传销组织,在看不到明确回报的情况下,所有人因为信奉一个价值观,甚至是仅仅相信这个人,就愿意天南海北、赴汤蹈火。"这些辉煌的成就背后,是一位曾经孤立无援的母亲为无数处在绝望边缘家庭带来希望的暖心故事,也是一位曾因敬畏文字,不愿从事商业的新闻工作者成为一家传奇公司创始人的励志故事。然而,一位新闻的理想主义者是在怎样的机缘巧合下踏入了一个被人忽视的行业?又是怎样填补了行业的空白并最终成为中国最专业的自闭症康复机构的掌舵人?

一、心向理想,情系新闻

高二那年,原本是个"学渣"的姜英爽意识觉醒,想要做一名记者,决心努力读书。那时候的姜英爽经历过逃学、留级,甚至还想要辍学去写作,是个想要摆脱现实的文艺小青年。但同时,她又是一个现实的理想主义者,发现想要摆脱现实,最现实的方法还

[①] 本案例由彭伟、沈仪扬根据公开资料整理,版权归原作者所有,并对原作者的贡献表示感谢。案例仅供讨论,并无意暗示或说明某种管理行为是否有效。

是参加高考。想清楚了的姜英爽用了三个月时间冲到了班级第一名，没当过班级第二，高考之前她想要报中国人民大学和复旦大学的新闻系，但那年中国人民大学新闻系没有面向山东省招生，姜英爽就去了上海。复旦大学新闻系毕业后，对自己没太大信心的姜英爽先是选择了在老家工作，后来又去了北京做了一阵电视记者。2002年，南方都市报面向全国招聘，姜英爽选择了南下。

到了南都之后，当时的上司杨斌觉得姜英爽做过电视记者，就派她去写人物对话稿。虽然没有太多经验，但姜英爽还是很好地完成了任务。姜英爽记得第一篇稿子写的是一位职业打假人，稿子发出来后，杨斌在南都的大开间办公室里冲着姜英爽喊："姜英爽你稿子写得真的很棒啊。"当年南都找了一个《南方日报》的老编辑，每天会挑出当天报纸的错别字，并对内容打分，张贴在走廊上。有一次老编辑在报纸上贴了一行字，大概意思是：我提名姜英爽为《南方都市报》最好的记者，理由是产量大、新闻敏感性强、稿子质量高……这个时候姜英爽刚到南都两个月，这对于当时25岁的姜英爽来说是最大的激励，后来，她偷偷把这张报纸撕下来带回家去了。

2006年，南都推出首席记者制前夕，姜英爽和深度报道部的同事们在洞庭湖饭馆吃饭，一个比她年纪大些的同事半开玩笑和她说："姜英爽，你看你稿子写得能看吗，每次都还发这么长，一点意思都没有。"当时不够自信的姜英爽哭着从包厢跑出去了，她夺门而出后，主任跟了出来，对她说："你哭什么，告诉你件事，你已经被选为本报首席记者唯一候选人了。"姜英爽破涕为笑。后来，姜英爽成为《南方都市报》历史上第一位首席记者，囊括了除2007年以外每一届南都新闻奖人物报道类金奖，是做人物对话体报道的专家。《妞妞资产大起底》《阿星杀人事件透视》《罗刚：我不后悔接这个电话》等都是她在南都时期的代表作品。

二、机缘巧合，初创平台

2006年，姜英爽成为南方都市报业务改革之后第一个报社首席记者，压力很大。那一年，她却意外怀孕了，于是，2007年姜英爽（大米）匆匆忙忙生下女儿小米后就投入了工作，因为经常出差，对女儿很疏忽。2009年2月15日，姜英爽的女儿"小米"还不到一岁半，言语、社交和眼神都有问题。在查阅了数十万字资料之后，她认为女儿有自闭症倾向，马上就决定看医生。在朋友的介绍下，她带着女儿找到了中国最难挂上号的自闭症权威专家、广州中山三院的医生邹小兵。短短几分钟诊断后，邹小兵告诉姜英爽，"你的女儿有问题。"一刹那，姜英爽只感到她的生命正在崩塌，白色的诊室内天旋地转。作为记者，她早已习惯看无常世事和冷酷人间。但"自闭症孩子母亲"这个角色，她一时根本无力承当。更棘手的是，当时中国还非常缺乏自闭症康复机构。目前我们熟知的一些知名机构，当年正处于野蛮生长的草莽时代。同时，各种针对自闭症诊疗的骗术却多如牛毛。于是，姜英爽决定靠自己来为女儿做康复干预。她在线上线下买到了所有能买到的自闭症类书籍,下载了所有能搜索到的资料,开始研究自闭症。

让她引以为傲的学习能力,很快帮她掌握了相关专业知识,还在网上开始发表自闭症的文章和解答。同时,她给小米制定了一套目前看来都不过时的干预方案,其中一条,就是雇一位不用做家务的小保姆,她的唯一任务就是陪小米说话,让她的大脑一刻也不能放空,没有时间发展出刻板行为。将心比心,同气连枝,姜英爽还很快与全国各地的自闭症患者的家长建立联系,他们的泪点和笑点一模一样,为了相互扶持,共同成立了 NGO 四叶草组织,义务组织专家讲座,为团队中最困难的家庭捐款。

一年多后,小米精神和语言发育都很好,与正常孩子无异,甚至还经常要一些让人捧腹的小奸小诈。姜英爽不敢放松继续干预。直到有一天,邹小兵对她说,“看来你女儿那次是误诊……”姜英爽是解脱了,可是其他千千万万的自闭症患者的家长呢?“他们比自己患上晚期癌症都要焦灼崩溃。”姜英爽说,国内对自闭症科普和干预康复的严重不足,是导致自闭症孩子和家长走投无路首要的客观原因。姜英爽觉得有必要做一些事情来帮助这个群体。媒体人出身,她首先想到做一个公众号,用她最擅长的方式,为这个群体科普自闭症知识,也唤醒全社会关注自闭症群体。于是,就有了大米和小米公众号的诞生。那是 2014 年 9 月,正处于微信公众号的红利期。姜英爽已离开南方都市报,在腾讯大粤网担任内容线的高管。她牺牲休息时间,“蓬头垢面”,以每天一篇的速度更新公众号。面对自闭症,仅仅启蒙远远不够,姜英爽凭借记者的专业素养和对自闭症的深入研究以及社群资源的累积,大米和小米很快成为这一垂直领域中小有名气的公众号。写公众号的第一个月,姜英爽问粉丝该如何让公众号延续下去,结果一下子收到了粉丝的两万多打赏,其中最大的一笔是 1000 元,来自一名东北自闭症儿童家长,那名家长给姜英爽留了言:“无论如何,请大米把这件功德无量的事情做下去。”还有很多事情让姜英爽很纠结,但有一件事情是明确的——将大米和小米一直做下去。

三、全心投入,发展线下

2015 年 2 月,姜英爽离开大粤网,专职运营大米和小米。出于对文字和价值观的敬畏,姜英爽曾发誓这辈子不会从事商业,她认为作为媒体人和 NGO 发起人,她更适合帮助他人。很快,这个想法就发生了改变。随着接触的自闭症患者家庭越来越多,姜英爽越来越感到,如果局限于媒体人和科普作者的身份,只负责从科学和社会两个维度,向中国人启蒙自闭症的知识,还远远不够。她打了一个比方,“一个病人快要死了,你就是念诺贝尔医学奖论文给他听,也救不了他的命,他最需要的是抢救。”而且对于自闭症儿童来说,早期的科学干预是他们最大程度趋近于普通儿童群体、融入社会、获得自理能力的唯一途径。目前科学界公认的自闭症儿童干预黄金期,是在 3 岁之前,最迟不能超过 6 岁。所以每耽搁一天,自闭症孩子的人生便凶险艰难一分。与之对立的是,国内自闭症机构不但匮乏,而且泥沙俱下,自闭症儿童“要么得不到有效干预,要么胡治疗乱干预，什么中药针灸电击补脑药啥的，你能在别的病种看到的骗局，自闭症领域全部都有"。这些问题，也因为中国世界第一的人口基数而雪上加霜。有数据统计，我国每 100 人中至少就有 1 个人患有自闭症，自闭症人数超 1000 万，自闭症儿童超 200 万。但全国仅有 1000 多家注册的康复机构，大多由家长创办，无论专业程度还是服务水平，都难以满足患者家庭的需求。于是，姜英爽终于做了一个大胆的决定，带领大米和小米切入自闭症康复领域。中国自闭症特教老师密度最高的地方是哪里？台湾。于是，姜英爽二话不说，直接跑到台湾，费尽口舌说服当地最权威的康复专家，录制一系列视频，让患者家庭打开电脑和手机，就可以学习并实施自闭症干预。2016 年 6 月，大米和小米正式推出居家干预视频。

自媒体大米和小米以平均每天一篇的频率，向自闭症家长群体推送相关的知识内容，成为中国上千万的相关家庭寻找科学、专业知识内容的通道。大米和小米还对自闭症及广泛性发育障碍领域的热点事件进行了关注，促进了国家相关法律、政策的改变。在成为国内自闭症家长、社群和专业人员的精神家园之后，姜英爽认为大米和小米仅提供知识服务是不够的，线上课程不能代替个性化教育，孩子情况不同，需要的帮助也不一样。自闭症儿童更需要手把手、面对面的线下示范教育和世界一流的、专业的干预训练服务。于是，从 2016 年 9 月起，也就是自媒体平台运营两年后，大米和小米开始从线上走到线下。姜英爽从美国等国家，以及中国香港、台湾地区，广泛寻找华人专家资源，相继引进了 ABA（应用行为分析）、OT（职能治疗）、ST（言语治疗）、ESDM（早期介入丹佛模式）等干预训练专家、督导，从零开始培养自己的师资团队。可是，请国际上专业的专家来，需要投入高昂的成本，这也是制约国内很多机构难以在技术上投入更多的原因，在公众眼里是属于"公益范畴"的自闭症儿童救助行为，如果投入大量资金引进专业技术，该如何操作？姜英爽认为，要给孩子们提供最好的技术服务，不能在"黄金干预期"耽误了孩子，只有高投入，才能高质量，才能提供高水平的服务，如果仍然以过去的眼光看待越来越多的自闭症儿童问题，将难以促进整个行业的发展。很快，大米和小米的第一家康复训练机构在深圳龙岗开幕。2016 年 10 月，大米和小米成为深圳市残联认证的孤独症定点康复机构。深圳市政府向户籍在本市的自闭症儿童补贴 4 万多元每年每人用于康复。

刚开始由于大众对这个行业认识不深，康复训练机构的员工都是来自自闭症儿童家长和姜英爽身边的人。姜英爽很喜欢谈一个钟点工的故事，如今这个钟点工已经是郑州干预社区店的销售主管。在一场活动中，她两天卖出 200 万元的课目，创了公司的纪录。原本，这位员工只是 58 同城的一名钟点工，有一次被随机派到姜英爽家里打扫卫生。她不仅在规定时间内全部收拾好，还将各类物品有序归纳，这对丢三落四的姜英爽简直就是救命恩人。于是，她每次都点名要这位钟点工，还在事后跟她约好每周固定时间来她家打扫。有一次打扫完之后，姜英爽就问她，"我缺个行政助理，你愿不愿意干？"她没有丝毫犹豫就答应下来。于是这个钟点工成了姜英爽的个人助理兼公司的清洁主管。至此，原本因为工作繁忙三餐没有着落的姜英爽，餐餐都能准时吃到想吃的东西。一段时间过后，姜英爽发现她每天做完事情后就比较闲，自己也经常出差不需要她准备三餐，就试探着问她，愿不愿意去参加特殊教育的培训和考试。小姑娘一口答应，并且没多久就通过了所有考试。于是姜英爽将她派往了幼儿园，做一名特殊教育老师。在做老师这个阶段，小姑娘的业务能力得到家长的一致好评。但由于性子比较直，与园长有些摩擦，最终只好又调回身边做行政助理。虽然姜英爽三餐又有着落了，但眼看着她总是闲着也不是回事。一次偶然机会，姜英爽看到一句话，说适合做销售的人有三个特征，穷、聪明、有野心。她想，这说的不就是身边这位行政助理么？于是又将她派往门店做销售，果然业绩十分突出。之后郑州筹备社区店，小姑娘毛遂自荐，说自己就是河南人，还按揭在郑州买了房。姜英爽大喜，心想她就是郑州社区店销售主管最合适的人选。果然，试运营第二天就传来捷报，所有份额 2 天时间全部售罄。大米和小米现在基本上不再招收患者家长作为员工，不是姜英爽狠心，而是因为患者家长需要照顾自己的孩子，很难全身心投入到工作中来。还有一个原因，部分家长来大米和小米是为了方便照顾自己家孩子，但他们很难像照顾自己孩子一样，去照顾其他孩子。其实某种意义上来说，这也正是大米和小米需要去改变的一些现状。让患儿的父母不再因为孩子的原因放弃生活、放弃工作，他们依然可以拥有自己的人生。

自闭症的圈子是一个充斥着悲情、温暖、无奈故事的地方，姜英爽凭借着自己对新闻的敏感和能力，始终为推动这个群体被更多人关注而努力着，而她的努力也得到了回报。2017 年初，一位自闭症患儿的家长找到姜英爽，声称自己孩子失踪半年后发现死于异地的一家托养中心，觉得事有蹊跷，希望姜英爽能够帮忙报道。姜英爽让手下一名员工跟进此事。由于孩子遗体已经火化，没有任何证据，该员工只能根据家长的表述整理出前因后果。文章出来后，姜英爽并不满意，认为这样写只能成为一个经验教训稿，无法带来更多思考。于是她亲自翻阅此前的资料，发现有一不合理处，该自闭症患儿能够写出自己及家长的姓名，而托管中心并未将该信息同步登记至网上。正是从这个漏洞出发，姜英爽发现了整个链条的渎职和冷漠，在她报道后，迅速引起社会关注。这个曾轰动一时的事件，大米和小米率先报道，并推动了全国民政托养中心的整改以及公安系统和全国救助寻亲系统的互通。其间，大米和小米也引起了业内外广泛的关注。姜英爽的媒体人履历不仅体现在大米和小米的新闻稿中，同时也渗透到整个公司的企业文化中。在她看来，创业就跟写新闻稿一样，创业就是由一堆琐碎的事情组成，新闻也不是每天都有爆点，把琐碎的事情做好，如同把日常的新闻写好，就会有厚积薄发的一天。

特殊人群的需求是多样化的，年龄阶段不同，需求不同。学校是儿童社会化发展的重要场所，联合国教科文组织呼吁残障儿童有接受教育的权利，残障儿童不应该再接受大量隔离式的教育，提倡残障儿童通过科学的评估与个别化教育进入普通学校接受全纳教育，以提高他们的社会适应能力，促进社会融合。因此，姜英爽认为大米和小米的战略是先从最重要、最容易培养人才的集中式早期疗育开始，最终的目标是做入户式的服务。在集中早期疗育的基础上和幼儿园合作，做融合幼儿园是帮助自闭症孩子和正常孩子接轨的关键步骤。2017 年 6 月，姜英爽联合一群自闭症家长，在深圳众筹 430 万元购买了一家融合幼儿园，开始进行融合教育的实验。在一般人眼中，自闭症儿童入园，可能会遭到普通家长的抵制、普通孩子的欺凌，但办园之后，姜英爽才发现他们遇到的最大困难来自于特殊儿童的家长。家长们害怕自己的孩子表现不好，甚至害怕他人的关心。敏感的自闭症家长成了"惊弓之鸟"，也让幼儿园的工作人员难以大展身手。而在另一方面，由于太渴望孩子进步，很多特殊家长都把融合幼儿园当成了救命稻草，期待短时间内看到孩子的飞跃进步。当自己的预期没有实现时，他们又将自己的失望反馈给幼儿园的工作人员。为了让更多家长了解融合教育，幼儿园开始定期开展一些亲子活动，如亲子运动会、三八妇女节主题活动等。同时，为了照顾那些担心孩子表现不好的家长，每次活动前，幼儿园都会做好充足的准备。融合幼儿园还开展过儿童艺术节活动，按活动类别分为语言朗诵类、美术手工类和歌舞表演类，每个孩子都能自由选择自己喜欢、擅长的项目进行报名。多样的活动，再加上孩子明显的进步，家长们开始有了信心，也慢慢打开心结，一些家长还特地发信息向老师们表示感谢。

家长的问题解决了，特教老师数量和能力不足的问题却慢慢显现。为了解决供需的巨大鸿沟，为中国自闭症家庭带去国际水准的专业服务，姜英爽果断决定从师资入手，打造大米和小米以及中国自闭症干预康复的百年基业，于是耗费巨资培养特教老师。2016 年，从深圳大学心理学系毕业的江婉媛，和很多初入社会的年轻人一样，求职路上，遇到了一次又一次的怀疑和不认可。直到遇到南方都市报前首席记者——姜英爽（大米）。大米告诉江婉媛，中国有数百万的自闭症儿童等着他们去提供专业服务，这是个有意义而且有前途的职业。"米姐说我有潜力做好，还说会送我去读 BCBA。"曾因专业学习接触过一些特殊需要孩子的江婉媛，被大米的鼓励和信念吸引到了。除了江婉媛，同期，大米和小米也陆续吸引来了一批热血有干劲的年轻毕业生，如张晶晶、文玉景等，这些人后来都成了大米和小米的中坚力量，而当时的大米和小米还只在一个 85 平方米的民宅里面办公，月租五千元，只有几名员工和一个公众号。大米也兑现了她的承诺，来到大米和小米后，江婉媛等第一批一线康复师的实操就由行业大牛如叶晓欣、袁巧玲博士等手把手教授。不断成长的江婉媛也得到了越来越多的学习专业知识的机会，如由公司送去读 BCBA，去我国台湾地区学习观摩袁巧玲博士的线下治疗模式，去日本东京的服务机构实习考察，参加大大小小的专业会议。在江婉媛看来，大米和小米在对康复老师的培育上从来都不吝啬成本。大米对江婉媛的回应是，"你们将会是中国第一批优秀的 ABA 康复老师，所以我总想着给你们最好的。"

大米和小米从线上发展到线上、线下相结合，从缺少专业人才到拥有了一批自己培育出来的优秀康复师，都离不开姜英爽的全身心投入。她的生活完全被工作填满，也不敢去看自己喜欢的纪录片、新闻和装修类的文章。她说："我只能专注做一件事，现在一天 24 小时想着'大米和小米'，我怕我一旦陷入对另一个东西的喜爱，就把这边的事放下了。"在外人看来,姜英爽应该是个不折不扣的女强人,作为一家公司的创始人,经常工作到半夜两三点,全国各地飞,甚至常常见不到自己的女儿。但实际上,在熟悉她的人眼里,姜英爽却是个内心丰富、充满感情、单纯率真的人。据其员工回忆,姜英爽有次去美国考察,遇到一位新闻界的前辈,让她突然意识到要善待那些为了成就她的理想而和她一起努力的人。于是她一回来,就在办公室给员工连着做了一个星期的饭。她就是这么一个单纯而又内心丰富的人。对待公司员工,不管谁有困难,姜英爽都会尽最大的努力帮助他们;有些员工离职,还会让她难过好一阵子。对自己的工资完全没有概念,至今还是月光族,而且还会时不时犯二,压力大时也会号啕大哭。由于性格直率,姜英爽有时候在投资人或者政府官员面前说错话。但是到头来,那些投资人和政府官员还是十分乐意跟她合作,这也是姜英爽得意的地方。这种性格或许有时候确实会让她被误解,但同时也能够让她收获死心塌地的员工、亲密无间的合作伙伴以及忠实的用户。当然,这并不代表姜英爽在工作上是软弱的,比如对于价值观不一致的员工,她从来不会手下留情。

四、获取融资,扩大规模

有了一定知名度的大米和小米吸引了遍布全国各地的学生,这些学生主要来源于媒体粉丝。因为东西部发展不均,资源不均,有不少外地粉丝为了获得专业的疗育,举家迁徙来深圳。但姜英爽并不愿意看见这样的结果,她希望以后把疗育基地做到全国各地的社区去,服务好当地的家庭。而总部就相当于人才集中营,可以和当地的资源合作,培训新的师资。而这些设想都需要依靠大笔的资金支持。大米和小米一直不缺投资,之前投入的 2000 万,几乎都由自闭症儿童家长投资。2018 年 4 月,一名腾讯的高管还找过来要投资 1000 万做大米和小米的股东,且没有任何附加的商业回报条款。除了自闭症儿童家长和支持者,也有投资机构不断找上门要求投资,姜英爽觉得时间节点不对,一律拒绝。她强调,在大米和小米没有标准化输出能力之前不会盲目扩张,拥有标准化输出能力之后,才会往外输出、加大合作。她认为,把握企业发展的节奏很重要。2018 年 5 月,大米和小米拿到达晨创投的 4000 万融资,逐渐走向规模化运营。越来越多的优秀特教老师和职业经理人不断入伙,大米和小米越来越有"独角兽"的气象。达晨创投执行合伙人、总裁肖冰透露过选择大米和小米的原因。从商业的角度,儿童自闭症干预训练行业是一个刚性而空白的市场,达晨之所以投资于大米和小米,他看重的是企业家的情怀和企业所能解决的社会问题。之后,大米和小米又先后获得元生创投、万物资本、浅石创投的投资。2020 年,又获得了由奥博资本领投的数千万美元 C 轮融资。

事实上,当大米和小米还只是以一个微信公众号提供行业报道时,姜英爽就决定,一定要把机构做成一个商业公司,获得市场认可。这时的大米和小米公司已经初步成功,这与姜英爽的新闻从业经历密不可分。在她看来,做新闻和做商业有诸多相通之处，二者都需要知道读者或者用户到底想要什么。"做产品和做新闻一样，无非就是把5个W讲清楚，就是让每个人都知道，你为什么要做这件事，眼前要做什么，将来要做什么。姜英爽把自闭症干预行业看得很通透，认为以商业的方式做最清晰，一是受众人群庞大，二是人们天然地接受医疗付费模式。她也指出，"并非任何一个领域的公益都适合用商业的方式去做，但是自闭症干预领域很适合，我没有见过一家自闭症干预机构倒闭，哪怕是最差的那家。"与此同时，姜英爽也把大米和小米的定位想得很清楚。她说，"直到现在，我们这个行业还缺一个信赖度高的平台。我们孩子生病了，我们首先想到的是去最好的三甲医院，找最好的医生。在我们这个领域，没有'三甲医院'这样的东西，我们最有潜力成为行业的'三甲医院'。"但是，拿到融资后的姜英爽仍然很焦虑，戏称"现在的痛苦是原来的十倍以上"。姜英爽只想做一名专注技术和内容的手艺人，尽量少面对钱。她还没完全适应企业家的角色，别人喊她一声"姜总"，她都会觉得"好害怕"。拿到数千万投资、社会资源不断涌来、社会声誉接踵而至，姜英爽很清醒，"如果从头开始选择，我一定不会这样选择，我没有那么大的野心。"还有很多事让姜英爽"不快活"。她不知道自己最先报道推动从而最终废除的异地托养制度，会不会像收容遣送制度废除后产生了救助站和托养中心一样，产生新的社会问题。虽然计划通过扩张师资队伍和降低产品开发价格以增强服务能力，但一个融合幼儿园只能容纳40名自闭症儿童。"让自闭症儿童接受专业的教育，其实是每个自闭症儿童和家庭的权利。我们提供服务，买单的其实应该是政府，而不应该是家长。"姜英爽说，"我不会把希望永远寄托在别人身上，我自己能做什么先做起来。"公司人才构成方面，她希望引入更多年轻力量。

五、科技助力，势如破竹

在国内，自闭症的治疗相比发达国家落后很多，很多华人的专业人员学成后不愿意归国，回来也大多开一家自己的工作室，姜英爽想要提高大米和小米的服务标准，就花高价从各地邀请专家，在2017年光是外部的合作专家费这一项就花了800万。以大米和小米当时的起点、能力和名声，并没有多少议价和谈判的权力。就连长期合作的一位专家也要求把课时费提高为原来的数倍。这给姜英爽敲了一个警钟，她已经不能忍受继续惯着这些所谓的专家，她认为现在"大米和小米"已经有能力、有底气去摆脱这样的困境。于是，姜英爽决定去北京做研发，自己给自己输送人才，用技术制造壁垒。而这些事情是她最开始决定创业时完全没有想到的。2018年8月，由大米和小米发起，广东省中山三院儿童发育行为中心主任邹小兵领衔，郭延庆、袁巧玲、曾松添、石荟、张韶霞、李月裳、李淑娥等国内外一流业内专家组成学术委员会，着手汇集前期科研成果，合力促进RICE体系的成形。同时，为了加强与西方学界的常态化交流，该学术委员会还在美国纽约设立了孤独症儿童社交研发工作室。2018年9月20日举办的第六届中国公益慈善项目交流展示会上，包括致力于自闭症干预训练的深圳大米和小米公司在内的 15 家公司被评为"金牌社企"。

自闭症是世界性医学难题,至今发病原因不明。对自闭症儿童来说,坚持进行系统科学的康复训练,是最大程度增进他们心智发育,矫正问题行为,帮助他们恢复社会功能,融入生活的唯一途径。研究证明,儿童孤独症干预的黄金时期是 1～6 岁,一旦错过将给孩子和家庭带来终身负担。但长期以来,虽然中国拥有全球最多的孤独症人群,但科研成果和康复体系一直比较落后,甚至医疗骗术层出不穷。近年来,中国孤独症康复机构虽然与日俱增,但普遍在科学体系和特教师资上存在大量短板。这些机构大多以家长社群等 NGO 形式发展起来,提供的服务难以专业化和标准化,影响了孤独症儿童的干预效果。与此同时,国外的不少理论和方法也不断引进,但由于国情与文化的不同,很多体系并不匹配中国孤独症家庭的需求,知识产权保护等问题,也制约着这些理论在中国的进一步拓展。中国家庭迫切需要一个以科学知识为基础,符合中国国情和文化,拥有独立知识产权的孤独症康复模式。于是,姜英爽组织了一个跨孤独症儿童康复、互联网、人工智能、机器学习等多学科合作团队,进行适用于孤独症及发育障碍儿童的干预康复体系研发。

2019 年 10 月 18 日,中国首个自主研发的孤独症干预康复体系——RICE 在深圳发布。RICE 康复体系是一种以改善患儿核心障碍——社交能力为中心的自有知识产权,其集评估、干预、康复和培训为一体。RICE 科研领头人邹小兵教授强调,基于"孤独症儿童的核心障碍是社交"的理念,RICE 将以改善和重塑孤独症谱系儿童的社交沟通等核心能力为最终目标。这明显有别于一些以语言和认知能力为切入点的孤独症康复体系。RICE 命名的来源,也基于此:Relationship-based(人际关系为基础):任何时候都以关系建立和社交沟通为基础,在教学干预过程中,注重建设儿童与他人之间的关系与沟通。Individualized(个性化):个性化的能力导向评估才是科学干预的真正起点。通过评估挖掘孩子的优势和最近发展区,让干预有的放矢。Comprehensive(综合性):根据目标制定综合全面的特殊教育和康复治疗方案,在密集行为干预和发展心理学的融合教学外,有针对性地转介言语和职能康复。整体内容包括情绪调控、行为管理、认知、语言、运动、生活自理、感知觉等。Engagement(全情投入):治疗师和家长全情投入,同时共同致力于孩子的康复。RICE 的四个字母所代表的概念,符合当前国际康复发展趋势。RICE 体系的发布会,吸引了深圳特区报、深圳商报、大公报、南方都市报、晶报、深圳晚报、羊城晚报、新浪网、深圳新闻网、深圳电视台、广东卫视等数十家大众媒体的现场关注。发布会上,深圳市残疾人联合会(以下简称深圳残联)副巡视员曹庭国表示,深圳残联一直全力支持以大米和小米为代表的机构,造福广大孤独症儿童,"我们很欣喜地看到,在深圳诞生了拥有自主知识产权的评估、康复和培训的体系。"就在这次发布会之前,10 月初,大米和小米社交课程和集体课方向研究顾问、美国哥伦比亚大学特殊教育系硕士石荟,带着大米和小米纽约办公室的伙伴参加了美国最大的早期儿童特殊教育会议 DEC(Division for early childhood of the council for exceptional children)，向参会人员展示了 RICE。同时，大米和小米儿童发育行为研究所负责人徐园月，与美国圣约翰大学特殊教育系 Seungeun Mcdevitt 教授合力完成的论文《自闭症儿童干预课程跨文化调整：效果、益处和挑战》在会议上发表。RICE 登上国际舞台吸引了众多关注，"在美国谈自闭症干预的文化相关性都是前瞻性的题目，想不到中国的机构能有这样的远见。"路易斯安纳大学的一位博士赞叹。徐园月在会上提到，经过反复论证和调整，RICE 已在大米和小米北京、深圳南山等中心实地应用。根据反馈结果，家长对 RICE 的专业层面满意度为 91%，孤独症家长对行业整体专业层面满意度为29%。面对发布会上的数十家媒体，大米和小米创始人姜英爽宣布，RICE 虽然由大米和小米打造，"但它是一个开放互助的体系，我们主要是提供技术支持。"RICE 诞生于大米和小米儿童发育行为研究所，成长于大米和小米的多个线下干预康复中心，最后由专家智库梳理成型。"我们曾组织了大量的人力，耗费很多资金，才有了今天的 RICE。但是后续，我们会将它开放给国内更多干预机构和公益组织，RICE 不仅仅属于我们，更属于全社会。"

在 RICE 发布会上，大米和小米同时宣布，平台旗下的孤独症 AI 多模态实验室即将在上海中心交付使用。而早在 2019 年 6 月，大米和小米就与昆山杜克大学联合创建了实验室，展开对 AI 在孤独症初步诊断、智能化评估上的应用研究。作为最前沿的人类跨时代科技之一，AI 人工智能解决了之前太多难题。近年来，关于人工智能应用于孤独症儿童的诊断评估与介入治疗的学术报道越来越多。大米和小米创始人姜英爽认为，跨学科的合作，必将对孤独症儿童的康复干预带来化学反应。在 AI 的助力下，孤独症的评估和干预将逐步告别手工作坊时代，更标准、更高效，更个性化。"从没有两个孤独症儿童的症状完全一致，也就没有一套干预体系完全适合他们两个，但 AI 可以帮助解决这个问题。"据昆山杜克大学大数据研究中心李明教授现场介绍，该中心研发团队即将交付给大米和小米使用的沉浸式实验室，是一个集多样信息刺激和完整信息分析的智能空间，"它的四面墙壁全都是可编程、可量化的投影屏幕，可营造出各种经过标准化设计的场景"。

六、合作共赢，未来可期

2019 年 12 月，大米和小米完成了由元生创投领投的 1 亿元人民币的 B 轮融资。这时的大米和小米已在深圳、广州、北京、上海和郑州等城市开设多家儿童干预中心，3家合作型的融合幼儿园，累计服务超过 3000 名自闭症和发育迟缓儿童，已成为中国领先的自闭症谱系儿童服务平台，提供康复服务、融合教育支持、家长线上咨询课程及科普等一体化服务。元生创投创始合伙人陈杰表示："中国自闭症人群数量近千万，其中0～14 岁的儿童超 200 万。被检出自闭症的儿童逐年递增，是一个不容忽视的群体。但是由于种种原因大部分患儿并没有接受良好的康复治疗，这个行业前景广阔，需求远未被满足,而且具有很大的社会意义。元生创投团队在与大米和小米创始团队接触沟通的过程中,被创始人大米的情怀与坚持所感动,同时也发现团队有很强的行动力、资源整合力和凝聚力。短短几年,大米和小米从一个微信公众号起步,发展成为国内领先的自闭症康复机构,搭建起了一支优秀的团队,充分体现了创始人在商业化探索上的前瞻性和执行能力。"此次投资完成后,姜英爽又继续加大了对自闭症儿童干预康复技术、AI 解决方案、RICE 体系开发以及中国自闭症儿童干预康复数据化、效果量化体系的投入。此外,大米和小米已经与中国、美国、日本等国家和地区的数十位专家及多个研究机构达成合作,并在多所高校开始联合培养所需标准化人才的尝试。"大陆以前在此领域的研究是落后的,在技术以及人才培养上存在很多不足,我们现在做的事是在对中国自闭症儿童康复行业进行补课。"姜英爽说。

2020 年 4 月 2 日,也是第 13 个世界自闭症日(官方称孤独症),自闭症儿童早期康复干预机构大米和小米公布了最新研发成果——RICE 社交阶梯评估系统(RSSS),这是中国首个针对自闭症儿童的核心障碍——社交障碍研发的评估系统,也是 RICE 的重要组成部分。针对自闭症儿童的社交能力,国内一直缺少科学的测量工具,而科学的评估是有效干预的开始,大米和小米自主研发的 RICE 社交阶梯评估系统基于超千万条项目数据,结合 AI 人工智能技术,针对中国儿童社交特点研发而成,测量儿童当前各类社交能力水平,包含社交动机、自我意识、社交互动、社交情感、社交关系、游戏、心智解读、友谊八大领域,智能输出个性化评估报告,并提供干预建议。目前这套社交评估系统的线上版本向所有自闭症家庭免费提供。大米和小米创始人姜英爽表示,"我们希望家长能运 RICE 社交能力评估系统持续观察孩子的康复效果,让孩子在科学的干预下发展社交沟通等技能,改善核心障碍,并最终融入社会,快乐生活。"

为了进一步培养更多的特师人才,保障大米和小米的师资力量,2020 年 6 月,大米和小米与南京特殊教育师范学院开展了校企产学研合作。南京特师校党委书记俞锋与姜英爽会谈时表示,南京特师在特殊教育领域与大米和小米有很强的互补性,双方在学术科研、学生就业、协同教育方面合作空间广阔,他相信这次深度合作,将对国内孤独症儿童干预领域产生推动作用。当天,双方还举行了校企合作座谈会,围绕协同育人、科研成果共享等领域展开交流。南京特师校长凌迎兵表示,大米和小米对科研和师资的重视,给他留下了深刻的印象,他很看好双方在师资交流、人才就业方面的合作前景。姜英爽很认同凌校长的观点,她列出一组数据,在大米和小米的教师队伍中,南京特师的优秀毕业生已近百名,未来数量将更加可观。双方一致决定,战略合作还将开展与校企产学合作、行业标准制定等相关的课题研究,通过资源共享、优势互补,充分发挥各自的资源与渠道优势,共同推进国内孤独症儿童服务领域的全面发展。截至 2020 年底,南京特殊教育师范学院持续为大米和小米输送人才近百名。

2020 年 8 月 18 日,大米和小米与上海念通智能科技有限公司签订战略合作协议,双方将在 iFocus 智能硬件产品的研发、设计、生产等方面展开全方位深度合作,共同促进更多特殊需要人群的干预康复。姜英爽表示，大米和小米与上海念通智能硬件联合实验室的成立，是一个很好的契机，双方将发挥自身所长，从 iFocus 智能硬件的产品研发、生产供应等方面与念通智能产生协同效应，使干预康复更加精准，提高更多特殊人群的生存质量。iFocus 可用于实时监测特殊儿童的脑电波数据，这些数据有望用于语言、行为、听觉、视觉、认知、逻辑等功能的评价和分析，从而辅助家长和督导老师为儿童配置最佳康复训练计划。此时的大米和小米已经积累了大量孤独症儿童的康复和社会学数据，并组织了一个跨孤独症儿童康复、互联网、人工智能、机器学习等多学科合作团队，在孤独症及发育障碍儿童的干预康复体系研发上处于领先地位。8 月 24 日，每日经济新闻·场景汇联合富途证券等第三方评审机构共同打造的"特区 40 年：深圳独角兽 TOP40"榜单正式出炉。自闭症（孤独症）儿童早期干预康复服务机构大米和小米凭借产品和服务的创新性以及所在行业的市场空间，位列榜单第 13。

截至 2021 年 1 月，大米和小米已自主培养了近 800 名康复师和治疗师，拥有 30 余名海外留学归来的博士、硕士，数十名行为分析师、副行为分析师。但这个行业专业人才稀缺，需求量还很大。姜英爽认为需要打造"私人订制"的人才招培新模式，量身定制培训及考核方案，使其快速成长为大米和小米的核心人才，才能支撑各中心干预康复、管理及实操督导等工作的落地。因此，大米和小米启动了"鸿鹄计划"，通过内部竞聘选拔、社会招聘、校园招聘等多种渠道，甄选百余名国内外知名院校的高学历人才，覆盖特殊教育、心理学、言语听力康复学等相关专业。并且，大米和小米还提供专项资金进行支持，包含人员薪资福利、内外部培训、为 BCBA/BCaBA 考证提供督导支持等培养礼包。学员在培训及考核通过后可晋升为执行督导、培训实操督导或研发执行督导，后续可根据个人发展和定位，晋升中心或区域教学督导、研发研究员等重要岗位。2021 年"鸿鹄计划"的实施，是大米和小米加速人才培养的又一次实践。在将人才力量转化为高质量发展优势的同时，大米和小米为孤独症儿童及家庭带来系统化、专业化、人文化的知识和干预康复服务。姜英爽表示，孤独症儿童康复行业要发展，最重要的就是人才的发展，大米和小米想要创造更好的条件加速专业人才的成长。

2021 年 3 月 20 日，大米和小米与乐山师范学院签订战略合作协议，并以此次深度战略合作为契机，加速特殊教育领域人才培养和行业发展，包括共建创新创业学院、开展横向课题研究、嵌入式人才培养以及打造高端就业平台、孵化创新项目，同时双方将开展专家学者交流、校企资源共享等，打造校企合作的标杆。3 月 25 日，大米和小米与上海中医药大学康复医学院举行岐黄育人实践基地挂牌仪式。这次的合作具有里程碑式的意义，大米和小米将从人才培养开始，依托上海中医药大学的医科优势，通过"医教结合"的方法，借助新的技术和人工智能的发展，推动行业进步，使孤独症等身心障碍儿童得到早期干预，从而最大限度地接近于正常人的生理或心理机能。4 月 8 日，在第三届世界大健康博览会开幕式上，大米和小米与来自全球大健康领域的专家、业界精英和领军企业家代表携手亮相，孤独症儿童智慧康复平台全国总部作为武汉市汉阳区代表性合作项目,在开幕式主会场领衔签约。"去年大米和小米儿童康复中心华中总部落地汉阳,我们深感汉阳营商环境的优渥。今年,我们在武汉解封1周年之际投资建设孤独症儿童智慧康复平台全国总部,向武汉这座英雄的城市致敬。我们的新项目体量和规模也更大。"大米和小米副总裁潘采夫表示。

尾 声

现在的大米和小米已经成为中国最专业的孤独症儿童康复服务平台,提供干预康复、融合支持、家长培训及科普咨询等一体化服务,已在北京、上海、广州、深圳、郑州、武汉、南京、东莞、宁波、杭州、佛山、苏州、长沙等10余座城市开设了20余家线下干预康复中心。目前,大米和小米拥有800余名康复师,30余名海外留学归来的博士硕士,20余位行为分析师、副行为分析师,10余位持证的OT与ST治疗师。未来,大米和小米将是一个向孤独症儿童及家庭提供干预康复解决方案的服务平台,线上平台、大数据算法、机器学习、智能硬件,与线下干预康复、融合教育相结合的综合服务提供商,为深圳特区、珠三角以及全国超200万的孤独症儿童以及所有孤独症人士和家庭带来系统化、专业化、人文化的知识和干预康复服务。

参考文献

[1] 邹小兵. 孤独症谱系障碍干预原则与BSR模式[J]. 中国儿童保健杂志,2019,27(1):1-6.

[2] 方仁. 对话报道如何问出新闻——访《南方都市报》首席记者姜英爽[J]. 传媒观察,2007(2):12-14.

[3] 刘靖. 让来自星星的孩子不再孤独[N]. 中国医药报,2019-03-28(5).

[4] 朱萍. 中国自闭症康复教育行业发展卡在哪?[N]. 21世纪经济报道,2020-05-11(11).

[5] 张焱. 基于教育生态理论的自闭症儿童特质培养与融合教育问题的探讨[N]. 消费日报,2018-01-08(B2).

附录

附录1 儿童孤独症(自闭症)

人们称孤独症儿童为"星星的孩子",儿童孤独症又被称为儿童自闭症,是一类以严重孤独、缺乏情感反应、语言发育障碍、刻板重复动作等反应为特征的发育障碍疾病。

孤独症会对患儿的身心产生严重的不良影响,中重度孤独症可以致残,轻度孤独症也可以出现严重和复杂的社交、情绪和行为问题。患儿的家庭也常常面临着沉重的精神和经济压力。孤独症以三大类核心症状为主要临床表现,包括社会交往障碍、交流障碍、兴趣局限狭窄和行为刻板重复。孤独症孩子会孤僻离群、不主动与人交往,对于各种社交刺激不予关注和缺乏回应,或交往时使用刻板重复的语言、奇怪的行为。患儿在言语交流方面也会出现一系列问题,包括言语发育迟缓,对言语理解困难,甚至有些患儿终身没有语言。

资料来源:http://www.dmhxm.com/news/detail/288

附录 2　姜英爽人物履历

2000 年,本科毕业于复旦大学新闻学院新闻专业。

2002 年,进入南方都市报做记者。

2006 年,成为南方都市报社第一位首席记者。

2009 年,清华大学 EMBA 媒体奖学金班学员。

2013 年,发起成立四叶草自闭症家长支持中心,获中山三院邹小兵教授亲自命名,成为华南地区最有影响力的自闭症家长社群之一。

2014 年,创办大米和小米公众号。

2015 年,成为中山大学卓越记者驻校项目访问学者。

附录 3　姜英爽语录

◆　我不害怕自己有弱点,也不害怕自己的弱点暴露在别人面前,往往把自己的弱点适当地暴露,反而会让别人对你产生一种信任感。

◆　一直到我现在做的事情,都是当时南都价值观的延续。我没有觉得有任何改变,我所坚持的东西、信奉的东西,从来没有发生动摇。

◆　提供好的商品和服务,就是最大的公益。

◆　我不会把希望永远寄托在别人身上,我自己能做什么先做起来。

◆　保持适度的焦虑会让我更踏实。我所有的快感,就是觉得自己得到了行业的承认。

◆　商业永远不是公益的敌人,相反,运营良好的商业是公益最有力的催化剂和助推器。一群饭都吃不饱的特教老师,是无法为中国 200 多万自闭症儿童提供专业优质的服务的。

◆　做产品和做新闻一样,无非就是把 5 个 W 讲清楚,就是让每个人都知道,你为什么要做这件事,眼前要做什么,将来要做什么。

◆　我只能专注做一件事,现在一天 24 小时想着"大米和小米",我怕我一旦陷入对另一个东西的喜爱,就把这边的事放下了。

◆ 我现在愿意牺牲自己的爱好、时间,在这个领域创业,一是因为能够改变这个行业,提供性价比很好的产品给用户,影响越来越多的人。其次就是因为还能做我最喜欢的事情——媒体,没有这个我撑不下去的。

◆ 你只能接受现状,这也许是你的选择,也许不是你的选择,但是既然做了,就只能是告诉自己,没错,就这样做。不要去想没有建设性的事情、后悔的事情,没有用的。

◆ 我现在思考最多的就是用管理的思维来做这件事,包括接受融资,投钱做研发。以前哪想到过这些事情,但到了这个阶段就要去学习和修正自己的思维,看看别人怎么做的,别的行业是怎么做的。

案例2　魏文锋：既是"运动员"又是"裁判员"的社会创业家①

引　言

　　魏文锋，生于 1976 年 2 月，山东莱芜人，2 岁随父母离开家乡，前往杭州生活。1994 年考入浙江大学物理系，大三那年破格进入浙江大学与原国家商检局合办的商检"311"定向委培班。1999 年毕业后顺利进入了浙江出入境检验检疫局，主要从事产品安全检测和产品认证工作，曾任浙江出入境检验检疫局检科院业务科长、局技术中心电器安全实验室副主任等职务。2009 年辞职下海，魏文锋创办了第一家公司杭州瑞欧科技，从事化学品毒理评估和欧盟 REACH 法规顾问咨询工作。2015 年经检测发现女儿课本的包书膜存在有毒害物质，魏文锋自费 10 万元拍摄纪录片，并在老爸测评公众号发出"开学了，您给孩子买的包书膜，有毒吗？"文章浏览量一天内突破了 10 万，2016 年视频经人民日报公众号转发后，点击量高达 1500 万。2015 年，创办了杭州老爸评测科技有限公司，集自媒体、检测、电商于一体，同年魏文锋辞去总经理职务，专心致志同毒假劣产品做斗争。为什么魏文锋能够破格进入定向委培班？为什么 40 岁，打破安稳的人生轨迹，创立老爸评测？公益创业如何利义并举？老爸评测是标准的制定者、监督者，还是市场的参与者？

一、初露锋芒

　　魏文锋，生于 1976 年 2 月，山东莱芜人，2 岁跟随自己的父母到杭州生活，因父母工作繁忙，祖辈又都长居家乡，没有人陪伴的他自小就习惯了独处。用魏文锋的话说，

---

　　①　本案例由彭伟、储青青根据公开资料整理，版权归原作者所有，并对原作者的贡献表示感谢。案例仅供讨论，并无意暗示或说明某种管理行为是否有效。

他的童年堪称"野蛮生长",什么事都是自己干,自己就是自己的好朋友,喜欢胡思乱想、天马行空,这可能也是他成年后常常喜欢一个人思考的原因。"我从小到大,都是自己做决定,选专业,选工作,或是出来创业。"魏文锋说,"我也希望我的女儿能决定自己的人生,喜欢就去做!"小时候"又黑又瘦又丑"的魏文锋,一个人常常被人欺负,这时他却总是铆足劲儿想要突破重围。

"野蛮生长"的魏文锋,1994年参加高考,成功考入了浙江大学,凭借着对物理学的满腔热爱和兴趣,魏文锋选择了浙江大学的物理系。"专业是我自己决定要选的,因为喜欢。"魏文锋说,当时学校的热门专业是金融类、管理类,他统统没选,"选完上学才知道这个专业才二十几个人。"除了物理,在当时方兴未艾的计算机也成为了他的爱好,"想学了,我就行动起来。当时和计算机有关的书都好几百块钱一本,买不起,我就去泡书店,在书店里偷偷翻。"本科期间,在浙大他就锋芒毕露。1998年的浙江大学校园里,大三的学生能像魏文锋那样一手大哥大、一手笔记本电脑的大学生,简直凤毛麟角,就连魏文锋的大学班主任都以为手机号码是他父亲的。"不安分"的他和几个同学一起创办了网络公司,研发了一款环境监测和取样的软件,也正是这年,马云创办了阿里巴巴,马化腾创立了腾讯。第一次的创业经历因为经验不足,很快以失败告终,但这次的尝试也教会了他什么是真的用户需求。魏文锋的心中埋下了一颗创业的种子,总有一天,还要试试。

在魏文锋大三这年,还发生了一件大事。浙江大学与原国家商检局合办的商检"311"定向委培班面向全校大三本科生招生,进入这个班的同学,将在原专业修完本科,再去商检局培训一年。令魏文锋感到意外的是,这个定向委培班的招生海报上列出可报名的专业众多,却并不招收物理系的学生。"为什么不收物理系的学生?我偏要去试试。"敢于质疑和不循规蹈矩,凭借着这股冲劲和干劲,魏文锋打印了自己的成绩单,到了现场,大声地喊"物理系的要不要"。"也许是工作人员也忙忘了,喊了几声'要的要的要的',我就顺利投递了简历。"和很多无心插柳的故事一样,最后"计划外"的物理专业的魏文锋意外地成了杭州地区唯一被招选的学员,"我原本做的就是与物理相关的电器检测,后来毕业去了浙江出入境检验检疫局,然后又做了与化学检测相关的创业项目,打下了基础,也培养了一些职业敏感度,可能对现在的创业也有些帮助。"魏文锋说。"但说到底,是我骨子有一股不被世俗、现有条框框死的劲儿。"

1999年毕业后,魏文锋也顺利进入了浙江出入境检验检疫局,1999年到2009年这10年工作期间,主要从事产品安全检测和产品认证工作。曾任浙江出入境检验检疫局检科院业务科长、局技术中心电器安全实验室副主任、中国 ROHS 标准制定工作组成员、国家质检总局化学品 REACH 法规应对工作组成员。但10年深耕之后,2009年魏文锋还是选择了辞职下海,创办了第一家公司杭州瑞欧科技,正是应了年少时他的想法,试一试。吸引魏文锋自立门户的,是当时欧盟出台未久的化学品法规"REACH"——法规全称"Registration, Evaluation, Authorization and Restriction of Chemicals",是欧盟关于化学品的注册、评估、授权和限制法规。"说得简单一点就是，人类在发展过程中，其实在不断地合成、发现并应用新的化学物质，这些新的化学物质是否对人体有危害，很多情况下是没有经过专业评估和验证的，它们直接被用在了消费品里，因为工业本质上是逐利的。欧盟注意到这个问题，所以他们推出了'REACH'，要求生产厂家就产品中涉及的化学物质给出详细报告，审批通过才能进入欧盟或者在欧盟生产。"靠着自己在检测领域积累的丰富经验，为企业提供化学品安全和毒理风险评估服务，魏文锋创办的第一家公司瑞欧科技，一年时间里就做到 3000 万，十几人的团队也发展到了 90 多人。这个行业魏文锋一口气干了 6 年，6 年里带领瑞欧科技一步一步发展壮大。2009 年 12 月成功举办首届欧盟 REACH 法规技术峰会，欧洲化学品管理局 ECHA 首次应邀来华出席会议并发言。2010 年与中国橡胶工业协会正式签署 REACH 法规合作签约，成为中国橡胶工业协会指定的 REACH 服务机构，并与中国检验认证集团广西有限公司、中国食品土畜进出口商会、中国五矿化工进出口商会正式签署 REACH 合作协议，正式成为全球 500 强中石油 REACH 工作战略合作伙伴，编写国内首例符合欧盟 CLP 法规要求的 SDS 和标签，成为浙江省商务厅"浙企法律服务联盟"成员，同时获得了浙江省经信委"企业应对欧盟 REACH 法规综合服务平台"指定服务机构资格。2011 年正式为全球化学品企业提供 591 号令的合规应对服务，与中欧瑞驰咨询服务（北京）有限公司、华测检测技术股份有限公司等签署 REACH 服务项目合作协议。2012 年正式具备欧盟生物杀灭剂法规 BPR 的合规应对能力并启动 BPR 合规应对服务，进一步拓展了瑞欧科技化学品法规合规服务能力，与浙江省标准化研究院启动战略合作项目，打造面向广大中小企业的技术性贸易壁垒服务平台。2013 年通过浙江省经信委认定，被评为"浙江省重点省级企业技术中心"。2014 年成功当选为中国化学品安全协会第三届理事会理事单位，成立美国子公司，购买保险价值 100 万美元的职业责任保险，为客户利益提供有效保障。2015 年通过杭州市科技局评审，被评为"杭州市高新技术企业"，参与中德校企合作联盟成立宣言签字仪式，成为首批联盟成员之一。公司营收早已破亿，对当时的魏文锋来说，这样的成绩早已不需再为生计发愁。

二、一战成名

2015 年 8 月 31 日，是杭州中小学开学报到的日子。就在孩子们兴高采烈领回新课本的同时，一条微信推文也早已在家长朋友圈疯转开来："开学了，您给孩子买的包书膜，有毒吗？"，后来文章的浏览量更是突破 100 万，而经人民日报公众号转发后，点击量则高达 1500 万，这条微信推文的作者正是 70 后老爸魏文锋，他撕下了女儿包书膜号称安全的假面，也撕下了自己人生的安稳篇章，开始与孩子身边有毒有害的生活用品全面斗争。

每年开学的时候，按照学校要求，魏文锋的女儿和大多数的小学生一样，总要给自己新到手的教科书贴上包书膜。这些包书膜既方便又很美观,透明的薄膜摸起来软软的,看上去毫不起眼,也很难看出对孩子能有什么伤害。一开始,这位工作繁忙的老爸也没那么在意。那时,他还是150多位员工的"魏总",是一家行业内小有名气的化学品安全和毒理风险评估公司的创始人和总经理。

但是,女儿包书膜那刺鼻的味道和职业敏感性交杂在一起,就像一根尖刺一样扎在魏文锋心里。2014年秋季学期开学前,这个40多岁的杭州男人,决定为了孩子"折腾出些事情"。他试图联系过本地有关部门,反映包书膜可能存在安全隐患,但是问题并没有得到重视,魏文锋坦言"也许是证据不足,这些投诉都石沉大海了"。在浙江省出入境检验检疫局工作了将近十年的魏文锋十分了解那些企业让产品"合格"的检测模式:送来的这批产品不合格,那就送到合格为止;你们这家检测机构不给我合格报告,那我就换一家检测。"很多产品报告都正常,但只要国家一抽检,问题还不是一堆一堆的"。过去,魏文锋也只是尽可能地利用自己的专业知识去帮家人选择商品,有一次魏文锋的妻子使用一款面膜后面部过敏了,他觉得可能是面膜有问题。妻子听后却不是很开心,反问他,"你专业,那你说到底该买啥。"魏文锋怔了几秒,不凭借仪器检测,就连他也不知道哪种产品确定没有问题。但是一次检测动不动就要上万元,"谁会为了几十块的东西花上万元检测啊"。

随着年岁的增加,魏文锋的观念也在悄然改变,"以前我觉得不合格也跟我没关系,我去买贵的就行,"魏文锋说,"可是买贵的现在发现也可能出问题。尤其是有了女儿之后,我总是想要保护她。"

2015年,秋季开学上课第一天的女儿,像往常一样从学校领回了新学期的课本,并且告诉爸爸课本需要包书膜,魏文锋说"那简单",就按照自己年幼时的回忆,先是在家里寻找到旧的挂历或者是牛皮纸,打算就像小时候自己的父母给自己包书一样,准备给女儿的新课本好好保护一下,但是女儿却说"不是这个,我们老师说了要塑料的包书膜,学校门口的小店就有卖的,同学们都用的是那种塑料包书膜"。女儿便拉着魏文锋从校门口的小店购买了包书膜,很便宜,15块钱买了一大包。但是,魏文锋越看越觉得这些透明塑料别扭,眉头紧皱,"市面上卖的自粘包书膜闻闻味道就不对,没有生产厂家,没有生产企业名称,也没有地址和联系方式。"魏文锋说,这种自粘包书膜由一层塑料材质和一层胶黏剂组成,可以方便地粘贴在课本封面。在各种文具店和网上均有出售,价格在10元到20元之间。每次见到自粘包书膜时,他就在心里打了个问号:这个东西安全吗? 他很担心那些很常用的包书膜对孩子们的身体健康会产生影响。这一次,魏文锋作为一名父亲,为了女儿的健康成长,选择不再只是怀疑,而是行动起来。

由于工作和学习经历的便利,魏文锋很快联系到了江苏省泰州国家精细化学品质量监督检验中心,自费9500元对市面上的包书膜做了权威检测。检测结果让他十分震惊,被魏文锋挑中参加检测的包书膜一共有7款,品牌都不相同,有的从杭州街边文具店采购,有的通过网络如淘宝等购买。这些包书膜从包装上看去都比较正规,独独少了生产日期、生产厂家和生产地址，而且 7 款样品都检测出邻苯二甲酸酯，也就是俗称的增塑剂，还有两款被检测出多环芳烃。据了解，由于邻苯迁移性高，很容易从产品中释放，可通过呼吸道、消化道、皮肤等途径进入人体，造成儿童性早熟。另一种被检测出来的多环芳烃更是国际公认的强致癌物，可以通过呼吸或者直接的皮肤接触使人体致癌。在国外儿童用品的检测中，这两种物质均属于"必检项"，而在孩子们长时间接触的包书膜中，却成了国内质量检测时的"漏网之鱼"。有部分包书膜在这次检测中超过儿童用品国家标准数十倍到一百多倍。欧盟、美国等国家和地区均已出台有关法令，禁止邻苯二甲酸酯和多环芳烃在儿童用品和文具中使用。市面上的包书膜大多是 PVC 材质，欧盟和美国的儿童用品中早就不让使用，我国的玩具标准也对其明确禁用，只是文具标准却没有同步跟上。这些事儿，其他的家长不懂，但是干检测干了 16 年的魏文锋却十分清楚。

看着手中的检测报告，想到女儿和这些包书膜的朝夕相处，总觉得不合格的产品自己不会用到，没想到自己的女儿却已经用了这么久了，既揪心又气愤的魏文锋陷入了沉思：这份检测报告可以交给谁呢？如果交给老师和学校，就只能保护在女儿所在学校的孩子、自己和身边朋友的孩子，但杭州市有 30 万的小学生，全国有 1 个亿的小学生，而各地不知情的家长，仍会给孩子买有毒的包书膜。长年累月，多少孩子的健康会被这些隐藏在身边的"毒物"侵蚀？是时候站出来做点事情了！魏老爸拿着书皮跑到杭州市教育局、质量安全监督局等相关部门反映问题，但却一直被"踢皮球"，发微博、打电话，更是徒劳。"你们不理我？那我就搞点大事情。"魏文锋想到了拍纪录片，他找到一个导演，花费 10 万元，把检测书皮的事情拍成了 8 分钟的短片《孩子课本用的包书皮有毒么》。后来，魏文锋把纪录片和书皮的检测报告放在一起，写了一篇文章发布在微信公众号上，家长们看到后都疯狂转载，一天内的阅读量就超过了 10 万，后来文章浏览量更是突破 100 万，而 2016 年视频在人民日报公众号转发后，点击量则高达 1500 万。

这一战后魏文锋被亲切地称为"魏老爸"！

现在家长、学校和社会都已经知道毒书皮的危害了，问题得到了彻底的曝光，可是如何解决呢？魏文锋首先想到的便是，学生的新课本真的是"非包不可"吗？

从学校和教师的角度来看，包书膜是个好习惯，可以培养孩子爱护书本的意识，老师一般都会要求学生这么做。至于用什么材质的书膜，当然学校不应做硬性规定，让孩子自由选择。虽然学校没有对书膜材质进行要求，但不少老师发现，为了图省事，学生基本都选择了自粘包书膜，好几年没看到挂历或者牛皮纸做的书膜了。看到了书膜有毒的新闻后，很多老师也第一时间在班级群里发了消息，让家长不要再选择这种毒书膜。"小学阶段还是得包书膜的，如果不包，一个学期下来，书早就破破烂烂了，说不定还会缺几张呢。"作为班主任老师都要求几门主课必须包书膜，别的学科随意。

不包书膜就破破烂烂？那是不是书本的质量不过关？其实，对课本进行包书膜主要是因为现在的中小学生对书本不够爱护，放在书包里容易书角磨损、卷起。各中小学的教材都已经达到了印刷规范要求，在可控的成本下，质量都已经达到了最好，出版的课本都是合格产品。现在的教材采用的是制定的工艺，给封面上了一层"油"，这层"油"在一定程度上能够起到防潮、加固以及环保的效果。

但是，除了校园里，图书馆内同样是出版于十年前的书籍，书封的设计在一定程度上决定了书籍的新旧程度。有些折边的书封起到了保护书芯的作用。为什么不把这种设计用在教科书上呢？原来，延长后又折进去书封部分原本是放一些作者或译者的简介，如果教材书也采用这种封面，会大大增加教材成本。课本的规格都是有严格要求的，全国统一，出版社没有权力去更改。换句话说，现在的教科书质量都很好，正常使用可以用好几年。可教科书的使用者多数是"小小破坏王"，在这样的"暴力"使用下，出现破损是难免的。此外，课本的书封都是经过检测的，对孩子的身体安全肯定没有问题。正常的书皮闻起来是没有味道的，而那种自粘包书膜，闻起来有着强烈的异味，说不清楚是什么味道，给人的直觉就是很不正常。

另一方面，在毒包书皮曝光后，魏文锋收到了许多家长留言：毒书皮不能用了，但是还要包书，那怎么办？哪里有环保无毒的包书膜？诚然，发现了问题、验证了问题，但是问题并没有得到有效的解决。担心与不安一直在深深地刺痛着魏文锋，于是他亲自开车去湖州，自己掏钱运回了食品级的牛皮纸，每十张为一筒，用保鲜膜包好，给有需要的家长寄去，但这样也只能满足小部分家长的需求。问题还是得从源头解决，得找包书膜的生产者。当魏文锋找到上海一家包书膜厂家时，厂长看着这个拿着结果为"不合格"的检测报告的中年男人，第一反应就是，他绝对是来敲诈的；或者认为是用安全的原料做产品，成本增加了，没有足够的市场容量，卖不出去就麻烦了，不能够接受改良的工艺。这样的事情数不胜数，四处找厂家研究解决方案，四处吃闭门羹。

苦心人天不负，事情终于迎来了转机，当魏文锋告诉一位厂长自己想要跟他一起研发出安全的包书膜给孩子用时，孩子刚一岁的厂长被打动了，愿意相信他。"只是你这些材料我也不是很懂，你说怎么改吧。"魏文锋开始想各种主意，把包书膜的黏胶换成食品级的，那层膜换成跟保鲜袋相同材质的，使用食品级或者医用级的接触材料，如聚丙烯、热熔胶等，他常说"贵是贵了点，但安全"。后来，魏文锋亲力亲为，制作、验收每一处细节都不放过，2015 年 8 月份工厂生产的安全无毒的包书膜，9 月份卖出了一万多件。

2016 年 2 月，上海质监局和江苏质监局对市场上流通的包书膜进行了抽检，增加了多环芳烃和邻苯二甲酸酯两项毒害化学物的检测，其中老爸评测定制的 CPP 卷筒包书膜名列第一。这次抽检的结果是多家生产包书皮的厂商改进了生产工艺，在外包装上标明检验检测报告。2016 年 8 月，魏文锋再去市场上抽检，十个待检的包书膜样品里面 9 个都是合格品，只有 1 个邻苯超标。他经常说，很感动自己的行动能够让千万的孩子远离有毒有害产品，而且不再是自己个人的"蚂蚁撼大象"，国家机器动起来了。此外，行业的标准委员会也动起来了，教育部办公厅等四部门在 2019 年 10 月发文明确指出，学校不得强制学生使用包书皮。同时，GB 21027—2007《学生用品的安全通用要求》修改完成，标准中增加了对包书皮的邻苯类物质和多环芳烃类等有害物质的限量要求。一个生产了行业内百分之七八十包书膜的厂商告诉魏文锋，其实他们的生产工艺也在改变。如今这家工厂线上出售的包书膜都改用了魏老爸标准的安全材质。星星之火终成燎原之势！

三、顺势而为

"现在太需要您这样认真、较劲儿的人"、"作为家长，感谢您不仅有所察、有所感、并且有所行动"。全国各地的家长们纷纷留言给魏老爸，予以支持和鼓励。现在回忆起来，魏文锋直言自己是被千千万万个宝妈、粉丝推着走到了现在，支持他走下去的不是商业利益，而是对大家的"爱"。作为一家营收早已破亿的公司总经理，魏文锋本来只打算就女儿的毒书皮曝光得到应有的重视，进而解决问题，可是微信群里有越来越多的家长问：孩子新发的书包有没有毒啊？孩子用的橡皮擦，我感觉也有问题，闻起来有股怪怪的香味？什么样的台灯没有蓝光危害？接着陆续收到快递，家长们把各种各样的东西寄给魏文锋，让他帮忙检测。比如锅、菜板、除甲醛的产品，甚至有钙片和餐巾纸。问题和代检物品越来越多，四十多岁的魏文锋也开始在反思，目前自己的生活确实是很安稳，但是除了眼前的安稳，是不是应该有更多能创造的价值？以后回忆起来，自己这一生到底干了什么呀？仅仅是赚钱么？这下组建团队做"老爸评测 DADDYLAB 项目"的想法和使命感越来越强烈。

2015 年 9 月前后，在撕下女儿的毒书皮后，魏文锋出资 100 万成立了杭州老爸评测科技有限公司，并辞去了总经理职务，专心做检测，帮助消费者辨别有害产品。一开始，魏文锋就建立了四个用户微信群，群里成员的昵称通常是"舟山—蓉妈"、"上海—松松爸"，分享生活中有毒有害物品的案例，因而家长们能够避开有毒有害的产品，前期的社群粉丝为后期老爸评测的发展壮大奠定了坚实的基础。但是随着检测的物品越来越多，包括孩子的文具、玩具再到入口的食物等等，检测费用的消耗也越来越多，期间魏文锋尝试了依靠"众筹"的方式分摊昂贵的检测费用，也就是群策群力，家长们 10 元、20元的"打赏"补贴老爸评测的运作模式，但还是出现了入不敷出的情况。2015 年 11 月，魏文锋投入的 100 万将近花光，公司账上只剩 10 余万，他一度担心员工的工资发不出来。"150 平方米的场地租金、5 个员工的工资、公司运营的日常支出、检测费用、办公设备，到处都是支出。"截至 2015 年底，有 1917 名家长众筹资金 60257 元，但检测花了 9万多元。除了打赏和众筹检测费，魏文锋还尝试了其他几种模式以维持运营，包括通过让用户付费查看检测结果、订阅的方式、售卖定制的安全包书皮等，但对公司的运营都没有很大的改观，眼看着"老爸评测"就要散伙，魏文锋把检测清单和各种费用支出明细发布到家长群里，说道："很抱歉，我可能要关门了。""没钱大家一起给你凑钱，老爸，你不能就这样消失啦。"

2016 年 1 月,魏文锋发起一次目标额为 170 万元的微股东众筹,每份 1 万元,每位家长限投两份。魏文锋的一位前同事以个人投资的方式投了"老爸评测"50 万元,这是对当时的公司比较关键的一笔资金。这位投资人觉得老爸评测从儿童相关产品检测业务入手,能够解决很大一部分家长的实际需求。"我很认同老爸评测的发展理念,也非常认可魏文锋的创业能力,希望在关键的时候能帮助他们发展。"最后,112 位"微股东"的参与,共募得 200 多万元——这让老爸评测度过了它的第一次财务危机。这更让魏文锋意识到:"当你在做一件正确的事情,全世界都会来帮你。"正是家长们的众志成城,帮助老爸评测渡过了生存难关。可众筹终归只能解一时之急,项目要持久,就要摸索出可持续的模式。做公益也要吃饭,能自我造血,才能有可持续发展。有人向他提出了向生产企业收取广告费和赞助的模式,魏老爸却坚决拒绝:"我搞这个检测,是为了集合家长的力量,做一件有利于我们下一代的事情。如果拿了企业的钱,就是为企业'背书',就无法保证公正性和独立性,从而丧失立场。"

另一方面,铅笔、橡皮、黏土、书包……家长们把孩子用的文具一件件寄来检测,每一次送检,老爸评测都会抹去所有商标信息。结果出来后家长们才发现,原来孩子们每天必备的文具里竟潜藏了这么多"毒"物!"除了让我们知道哪些文具有毒,你们能不能告诉我们哪些产品通过了检测? 去哪儿找这些放心产品?"面对家长们的诉求,魏文锋说:"我们无法改变他人,但我们可以改变自己,我们无法改变'劣币驱逐良币'的市场规则,但是我们消费者有选择的权利。"于是,他把那些送检合格的产品筛选出来,放到自己的微商城里,让家长们选购。但是,魏文锋表示并不是通过销售合格的产品赚取差价,而是只收取产品的成本价、包装费及人工费,采取了价格"裸奔"的策略,一件商品说明它的制作成本价、包装费等,如 18 元,微信商城这件商品的价格就分为"18""18+3""18+5""18+20"等等,物价和捐款的合计模式。正是这份信任,让消费者有了充分的参与自主权,用魏文锋的话来说,就是"用良币倒逼劣币"。就这样魏文锋秉持着"你我都不是看客,行动才能带来改变"的理念,老爸评测科技有限公司的定位逐渐成形:作为自媒体,老爸评测是独立发声的第三方检测认证专业人员;作为检测方,组织对于受关注产品进行第三方检测;作为电商,推荐安全放心产品、结合社会力量倒逼产业革新。成功地自我造血,才使得拥有一份公益初心——铲除有毒有害商品的老爸评测,能够越走越远。这样的初心也打动了很多的消费者,微信商城初期由于人手问题,经常出现多发货、少发货和发错货等情况,当客户发现后第一时间并不是来讨要说法,更多的是再下一份单、补个差价、省邮费等,客户站在了公司的立场考虑问题,形成了良性的循环。

这期间,老爸评测还通过接连爆出的毒跑道事件赢得了消费者的信任。江苏、浙江、四川、深圳、北京等地的校园集中出现疑似塑胶跑道的安全性问题,有深圳的学生家长更是通过微信联系魏文锋,反映孩子学校铺设的跑道具有强烈异味,怀疑是有毒有害的化学气体,希望老爸评测能对跑道进行检测。当时大多数媒体主要关注"毒跑道"出现的原因，但老爸评测却把目光放在了解决问题上。正在参加第四届"社创之星 SE Star"年度评选的魏文锋，在复赛中，就选择了家长们高度重视的"毒跑道"，发起了"保护孩子，为校园去毒！我众筹支持老爸实验室！"项目的众筹。短短 10 天，在 1217 位热心人士的支持下，项目就众筹到 91565 元，"老爸评测"顺利晋级决赛。在总决赛中，这道集合家长力量共筑的儿童用品质量安全"防护墙"，使魏老爸一举夺冠，并拿下了"最佳人气王"称号。后来，老爸评测根据检验结果做了一份详细的报告发给那位深圳家长，报告递给校方后，"毒跑道"很快就引起了重视。在老爸评测的协助下，北京某小学也拆除了操场上的"毒跑道"。后来，上海、深圳等地相继出台校园塑胶跑道的相关标准，国家体育总局也非常重视，发布了报道《以科学和客观的眼光看待塑胶跑道是否有毒》。这次老爸评测在全国 9 座城市、15 所学校（含幼儿园）开展校园跑道检测工作，曝光了"毒跑道"，引起了社会广泛关注，相关单位迅速整改。更重要的是，调查推动 GB 36246—2018《中小学合成材料面层运动场地》修订，包括二硫化碳在内的 18 个有害物质被写进塑胶跑道检测项目的黑名单。

2016 年，魏文锋还发起甲醛仪爱心漂流活动，至今也一直在坚持，这被魏文锋称作"一场互联网信任传递实验"。最初，单价 12500 元的 18 台检测仪免费提供给排队的 300 位家长。其中，有一位家长转发了活动海报到微信朋友圈，结果他的一位朋友在下面评论：这肯定是骗子，寄给你的仪器肯定是坏的，就为了坑你一万块钱押金。也有家长满是防备心地跑来问魏文锋，如果上一个人寄给我的仪器被他弄坏了怎么办，是不是要我赔。魏文锋都被气笑了，"有什么怎么办的，我们会修的啊。"他们已经把国内能线上买到的这款检测仪都买空了，连押金和协议都不用，免费租给家长。拿到仪器的家长，有人发现家中甲醛超标，当晚就带孩子去住酒店。"想要降低甲醛很容易，开窗通风就能降下来，但是你不知道它超标时你也不会想着开窗，就容易出问题。"魏文锋为自己能帮这些家长感到特别欣慰，现在老爸评测的专业甲醛仪服务了全国超 11 万的家庭。

这些活动在老爸评测和消费者之间建立了不仅仅是商家与客户的关系，更多的是一种社群互助。在不断探索和实践中，老爸测评发展得越来越好。在公司壮大的同时，除了能够守护更多的孩子，魏文锋还把眼光放到了更多更长远的公益事业上。后来，魏文锋参加了 2016 中国社会企业论坛年会及阿里巴巴举办的首届 XIN 公益大会。2017 年 9 月 15 日，老爸评测加入了友成基金会启动的"猎鹰加速器"计划，魏文锋也随之成为"猎鹰"，在"猎鹰计划"的支持下帮助项目快速成长。在猎鹰开班仪式的心灵对话环节里，魏文锋说道："我觉得做正确的事情，天下的人都会帮助你。支持我们走下去的不是商业的利益，而是大众的爱，这种爱是源自内心的，做利于社会的事情，内心非常快乐。"2018 年 12 月 28 日，老爸评测向浙江省爱心事业基金会捐款 100 万，成立了"魏老爸和粉丝们公益基金"。这个专项基金主要用于举办公益科普讲座，并设立"老爸奖金"，只要家长提供给老爸评测的可疑产品经检测后证实问题属实，就能获得奖金，下不设限，上不封顶。魏文锋说，之所以设立这笔奖金，是想让更多的家长一起来守护孩子们的健康。2020 年，魏文锋通过"魏老爸和粉丝们公益基金"，捐款 100 万元到浙江大学教育基金会医学院附属第一医院"新型冠状病毒肺炎疾病专项基金"，用于采购防控疫情所需医疗用品和救治所需医疗设备等，为浙江大学捐赠 50 万元设立"卓越计划基金"。

为了扩大公司的影响力，2017 年 3 月，老爸评测魏文锋首次登上《一站到底》舞台时，曾现场揭露"毒包书皮""毒竹菜板"等问题，并以其精彩的答题表现，给观众留下了深刻的印象。2021 年 3 月 15 日播出的节目现场，魏老爸又一次现场做起了评测，介绍了巴克球的危害。巴克球，也称磁力珠，因颜色鲜艳外形像糖果，引发很多小朋友误食，如果未能及时发现可能导致儿童肠穿孔，甚至危及生命安全。魏文锋建议家长让小朋友远离这一危险玩具，避免悲剧重演。公众视野的魏文锋不仅仅是一个关心女儿健康的老爸，还是一位知识存量丰富的专业检测人。

魏文锋曾说，希望老爸评测可以作为政府机关检测力量的民间补充，倒逼各个产业改革，最终实现"让天下老百姓过上安全放心生活"。老爸评测也用实际行动在践行，坚持"365 天每一天都是 315"。截至 2020 年底，老爸评测全网粉丝量已超过 4200 万人，团队员工发展近 300 人，检测费用花费超过 500 万元。在团队的坚守和努力下，老爸评测产出了大量优质内容，2020 年全年发布抖音作品 527 条，其中科普视频超过 400 条，全网播放量超过 20 亿人次；产出微信 10 万＋文章 68 篇，累计阅读次数超 1 亿。经过 5 年多时间的发展，老爸评测公司也已经从最初的八九个人的团队，发展到了将近 300 人的规模，其中有 19 位毒理学、化妆品、医学、食品安全、纺织品、家用电器、儿童玩具和生物等多个领域的执证专家。2016 年，魏文锋获社创之星金奖；2018 年，魏文锋被评为浙商温暖者；2018 年，魏文锋获得第二届浙江省青年数字经济"鸿鹄奖"；2018 年 12 月，魏文锋被上海财经大学评为"中国优秀社会创业家"；2020 年，魏文锋成为"杭州钱塘直播电商红色联盟形象大使"；2020 年 1 月，魏文锋获评 2019 社会创新家 TOP10；2021 年 3 月，魏文锋在以"青春少年，科学辟谣"为主题的高校辟谣年度活动中成为"首席辟谣官"；2021 年，担任全国电子商务质量管理标准化技术委员会委员。

四、道阻且长

提及公益事业，很多人想到的是免费，实际上公益是公共利益事业的简称，这是为他人服务不求回报的一种通俗讲法，概指有关社会公众的福祉和利益。而社会公益组织，一般是指那些非政府的、不把利润最大化当作首要目标，且以社会公益事业为主要追求目标的社会组织。公益怎么能和商业绑到一起呢？实质上，公益有两种定义，狭义上的公益，是指的非营利的事业、机构和活动，这是需要和商业划清界限的；广义上的公益，指的是公共利益，解决社会问题，增进公共福祉等。马云、薛兆丰、罗振宇等人所说的"商业，是最大的公益"，即是从广义公益角度来说，商业互利、高效、解决就业、创造价值等。公益不等价于捐款和免费，还包括发起公益行动、参与公益项目等，而这些，既能有效解决某些社会问题，还能帮助企业链接社群，迅速成长，从而实现盈利，形成良性循环。

老爸评测就是这样一家公司，"以公益活动传播公司理念，以商业模式解决社会问题"。但是，一路走来，魏文锋的创业之路也是"摸着石头过河"。开始，作为一家营收还不错的公司总经理，魏文锋仅仅是希望曝光女儿的有毒包书膜问题，后来被家长们推着成立了实验室和杭州老爸评测科技有限公司。随着老爸评测实验室的事务越来越繁重，感到难以兼顾的魏文锋，不顾家人反对，毅然辞去了高薪厚职，专注评测孩子用品的事业。关于产品的检测，如果只是简单的物理属性检测，魏文锋可以在自己的老爸实验室里完成；但若要检测复杂、难度较大的化学元素，就需要将样品送到具有专业设备的大型实验室，委托官方认可的第三方检测机构出具测评报告。专业的检测报告往往艰深难懂，老爸评测就把它以通俗易懂的形式"翻译"出来，做成有趣的图文或小视频发布在网上。但是，随着待检物品的增加，仅仅依靠众筹的资金来源很难继续支持公司的可持续发展，为了达到自身造血的目的，在探索中老爸评测开展电商业务，挑选符合安全标准的商品进行售卖。所以，魏文锋说："老爸评测运营模式是'自媒体＋检测＋电商'。"如果说"评测"的目的是发现不合标准的劣质产品，那么"商城"的目的就是为社会提供好的产品，而自媒体则是实现这两个目的的载体和途径。这样一来，老爸评测在一定程度上补充了监管部门抽检和企业送检之外的空白，成为新兴的民间独立检测，希望能够利义并举！

可与此同时，随着老爸评测的名气越来越大，不断有人质疑："不是说好了做公益吗，为什么又卖起了产品？""一边检测，一边卖货，这是既当裁判员又当运动员？"魏文锋在采访和演讲中也坦言，"做带有公益性质的事业，也要活下去，要有自我造血的功能。目前互联网创业三个路子：一个是 to B（business），我收企业的钱，那评测就没有公正可言了；第二种是广告，企业和工厂来买单，和 to B 一个性质；最后只能 to C（customer），方式就是卖货。"经历过财务危机，几经转型的魏文锋选择了电商的模式。而对于如何保持公益和商业的平衡，魏文锋认为，"不要说我是做公益的，这样别人会对我进行道德审判。我就是一个企业，一个专注于解决有毒有害产品这个社会问题的企业，以让孩子们远离这些产品。我们有本事自己赚钱，把事情一直做下去，也会尽力和工厂保持距离。以前，我们评测后向家长们推荐过一款糯米胶。家长们都跑去买，商家很惊讶地问家长，怎么突然有人说我们东西好。"对于经营模式的质疑时有发生。在家长群里，有人反馈，"看你在卖东西，我心里咯噔一下。你能不能不要卖货了。可以仿照国外的订阅模式"。魏文锋觉得订阅模式在中国是走不下去的，很多人不会给你捐款。

黎宇琳和罗苑在《斯坦福社会创新评论》杂志中，曾发表《争议"老爸评测"：重构社会信任中的商业化风险》一文，指出："一方面，魏文锋坦言：'电商卖货是老爸评测现阶段实现持续造血的手段,但不是终极目标,未来有多种可能实现造血。'但在另一方面,魏文锋又坚持,老爸评测的模式已经过市场验证,没有问题。因其并非刻意为之,而是从'土里长出来的,是家长们推着推着推出来的,家长们对魏老爸有信任感。'老爸商城一旦出现不合格的产品,将会对其评测业务产生致命的冲击。老爸评测目前的商业模式在一定程度上有损其公信力——其九成以上的收入来自电商。一边检测,一边卖货,这一既当裁判员又当运动员的模式潜藏风险,或因一些不可控的事件而遭受严重打击。这从一个侧面反映出运营社会企业所面临的挑战,一方面要实现财务的可持续,一方面要回应社会对公平公正的期许,这并不是一件容易的事情。"文章对于中国人民大学商学院副教授赵萌的观点也有涉及,赵萌认为,老爸评测现阶段的模式是有风险的。"最大的风险就在于它的公信力本身是脆弱的,它并不是真正靠一个严谨的机制来运行,更多的是靠口碑,靠他以前的故事,铁杆的粉丝。但有可能因为一些不可控事件受到严重打击。"在赵萌看来,老爸评测很好地切中了一个社会痛点,但目前仍需在商业模式上有所改进,走出检测网红加电商的模式,以保证在产品安全层面更令人信服。"口碑就像水可载舟,如果被利用或遇风险事件亦可覆舟。"赵萌认为,老爸评测未来需要加强几个关键维度,"比如将检测过程做到高度透明化,建立具有共同使命的供应商网络和标准,以及把模式从用户花钱买安全升级到吸引用户为使命而支付。"

网络上关于老爸测评的争议、讨论和负面评价也从未停止,知乎话题"如何评价自媒体'老爸评测'?""如何看待老爸评测起诉爱抽检并索赔 200 万人民币的行为?"等,不少回答认为老爸评测名为检测实则带货,发生了诸如"低价检测费事件,检测品牌衣物的价格远低于市场价"、"推荐叶酸消费者买回自测无叶酸""天价红领巾褪色""强酸洗手液""某氰化物湿巾事件""200 万诉讼索赔事件"等,不难发现对于这些争议,主要集中在测评结果上和商城推荐的商品上。一方面,有些问题源于各个检测方选择的检测标准不一致,例如叶酸事件;另一方面,有人认为"老爸评测卖的是检测,还是安全?这两者是不一样的。即便老爸评测能把检测做得很专业,也不能确保其销售货品是100%安全的"。这些事件的发生很难说打击了老爸评测的口碑和与消费者构建的公信力。民间独立的评测机构间相互的竞争,对于检测标准和检测结果的争议,都让这个行业在艰难前行。

此外,作为民间力量,有没有想过联合政府的力量? 魏文锋说:"尝试过,但是和政府打交道需要时间和精力。我有很多质监局的朋友,我们经常互通有无。他们是正规军,我是游击队。更多的是私下建议。"事物的发展总是螺旋上升型的,科技发展和技术进步让我们身边有了五花八门的产品,我们的标准只有不断更新,才能有效监督。一方面市场上产品的更新换代实在是太快了,随着科技的进步,产品的种类越来越多,但国家的监管标准却没来得及跟上,很多生产商为了存活,毫无底线地压低成本,靠低价获得更多市场,就产生了类似"毒跑道"的阶段性痛点。另一方面,就像魏文锋所说:"我们的标准只有不断更新,才能有效监督。中国人口众多,消费量非常大,不可能指望政府完成对所有产品的监管。这时候，就需要行业自律、消费者提高鉴别能力，以及我们这样的企业倒逼、监督和补充。最近，我都想把我的跑道标准发布一下：一个民间老爸对'毒跑道'的检测标准。"

尾　声

2015年创立了"杭州老爸评测科技有限公司"，因"老爸评测"公众号曝光毒包书皮、毒魔术擦、毒跑道等事件，已经让魏文锋成为千万粉丝的网红，从农村开小超市的，到北京中南海的工作人员，都有他的粉丝，也曾被称为"浙大硬核老爸"冲上微博热搜榜。这时候，也有别有用心的人，故意破坏老爸评测的服务器，删除实验检测数据。站在台上，断人财路，魏文锋还曾受到来自商家的威胁。

不容置疑的是类似于老爸评测这样的民间独立第三方检测，促进了行业的发展，逼迫毒假劣产品退出市场。但是自媒体、检测和电商的发展模式也暴露出一些实际问题，未来老爸测评需要不忘初心、砥砺前行。正如魏文锋所说的，"'让天下老百姓过上安全放心生活'一直是老爸评测坚持的方向，初心从未改变。同时也将遵循'从粉丝中来，到粉丝中去'的粉丝路线，并将其作为开展科普评测、好物推荐的指导思想，追求客观、公正、科学，确保所有业务不跑偏，不走形。"

那么如何才能使得民间第三方评测能够不跑偏、不走形？检测标准如何统一？民间检测行业规范如何形成？社会创业企业的自身造血电商之路非选不可？

参考文献

[1] 周中雨，赵兵辉. 第三方消费评测的法律边界在哪？[N]. 南方日报，2021-07-09（B02）.

[2] 王俊禄. 跟"毒书皮毒跑道"较劲的"硬核老爸"[J]. 决策探索，2021(1)：85-87.

[3] 崔妍. 消费者视角老爸评测企业社会责任沟通策略研究[D]. 兰州：兰州理工大学，2020.

[4] 焦晓辉. 魏老爸：和有毒产品死磕到底[J]. 恋爱婚姻家庭，2020(5)：17-19.

[5] 雷玄. 网红"老爸评测"一边评测一边卖货 被疑变相营销[J]. 中国质量万里行，2019(10)：34-36.

[6] 苗青，赵一星. 良币亦可驱劣币：社会企业对流通经济的新启示[J]. 中国流通经济，2018，32(11)：13-21.

[7] 苗青，张晓燕. "义利并举"何以实现？——以社会企业"老爸评测科技有限公司"为例[J]. 吉林大学社会科学学报，2018，58(2)：104-112＋206.

[8] 徐颢.毒书皮改写"评测"人生[J].中国社会保障,2017(8):61-63.

[9] 张杰.魏文锋:让孩子们远离有毒产品[J].中国社会组织,2016(14):18-19.

附录

老爸评测推动的检测标准变化

2015年,老爸评测发现"有毒包书皮",检出多款包书皮中含有致癌物多环芳烃和邻苯二甲酸酯,并首次在媒体平台发声。后来,教育部办公厅等四部门在2019年10月发文明确指出,学校不得强制学生使用包书皮。同时,GB 21027—2007《学生用品的安全通用要求》修改完成,标准中增加了对包书皮的邻苯类物质和多环芳烃类等有害物质的限量要求。

2016年,老爸评测在全国9座城市、15所学校(含幼儿园)开展校园跑道检测工作,在校园跑道中发现神经毒素二硫化碳及二甲基呋喃、甲苯、乙苯等有害气体。"毒跑道"曝光之后,引起社会广泛关注,相关单位迅速整改。更重要的是,这次调查推动GB 36246—2018《中小学合成材料面层运动场地》修订,包括二硫化碳在内的18个有害物质被写进塑胶跑道检测项目的黑名单。

2017年,"老爸评测"检测发现儿童电话手表表带中含有多环芳烃这种物质,随后,深圳消保委编制了《深圳市儿童智能手表标准化技术文件》团体标准,对表带中的多环芳烃类物质新增了限量规定。

2018年,白砂糖新标准放宽了漂白成分二氧化硫的指标,使消费者无法通过白糖的等级来区别优劣。"老爸评测"曝光3个月后,迎来国标再次修订——国家标准GB/T 317—2018《白砂糖(修订版)》出台实施,恢复了白砂糖的4个等级划分。

案例3 兰紫:用商业成就公益的"种花匠"[①]

引 言

兰紫,四川成都人,研究生毕业于中国科学院心理所教育心理专业,多年从事出版行业,酷爱读书和教人读书,曾经出版莫言《丰乳肥臀》第二版、梁思成《中国建筑艺术二十讲》,担任过电台读书节目主持人,亲子阅读推广人。在做出版人期间,因工作原因在香港教育学院看到一套提高儿童学习能力的教材,感叹内地教学的缺失,小学生提高学习成绩只能靠参加补习班等不多的选择,几乎没有可以提高学习能力方向的培训,随即希望通过努力改变这一现象。2007年始,与香港多位大学教授和内地专家共同研发香港教材本地化的教学实践。2009年,成立乐朗乐读教育培训中心并开设第一家线下旗舰店。2013年,成功开发教学管理系统,将乐朗乐读所有的培训项目转移到线上,实现了同班不同教材,为小学生提供学习能力提高个性教学方案,顺利完成了乐朗乐读的业务转型。小米科技创始人雷军和新希望集团董事长刘永好曾评价道,"在线教育是个巨大的市场,这方面要做得好的话不得了"。乐朗乐读从开始一度面临倒闭到获取天使轮投资进行谷底反弹,从开始不被大众接受到由政府帮衬进行知识普及,都离不开兰紫一次又一次能够抓住未来的选择。然而,是什么样的情怀让这位已经十分成功的出版人冒着失败风险成为一位社会创业者?又是什么样的远见让一家曾经面临倒闭的企业一跃成为受到政府扶持和投资者青睐的成功企业?

一、种下机缘

2007年以前,兰紫是一个在出版界从业十多年、小有名气的女文青,拥有一家自己的出版公司,还是一个电台读书节目的主持人。她在自己从事的领域里发光发热,也向

---

① 本案例由彭伟、袁文文根据公开资料整理,版权归原作者所有,并对原作者的贡献表示感谢。案例仅供讨论,并无意暗示或说明某种管理行为是否有效。

着自己的理想一步步迈进。兰紫曾许下心愿,希望自己的出版公司能像兰登书屋一样伟大,希望自己出版的书能够影响一代又一代的中国人。在兰紫出版的过程中她也研究儿童阅读,这时她发现了一个严峻的事实:中国人的平均阅读能力、平均阅读量跟墨西哥人一样。根据一个行业数据表明,一个国家的人均收入跟人均阅读量是成正比的,即虽然我国 GDP 很高,但人均收入实际上是比较低的,就像墨西哥一样。随着兰紫对儿童阅读的继续深入研究,她很快就关注到了中国逐年增长的读写障碍儿童这个群体。2006 年,兰紫在做一个亲子阅读方面的图书选题时,她第一次接触到读写困难儿童这个群体。苦于互联网上的资料太少,她打电话向香港儿童启迪协会求助,咨询相关问题。一组可怕的数据让她震惊:北京教科院对北京约一万名小学生的评估发现,有10%的小学生存在不同程度的读写困难现象。按比例估计,北京约有 10 万、全国约有1500 万小学生存在读写困难问题。而另一组数据则表明,在辍学者和网瘾儿童中,80%以上的人都曾患有读写困难或注意力缺损多动障碍,但与此同时,能够给这些孩子提供帮助的专业机构却少之又少。这些孩子智力正常或者超常,但由于脑部视觉神经和运动神经的微小协同差异,让他们在阅读和写字上,遇到了常人无法理解的困难。主要表现为写字速度慢,不工整甚至错误。读写困难孩子的视觉和思维中生成的形象,经过神经系统传递到手腕和笔尖时,往往会有信息丢失,这就形成写字缺少笔画或不规范;而为了补上丢失的信息,神经系统需要进行"重新传递",这就表现为写字缓慢,极有可能被误解为偷懒或笨。这群孩子很用功地做着自己不擅长的事情,因为不被理解而受到批评。此时,她意识到了问题的严重性,并且希望自己可以有所作为来帮助这些孩子。面对一个全新领域,她选择了从自己熟悉的地方开始。这是一种迁移能力,把陌生问题换为自己熟悉的事情,把自己擅长的事情再迁移运用到新问题解决去。她一开始从出版物角度入手,为此她前往港澳等地区参观当地使用的书籍和教材。这趟旅程兰紫受益良多,她发现了当内地还在用填鸭式教学时,香港已经在通过提高全体学生读写能力来提升学习能力。这得益于一套神奇的阅读教材。兰紫深感这套教材的神奇,她多么希望内地的孩子也能够拥有这套教材来提高自己的学习能力,而不是每天死记硬背却事倍功半。于是,2007 年,兰紫在北京成立了一个研究机构,并跟香港的大学教授共同组建了一个研发团队,邀请香港的专家跟自己一起研发北京小学的教材。在研发过程中,她还频繁地往返香港与内地,时刻关注这套教材在香港学术界产生的变化,以便与时俱进,更新教材内容。为了弄清楚"读写困难"的成因和解决方案,在跟香港教育学院保持联系持续学习的同时,兰紫还申请了中科院心理系的研究生,开始系统性地学习。2008 年 5 月,兰紫撰写了《DFMM 理论在读写困难识别和矫治教学中的实践研究》,这篇论文获得中国教育学会中语会第九届年会的论文一等奖。由此,兰紫拥有了比较完善的理论指导,她正式开始在北京读写障碍儿童中展开实验教学。仅仅 20 天,孩子们就发生了翻天覆地的变化。曾经读写困难的孩子开始爱读书了,他们开始愿意主动读文字,成绩也迅速提高。家长和老师也给出了极高评价的反馈,这使得兰紫产生了极大的成就感，她说，这种成就感超过了她出版莫言的《丰乳肥臀》，超过了她出版梁思成的《中国建筑艺术二十讲》。同年，兰紫也开始了儿童读写困难改善推广和亲子阅读推广工作，并担任中语会"读写困难识别和干预矫治"课题组副组长。一次儿童读写困难改善推广讲座上，台下坐着一些读写障碍儿童的家长。兰紫请家长们把一张白纸紧贴在额头上，每个人用笔在紧贴额头纸上写下"阅读"这两个字。家长们缓慢别扭地移动笔尖，最终大多留下的是歪歪扭扭，甚至看不出形状的字迹。大家有些无奈，因为每一个笔画的书写，他们都要思考落笔位置与方向。兰紫对家长说，这就是你们孩子做作业时的感受，他们写每一个字的感受，所以他们写字慢，其他孩子9点可以完成的家庭作业，他们要写到10点、11点。你们别扭地写了两个字，孩子们别扭地写了五六年。现场一位父亲看着自己写的字，哭了。他说，由于怀疑自己的儿子故意偷懒不认真做作业，他打了他儿子三年。这个故事不是个例，这位父亲的背后站着无数同样正在误解着孩子的父母们。这使得兰紫更加坚定想要帮助读写困难儿童提高学习能力、普及读写困难常识的决心。这一年，兰紫也开始在北京推广普及读写困难常识，动员社会力量关注读写困难儿童的成长和身心健康，为低收入家庭提供帮助，为未成年犯提供义务帮教等。

二、化茧成蝶

实验教学不可能一直做下去，兰紫也准备重新回归到自己的出版事业中。有一个家长问兰紫："兰紫老师，您还走吗？您还教我们的孩子读书吗？"兰紫说，"我当然要走，我还要从事伟大的出版事业呢。实验教学嘛，总是要结束的。"这时的兰紫并没有想把帮助读写困难的儿童和家庭作为自己终生的事业，直到一个孩子的出现，彻底改变了兰紫的人生轨迹。那个孩子叫莹莹。莹莹是一个非常孤单的、来自单亲家庭的孩子，她的父母很早就离婚了。从出生到现在，莹莹见过妈妈的次数屈指可数，爸爸则把她丢给了奶奶教育。奶奶是做啤酒批发生意的，平时生意忙起来，根本无法顾及莹莹。家庭的破裂以及长期缺少父母的陪伴，养成了莹莹沉默寡言、内向自卑的性格。由于过少地与人交流，到小学二年级时，莹莹仅能用一个个的词与人交流，根本无法说出一段有逻辑的句子。这样的莹莹是个典型有读写障碍的儿童，在经历实验教学的三个月后，莹莹的老师给兰紫写了一张字条，说莹莹发生了非常大的变化，曾经只能用单词表达的莹莹现在开始主动回答问题了，写作业也比以前更加积极。在语言表达中能够说一些短语，用简单的词语来讲话了。这些话给了兰紫很大的信心，而让她的想法悄悄发生变化的却是源于莹莹奶奶的一番话。一天下午，有一个脸非常黑的中老年人冲进了校区，指着兰紫就问，"你是莹莹的老师吗？是你在教莹莹吗？"这把兰紫吓得倒退三步，顿了一会才回答道："是我，你要干什么？"没想到，就是这样一个来势汹汹的老年人，用最朴实的语言跟兰紫说了这辈子她都无法忘却的话。她说："莹莹现在回家抓起书本就读，说话像水龙头打开一样滔滔不绝。"然后莹莹奶奶上下打量了兰紫一眼,说,"挺好的"。接着转过身走了。奶奶走后,兰紫愣在原地,接着由衷地笑了起来。她知道,从此莹莹的世界都会不同了,因为她教会了莹莹阅读。虽然自己不能让莹莹的妈妈再爱她了,也不能教会做啤酒批发生意的奶奶跟自己有一样的教育理念,但自己可以教会莹莹阅读,在还来得及的年龄就教会莹莹阅读。这件事让兰紫产生了一个疯狂的想法,她要把自己的出版公司关掉,为孩子们开学校,她希望能够教孩子们阅读,她希望以后就靠这样的理想活着。

作为在出版界已小有名气的成功商人,兰紫并不只是空有情怀,必然也是有相当的能力和远见的。香港教育署 2000 年估计全港大约有两万至四万名学童有读写困难,内地最近的数据是 2004 年,北京教科院做了 10000 个孩子样本调查,不同程度的读写困难现象发生率大概 10%。即以 10% 为参数,北京地区可能就有近 10 万个孩子存在读写困难。每个孩子全年培训费用 1 万元,北京的潜在市场接近 10 亿元,兰紫看到的是一条兼顾社会效益的商业道路。从 2007 年到 2009 年,兰紫用了差不多两年时间,来研究对读写困难儿童的相关培训和教育案例方法。兰紫说,这是她的创业筹备期。这两年中有过犹豫,一段时间里,她常问自己:"我是一个成功的出版人,为什么要冒险做这个事情呢?"以至于在创业初期遭遇难以克服的困难时,兰紫还想过退回去,继续做自己的出版工作,但"最终还是遵循了内心的选择"。同时,她再次进行迁移发挥,把在出版界多年来积累的人际关系充分运用到了读写障碍服务实践里,在这个过程她通过这些关系接触到了从事读写障碍机构、政府教育部门、患者家长等,通过这些资源合作,她开始了自己的试点探索。兰紫从此从一个出版业从业者,变成了一个社会创新家。2009年 5 月,经过大量的课题研究等前期准备工作,乐朗乐读终于破茧,作为一家教育机构进行了工商注册,这就是兰紫社会事业的开始。随后,来自香港、北京的 NGO 和社会化企业给了乐朗乐读很多帮助。在最初的一段时间香港的专家给了乐朗乐读很大的支持。黄筱锦先生是香港儿童启迪协会的主席,这个协会是读写困难症患者家长组织起来的 NGO(在香港,这样类似的 NGO 就有 30 多个)。他们给了兰紫的团队非常多的帮助,教会了他们怎么去帮助家长正确认识读写困难症并和政府协商来帮助孩子们。香港大学特殊教育学系何福全博士是东南亚一带的读写困难症专家,他主要为乐朗乐读提供技术上的支持。一些香港志愿者自费来北京,免费为兰紫提供教材,并给予兰紫很多分享和指导。刚接触这个圈子时,兰紫对这样的行为感到惊讶——这些人为什么无缘无故地帮助我们?事情做下去,她渐渐明白,这些志愿者是在帮助那些有读写困难的孩子。"将来我们大陆的读写困难培训做好了,如果非洲的孩子有困难,我们也会无偿地提供帮助。"兰紫说,这种精神应该被传递下去。这些公益性质的帮助,可能间接影响乐朗乐读的创业初期的道路。

2009 年公司起步后,兰紫更多用公益的方式运营,一种简单的"得到帮助——回馈和传递帮助"模式。作为行业开拓者,乐朗乐读要做大量的公益性支出,同时还要减免一些贫困儿童的学费，这甚至成了乐朗乐读的主要业务，但"企业"身份又不能募款或享受税收优惠政策，导致一度连员工薪水都成了问题，公司很快陷入困境。到这个时候，兰紫依然相信这是一件正确的事情，只是，自己没有做好。兰紫不免开始动摇了信心，她在踌躇是否要在损失更大之前及时抽身，再回到她创造过辉煌的出版事业中去。就在兰紫快要放弃的时候，一次国外的进修活动帮助兰紫找到了让读写障碍服务可以走得更远、更深、更可持续的破解之道。2009年4月，英国领事馆文化教育处举办了一个"社会企业家"培训，这个培训让当时还属于公益界新手的兰紫第一次接触到了"社会企业家"这个概念，认识到了做读写障碍这类社会服务，不是只有公益项目运作方式，还可以以商业手段解决社会问题。在这次培训中，兰紫也解决了自己最大的一个困惑："我做的事情，到底是公益还是商业？"培训讲师告诉她，有一种企业模式叫社会化企业，它可以既有社会价值，又有商业属性。兰紫说，这句话是她的光明大道。"可以帮助别人，还能赚到钱，还有比这更好的事情么？"培训收获很大。兰紫了解了社会化企业的运作方式、国外的成功案例以及很好的人脉圈子推广平台。通过这个平台，很多投资机构找到了乐朗乐读，各种创业赛事、奖项、奖金接踵而至。2009年，乐朗乐读获得了将近70万的投资。借着这笔资金，新调整战略的乐朗乐读逐渐走上可持续的正轨。

三、寻求突破

乐朗乐读第一家线下机构开始营业后，开始并没有很快得到学校和家长的重视。对于家长来说，把孩子送到这里来是需要很大的勇气和决心的，因为很多家长对自己患有读写困难的孩子存在误解，并且读写困难的孩子还容易在学校被贴上不好的标签。因为小孩成绩不好，老师就经常发短信打电话给家长，这样反复，家长对孩子也就失去了耐心，就会对孩子使用打骂的形式。即使在孩子被老师发现有读写困难的症状后，家长的第一反应都是说我的孩子不是傻瓜、笨蛋，不愿意带孩子进行矫治，这样很容易导致孩子错过最佳治疗时间。"在湖边……在湖边……找到小青蛙……"这是上小学二年级的文文读课文时的场景。读两个字停顿一下，这是读写困难的学生常有的一种表现。对文文来说，学习最大的困难不仅是读课文，还有写字。写字对于一个普通的小孩来说可能很简单，而对于读写困难的文文来说却很"痛苦"。"不喜欢写作业的原因是太累了。手上的肌肉都疼，不知道别人的感受，别人也不知道我的感受。觉得写不好，我是全班写字写得最烂的。"文文说，"不喜欢上学，写作业写到很晚才能睡觉"。虽然妈妈一直给予文文最大的支持和理解，但看着儿子"痛苦地"学习，她既心酸又无奈。"一般的孩子在课堂上就把课堂的作业写完了，而他每天都得把作业带回来，而晚上老师又留有作业。"文文妈妈说："别的小孩都在外面玩，他就在家一直写作业，每天都写得很晚。他总希望自己能变得特别棒，但是有些东西是他自己没办法控制的。"说起孩子的不易，文文妈妈一直眼中带泪。虽然文文很努力，但还是被老师和同学们贴上了"差生"的标签。

不仅是文文,有读写困难的孩子,在学校很容易被老师、同学排斥。而长期生活在不被理解的环境中,对这些孩子将产生很大的负面影响。在乐朗乐读学习潜能开发中心,与文文拥有同样"痛苦"的孩子不在少数。9岁的叶叶,被大家称为"梵·高小子"。在老师和家长眼中,四年级的叶叶读书成绩一直不好。相比读书,叶叶更喜欢画画,在学校他唯一喜欢的课程就是美术。而叶叶的妈妈却认为画画是业余爱好,没有好成绩就不是好学生。兰紫却注意到了叶叶独特的绘画天赋,她把叶叶的绘画作品放在自己的微博上,很快,叶叶富有创造力的作品就受到众多微博网友的关注,叶叶这才知道,原来画画得好,也会受到表扬的。兰紫认为,对于读写困难的小孩,他们虽然读写能力落后,但智力正常甚至超常。这些不理解使得兰紫在专心开发课程体系的同时,也开始筹备为在校教师及社区家长普及相关常识、消除对读写困难儿童认识误区的公益计划。

2010年,在运营乐朗乐读学习潜能开发中心一年后,兰紫意识到,读写障碍行业的振兴与可持续,离不开大量优秀师资队伍。她了解到内地读写障碍儿童已经达到千万量级了,以目前情况,还需要2万多个读写障碍教师才能够满足得了。当时,每到寒暑假,就会有大量的家长带着孩子来北京参加乐朗乐读的假期课程,乐朗乐读线下机构旁的小旅馆里住满了来自全国各地的家长和孩子。兰紫看到这样的场景感到心酸,可以来北京参加课程的儿童能及时得到治疗,那么那些不能来北京的孩子呢,岂不是等到年龄过了都得不到矫治?一位母亲曾发来短信说:"虽然孩子年龄大了,但是作为家长,仍然希望不惜一切。"但遗憾终究是遗憾。读写困难儿童的最佳矫治年龄为7岁到12岁,一旦错过了这个黄金期,很难再有明显改善。她想过获取更多的投资在更多的地区开设线下机构,但这需要大量的教师。通常一个读写困难领域教师需要6个月培训期,师资要求有2到3年工作经验,心理学或者教育学毕业。按照传统办法,哪怕是先进地区以往做法,要完成这2万多个教师培育,都要花费300年时间,如此夸张漫长的时间,显然远远无法满足当下。并且,由于乐朗乐读师资较为缺乏,造成招收孩子的数量受到限制,盈利自然不是非常的可观。因此,乐朗乐读能给教师的薪水待遇,还处于业内的偏低水平。而加入乐朗乐读的教师都是秉承着一种责任和使命感才与兰紫聚到了一起,虽然他们甘愿承担收入的压力,但这不该也不能是一种长期的、可持续的模式,不能商业化的企业是不道德的。该怎么办呢?在互联网技术大行其道的年代,兰紫给出了自己社会创业的战略方向:以技术手段重构大陆读写障碍教育事业。教育是没有产业的,就是人对人的一个业务。在整个教育行业里面,每个学校都依赖于名师,都无法脱掉这个魔咒,一个名师的培养是非常难的。因此她想到,能不能有一个智能化教学系统来取代名师?不是完全取代,是老师加这个智能教学系统就能够完成平时个性化的培训,同时质量还要有所保障。与教学网络结合后,一个合格老师的培训可能只需要几天。在幸运地整合到了优质技术专家与团队后,兰紫正式开始这个方向的探索。2010年12月,乐朗乐读又拿到了一个A轮投资,这在社会化企业中是非常难得的一步。资金的注入为兰紫研究乐朗乐读的业务转型打下基础。

中国需要帮助的孩子有很多，但是受到资金、经验和师资限制，乐朗乐读在 2013 年以前只覆盖了北京。但 7 岁到 12 岁是治疗读写困难的最佳年龄，很多孩子因为家长根本不知道有这样一家矫治机构而错过了宝贵机会。一位西安的家长，自己的孩子错过了治疗年龄，他找到兰紫，说"我做加盟吧，我想帮助其他孩子"。除了家长，还有一些其他地区的培训机构，也找到乐朗乐读想要进行加盟。于是，兰紫就产生了一个新的想法：开设加盟店。她估算过，在一个中小城市，除去前期一次性投入，招收 5 个孩子就可维持日常收支平衡。就是说，即使是在中小城市开设加盟店，招收到五个孩子以上就可以产生可观的利润。因此，招募加盟商的想法是完全可行的。然而要把开设加盟店的想法落地，就更要解决目前缺少专业老师的难题，并且对加盟店教学课程、进度和质量的统一管理也至关重要。这时，兰紫更加坚定一定要把业务从线下转移到线上，教学网络的建设是加盟计划的重要支撑。因为通过网络平台，乐朗乐读可以统一管理各个加盟机构的教学课程、进度和质量。同样，针对教学的培训也可以在网络平台上进行。

2012 年，乐朗乐读又拿到了香港爱维稳特投资公司 70 万美元的天使投资，同时，北京第 4 家分校已在筹划当中。但兰紫并不满足现状，她有更大的野心，她希望政府能够介入，以国家之力做公众普及。她知道，想要迅速普及读写困难的矫治和提高儿童阅读能力是无法离开政府的支持与帮助的。在欧美等发达地区，读写困难的研究和应用已经长达十余年，甚至几十年，并形成了较完整的针对读写困难儿童的图书教材、玩具、训练纠正办法。在我国香港地区，教育统筹局目前对读写困难儿童的帮助策略是：在小学新生入学半年后先进行读写困难儿童普查测试，根据测试结果为读写困难的孩子制订在校学习和考试的辅助策略，同时，每年每个孩子可以获得教育统筹局两万港币的培训经费。在兰紫数次与政府的交涉下，2012 年底，北京市朝阳区社会建设办公室购买的公共服务项目——"蒲公英种子讲师计划"通过结题审核，这也是我国首次介入儿童读写困难的政府行为，项目实施方就是北京乐朗乐读学习潜能开发中心。该项目通过对公益人士进行儿童读写困难矫治的专业培训，再对在校教师及社区家长普及相关常识，从改变父母和教师开始，消除对读写困难儿童的认识误区，引导这部分孩子恢复自信，全方位提升他们的学习能力。"蒲公英种子讲师计划"开展后，北京市朝阳区部分学校开始普及和筛查读写困难儿童。接受此次政府采购服务的博文小学校长达理认为，了解了读写困难的常识后，不仅孩子可以得到帮助，也让老师们少走了弯路，减轻了教学焦虑。借由从香港相关机构、组织获得的研究材料和经验，兰紫曾在北京雷锋小学、中华路小学、石景山实验小学等 12 所小学对 12 岁以下学习困难的学生进行智商测定和读写困难评估。但因为对读写困难学生的判定和评估目前国家还没有统一标准，家长会对界定结果存疑，而缺乏相关制度保护，也让学校在引入评估时担心承担误判责任。同时，由于内地还没有政策和措施维护读写困难儿童的权益，在校老师很难有效帮助孩子；孩子在学校受到不公平待遇，家长也只能束手无策。兰紫认为，只有更多人关注读写困难儿童,让更多的公众认识读写困难症状,促进社会对读写困难儿童的理解和尊重,消除对他们的误会,因材施教,才能让读写困难的孩子尽早被发现,及时得到正确帮助,让孩子们少走弯路。于是,2013 年 3 月,乐朗乐读委托了包括清华大学公共管理学院副院长、全国政协委员王名在内的多位人大代表和政协委员,向"两会"提交了关于加强关爱读写困难儿童的议案和提案。兰紫知道,目前取得的成果对于要以知识普及和社会认可作为基础的项目而言,这是极大的鼓励。通过教育系统去普及和筛查当然是最简捷的,但从目前看来,只有一个项目做得够好、够久、够有影响力,且形成一个有效的模式,才有可能获得体制内的认可乃至推行。因此,乐朗乐读和读写困难儿童矫治目前只是迈出了一小步,她希望读写困难的常识普及能引起政府和社会的重视,让孩子们得到尊重和理解,并提供更多可能的发展机会。

四、完成转型

2013 年不仅是乐朗乐读收获众多社会认可的一年,还是乐朗乐读关键的转折点。这一年,兰紫团队以"专业教学软件平台+工作者"技术突破方向,取得可喜进展。基于互联网技术模块化复制原理,乐朗乐读开发了一个教学管理平台,实现智能化,根据孩子情况给出匹配教学内容与教学方案,这样教学人员就可以按照系统给出方向和辅助下胜任对孩子的教育工作。通过这种方式,乐朗乐读实现在短时间内培养一批胜任的教育工作者,从以往半年缩短为培育周期只需一周,在教师不足问题上取得了突破。经过多次打磨,这套系统正式称之为"PDA 学堂"教学管理系统。该系统不仅有学生端、教师端、校长端,还设置了代理端,这意味着引入加盟商,对加盟商进行分级管理以实现产业规模化成为可能。于是乐朗乐读在技术赋能基础上进入新一个阶段推进:业务转型。为此,她把这些能力细分为 10 类,每一类形成一个能力成长解决方案,在技术与操作标准化支撑下,开始建立连锁加盟体系。这些也得益于团队过去多年通过技术系统积累大量数据沉淀,比如学员学习行为、习惯等,依托这些多数据能够进行二次"发挥",衍生出适合不同情况的专业服务方案与产品,并能够保证成效。业务转型后,乐朗乐读把测评和教学系统彻底地搬到了线上。兰紫认为,这样做的好处有三点:第一是授课的老师可以转型,不必成为专家,过去老师要根据孩子的能力等级在 8000 多个课程单元里自己进行配课,现在老师只在电脑中里输入上次学生上课的成绩,就可以一键式匹配出下次上课的课程包,打印出来给学生上课就行了,这对老师是极大解放;第二是从管理上来说可以实现信息化、数据化,不管是老师的出勤率、学员的续报率还是学员学习进展情况都可以后台监控,做成平台后,乐朗乐读的加盟商也就减轻了运营成本,实现轻松获利;第三是从发展来看,其实这是自我革命,通过互联网把整个业态做轻,这其实是互联网精神的内核,也是走 O2O2C 必须要迈出的一步。

2014 年,乐朗乐读从以改善儿童读写困难为目标的社会性企业转型为以儿童学习能力提升为目标的社会性企业。乐朗乐读打出了提升学习能力的旗号,从特殊人群扩展到所有 6～12 岁的儿童。这一转变源自于日常教学数据的反馈以及家长的需求,就像最初被用于教育低能儿童的蒙氏教育法,经过改良后现在被广泛应用,而读写能力的训练对每个儿童都有益处。除了人群上的扩展,在业务模式上,乐朗乐读逐渐转变为背后的技术和服务提供商。一直到 2015 年,乐朗乐读只在北京做了两家直营店,对于扩张,一直专注于教研的乐朗乐读并不擅长,因此兰紫选择了以加盟的方式做全国的规模化复制,有乐朗乐读提供的在线教学和师资培训系统,对加盟商来说成本很低。目前已经有数十家机构加盟,并且以二三线城市居多。兰紫认为,被一家大型 K12 机构收购是最好的结果。因为对于学科培训来说,学习能力提升是个互补的业务,面对的是同样的用户群体。

尾　声

乐朗乐读的社会影响正如它一路走来的道路一样,些许坎坷却愈加开阔。随着三年来大约 100 多名学生的矫治,80% 的治愈率正使乐朗乐读的社会影响沿着这些矫治的孩子及其家长蔓延到了整个社会。家长口碑的转变是缓慢但显著的。由于中国关于读写困难症知识的普及度不高,乐朗乐读最初总会遭受各种质疑,而随着许多矫治儿童治疗成果的显现,如自信心增强、阅读学习能力提高等,家长会将乐朗乐读推荐出去。有一些家长会想到乐朗乐读做义工,还有些家长把机构推荐给红十字会,希望成立正式的基金帮助这些孩子。有些是"两会"代表家长甚至表示,会写一个议案送到"两会"去,让有关部门知道需要认真对待这些孩子。随着社会影响的加大,乐朗乐读促进了中国对读写困难症的关注,通过影响学校、家长、媒体和政府有关部门,正逐步为千万读写困难症儿童带来福音。

参考文献

[1] 王慧莹. 关注读写困难儿童:拯救聪明的"笨小孩"[N]. 中国妇女报,2013-04-03(A3).

[2] 侯金芹. 读写困难对情绪和行为的影响——父母教养方式的中介作用[J]. 中国特殊教育,2014(12):49-54.

[3] 王冠. 乐朗乐读:商业与公益的边界[J]. IT 经理世界,2013(8):62-64.

[4] 彭迪. 中国政府首次介入儿童读写困难改善问题[J]. 社会与公益,2012(11):90.

[5] 朱汐,李英武. 公益创投第一枪[J]. 中国企业家,2012(8):99-102+98.

[6] 彭迪. 中国政府首次介入儿童读写困难改善问题[J]. 社会与公益,2012(11):90.

附录

附录1　读写困难孩子特征

1. 阅读吃力,读错字;

2. 阅读后不理解内容;

3. 朗读不流畅,跳字,跳行;

4. 逃避书写,书写困难,字体不工整,容易写错字;

5. 抄写时间长,需要看一笔抄一笔;

6. 注意力集中时间短;

7. 听课效率低,多动;

8. 缺乏运动细胞,平衡感觉不好;

9. 握笔姿势不良,系鞋带和使用筷子困难;

10. 人际关系处理不好,内向害羞或者性格急躁;

11. 自信心低落,容易放弃;

12. 聪明,但无法发挥用于学习。

小学生中符合以上其中6项且持续6个月以上,存在读写困难可能。

资料来源:http://www.123langlang.com/media/2202.html

附录2　兰紫获奖经历

南都公益基金会社会企业突破奖;

友成企业家扶贫基金会新公益发展奖;

香港陈一心家族基金会"蒲公英种子讲师计划"总干事;

北京市朝阳区政府社会建设办公室"蒲公英种子讲师计划"总干事;

英国大使馆文化教育处帝亚吉欧梦想助力奖;

六届北京民办教育——优秀教育工作者奖;

惠普创业大赛创业项目——金奖;

海航集团社会创新创投竞赛——二等奖。

附录3　兰紫专访

圈课网:乐朗乐读定位在帮助学生提高学习能力,这与我们常说的K12领域的产品是不一样的,它属于能力教育,我们如何理解学习能力教育呢?

兰紫:学习能力理解为感知觉和大脑之间的配合的能力,它决定了学习成绩的高低。比如说同学们上课用得最多的两个通道是听觉和视觉,老师说小朋友你看黑板,看到左边黑板上那个字了吗，你再看右边黑板上那个字，孩子实际上是在用听觉采集信息，再用视觉去搜集信息记住的。听觉视觉的配合决定了孩子吸收知识的多少，一个班里 30 个孩子，老师发布的知识是一模一样的，吸收了多少取决于孩子的配合高低。我们不认为学习成绩好的同学是学霸，轻松学习才是学霸。学习成绩好只代表现在，不代表未来，因为我们发现很多学生到初中之后学习成绩不再好了，这是因为学生的学习能力已经跟不上了。但是还有一些学生虽然现在学习是中等，但是他们稍一努力就考好了，那是因为这些学生的学习能力好，这个也是影响学习成绩高低的根本原因。

圈课网：对学生学习能力的训练有哪些内容呢？

兰紫：我们的训练分为六大类，基础发展、感知发展、认知信息加工、语言加工、逻辑智力、社交情绪，每一类都是层层递进。而每一个大类下面还细分为众多小类，最终呈现为 8000 多个小的单元，这些内容都是在对儿童的能力进行训练。举个例子，幼儿在 6 岁以前识字的要求要遵循音—意—形，我可以不认识苹果这个字，但我知道苹果，知道这个发音，知道苹果的形状。到了小学顺序改为音—形—意，知道某个字的发音、拼写，还得知道它的意思。实际上这对儿童听觉和视觉的加工就尤其重要了，这也是我们整个训练中最基础的内容。小学一到六年级国家新课标要求学生掌握 2800 个字，但是一到二年级居然要学 1800 个字，整个小学识字量的 80% 都是在这个阶段完成的。到三年级以后，学生才能够完成基本的阅读，所以小学听觉、视觉承载了学生认字的快慢，认字快慢的程度实际上对学生的深度阅读是起决定性影响的。值得一提的是，学习能力的培训只有在小学才有效果，一到二年级学生的学习能力改善提高率能达到 90%；随着年级的提高改善提高率不断地递减，学生 12 岁以后我们就不再主张对其进行能力的培养了，因为此时大脑已经成型了。

圈课网：您如何看待目前在线教育行业的发展呢？

兰紫：纯在线教育的模式，我看过日本和我国香港地区的一些，总的来说比较脆弱而且成功率低。另外，纯在线教育模式的抗风险能力极低，因为现在用户的习惯变化周期越来越短，一款在线教育产品可能还没跟上用户使用习惯的一个变化周期用户就又变了，跟不上的结果就是瞬间死掉。其实，我们做在线教育的初衷是非常善良的，将优质资源以廉价的方式让更多更偏远的人去使用，或者让人们更平等地获得资源。但是当这个目标不存在或模糊了，在线教育变成一个挣钱的工具时，人们就会变得一下找不到感觉和浮躁了，这也很正常，因为这个泡沫在韩国和日本已经发生过了，我们一定会走同样的路，大浪淘沙之后才见真金。

案例 4 朗力养老:以爱之名,
引领适老新潮^①

引 言

朱庆海,生于 1974 年,山东人。自诩"4 年官府行走、13 年商海历练、5 年社会企业蜕变,誓用实力将情怀落地。洞察宦海方向、遍尝商海冷暖、远见社企意义"。于 2011 年创建朗力养老,形成了以社区养老为主营业务的养老服务中心、以社区服务为主的社工中心、以适老化改造为主的产业发展有限公司以及全国适老化改造专项公益基金、北京朗力适老科学研究院的多方位格局。作为中国首批专注适老化改造行业的领导者和推动者,朱庆海带领团队将多年一线养老服务经验转化到适老宜居业务板块中,形成了"评估十产品十服务"的商业模式,以标准化产品和服务体系的软硬件相结合为核心竞争力,作为适老宜居智慧解决方案运营商,面向全国复制推广。个人担任成都市社会福利行业协会副会长、成都市民政局养老行业标准委员会专家组成员等,参与了 3 项养老标准的制定,获得 2015"成都榜样"等荣誉称号。朗力养老的商业模式是如何打造的?作为社会企业的朗力如何成功走上造血之路? 公益抑或是共益?

一、破:跨界创业

荧幕上朱庆海的形象,总是一身深蓝色或者黑色的西装,大背头梳得整整齐齐,配着领带,接受采访或是演讲,不开口的他给人的感觉就像一个服务员队伍的领班。然而当你继续了解后就发现,他更像"老大哥",随和开朗。"可能是因为为老年人服务比较多了吧。"朱庆海常常笑着说。

---

① 本案例由彭伟、储青青根据公开资料整理,版权归原作者所有,并对原作者的贡献表示感谢。案例仅供讨论,并无意暗示或说明某种管理行为是否有效。

这一切，都要从 2009 年的一次欧洲考察说起。

那时，朱庆海正从事着贸易生意，已经在贸易行业摸爬滚打近 10 年。在一次欧洲考察之行中，善于观察的他发现，国外老人与国内老人的老年生活截然不同，"国外的老人精神状态普遍很好，鹤发童颜，反观国内，养老产业其实是空白的。"这让当时 35 岁的朱庆海感到有些兴奋，"觉得这是一件可以当成事业的事儿"。虽然之前的贸易生意也可以做到几千万的营业额，但在一个空白领域做一番事业显然更能激起人的挑战欲。把手上其他的业务全部转掉，朱庆海决定一试。

这其实也符合朱庆海骨子里的那股不安分。1974 年，朱庆海出生于山东，而山东正是中国传统儒家文化的发源地，孝道作为传统儒家文化的重要部分源远流长，这对朱庆海后来的创业之路也同样意义深远。青年的朱庆海考上了山东大学，1993 年顺利毕业并且进入体制内工作。1997 年，因为政府和国有企业的改制，朱庆海从待了 4 年的体制内出来"下海经商"，就这样干了近 10 年的贸易生意。然而，朱庆海在不断地发掘新机会，希望能够寻找新项目，从而成功转型。

现在看来，善于抓住机遇的朱庆海当时的眼光并没有错！

微信公众号文章《未来十年，中国最大的产业是养老产业》一文中，财经作家吴晓波曾介绍具有一定代表性的美国和日本的两种养老模式，其中美国实行的是老年社区养老模式，在距市中心 50 公里到 100 公里的郊区修建专门为老年人服务的老年社区；日本则因为人力短缺，近年来把重点放在了科技养老上，比如通过科学技术实现远程监测、家政服务呼叫、定时定位等服务。相较之下，中国的养老模式创新性一直不足，基本仍停滞在传统的养老院模式。因为福利政策与发展程度不同，国外的养老经验难以直接复制。中国最早的养老模式是家庭养老模式，这和我国的传统文化有很大的关系，老人大多和子女或者其他亲属居住在一起。目前，居家养老仍然是中国老人的主要养老方式。养老行业有"9073、9064"的提法，即 90% 的老人选择居家养老，7% 依靠社区养老服务，3% 通过机构养老予以保障。但是这种养老方式存在很多弊端，随着老龄化的加剧，并不适应现在的国情。

就这样，凭借着敏锐的商业洞察力，从欧洲回来后，朱庆海还去到日本、新加坡等亚洲国家进行了考察。经过一年多的多方奔走考察调研，来挖掘老年人真正的养老服务需求，寻找适合我国养老产业发展的突破口。最后，结合国内实际情况，朱庆海决定走出商海进入社会企业，开始他的跨界创业人生，并且选择从社区养老服务切入，确定以"引进欧洲国家先进养老服务理念及管理技术，结合国内外的行业特点以及实际情况，采取公益性事业、市场化运作"的模式，依托成都，面向全国发展社会化养老服务产业。

二、立：养老服务

2011 年国庆节后的第一个工作日，朱庆海在成都开办第一家专业社区微型养老院——朗力托老所。除了为社区居民提供基本起居服务，还增加了康复、助医等服务，而朗力取自英文"LongLive"的谐音,寓意为希望全天下的老人健康长寿,也表达出创始人朱庆海希望朗力能成为一家百年企业,长久地从做养老事业。目前朗力官网最早的一条新闻就是"2011 年 11 月 7 日,青羊区电视台记者对朗力托老所进行的专访"。新闻称"双新社区朗力托老所是青羊区第一个按照星级标准打造的社区托老所,所内的设施星级化、房间家庭化、服务个性化、管理规范化,充分体现了以人为本、亲情养老、环境养老的'郎力养老'理念。托老所内设有单人间、双人间和三人间,为每一位入住老人提供了酒店式的舒适和温馨服务,是社区养老的理想居所。朗力托老所整体设计重点突出'居家'一样的生活氛围,让每一位入住的老人感受到家的温馨。居室设计优雅温馨,室内的家具、电视、电扇、电热毯等生活设施一应俱全,并能根据老人们不同的特点和喜好来装饰房间,给入住老人带来亲切如家的感受"。

这一切的一切看似水到渠成,背后付出的艰辛却只有朱庆海本人才知道。前期的行业前景等调研工作已经花费了不少资金,而人员筹集工作又迫在眉睫,因为即使是后期落地了微型养老院,朱庆海一直自认对养老行业的认知是不清晰、不全面的,需要不断地学习。养老中心的选址放在何处?而对于装修来说,社区养老服务中心装饰总体要求色调温馨、简洁大方,室内装修要简洁,符合无障碍、卫生、环保的要求。同时,要考虑到网络服务和信息化管理的需要。此外,合理设置老年人的生活服务和娱乐辅助用房,以及专门设备如轮椅、床铺等。因为资金紧张,前期大量的筹备工作,朱庆海都尽量亲力亲为。

"麻雀虽小,五脏俱全",用这八个字来形容当时的朗力托老所,再恰当不过。新闻报道记录下这样的场景,"第一个大厅的左侧,摆放着 4 张老年人专用按摩椅,右侧的麻将桌前有不少老人正在娱乐;第二个大厅摆放着专门用于康复理疗的设备;穿过走廊,是老人们的房间,每个老人的床前都有一枚呼叫器;走廊底端,是厨房。虽然总共只有200 平方米,难免显得有些局促,但与传统定义上的养老院比起来,这里更像一个家。8个工作人员三班倒,以确保 24 小时无间断服务。8 个人里,有专业的护士、康复理疗师以及护工。89 岁高龄的胡良丞,觉得朗力还不错:饭菜营养搭配合理,味道可口,身体不舒服了,有理疗师帮他做检查,无聊了,可以和朋友们下下棋、看看电视。最关键的是,这儿离家近,儿女能经常来看望自己。'我喜欢这里,这里有街道商铺,有人气,不像那些远在郊区的养老院,感觉被孤立了。'"而在成都市民政局社会福利处副处长黎文强看来,这种社区托老所,虽然微小,但恰恰符合现代都市的养老现状。"占地面积少,解决了找不到地的尴尬,资金投入少,社会力量容易介入,老人离家近,熟悉的环境更利于老人的心理健康。"

当时由于人员尚不成熟,团队的成员中没有专门做养老的,只有一位"沾一点边儿",本科学的是公共健康管理。为了尽快摸清养老行业的情况,也为了防止意外发生,刚开业的一段时间,朱庆海成了养老服务中心沙发上的常客,基本与老人"同吃同睡"。偶尔离开时,"自己就像 110 出警一样,接到电话就要往回赶。"微型养老院的工作在技术上不需要多么高深，在程序上不需要多么复杂，但却是很注重细节的服务工作。

用心才是养老服务的诀窍。为了将为养老服务做得更加细致，朱庆海住在养老中心里，随时留心老年人的需求，哪怕一句话、一个动作，可能会重复两遍、三遍、十几遍，他也耐心地去倾听，亲力亲为，切实地去感受，就是为了能更好地掌握老年人的生理特点与心理需求，从而提升服务质量。"没事，你休息吧，我盯着。我看一下到底是怎么回事"。这是朱庆海常常对值班护士说的。之前成功的经商经验确实不能帮助他了解养老服务应该如何去做，所以，他能做的，只能是从零开始，自己慢慢地去学习。中心员工的平均年龄为 30 岁，考虑到养老行业服务对象的实际情况，担心员工因工作环境而产生厌烦情绪，一线的各项工作他都尝试着去干，从保洁、护工、厨师等等，只要是能力范围内朱庆海都试着去做，并努力做到精细，以便能及时掌握到员工心理动态并及时疏导。在工作间隙，他总是和大家说："老人要的不是你给的物质生活有多么富裕，也不是一个冷冰冰的家，他们要的不过是一个温暖的眼神，一句亲切关怀，让他们感受到有人在关心他们、照顾他们。"这也成了朗力发展养老服务的目标与宗旨，每一个朗力人正在为此而努力着！

那段时间，朗力的口碑慢慢积攒起来。这是一个服务社区、功能全面的微型养老机构，虽然只有十几张床位，却提供全托、日托、临托等多种服务方式，护士、厨师、保洁人员等一应俱全，而费用也是普通老人可以接受的。很快，就住满了老人。以此为依托，朗力也开展了更多的上门服务，餐饮、康复、保洁，社区里更多居家老人的需求也得到了满足。通过服务社区和支持老人活动，朗力也吸引了众多志愿者，他们自发组织了更加丰富的志愿服务活动。

当然，正如所有的创业之路都并非一帆风顺，朗力也是在困难中一步一步前进。

尽管做了如此充分的准备，但"蛋糕看起来很大，吃起来不容易"，依旧成了朗力进军养老产业两年后最大的感悟。以双新社区的托老所为例，按月计算，8 个员工的工资支出 2 万元，伙食费成本 7000 元，水电气费 2000 元，还要为外地员工提供住宿，每个月光是托老所的硬性支出就是 3 万余元。老人们根据身体状况，缴费有所不同，以中间价 2000 元为平衡点，10 个老人就是 2 万元。账一算，不盈反亏。"最初的几个月，一直是用金融公司的利润，填补这边的缺漏。"朗力联合创始人刘英说。此外，虽然有各类利好文件的支持，但许多优惠政策其实并未下沉。例如托老所所在的街道首层，均为商业用地，水电气费也都按照商业价格进行征收。"至今为止，我们一直按照商用价格在交费，即使有相关文件和证明，人家也不认可。"另一方面，拿不到运营补贴，按照政策，必须取得社会福利机构设置批准证书的机构方能领到补贴。养老中心一直在努力申办养老机构许可证，但由于社区养老场地多由社区公共活动室改建，不少场地并没有产权，而且老社区的房屋建成时就没有通过消防验收，这源自于"先天不足"。最初的起步，举步维艰，但也正是现实，逼着朗力寻找出路。提高床位的收费标准？这样的解决方案，一抛出去就被否定了。"不可能通过提高收费来填补这个缺漏，受场地限制，硬件设施条件达不到更高的收费标准，就没理由涨价。"

朗力最终为自己打开了另一扇窗。通过与青羊区政府以及双新社区周边社区达成协议，朗力开始为社区内采取居家养老的老人提供服务。"送餐上门、理疗服务、康复服务、沐浴帮助等等，都是服务的项目。"一张小卡片，上面印着大大小小的服务项目 10 项。居家养老的老人们，正在成为朗力的新市场。"在保证服务质量的前提下，比如理疗师，服务 10 个老人或者服务更多的老人，公司的支出也一样，但收益就不同了，这就是新的利润点。"刘英说，"从目前情况来看，社区居家养老的老人们，对送餐服务非常欢迎，此外康复理疗、沐浴帮助都是热门的服务项目。"在拓展了居家服务市场后，朗力告别了不盈反亏的局面，基本达到收支平衡。而成都市"每个街道至少建立一个托老所"的要求也让朗力看到了发展空间。"我相信随着连锁机构的开设，服务人群覆盖率的增加，年底有望看到利润。"朱庆海满怀信心。

2013 年初，以政府购买社工服务的政策为契机，朗力成立了社会工作中心，以承接社区的项目，组织志愿者到社区和老人家中进行更加专业、深入的服务活动。得益于社工服务带来的信任度提升和品牌曝光，朗力在一年时间里就复制了 11 家社区养老中心，在 2017 年更是达到了 36 家。就这样一步一步，在创始人朱庆海的带领下，朗力经过近 4 年的发展，已形成以社区养老为核心，居家养老、机构养老、养老产业信息咨询策划、度假养老、社工服务相结合的综合性社会服务企业，下属成都朗力养老服务中心、成都朗力社工中心、成都朗力养老服务信息咨询有限责任公司，三家核心社会服务企业，员工 196 人。其中，社区连锁养老服务中心 23 个，四川省养老示范项目 3 个。分布于成都、都江堰、温江、龙泉、邛崃等地，服务老人辐射 15 万人。朗力团队还全程参与了成都市民政局、成都市老龄工作办公室制定的三大地方性行业标准。与当地政府联合发起成立、运营管理了街道级社区治理发展中心平台 2 个，并与成都慈善总会发起成立成都首批"社区慈善基金"，开展了慈善进社区多次大型募款活动，发展培训了义工 1560 名。

三、迈：宜居改造

经过几年发展，朗力的主营业务正可谓蒸蒸日上，社区养老服务已覆盖成都市主城区。朗力的核心团队却已经在仔细分析着发展的瓶颈和隐忧。朗力的主营业务是对普通老人进行服务护理，但受限于地域带来的语言、文化和生活习惯差异，这项业务只是在成都当地不断扩张，却很难走出四川、走向全国。而这项业务在成都开展的时候，也面临着基础设施不足、有效需求较少、竞争对手众多、高风险等挑战。此外，朱庆海又发现了新问题：养老配套设施完善的新城区，居住的多半是年轻人；老年人居多的老城区，却缺乏建设社区养老院的场地。同时，考虑到一家养老服务中心至多有十几到几十张床位，承接力有限，团队也经常提供上门服务。在这个过程中，朱庆海注意到，更多老人倾向于家庭养老，"事实上也符合国家政策'9073'的养老服务体系建设要求"。在总结一次次的上门服务情况中，朱庆海愈加察觉到老人对家庭服务的需求。转型的萌芽悄悄生长。尽管公司发展得到了多方肯定，但公司发展需要打破传统养老业务，商业模式也需要更加清晰。朱庆海和创始人们反复思考着这样的问题：什么才是老人的刚性需求？机构应该探索出怎样的创新服务，既能广泛而有效地满足这种需求，又能形成自己的独特竞争力，从而获得合理收益并维持发展？

善于观察和思考的朱庆海，在一次与行走不便的老人交流中，碰撞出了思想的火花。

2015年，朱庆海发现70多岁的陈爷爷无儿无女，偏瘫以后，平时下床走动、洗澡、上厕所都要靠老伴搀扶。虽有社工提供上门送餐、康复等服务，但随着年纪越来越大，在室内日常活动都愈发不便。看着老伴日复一日地照顾自己，陈爷爷很不忍心。朗力养老服务中心决定为陈爷爷的家进行改造。首先在陈爷爷肢体相对灵活一侧的床边安装了助力架，顺着助力架，沿墙安装了一圈扶手，一直通到客厅、阳台，再通到卫生间。扶着助力架，陈爷爷站了起来，并且可以顺着扶手缓慢踱步。站在窗前，陈爷爷难掩复杂的心情，眼泪"唰"地一下流了下来，十几年来，这是他第一次不靠老伴的搀扶走到了阳台边。

这个小小的案例对朱庆海产生了启发——如果能对老人的居住环境进行简单的适老化改造，那就可以帮老人解决很多基本问题，让老人在舒适的环境中活得更独立和有尊严。"老大爷第一次把着扶手慢慢走去厕所，再走回阳台的时候，眼泪一下就流出来了。"每当回忆起当时的场景，朱庆海都很感慨。而在此之前，朱庆海通过养老服务中心和社工中心，在养老服务领域有5年探索，不同于刚刚踏入养老行业，积累了大量的一手经验。受到陈爷爷改装案例的影响，朱庆海尝试为更多的老人上门提供适老化改造。让他惊喜的是，反响很好。由于改装一般只是对细节进行更为人性化的改造，所以价格往往不高，大部分老人都可以承受。而对朗力来说，这种方式可以一定程度上缓解以往社区养老和社工上门服务中人力短缺和人力培养成本高的问题。

通过不断的实践，朱庆海意识到这一需求及其所包含的巨大机遇：首先，居家养老仍然是中国老人的主要养老方式。养老行业有"9073、9064"的提法，即90%的老人选择居家养老，剩下的10%才是社区养老和机构养老。相较于社区养老、机构养老近年来的蓬勃发展，居家养老有着更广阔的需求，而已有的服务产业远远不能满足老人以及家庭的现实需求。其次，养老供给和需求不相匹配。这种不匹配不仅体现在总量的巨大差异，也体现在结构上——支付能力有限的普通人群构成了养老服务需求的主体，但市场上处于中低价位的养老服务却严重不足。再次，既有的养老服务高度依赖于人力。人力成本是养老服务的主要支出之一，人员的培训和管理给既有养老服务业务的品控、风控乃至扩张都带来了不小的挑战。而适老化改造业务正是瞄准了居家养老领域的广阔需求，通过非人力密集型的、集约化业务运作，将服务以合理的价格提供给目标客户——单独支付能力有限，但需求总量庞大的普通老人。在经过对行业现状、前景进行考察研究后,朗力开始进行大胆转变,将精力集中至"适老化改造"领域。

于是从 2015 年底,朱庆海将业务重心转向适老化改造,为此还研发了国内首个适老化线上评估系统。通过入户到家里,对老人身体状况、居住环境等进行评估,并有针对性地对家庭照明、防滑、设施设备等进行改造,提高老人生活的安全性和舒适性。2016 年,中央财经频道对朗力养老进行了采访,并推出专题节目《不一样的养老生意》。在这一契机下,一年多的时间里,朗力养老迅速复制到 7 个城市,并在之后短短两年内,复制到 18 个城市。在经过大量的实践与研发后,朗力养老推出了适老化改造这一全新的服务板块,针对家庭、机构、社区提出适合老人居住的改造方案,增强老人生活的安全感与舒适感。

在一次次上门改造中,朗力形成了较为系统的改造流程。前期评估老人的身体情况和居住环境,并与老人进行商讨,后期进行实地改造和辅具的配备。朱庆海带领团队将每一次的评估结果记录下来,并逐渐积累出一个线上的评估系统。通过这一评估系统,可以为老人提供更全面和精确的评估报告。2017 年,这一评估系统申请了国家专利。在做适老化改造之前,朱庆海一直苦于社区养老模式难以向外复制。而适老化改造业务可以把线上的评估系统开放给城市合伙人,通过商业加盟制的方法快速扩大服务范围。就这样,朗力养老将多年一线养老服务经验转化到适老宜居业务板块中,形成了"入户智能评估"到"施工改造"到"大数据分析"再到"适老化服务"的闭环模式,朗力养老从服务型公司逐渐向产业型公司进行转变,完成了朗力养老的战略转型。

现在朗力养老的适老化改造正如新闻报道一般。"科学+精准"评估:自主研发适老化评估系统,通过对老人基本信息、身体状态、生活能力、居家环境和心理状况等多维度的评估,精准捕获老年人居家养老需求,为开展适老化服务打好基础。目前,经朗力专业评估及改造的老年人家庭超过 3 万家。"数字+数治"管理:适老化服务信息平台实时跟踪改造服务各环节,对评估方案、改造内容、改造时间、改造效果等进行留痕,实现评估、服务、监管、评价全流程闭环管理。"线上+线下"推进:线上平台坚持新技术的开发和应用,实现养老服务精准对接;线下平台通过适老化改造服务,扎根社区、沉淀团队、打磨人才、收集数据,为更好开展适老化改造服务打下坚实基础。此外,通过宣传及打造样板,提高老年人对适老化改造的认识,切实提升老年人居家养老的安全感、幸福感和获得感。

四、攀:适老产品

2020 年,接受采访的朱庆海表示:"从做提供养老服务到做适老化改造,如今的朗力仍在转型发展的路上。"9 年间,朗力养老褪去了创立初期的青涩,在养老行业发展中逐渐找到了一条清晰的路子。秉承着"弘孝明德,尊老予乐"的机构使命,在致力于让更多的老人享受到更专业的养老服务同时,更能通过自身对于养老产业不断地摸索与创新,结合国内外先进养老理念,走出一条创新化、差异化、多元化的养老之路,从而促进养老产业的发展,用商业化的模式解决社会问题,缓解急迫的养老压力。逐渐形成了以社区养老为核心,居家养老、机构养老、养老产业信息咨询策划、老年异国度假、社工服务为一体的养老企业,下属成都朗力服务、成都朗力社工、成都朗力养老服务信息咨询有限责任公司。其中,社区养老:作为机构核心业务板块,结合"9073"的养老格局与相关政策,采用多种方式在社区中建立微型社区养老机构,提供全托、日托、临托等托老服务,让老人在熟悉的区域享受到专业化的服务。居家养老:依托于机构完善的社区养老站点布局,通过以点带面的形式向站点周边辐射,为老人提供康复理疗、送餐、助洁助浴、陪同就医等居家上门养老服务。机构养老:为丰富养老模式,结合多年社区养老经验,在成都范围内开设 100 张床位以上的大中型养老机构,从而满足更多老人的养老需求。养老产业信息咨询策划:通过多年一线养老服务经验及在运营过程中的不断探索,总结出了一套较为成熟的养老机构运营管理方案及盈利模式,向所有有意向进入或已经进入养老产业的企业、团体、投资商提供包括前期市场调研、机构定位、装修设计、盈利模式与预测的咨询策划服务,同时也开展多种形式的养老机构托管业务。老年异国度假:为了满足更多老人的不同需求,本着"老有所养,老有所乐"的精神,同时针对老年人独特的心理与生理特点,联合欧洲具有度假价值的十个国家,整合具有相关资质的企业或机构,从而开展品质较高的老年深度度假的新型旅游模式,提供 180 天以内的异国度假养老服务,真正能深入感受到异国风土人情的精髓之处。社工:朗力社工是通过具备资质的社会工作者来从事专业性的社会服务工作,开展针对不同弱势群体的各项活动,完善社区服务,提高社会福利水平,提升公民的社会属性意识,成立至今,已多次联合相关单位成功实施项目、活动,在社会中引起极大反响,切实为所需人群解决实际问题,并且荣获 2013 年省级社工组织。

2018 年 4 月,亿方基金会正式完成对朗力的千万级天使轮投资,并约定将税前利润的 20% 用于公益事业,资本的进入无疑会加速朗力的发展。而早在进入养老行业初期,朱庆海就走访了多个国家,了解各国养老产业发展情况及不同国家老人的养老观念。他认为海外国家的家庭更注重对安全隐患的预防,而中国大多数家庭没有意识到预防的重要性。在世界范围内,跌倒是老年人伤残和死亡的重要原因之一,因为平衡功能下降、骨质疏松,老年人发生率很高,且通常后果严重。在朱庆海心中,"预防伤害于未然"可以有效延长老人生命健康周期,鉴于此,他瞄准了新型防摔、防撞击材料。2019年,北京朗力适老科学研究院、欧洲适老产品研发中心成立,朗力智能髋部保护器进入研发阶段,朗力养老也由此进入转型发展的时代,进入养老产品领域。但由于受到国内外新冠肺炎疫情的影响,原定于 2021 年 4 月上市的智能髋部保护器暂时搁浅。谈到中外老人的养老观念,朱庆海表示:"要改变国人根深蒂固的养老观念并不容易,不过我们能把养老产业往前推一小步,也算是这么多年在养老行业中没有白干。"现在市面上已有不少老年人防摔护具,但朱庆海没有太大的压力,他认为朗力品牌意味着品质与专业,希望朗力与谐音 LongLive 一样,能和全天下的老人们一起健康长寿。

通过 6 年的一线实践,朗力找到了适老化改造作为突破口,2 年试错细分市场找到了可持续清晰的商业模式,形成以"评估＋产品＋服务"的闭环,以标准化产品和服务体系的软硬件相结合为核心竞争力,作为适老宜居智慧解决方案运营商,面向全国复制推广。对于未来的发展,依托产业人才,朗力也进行了十分清楚的描绘,即形成"To G＋To B＋To C"的商业闭环。其中 G 端,政府已于 2017 年出台为特殊人群购买适老化政策,预计红利期将从 2018 年到 2022 年。目前,朗力共服务了 3 万＋用户,拥有 5 项发明专利和线上评估系统,参与了成都和北京的行业标准制定以及正在参与中国适老化评价标准制定。B 端,大量的房地产企业、上市公司、民营企业转型养老企业公寓和机构,已经或正在布局中,针对这类客户,朗力研发了国内首家适老化装配,传统的方式是当项目土建完成后会请专业公司设计、基础装修、家具、设备、软装管理系统等分别进行采购,平均 6～12 个月完成;而朗力的适老化装配完成上述环节只需 1～3 个月,并且成本节约 30％以上。C 端,目前市场正在培育和发展阶段,朗力通过大量调研,从刚需中的刚需、痛点中的痛点即防摔倒方面单点切入,研发出可以组装、模块化的爆款产品,整个研发过程由顶尖的工业化设计红点奖获得者团队、服务设计团队、老龄化研究专家、老年设计师、153 名一线护理人员等共同参与创作和设计,设计出包括老人专用放大镜指甲剪、手持可调光放大镜、智能人体感应小夜灯、防滑拖鞋等实用和多样的适老化产品,以及耗时一年打造的黑科技产品——护髋宝,真正以老人为中心以快消品的方式进行销售,单点突破后将进行系列的延伸。

尾 声

第七次全国人口普查数据显示,我国 60 岁及以上人口有 2.6 亿人,占总人口的 18.70％。随着社会老龄化加剧、421 家庭结构等问题,规模庞大的老年人口,养老服务需求持续增长,对养老服务能力和质量提出更高要求。一方面,90％的老年人选择居家养老,由于生活习惯的不同和工作地域等问题,空巢率越来越高,预计到 2030 年将达到 90％,而跌倒是 60 岁以上老人致死的第一原因,其中大部分是在家中发生的,跌倒后将减少 5～10 年的健康期望寿命,人均家庭经济负担 3.8 万。另一方面,目前养老行业还在发展初期,不管是机构养老、社区养老还是家庭养老,都尚在摸索,还未出现真正有代表性的品牌龙头企业,头部资本也还未进入。

发源于成都的朗力(LongLive)是中国首家适老化改造系统集成解决方案运营商。10 年前,朗力成立了微型养老院,以社区养老进入,目前已有 36 家连锁,其间参与制定了三项行业标准;2016 年,通过 3 万多用户的真实需求反馈和对行业洞察,开始重点关注研究适老化改造这个垂直细分领域;2017 年,以社会企业方式尝试实践;2018 年,获得了千万级天使轮投资。朗力获得了多项荣誉,包括全国首家经过 BCorp 认证的养老企业,全国十大金牌社企,2 次央视的专题报道等 1300 多次媒体报道,写入包括哈佛在内的 MBA 案例等。在第 73 届联合国大会上,朗力被作为中国社企案例进行讨论。虽然商业和公益的关系存在模糊地带,社会企业概念也存在争论,但朱庆海觉得这不影响朗力的发展。他已渐渐习惯朗力的"社会企业"的标签,他参加公益圈大大小小的会,也学习各方对"社会企业"这一模糊概念的解读。"我们来做,他们来讨论,大家角度不一样。在纠结标签之前,首先要考虑我们在做什么、如何生存。朗力现在还小,如果以后做得好,那就拉到台上解析一下,我们乐于去做这样一个案例。"在社会价值层面,朗力解决的是关乎民生的养老问题;在社会创新层面,在解决社会问题时,它没有依赖捐赠、救助等传统公益方式,而是通过创新商业模式和市场化运作实现了自我造血。因此,朗力被认为是社会企业中的一个典型案例。

因为用创新性的产品和服务应对老龄化这一社会问题,朗力成为成都市人民政府首批评审认定的社会企业,也是国内养老行业首批通过 B-Corp 认证的共益企业。养老属于公共服务领域,有一定的公益属性,很容易被人联想到"做慈善"。2012 年底,朱庆海参加政府组织的一次养老企业研讨会。市领导一进门,开场白是"我首先要感谢大家,'家有一老,如有一宝',你们做的是积德行善的事情。"在公益界,大家都在努力厘清一些概念。实践层面,有些子女在政府服务中碰了壁,就来找朱庆海,让朗力接收。有关孤寡老人或者被遗弃老人的新闻时不时成为热点,一些媒体也找到朱庆海希望他出面帮忙。"一次两次还可以,但这不是解决问题的办法。"在他看来,商业与公益在现实中并存,仍然面临大众认知的问题。朱庆海接触过一些做"纯公益"的人,因为机构无法对个人发展提供足够支持,久而久之开始怀疑自己的职业价值。身边有的朋友本来做商业,后来又掺杂了公益,结果两头不讨好。公益界对社会企业的讨论很热烈,朱庆海也迎接了一拨又一拨来朗力考察的人。但朱庆海没有一头扎进公益圈到处宣讲朗力的成功之道,他并不想身上有太多公益标签,仍然把重点放在企业内部的经营管理上。"不管是插社会企业的旗还是公益组织的旗,把服务做好了人自然会来,有些问题也自然会解决。"最开始跑业务时,朱庆海和别人介绍自己是做养老的,对方往往会跟一句,"是养老保险吗?"朱庆海尽量简单解释,"是养老院。"对方才勉强明白。朱庆海承认,像养老这样的产业,因为发展太慢,前期肯定需要政府支持,但作为企业,后期必须有可持续发展的能力,社会企业虽然冠以"社会"二字,但也一样。社会企业常被诟病的一点就是缺乏独立性,很多社会企业依靠政府补贴、兜底。朱庆海认为,造成这种情况的原因无外乎两点:一是头脑发热,没有计划性;二是偏于教科书式模式,对现实接触太少。养老问题是全民问题,"靠政府给,等社会帮"不是解决办法。朱庆海坚持,朗力要"背靠政府,面向市场。"最终落脚点仍在市场,并直指资本市场。朱庆海觉得,这可能也是大家对朗力最大的期待所在。国内尚没有一家以养老产业为核心业务的上市公司,如果可以在资本市场经受住考验,其意义可见一斑。亿方基金会正是看中了朗力在具有社会价值的同时,兼具的资本价值。亿方公益基金会由百度联合创始人徐勇出资注册,重点资助公益研究和社会企业两大领域。虽然成立于 2013 年,但亿方基金会对投资的态度相对谨慎,在此之前只投资了一家社会企业——专注二手衣服市场的同心互惠。在了解朗力的发展模式之后,亿方基金会对朗力展现了很大的兴趣。2018 年 4 月,亿方基金会正式完成对朗力的千万级天使轮投资,并约定将税前利润的 20% 用于公益事业。

未来,将"成为中国养老行业十大品牌之一、到 2030 年成为服务中国家庭最多的养老运营商、成为中国养老生活方式的引领者"作为企业愿景的朗力,是否能够实现远大图景?朗力的"评估＋产品＋服务"的闭环对其他社会企业是否具有借鉴意义? 是否可复制?

参考文献

[1] 尹晖. 社会企业赋能低收入群体研究[D]. 南昌:江西财经大学,2020.

[2] 王兆鑫,叶彤汝,王亚君. 社区养老服务多元供给主体的路径及整合研究[J]. 西部经济管理论坛,2019,30(5):43-52＋79.

[3] 李丹. 中国社会企业多元制度逻辑的管理模式与机制研究[D]. 成都:电子科技大学,2019.

[4] 吴非. 成都市朗力养老服务中心社区居家特色养老模式案例研究[D]. 成都:电子科技大学,2017.

[5] 吕俊超. 公私合作视角下中国城镇养老服务体系优化研究[D]. 成都:西南财经大学,2016.

[6] 朱思韵. 成都市非营利组织参与社区养老的研究[D]. 成都:西南交通大学,2014.

[7] 沈童睿. 办好养老托育 服务"一老一小"[N]. 人民日报,2021-08-16(007).

附录

附录 1　共益企业

共益企业(B Corp)是经由美国非营利性组织 B Lab(公益企业实验室)认证的、通过共益影响力测评(B Impact Assessment)的评估认证体系,在社会与环境绩效、透明度以及责任感方面达到高标准的营利性企业。申请认证的企业必须符合社会与环境表现、企业责任与透明化的严苛标准。

附录 2　朗力语录

1. 孝为天下先。

2. 弘孝明德,尊老予乐。

3. 只为天下老人活得更有尊严。

4.视世间父母为父母,替天下儿女尽孝道。

5.提升老人生活品质,减轻儿女照护压力。

6.对孩子的爱无处不在,对老人的爱千里之外。

7.想过放弃吗? 念头可能闪现过,但是没有过。

8.一千个老年人家庭,就需要一千个适老化改造方案。

9.老有所养,老有所享,老有所用,老有所为,老有所乐。

10.七年磨炼遇佳朋,携手亿方踏征程。事犹未尽金戈马,扶摇九天报诸雄。

11.让躺着的老人能坐起来,坐着的老人能站起来,站着的老人能走起来,走着的老人能跑起来。

12.做一个有温度的企业,给老人以尊重、给合作伙伴以信赖,向世界传递温暖。

13.在用商业模式解决社会问题,在追求经济效益的同时,为社会带来积极的影响,积极主动承担社会责任,让商业成为一种向善的力量。

14.真者,精诚之至也,不精不诚,不能动人。朗力秉持赤诚之心,对老年人、对合作伙伴真诚以待。

附录3　朗力荣誉

2020—参与中国适老环境评价标准制定

2020—获得养老(适老化)服务标准 AAAAA 认证

2019—全球总裁创新峰会"年度最具投资价值创新社会企业"

2019—中国第 13 家 B-Corp 认证

2018—成都市首批社会企业评审认定

2018—中国慈展会社会企业认证"十大金牌社企"

2018—改革开放 40 年 · 2018 四川品质养老服务榜样企业

2017—四川省政府重点扶持龙头型企业

2017—首届中国社会企业网络人气奖

2016—中央电视台 CCTV2 专题报道

2016—全国社创之星金奖

2015—获得全国社会养老服务示范工作单位荣誉

2014—成都市社会福利行业协会副会长单位

2014—汇丰英国社会创新之旅奖

2013—年度育公益创投奖

2013—全国社会企业家技能项目

2012—参与制定成都市社区养老和居家养老行业标准

案例5 米公益：让天下没有难做的公益①

引 言

近年，一大批针对移动互联网平台、极具创新性的轻型公益组织涌现，这些倡导普通人从身边小事做起的"微公益"组织，正在以充满创意的方式凝聚普通个体的公益力量，传递小而不"微"的公益力量。而"米公益"就是这样一家结合了科技和创意、针对移动互联网人群的新型公益平台。

米公益平台由APP应用和Web网页互联组成，以"众筹碎片化时间"为核心理念，让用户在简单有趣的应用中，把碎片化的时间与健康行为结合，既有利于用户身心健康，又降低个人公益成本帮助他人；对公益组织而言，相比于运作传统的公益项目"难筹资、难宣传、难透明"的三难情况，米公益借助创新公益模式吸引捐赠资源流入公益行业，帮助一般公益组织筹措项目资金；同时，凭借自身移动产品的公众性和社交媒体对公益项目进行展示和反馈，联合推广，帮助公益组织宣传并及时反馈公益实践活动，全方位提升公益组织的运作效率。那么这样一个公益平台是怎么发展起来的呢？又是如何蜕变成社会企业的？

一、缘起中大

在大多数人的眼里，做公益是件门槛很高的事情，不仅要有足够多的金钱和时间，还要有较高的思想觉悟。如果有人告诉你动动手指，不花一分钱就能做公益，不仅利人而且利己，你是不是会产生做公益的冲动呢？有这样的一群90后大学生，创办了一种

---

① 本案例由彭伟、袁文文根据公开资料整理，版权归原作者所有，并对原作者的贡献表示感谢。案例仅供讨论，并无意暗示或说明某种管理行为是否有效。

全新的公益平台，让天下没有难做的公益成为可能，它就是米公益。

米公益创始人：王子，保研清华研究生；莫子皓，保研北大研究生。他们都是地道的东山少爷。谈起合伙创办米公益，他们总要提起大学时期的志愿经历。王子和莫子皓都是中山大学管理学院的学生。其中，王子是中山大学管理学院和创业学院双学士，也是"2012年中山大学年度人物"，在上大学期间，他和同学就经常参加一些志愿活动，想做一些对社会有意义的事情。莫子皓本科期间拿了近10项奖学金，曾赴美国迈阿密大学做交换生。在从事公益创业前，莫子皓在银行、投行实习过，每月实习生工资高达8千块。

一次王子跟随广州志愿服务队到敬老院送温暖，他们陪老人们说笑聊天，喂老人吃水果点心，老人都非常开心。其间，一个老爷爷调侃地说，"像你们这样经常来的人不多，很多人献爱心是带着任务来的，心里不是心甘情愿的。有些人送来用的东西，送完就走了，也不管你会用不会用，也不管坏了咋办，连个回访也没有。"老爷爷有些不顺耳的话给了王子的心灵很大的触动。反思社会上，确实很多献爱心送温暖都流于形式，使好事变成让人尴尬的事。可如何才能让大家心甘情愿做公益，又乐在其中呢？

2012年底，即将大学毕业的王子把这个想法告诉了同学莫子皓，而同样在大学时期做过志愿服务的莫子皓有类似感受。他们得出结论，如果不能经常探访的话，反而对受助方是一种伤害。他们发现在大学生这群在公益圈最活跃的人群中，仍然存在各种不足。以前的公益行业是一个链式的运行模式，企业或个人将钱捐赠至基金会，基金会拨给公益组织。公益组织从事环节过多，精力分散且捐款去向不透明，导致既拿不到钱也做不好事。整个流程和公众没什么关系，这才有了各种滋生腐败和不信任的可能。同时，公益行业的核心痛点在于没有好的公益产品来支持和赋能。比如，中国大多数公益机构是草根公益机构，作为机构，他们没有很好的能力和工具服务捐赠人；对于企业来说，因为有企业社会责任和品牌宣传、税务以及员工参与等一系列需求，企业有非常强烈的参与公益的意愿，但无奈没有很多很好的公益机构可以提供满意的、一站式的服务；而对于普通民众来说，大家没有一个低成本的方式可以表达自己的爱心，现有的方式，无论是捐钱还是身体力行地到实地参与帮扶，都有资金和时间上的制约，而且体验感也参差不齐。

有没有一种更便捷有效的方式？经过激烈讨论，他们想到了移动互联网。有过手机游戏经验的王子想到了设计一款手机APP，用虚拟大米搭建起传递爱心的桥梁。这个创意让莫子皓很兴奋："毕业前，我们就来做一回'米农'吧！"秉承"做人人都能参与的公益"的初心，莫子皓和王子合伙创办了米公益，自称"中大合伙人"。他俩将10万元奖学金作为启动资金，吸纳身边七八位专业各异、年龄不等但志同道合的同学作为团队骨干成员。他们想要做一个连接"米农"、公益组织、捐赠企业三方的平台，"米农"们通过手机任务锻炼了身体，找回了亲情，获得了知识，公益组织得到了资助，而捐赠企业获得公益宣传，每一方都能获益。手机软件则把人们投身公益的热情变成一颗颗"米粒"，输送给赞助方换来物资，送到接收方手里。

为了将公益与日常生活结合，降低做公益的门槛，让公益从小众变为大众，吸引大众的参与，在开发之前，莫子皓和王子在周围的同学中做调研，很多男生反馈说按时给妈妈打电话是件很小的事情，但经常忘记。于是，后期开发的模块里有了"米妈妈"，定时提醒用户和亲人通话，让大家放下忙碌的工作，拿起电话，拨出那熟悉而又陌生的号码。事实证明，这个模块非常受欢迎。2013年父亲节，米公益团队联合广州越秀区东山福利院推出"父爱手牵手，关怀心连心"的水果捐赠公益项目，用户只需要从父亲节起一周内完成"米妈妈"子应用下"给爸爸打电话"的任务，他们就会向老人家们捐出一盘健康有益的水果，活动全程在网页呈现。结果，父亲节那周上千人完成了给爸爸打电话的任务；也有同学希望每天上"米公益"能学到一点有趣的知识。莫子皓和王子觉得这条意见也不错，于是在模块里加入了"米知"的任务，每天向用户推送一条趣味冷知识，在学到知识的同时，帮助别人。短短10多天的时间，他们就收集到了30多条公益应用任务，很多都很有趣，比如把"每天陪女朋友半个小时"设定为一个任务。用户到达指定的约会地点后用手机进行虚拟"签到"，每隔5分钟检测一次，直至足够半个小时了，就可以给他"米"了。经过反复的讨论筛选，"米知""米妈妈""米有氧""米伸展""米扭扭"五个最典型的模块作为首批上线任务，后面三个应用模块都是提醒大家起来做运动的。"米有氧"利用GPS定位记录运动距离等运动数据，鼓励大家每天进行有氧运动，在保持健康的同时，奉献爱心。"米伸展"，利用传感器进行检测，如果发现用户长时间伏案工作，会发出提醒，让用户伸展手臂进行肩部放松，只要跟随做完一套伸展操，就可赢取10粒"大米"。颈椎病是十分常见的现代病，"米扭扭"将定时提醒用户扭动脖子放松颈椎，并应用人脸识别对用户进行检测，在呵护颈椎的同时，帮助别人。

在向人们从细微处传递了健康生活理念的同时，也轻松地点燃了普通人的公益梦想。

二、披荆斩棘

选择这条创业之路，对于学业繁重的王子和莫子皓来说，自是有各种艰难。而且与其他公益机构相似，他们也缺人才、缺资金。但更大的阻碍是观念上的，很多人觉得公益不应和商业结合，甚至觉得是"打着公益的旗号赚钱"。但实际上，公益应该要能够造血才是良性的，所以米公益的定位也比较清楚，就是帮助公益组织的组织。但是，很多东西还需要学习和探索，自然要付出比别人更多的努力。

起初，周围的同学对他们的做法嗤之以鼻，认为这是不可能的事。果然，事情确实不是他们想象的那么简单。莫子皓与王子探索了一种新的公益模式：为了解公益的需求，他们做了大量前期调查，走访了多家民间公益组织（NGO），了解对方切实需求。例如儿童临终关怀机构受赠的很多玩具，电池很快就没电，他们就去找生产电池的企业谈捐赠意向，通过手机 APP 介绍该公益机构项目，挂上厂商名字，由用户进行点击或游戏体验，获得虚拟"大米"，累积兑换成物资，由志愿者定期送往公益机构。相比于大型NGO，很多小型 NGO 更需要扶持。目前与米公益合作的十几家公益机构，来自全国各地，这些机构中不少是小规模专门服务于某个领域人群的机构，如湖南长沙的蝴蝶之家儿童关怀中心，又如关爱自闭症儿童的以琳青岛自闭症研究会等。莫子皓和王子走访发现，这类低调的草根 NGO 更需要传播。虽然整天累得精疲力竭，但他们累并快乐着。他们了解了更多需要捐助者的切实需求，如有的公益组织需要玩具，有的需要衣物，有的需要一些知识的培训，有的需要工作岗位，等等，这对他们设计对口捐助、提高公益的效率奠定了基础。

米公益的平台搭好后，接下来要找到捐赠企业。王子缺少和企业打交道的经验，于是在微博上艾特了数家企业的领导，只有少数几家回复他，大多企业都不肯和这个初出茅庐的年轻人去冒险。功夫不负有心人，终于有北京的几家公司和他们达成了合作，令王子欣喜若狂。企业捐赠了物品，王子可以根据企业的特征为其找到不同的公益渠道，并在米公益的所有平台上给予宣传，比企业纯拿出钱来做广告更能让人接受，效果反而好得多。为了宣传米公益，他们建了官网、微博、微信，他们从微博上传了公益项目视频进行宣传，并给一些大 V 们发私信请求给予推广，却遭到网友投诉，原因是散布不实信息，有打公益的名行骗的嫌疑，结果账号被封杀多次。在微信上宣传，网友还在质疑，他们的物资是否真的捐出去了，会不会被他们变卖私吞？

推广是米公益的首要难题。当时各大市场在"公益应用"这一块完全是空白，自然增长和曝光都有很大难度。如果要广告位，又需要一大笔资金，但是米公益拿不出这笔钱。即使米公益被广州各大报纸大版报道，但这些大篇幅的报道并没有带来多少实际流量，"几乎为零"。由于人们对米公益的认知不足，加上那个年代诚信缺失，他们的一腔热情遭到了质疑。做好事怎么就这么难呢？这个问题经常困扰着王子。尽管如此，现实中的艰难却挡不住公益带给他们的满足感，正如王子所说："快乐有两种：自己快乐，让别人快乐。从米公益里，这两种快乐我都能感受到。"

由于出自"学生"之手，米公益从诞生伊始，身上便具备了特别的基因：米公益带有一抹理想主义色彩。"学生身上普遍具有理想主义情结，我们愿意以一腔热血去付出，去奉献。"这点在王子身上尤为明显，他的理想并非做一个上班族，所以他选择了在公益领域进行创业，而且他对认定的事总能做到坚持不懈。"米公益"的团队里也有人因为不同的原因离开，"人员流动还是比较大的。"王子坦言："'米公益'上线以来，已经发生过很多变化。未来难以预测，但我们一定会尽力。"现实的艰难抵挡不了公益创业之旅带给两人的满足感。莫子皓说："真真切切帮助到别人让我最满足。"经过他们的努力，慢慢地，与他们合作的公益组织和企业越来越多，其中包括当当网、京东商城等。如今，米公益已经成功策划了多次线上公益活动，10 万"米农"在不同的公益项目中献出爱心，有为盲童录制有声读物公益项目募捐，有为自闭症儿童送玩具，为西藏学生捐赠毛衣,等等。而更多的网友不仅线上"买米送米",还热心线下公益活动。他们在不断地传播着正能量,这令他们非常自豪和开心,真实感受到:做公益真的没那么难。尤其令他们感到欣慰的是,很多网友正是通过"米公益",开始关注公益互联网这个领域,不仅在线上积极"买米卖米",还热心地加入线下活动。无论是父亲节去探访孤寡老人,远赴青岛去执行关怀自闭症儿童的活动,还是在广州救助流浪猫狗,每一次活动都少不了"米农"忙碌的身影。一次救助流浪猫狗的活动中,就有从其他城市专程前来的一家三口,还有带着孙女隔着大半个城市一大早就赶来的老奶奶,他们彼此间透露的快乐和爱,让王子和莫子皓自豪极了:"其实公益真的没那么难!"

2013年12月,米公益获评为中国温度榜年度团队,与腾讯公益基金及南都公益基金并列,而当时米公益的用户量已达3万。对于初创团队而言,这是相当喜人的成绩,但随之而来的,是公益组织无法自我造血引发的资金压力。由于前期开发及推广的高消耗,团队的项目资金所剩无几。在这一阶段,米公益曾在追梦网发起众筹15万元,历时两个月仅成功筹款950元。他们本想把这笔众筹资金用于后续产品开发和理念推广,然而残酷的现实说明资金的瓶颈并不能靠理想打破。而体系搭建的日趋完善又使米公益加速进入"烧钱"阶段。尽管米公益曾努力争取到了政府的专项性拨款,但仍不能从根本上解决资金缺口的问题。此外,米公益还开始面临团队人员流动过快、合作渠道拓展缓慢、长期计划难以决策等一系列运营问题,米公益的转型发展成了必然之势。尽管面临诸多类似"打着公益的旗号赚钱"的质疑,创始人依然坚信"公益应该要能够造血才是良性的",开始正式准备引进商业融资。从这个时候起,米公益也开始在公众平台上更新项目的开展和完成情况,每周都在为相关公益组织或知名公益项目招募志愿者,既提供了实践机会,也让用户能够亲身参与到米公益的闭环体系中,起到监督作用。

为了更好实现米公益的推广,他们推出了米友团。米友团的用户将受邀加入产品交流群,与米农们一道设计、测试新产品;获得公益项目初审评审投票权;APP内"米友团"专属标识,以及更多待开发的特权;参与线下粉丝活动。米友团的明星成员还会获得米公益的特别报道,让用户们相互认识,成为社区。米友团通过讨论帮助解决运营中出现的问题,也为米公益带来了更多的用户。与此同时,米公益还激发了明星粉丝团的公益应援潮。通过给予应援团成员一个特殊的注册码,可以识别出线上捐赠物品、资金或"大米"的粉丝,米公益会统计出在一定时间内捐米最多的粉丝,由粉丝团给予相应的奖励(如明星周边、签名等),这些有特殊注册码的粉丝团的全部捐赠,都将记在所应援的明星名下,成为应援活动的成果。粉丝团应援活动为米公益带来了不计其数的新用户,为米公益的用户增长带来了无限的潜力,成为米公益宣传推广的重要一环。

随着米公益关注的人越来越多,米公益的目标用户概念发生了扩大,"捐赠企业"不只是传统意义上的商业企业,更多地扩展到了拥有一定实力的慈善基金会和志愿者协会,用"以大帮小"的方式完成公益链条。与此同时,受到捐赠的公益组织更多地向"小"和"亲切"倾斜,大学生志愿团体、班级团支部,甚至是社区里的一帮老伙计,都可以在米公益的平台上找到自己的位置。这不仅是产品范围的扩展,更是米公益"人人公益"理念的强化。在这个链条中,米公益是个资源整合的公益平台,不经手金钱,但促使资源流向真正需要它的地方。在公益信息发布的源头,米公益会和用户一起,对所有的公益组织进行审查,对资质健全并且有信誉度的组织更多地进行对接,而对于新兴公益组织,则会有更多审查,保证公益组织的有效性。公益组织的信誉度决定其项目推送时的屏幕顺序,高信誉度项目更容易被用户看见。用户作为选择方,通过手机平台查看公益项目的内容、参与人数、捐献额度、进程等内容。筹米完成后,APP 会定期邀请用户参与线下实际执行中,和公益组织一同完成项目。在整个链条中,米公益扮演的角色大都为公益项目筛选、基金款项的发放、管理与监督等。2015 年 6 月,米公益的公益闭环更加完整了,被捐赠项目的执行情况开始在官网的"公益资讯"专栏推出,"已完成""新进展"的标签让用户可以在最短的时间看到相关公益项目的反馈。米公益以重庆作为推广试点,联合重庆市委宣传部,由重庆公益组织联盟牵头,策划了一次大型公益市集活动,将游戏式的公益体验与公益成果展示、项目对接相结合。市民在市集上了解、体验并参与到重庆当地近 20 家公益组织的公益项目中——某公益中心的"居家助残"项目,志愿者会为大家捆绑手脚,再让自己走到"阳台",完成取衣服、衣架,拿撑衣杆晾衣服等一系列动作。活动持续的两天里,吸引了 100 多万重庆市民参与实地体验,约 10 万市民成为米公益的新用户。

三、"遇见不止更好的自己"

打开米公益的官网,首行显示着一句话:不止更好的自己,让美好的事情发生。米公益提倡让用户做公益的时候不仅仅是付出,而且同时可以养成早起、运动、多联系家人朋友的好习惯。"助人者自助",用户在帮助需要的人遇见美好的同时,也在帮助自己遇见更好的自己。世界的改变,从来不在于少数人做了很多,而在于每个人都做了一点点。米公益实现了 0 到 1 的创造,一直坚信能和更多人一起,"成为不止更好的自己"。当前公益事业中恶性事件的增多,导致公众对公益事业极大的不信任,米公益的建立,的确是把公益事业带入良性循环的有效尝试。而公益行业的运作方式也处于转型期,正从传统方式慢慢转向为依托于互联网的运作方式。在这样的时期,米公益有很多机会。

米公益平台会和不同类型的用户一起,对所有的公益组织进行审查,对资质健全并且有信誉度的组织更多地进行对接。之后,通过公益组织的信誉度,决定其公益项目推送时的屏幕顺序,即高信誉度项目更容易被用户看见。用户下载 APP,通过一些简单的自我管理任务赚取"米",然后以"米"投票,选择自己喜欢的包括求学、助医、安老、助残、救灾等多内容在内的公益项目,进行捐赠。用户作为选择方,可通过手机平台查看公益项目的内容、参与人数、捐献额度、进程等内容。软件还具备评分功能,辅助用户判断各公益项目信息,引导群众。米公益项目建立了全透明模式,所有用户可以看到整个过程中钱的流向以及实际去处。"群众的眼睛总是雪亮的",这样一来,无数的普通用户就成了帮助企业选择的好帮手。同时,这一过程也对投资企业进行了宣传。利用互动的方式,进行公益信息传播与发布,打造了用户、公司、公益组织三者的对接平台。

在面向用户一端,目前有两款产品,分别是小程序米多乐和 APP 米公益。用户每天可以通过早起、走路锻炼、学习知识等日常行为赚取"大米",即米多乐的虚拟货币,随后,用户可以在大量不同类型的公益项目里选择自己喜欢的项目,捐出"大米"来帮助项目。这些"大米"由不同的企业主买单,最后按照用户捐米的多少,兑现成人民币给公益组织。为了让这个帮助人的过程更加有趣、产生更多快乐,米多乐通过群组等功能,让用户可以更容易地和自己的朋友、家人产生互动,一起来参与公益;还通过礼物等功能,让用户也能偶尔收到受捐机构或企业主的公益礼物,让他们持续有动力参与。米多乐联合创始人王子说,"小程序是我们发展的最大的助力。公益最重要的是人,飞轮第一步也是把喜欢公益的人聚集起来。我们希望对公益最有好感的用户可以高频次地每天都使用我们,成为我们传播其他公益服务和内容的种子。微信小程序给我们创造了很好的土壤去让用户使用和传播。在小程序,我们可以利用分散在微信里面的群,让更多人用更低的成本帮助我们传播。目前我们小程序的总用户数远大于公众号里的这个值,而且用户的 7 天活跃留存也一直保持在 80% 以上,这在小程序这个产品形态里是比较少见的。当然对于公益内容和公益需求来说,小程序是比公众号更优秀的一种承载形式。"

未来商业化方面,米多乐会采取收低额管理费(行业管理费目前是 8%~12%,可降到 3%~5%)、公益旧物回收所产生的增值服务以及面向企业的广告及整体公益解决方案,员工参与计划等获得收入。未来,基于小程序的高留存和群工具定位,还会在基于公益大背景下的横向领域,诸如保险、助农、零售等方向扩展。目前,米多乐的用户数已经超过 130 万,日活跃用户超过 10 万。为了能让公益人获得一份保障,米公益通过《益宝计划》,提供给注册公益机构的全职工作人员参保期一年的免费意外险申请通道,为一线工作公益人提供保障。米公益的盈利模式是为企业定制公益解决方案,即在互联网平台以及线下帮助资助方的企业做宣传,使企业可以通过做公益活动的曝光使其品牌受益,而米公益则从中收取一笔低于公关公司的费用。"谁也不是圣人,不能自己都养不活还嚷嚷公益。""做公益的人为社会创造价值,社会应该给予他们回报。"这些相信美好的年轻人,不分昼夜地在北京这座城市为梦想而努力着。

在企业一侧,他们已经服务过 300 余家企业,帮助 4000 余万元公益捐赠落地;最后,公益机构一侧,米多乐是一个筹款并且在线聚集公益粉丝的平台。截至目前,已经有 1200 余家公益机构在米多乐平台上发起项目,进行筹措资金、传播、撬动捐赠和社群运营等事宜。

经过努力,米公益获得了包括微软、美国银行(BOA)、艾默生等大型外企,以及海航、百度、京东商城等国内知名企业，还有包括重庆市委宣传部、湖南省委在内的政府相关单位的支持与合作。王子说，他对米公益的期待，是希望能够把公益带进更多人的日常生活，让再微小的善意都能够得到倾听，让善成为空气，看似不存在却又离不开。取得了今天这样成绩的米公益，离这个目标又近了一步。在这个飞轮循环中，米多乐通过信息化整个公益行业，让公益的各个参与方可以发挥更大的能量并获得更多收益。2016 年 7 月，由阿里巴巴和杭州市政府主办的首届全球 XIN 公益大会在杭州举行，联合国秘书长潘基文等出席活动，莫子皓作为嘉宾参加了互联网公益的讨论。与此同时，米公益全部 UI 变成米小宝。每一次米公益的改变，都是听取了用户的建议。从赚米方式，到项目展示模块，每一年都在变化。这一年用户的参与感更强了，捐米到了一定级别的用户都可以升级为米友团，参与项目评审，了解项目背后的社会问题，并在 APP 上展示自己对于项目的评价。米公益开通了"我有话说"栏目，让用户可以通过故事了解公益机构和项目背后的点。

2017 年，莫子皓、王子入选"30 Under 30 Asia"。这是福布斯以亚洲作为评选范围，评选出 30 岁以下的亚洲领军人物，涉及艺术、体育娱乐、金融投资、公益创业等十个领域。米公益因促进了公益的良性循环而入选公益/社会创业领域的榜单。米公益已立项公益项目 1500 余项，已执行并反馈项目 800 余项，项目类型覆盖公益全领域；已合作各类型公益机构 1000 余家，合作企业 200 余家，引导企业捐赠资金约 5000 万元人民币，注册用户数已达 400 万。

从刚开始的两人团体，到现在十几个人的团队，米公益已经成为一个小公司在运作。他们希望做出成绩来，未来目标是成为一家社会企业。"帮助想帮助别人的人或者组织，米公益扮演的是公益组织传播推广的角色"。莫子皓说，米公益跟其他社会公益组织不一样，米公益旨在凝聚众人之力，"让天下没有难做的公益"是他们的口号。越来越多拥有公益梦想的同学相继加入，其中不乏保研至多伦多大学、罗切斯特大学、伦敦政治经济学院等的高才生，也不乏放弃了德勤咨询、普华永道、法国巴黎银行等实习机会全身心投入米公益创业项目的梦想青年。由于团队核心成员来自知名金融机构和互联网公司，相比于传统的公益人，米多乐有更好的互联网能力和创新能力；相比于传统的互联网人，他们有更深的公益理解和公益经验，并且服务了非常多的企业、基金会，有过千家公益伙伴。

从 2013 年到 2018 年，米公益进步的脚步从未停止。从 1 个想法 2 个人，到 6 个部门 30 个人，他们总结出了一套行之有效的模式——从核心人群入手，从核心城市入手，集结力量，扩大影响范围；线上互动配合线下活动，让公益更加有组织、有规划。这就是公益的魅力，即便它没有超额利润的驱动，却依然吸引着那么多的人带着激情和梦想、本着义务与责任投身于此，让这个团队更加壮大、更有力量。

2019 年，米公益获得近千万天使轮融资，投资方是熊猫资本。谈及此次投资逻辑，熊猫资本董事总经理谷承文说，"互联网的飞速发展，极大地提高了人们的生活幸福指数。我们相信,互联网也能在公益行业发挥同样的能量,提高行业效率,重构行业生态。米公益在帮助公益行业创造巨大的社会价值的同时,其自身也能实现巨大的商业价值。在洽谈投资过程中,我们也被两位从顶级学府毕业的 90 后创始人扎根公益行业死磕到底的精神深深打动,我们相信'科技向善'的力量,更相信'人'的力量,期待米多乐成为个人、公益机构、企业解决公益问题的首选平台。"

目前米公益已经准备启动新一轮的融资,公益永不止步。

尾 声

米公益平台的出现,得益于互联网和移动互联网的发展给公益行业带来的结构性机会。2008—2018 年十年间,公益行业在中国已经有了突破性的变化和发展,人们对公益的认知从政府机构和知名企业家等做慈善公益开始,发展为认识到公益是人人可以参与为之的事情。互联网技术的迭代则让人人参与公益成为可能。米公益创始人表示,CSR 动用社会资源去突破企业自己很难突破的瓶颈,利用社会资源去解决企业自己的问题。我们现在面临很多终端消费者,对于他们来讲需要实现人生价值,需要对别人产生价值,需要对社会产生价值,有越来越多众包者帮助你解决下一个传播的问题,这样就可以真正打破所有的商业或者是所谓的一些利益已经存在的壁垒。

米公益所做和想做的事情,就是把最真实的公益形态带到大众面前,让更多人能在日常参与公益,通过创造角色,让普通用户可以利用日常零散的片段时间,实现"健康生活、助人自助""甄选项目、群体决策""线下参与、监督实施",真实地参与到公益项目中去。并且,也致力于打造一个正循环生态,联系普通人、企业、公益组织。通过向大众提供米公益 APP,用户用赚取的"大米"投票支持喜欢的项目,企业、基金会等资方实际资助,让大米兑换成真实捐助物资,并以"众包"的形式解决公益项目选择、执行、审核、监督、评判等问题,以此来吸引更多民众参与公益,引导更多捐赠资源流向更优质的公益,从资源和传播的角度有效帮助公益组织。同时,依托于平台资源,米公益也帮助众多企业实践公益,将其资源用向更需要的地方,实现更高效优质的公益行为,为其提供一站式的公益解决方案。

如今,简单公益、快乐公益的理念越来越深入人心,米公益将不断创新的尝试能将更多个人的小爱汇聚起来,让公益成为利己助人的事。

参考文献

[1] 蒋闰婧. 我国社会企业的成长路径研究[D]. 杭州:浙江大学,2019.

[2] 缪滢岚,朱灵,冯浩源,齐悦. 路径与模式:"互联网＋公益"的生成机制与传播逻辑

　　研究——基于 4 个 NGO 公益项目的实证调查[J].记者观察,2019(8):46-47.

[3] 郭念琦.资源拼凑对公益组织商业模式改变影响的案例研究[D].吉林:吉林大学,2018.

[4] 赵曙光.社会化媒体的公益营销渠道和参与创新[J].传媒,2016(2):87-89.

[5] 邓子慧,李基礼."感性"孵化公益[J].二十一世纪商业评论,2015(6):86-87.

[6] 陈杰.创新 2.0 时代 民间公益新出路[J].中华环境,2015(4):66-67.

[7] 李小伟.王子:米公益的公益减法[J].社会与公益,2014(10):34-35.

[8] 白露.米公益,让天下没有难做的公益[J].青年博览,2014(11):46-47.

附录

附录 1　软件简评

　　"这个平台和模式很有意思,用简单的方式,调动起更多人想要在社会、社区做好事的热情,然后让企业和基金会来买单,这给了我们很多在社会治理方面的启发。"——徐浩良　联合国助理秘书长

　　"传统公益很多时候依赖的都是公益团队自己的资源和能力,他们这个平台把对公益项目的帮助、选择和监督交给大众,让更多人能够参与进来,王子他们这个平台对行业来说,是一个很好的创新。"——徐永光　国务院参事室特约研究员南都公益基金会秘书长

附录 2　米公益发展历程

　　2013 年,秉承"做人人都能参与的公益"的初心,王子、莫子皓合伙创办了米公益,自称"中大合伙人"。

　　2013 年 5 月 31 日,米公益 APP 开始公测,7 月 17 日正式上线。

　　2013 年 9 月,王子莫子皓赴京求学,后与团队"米农"们租住在一套一居室里,在"家"的氛围里继续创业。

　　2014 年 3 月,用户突破 10 万,米公益也完成天使轮融资,资金来自红树林(香港)有限公司。2014 年 10 月,米公益注册公司。注册人王子,注册资本 30 万美元,所属行业是互联网相关服务。股东为王子、莫子皓和红树林(香港)有限公司、杭州泰之有创业投资合伙企业、广州清华科技发展有限公司、北京启迪创业孵化器有限公司、北京中美安德森科贸有限公司、上海新湖育投资中心。

　　2014 年 11 月,米公益登上凤凰卫视《公益中国》栏目,主持人许戈辉被争取为了米公益的顾问,米公益 APP、微信、微博等平台涨粉迅速。

　　2014 年 12 月,两周年之际,米公益推出了米友团。

2015年3月,米公益已经与37家公司建立合作关系,上线公益项目60多个,捐赠量超过300万;运转等所需资金基本上来自投资方的资金支持。

2015年6月,米公益的公益闭环更加完整了,被捐赠项目的执行情况开始在官网的"公益资讯"专栏推出,"已完成""新进展"的标签让用户可以在最短的时间看到相关公益项目的反馈。

2015年9月,在微软全球100万美元的"Upgrade Your World"项目中,米公益脱颖而出,成为该项目在中国区资助的5个非营利组织之一。

2015年12月,米公益以重庆作为推广试点,联合重庆市委宣传部,由重庆公益组织联盟牵头,策划了一次大型公益市集活动,将游戏式的公益体验与公益成果展示、项目对接相结合。

2016年3月,米公益完成A轮融资(启迪之星)和股权架构,APP颠覆式更新原来的"赚取大米、一键捐赠、公益项目"三界面模式更突出赚米,而新版本则把项目展示放在了最重要的位置。

2016年7月,由阿里巴巴和杭州市政府主办的首届全球XIN公益大会在杭州举行,联合国秘书长潘基文等出席活动,莫子皓作为嘉宾参加了互联网公益的讨论。与此同时,米公益全部UI变成米小宝。

2016年11月,米公益搬迁到新办公地址,从住宅区搬到了真正的写字楼。

2017年,莫子皓、王子入选"30 Under 30 Asia"。

2018年,为了能让公益人获得一份保障,米公益通过《益宝计划》,提供给注册公益机构的全职工作人员参保期一年的免费意外险申请通道,为一线工作公益人提供保障。

案例 6　喜憨儿洗车：残障人士公益之家[①]

引　言

如果孩子是智障儿童，他们的未来该怎么办？对心智障碍孩子的家长来说，自己的孩子能否被同伴接受，能否健康成长，能否顺利就业甚至能否被社会接受，这些看似平凡的事情，都是每一天实实在在的忧心和挑战。尽管政府一直在通过残联为心智障碍人士提供救援、康复、帮扶等一系列支持措施，并通过分散性就业政策推动企业接受残疾人员工，但目前高达 60% 的就业率仅仅是针对肢体残疾，而并无认知障碍的残疾人士。

深圳有一家特殊的"喜憨儿"洗车中心，用实际行动告诉我们，心智障碍者也能实现自我价值，赢得社会的理解和尊重。喜憨儿，是对心智障碍者的一种称呼。"喜"代表"惜"，"憨"代表"笨"，"儿"代表永远是孩子。这里的老板曹军，也是一名 17 岁喜憨儿曹洲溥的父亲。绝大多数喜憨儿是很难适应社会的，即便从特殊学校毕业，他们依然不能正常生活、工作。但曹军一直在努力帮助这群边缘人融入社会，让他们通过劳动获得报酬，就像每一个普通人一样。从团队组建到投入运营，从工作模式到测评训练，曹军孜孜不倦地创新，用实际行动树立深圳"弱有重扶"的典范。

心智障碍者的生存就业问题已成为我国关注的热点社会问题之一，解决这个问题是社会发展的基本要求，也是我国经济健康平稳发展的必经之路。有效合理地解决心智障碍群体的就业难的问题，引起社会对残疾人的重视和关注，营造平等友善的社会氛围，能够对我国残疾人相关的就业问题提供借鉴。

---

① 本案例由彭伟、沈仪扬根据公开资料整理，版权归原作者所有，并对原作者的贡献表示感谢。案例仅供讨论，并无意暗示或说明某种管理行为是否有效。

一、"命运的玩笑"

行色匆匆的人们，在途经深圳某大街时，会在不经意间发现一家洗车店，洗车店的招牌很特别，上面写着"喜憨儿洗车中心"。16 名有心智障碍的"喜憨儿"，累计清洗 5 万多辆车，让每一位前来洗车的车主既满意又感动。这样的车行，如今全国已有 17 家，解决了几百个孩子的就业难题。

"喜憨儿"看上去充满了喜感的名字，给人脑海中的画面就是一个呆萌可爱的小孩幸福地笑着，让人不禁心生怜爱。其实，"喜憨儿"是指患有心智障碍的一类特殊人群，是外界对于心智障碍者们的统称，包括患有智力障碍、脑瘫、自闭症和唐氏综合征等疾病的人。外界之所以这样称呼他们，其实是对他们的一种尊重，为了不给这些孩子和他们的家人带来心理压力，也是他们的父母对他们生活喜悦非常单纯的期望，这三个字放在一起，又可以引申为：疼惜憨儿，憨儿欢喜。如果你在大街上与他们擦肩而过，并不会发现他们有什么异于常人之处，因为他们外表看起来与正常人毫无二致。但是，如果深入与他们交谈和接触就会发现他们的不同，他们的心智均停留在六七岁，是一群永远长不大的孩子。

相比残障、视障以及听障人士，喜憨儿更难得到用人单位的认可，因此他们成为所有残障人士中就业率最低的群体。据《2020 年中国残疾人事业发展统计公报》说明，全国城乡持证残疾人就业人数为 861.7 万人，中国的残疾人整体就业率是 56%，但智障人的就业率低于 10%。"喜憨儿"只是全国 8500 多万残障人士的一部分。帮扶他们，固然需要爱心人士授人以鱼，但更需要授人以渔，为他们找到自己适合的、市场需要的职业，搭建自立自强的舞台，照亮通往尊严和梦想的道路。带着这样一个初衷，曹军创建了喜憨儿洗车中心……

1997 年，曹军和妻子梁沥元大学毕业后，从山西太原来到中国改革开放的窗口——深圳。曹军说，从深圳开始，他经历了一次次冲破思想禁锢的突破。在曹军 27 岁那年，他们满心欢喜迎来了自己第一个儿子曹洲溥。但是命运总是爱和他开玩笑，在曹洲溥 7 个月大的时候，一位在儿童医院做副院长的朋友来家里串门，他拿出玩具来逗曹洲溥玩，但孩子却表现出这个年龄段罕见的"淡定"，对他手里的玩具并没有产生兴趣。朋友的脸色顿时就起了变化，说道："老曹，孩子有些不大对劲，你们明天就带他去医院检查看看。"曹军夫妇赶紧带儿子去医院，医生告诉他们，孩子是属于轻度智障的"喜憨儿"，原因不明，而且，这种病很难治愈。

曹军感觉就像天塌了一样，很绝望，不知道该如何面对。从知道孩子病情的这一刻开始，曹军夫妻俩就再没有安心过。本以为时间会慢慢带走一切，但他发现自己并不能从悲伤焦虑中走出来，仅仅是因为忙碌的工作转移了注意力。他一方面想着一直努力工作，多赚些钱，将来好留给孩子，可另一方面又很清楚，他将来根本不会用。这个无法逃避的问题和现实，每到夜深人静时就会想起。为此，曹军还养成了一个习惯：晚上睡觉前从来不敢喝水，因为一旦凌晨要起来上厕所，他就再也没办法睡着了。想起孩子的未来，他只能在无尽的惶恐中等待天亮，盼着天亮好可以去忙工作来麻痹自己。按政策他们可以再要一个孩子，在一番思想斗争后曹军夫妇放弃了这个想法。如果有了第二个孩子，势必会从老大身上分心，将来老二除了要赡养父母，还要负担哥哥的生活，这对他们俩都很不公平。于是他们决定：把全部精力和爱都给这一个孩子，全身心帮他康复，让他尽可能有所改善。

　　曹军夫妇带着儿子踏上了漫长的康复之旅，花了很多钱，去了很多家医院，可收效甚微。随着时间慢慢流逝，曹洲溥到了上幼儿园的年龄，曹军夫妇将儿子送进了深圳一所特殊学校。或许意识到自己与别的孩子有些不一样，曹洲溥是那么懂事，懂事得让人心疼，曹军下班回家了，他会拿来拖鞋让他换上，然后倒来一杯茶，说："爸爸上班辛苦了，请喝茶。"短短一句话，却让曹军夫妇内心波涛翻滚。在特殊学校里，曹洲溥迷上了弹手风琴。孩子学得很认真，不仅在学校里勤奋练习，回到家也会弹。学校里专门有教手风琴的老师，最开始有十多个孩子跟着学，后来变成了8个，又变成了4个，他们觉得太难学所以一个个放弃，最后只有曹洲溥坚持了下来。学校里举行联欢晚会，曹军夫妇应邀参加，轮到儿子表演了，穿着白衬衣、黑裤子的他怀抱着手风琴走上了舞台，明亮的灯光映照着儿子生动的脸，音乐响起，他娴熟地弹起了《花儿与少年》，流畅而美妙的音乐从儿子的指缝间溜出，眼前的儿子，这个已被贴上了"智障"标签的孩子，俨然一个小小音乐家！在学校读书，经过持续的训练和学校的教育，儿子状态慢慢变好，就是最让曹军感到欣慰的事。但是曹军知道，喜憨儿是最弱势群体，与肢残、视障和听障者比，智障者更难适应社会，无法正常地工作、生活。在社会活动中也很难见到他们的身影，他们自然而然地成为社会最边缘的群体。实际上，他们的数量并不少，早在十年前的普查显示，全国智障者554万，现在数字会更多。即使他们有幸接受了特殊教育，在9年义务教育完成后，也就是16岁左右，他们也要离开学校。但他们无法走上社会，基本上是"被养在家里"。但是，作为一个父亲，曹军希望他的孩子不仅仅依靠别人的同情和关爱在这个社会上生存，即使是"喜憨儿"，也不要完全成为社会的负担，应该要有属于他们自己的价值，他希望为孩子找到出路，通过自己的劳动实现价值，走向独立，希望他们健康喜乐，永远被世界温柔以待。

二、筑梦庄园

　　因为儿子，曹军加入了一个"喜憨儿家长"的 QQ 群，大家在群里交流信息，相互安慰相互鼓励。曹军开始思考像儿子这样的喜憨儿的出路，他发现这个群体在成年前每年都会得到政府在康复上的帮扶，可是他们在成年后却很难在社会上找到属于自己的位置。就在儿子就读的那所特殊学校，年龄最大的学生已经20多岁了，因为离开了学校他们在社会上找不到自己的位置,所以还一直待在学校。国家有政策规定:企业接受残障人士可以减税,然而现实的情况是,一些企业接纳了残障人士后,每月给他们发放基本生活费,然后让他们回家。即便是那些在餐厅打工、在工厂做包装盒的喜憨儿,由于与正常人在一起工作,心理上难免自卑,他们的工作很少能做得长久。在中国,不同程度的喜憨儿有 1200 万,即使在深圳,这个数字也超过 1 万,这是一个不小的群体。

这么多年来,曹军听到最多的建议和办法,也就是"卖惨、靠救济"了,但他不愿意这么做,也坚决不愿意认命。"自己的孩子真的一无是处吗?"一定不是的! 一定可以找到适合他的工作! 带着这样一个信念,曹军开始筑一个梦:建一所梦想庄园,让这些喜憨儿能自食其力,不依附于社会,做真正独立的人。为了给"喜憨儿"创造长远的工作机会,曹军进行了广泛的研究,希望可以找到适合这个群体孩子的就业机会。他开始了漫长而艰辛的考察之旅。

2014 年开始,曹军夫妻俩开始跑遍世界各地进行考察,从国内到国外,看了好几个项目。在山西,有一所老年公寓接纳了当地很多老弱病残的人,只要能够下床的都能解决工作,这深深触动了曹军,连老和残这两个群体的工作都能解决,喜憨儿的出路一定能想到办法。一次在台湾地区调研时,曹军发现了台湾喜憨儿社会福利基金的模式,这给了他很多启发。基金会的运营管理模式和很多基金会不一样,不是完全指望社会的捐赠,而是经营着面包连锁店,让需要帮扶的那些孩子做面包、卖面包,自给自足,自己拥有造血功能。该基金会成立于 1995 年,已经雇用了 600 多名心智障碍者,经营的服务项目超过 40 多项,包括面包店和休闲餐厅等。从 2006 年开始,基金会为心智障碍者修建了喜憨儿之家,取名为"天鹅堡"。资金一部分来源于父母、家人、非政府组织的慈善捐赠,一部分来源于业务利润。天鹅堡为 99 名心智障碍者提供全天候看护服务,他们能接受技能训练与适当的医疗照顾。曹军相信,这样可以为心智障碍者提供就业机会,并照顾他们一生。他开始思考,是否可以在大陆实施类似的模式。虽然也有一些爱心企业提供少量岗位给喜憨儿就业,但对庞大的群体来说却只是杯水车薪,更严峻的是,无论是餐饮店还是工厂流水线,需要团队合作的岗位其实都并不适合喜憨儿长期就业。

在英国,曹军见到了做了十几年公益的诺顿先生,这位已经 70 多岁的老人感念于曹军的赤诚,给出这样的建议:"你开家洗车店吧,这个行业简单易做,适合喜憨儿这个群体。在英国,就有不少专门由智障人士经营的洗车店,做得非常不错!"曹军的思路渐渐清晰,顿时心生感触,他想到心智障碍的儿童开心地玩泡泡的画面,"洗车动作是可以学会的,这样的工作这些孩子似乎可以胜任"。开家以喜憨儿为主体员工的洗车店,这是一个不错的选择。"儿子当时已经 15 岁了,我一直在思考他的未来。中国目前并没有解决此问题的好方法,因此我想自己寻找解决之道。作为一名父亲,我不能坐以待毙。"曹军自此在心里萌生出开洗车中心的种子。他和太太梁沥元说了自己的想法,太太很支持:"你做的这事不仅为了咱家,更是为了众多有喜憨儿的家庭。"曹军还特意征求了儿子的意见，儿子说："好啊，等过几年我长大了就去洗车店上班，挣钱买一辆车送给爸爸妈妈。"儿子一如既往地懂事，表现也越来越好，不仅在继续练习手风琴，还在学游泳。

曹军在喜憨儿家长群里说了自己的想法，得到了不少家长的响应。他想建立一个属于喜憨儿的"梦想家园"，由于建设梦想庄园需要大量资源，因此需要创办企业来营利。企业还需要具备信托基金的形式，并配以阳光化的监督，将来家长的遗产也留给企业，由企业再去供养孩子。在这些家长的支持下，曹军决定成立一家洗车中心，这个中心将会是企业的一部分。未来的企业还可以涉及很多行业，如园艺、农产品和物资回收等。开洗车店需要的资金约为100万元，曹军自掏30多万，剩下的由10名家长凑齐。这些家长中有教师，有公务员和会计师，大家为了一个共同的梦想，紧紧地团聚在一起！洗车店选址在深圳梅林。群里很多家长想把自己的孩子送过来，可是筹备期间的洗车店实在接纳不了那么多。曹军为招收员工设立了两条标准：情绪比较稳定，能自己搭车上下班。在初期报名的30多名喜憨儿中，曹军录用了8名，他们中最大的已经47岁，最小的只有18岁。

在传统的公众认知中，喜憨儿属于社会资源的消耗者，自身的生存与发展依赖其他社会成员的爱心和付出。传统的喜憨儿就业，都是靠福利企业、庇护工厂等集中托养服务的形式，也有集中制作"手工烘焙""手工扎花"等小巧的手工作品，通过爱心义卖等形式来获取收入。为了改变这一刻板印象，就需要摆脱对社会资源的依赖，实现心智障碍者由"资源消耗者"到"资源创造者"的角色转变，找到一条符合心智障碍者特点的可持续生存之路。而喜憨儿洗车中心专业为心智障碍孩子提供洗车服务的就业平台，也是中国残疾人联合会向全国推广的一个针对心智障碍者的就业项目，目的是搭建让心智障碍者自立自强的舞台，让他们更有尊严地生活。尽管洗车中心雇佣的都是心智障碍员工，但曹军并不希望洗车中心成为慈善机构，而是希望它作为一家营利性的社会企业运营，通过可持续发展为员工提供一生的就业机会。在深圳，创新就是一种趋势，喜憨儿洗车项目是助残业态的新探索，也是一个系统工程，这些民生小事的创新，有时候也能够让一个行业往前走一大步。

三、"喜憨儿"何以可能

对于心智障碍这个群体，希望他们什么都能做，这是最要不得的。相较于其他残障类别，他们的劣势主要表现在思考能力的欠缺，而四肢运动能力健全，能听、能看、能跑、能跳，这是他们的优势。因此，从大运动方向寻找适合他们的工作，而精细运动是靠脑力来支配，要尽量避免。在这之前曹军也做了很多不正确的项目，譬如说穿珠子、叠纸袋子的这类工作，事实上是违背了"喜憨儿"的优劣势分析结果，结果往往也不理想。还有像揉面包、做烘焙、做西点的工作同样不行，让顾客为他们做的食品埋单，往往会产生一定的心理负担。但这和洗一台车完全不同——即使车的某些地方没擦干净，相信顾客还是能理解和包涵的。找到"喜憨儿"适合的,找到社会能接受的,找到市场需要的,这是一个群体问题。喜憨儿虽然在思维方面不具优势,但有些工作是能做的,因为和其他残障类别相比较,喜憨儿劣势是思考能力的欠缺,但是他们大运动能力并不差,肢体健全。洗车不需要动脑,工作强度小,工作内容简单,甚至符合了孩子们爱玩水的天性。同时,洗车行业本身属于市场刚性需求,来自深圳市公安局交通警察局的权威数据显示,截至 2019 年 3 月深圳市机动车保有量约 340.06 万辆,随着消费群体的不断增加,洗车行业是一个可以帮助孩子们就业的发展方向。

2015 年 8 月,曹军带领着深圳的心智障碍者家长联合起来,以工商注册的形式集资创办了深圳喜憨儿洗车行。洗车行一成立,就成为社会各界关注的焦点,传统媒体、网络媒体进行了大量的采访和播报。连曹军自己也觉得意外,原本只是朋友圈里的一条简单微信,却引来了络绎不绝的洗车族。第一个试营业的周末,高峰时十几辆车排着长队涌入洗车中心,让还在学习洗车的喜憨儿们措手不及。通过培训、开发,现在的洗车量平均每天 40 辆,多时近 80 辆,经常有客户多付洗车钱,但这并不让曹军感到欢喜。当洗车迎来第一个顾客时,是一位开着"帕萨特"轿车的中年大姐,她说,是竖在马路边的"喜憨儿洗车"几个字刺痛了她的眼睛,所以把车开进来看看。"喜憨儿"员工在师傅的指挥下,开始忙碌起来:冲水、喷泡沫、擦洗、涂油……每个流程都完成得一丝不苟。小轿车焕然一新,中年大姐很满意,竖起大拇指给他们点赞:"真不错!"然后掏出一张面额百元的钞票递给曹军:"不用找了,就当是给他们献爱心!"曹军连连摆手拒绝:"我们明码标价,只收 35 元,希望您能理解。"35 元,这是深圳市区洗车的大众价位。曹军硬是拿出 65 元,找给了中年大姐。中年大姐驾车离去,曹军内心感慨万千,我们这个社会缺的不是爱心,不是施舍而是信任,因为信任是对一个人的承诺与尊重!而于这些喜憨儿员工而言,信任比金子还要珍贵!

因为相比同情与关爱,喜憨儿们更渴望平等的接纳和尊重,而这正是洗车店创办的初衷。改造憨儿的生命、改变心智障碍者的价值。曹军的孩子是一名喜憨儿,正是因为深刻体会到喜憨儿就业的重要性和难度,他和其他几位喜憨儿家长一起通过众筹的方式成立了这家洗车中心,并在民政局注册,希望通过半开放式的就业环境和系统培训,以及民政部门的监督,探索喜憨儿健康成长和就业的新模式。他们要的不是同情,是孩子们看到希望。可能很多时候有人会用一种异样的眼光看他们,而在这里给予孩子最好的帮助,就是平等。在这里,他们每一个人都会签订劳动合同,购买社保,曹军坚持每个月的工资不打卡里,只发现金,为的就是告诉孩子们,你们和别人一样,通过自己的努力获得了应得的报酬。而大门上"正常收费谢绝小费"的八个字就是对平等尊重最好的解释。曹军认为,尽管心智障碍者被认为是所有残疾人中就业最为困难的群体之一,但是相对于顾客的同情,愿意"讨价还价",是对他们最大的尊重。"我们真正要做的是让服务得到顾客的认可……不能绑架别人的爱心和道德。"曹军希望的是在当地得到更多的政策支持,开更多的店,接纳更多的喜憨儿就业,让他们掌握技能、参与工作、体现价值、赢得尊重，真正实践"精准扶贫"，也让更多的家庭看到希望，为建设和谐深圳、美丽深圳贡献一份力量。

但是创业的路并不是一帆风顺的，回忆起创业的艰难，曹军万分感慨。创业初期由于天气的原因，连下大雨，持续 25 天没人洗车，中心分文未进，但是一切开销还是要照常支出。经营一家雇用心智障碍员工的公司成本比其他公司要高得多，"普通洗车场不用雇用这么多人，一两个人就可以擦完一部车，我们需要 5 个孩子洗一部车，还要配备三个师傅，三个特教老师"，曹军说。有了这些新的岗位必然增加了运营成本。要让洗车中心运营下去，曹军能做的就是努力改善服务质量，以早日实现盈亏平衡。

让这些孩子洗车的时候，刚开始真让曹军头疼，他们总是做了这个忘了那个，再不就是东逛一圈，西逛一圈，很难按部就班把一台车洗好。为了能让孩子们适应这些，他甚至还发明了一些特殊的道具。在他的办公室有一块白板，高度、离地高度以及宽度都是和车身的长、宽以及离地高度相同。他先让孩子们在这块白板上练习擦拭，熟练后再到车身上擦拭，他用自己独创的方法让孩子们学会了洗车。

洗车中心采用企业化管理模式，有三位洗车师傅专门负责日常洗车工作的辅助、培训和指导，另外有两名特教老师提供康复类和文化类的训练和学习，全职管理人员负责日常的运营。由于喜憨儿学员们的自学能力受到限制，中心通过把洗车过程分成模块，对学员不断进行巩固技能培训，并且开发了自己的测评模块，评估不同学员的能力然后分配到相应的工作岗位。在工作场上没有特别照顾，每个人都必须具备能够胜任业务的能力。首先在孩子们上岗之前都要做一个精准的能力测试。测试道具就是白板，他们模拟擦拭灰尘。当他们完成擦拭后，白板便会展开成 18 宫格，根据擦拭结果来打分。易擦的地方就得分低，不容易擦的地方得分高。整个测试过程中，曹军和师傅们会记录他们完成的每一个细节。在测试过后，师傅们开始对他们进行培训，在那块白板上，师傅们主要是教如何在各宫格上的起头以及一些小角度的擦拭。在接受了理论培训后，他们就要在车上进行小阶段的适应，曹军和师傅们一对一地教他们洗车的基本动作。

冲洗、打泡沫、擦车、冲洗、擦车，洗车的步骤较简单，但对于"喜憨儿"们也是个不小的挑战，"喜憨儿"们却可以分工合作来满足顾客的要求。喜憨儿洗车的初衷是，要让能力最差的孩子们也能工作，可能只是洗轮胎、倒垃圾，只要能够参与进来，都不让他掉队。因为在我国这 1200 万群体里，只有不超过 10% 属于轻度的孩子，超过 90% 的都由中重度的孩子组成，所以，对于这个特殊群体的就业的原则就是不能择优。根据测试的结果，每个团队会包括不同程度心智障碍的成员，他们一起共同协作完成一辆车的清洗工作。喜憨儿团队被分为两个小组，像冲水、打泡沫等比较精细的工作会给轻度的孩子来做，重度的孩子可能只分配一个工作，比如清洗轮胎、倒垃圾等。他们没有偷懒的意识，做事不厌其烦且特别认真。

曹军深信，喜憨儿智力是有障碍，可他们也有自己的优点，他们四肢健全，心地善良，憨厚可爱，思想单纯，与世无争，做事很专注，具有匠人精神。洗车中心应该将他们的劣势转为优势。因为在他们能力范围内，你安排好的事情，他们就会认真去做，而且心无旁骛，这些是我们普通人有时都很难做到的。"过去我们一说到喜憨儿，总是说他们的缺点，很多喜憨儿因此被关在家里，走不出去，他自己痛苦，家人也难受。我们要扬长避短，把他们的优点挖掘出来，让他们能走出家门，通过劳动融入社会，不再是负担，活得更有尊严"。"喜憨儿"的死心眼儿、轴、一根筋的劣势，在进行洗车的工作时，转变成了优势，成了工匠精神。他们对每一个后视镜都坚持擦拭五遍，绕着车走了一圈又一圈只为了确认还有没有被遗漏的污渍。他们思想单纯、做事专注、心无旁骛，却正是很多人难以企及的。与曾经感动和激励了无数人的阿甘一样，单纯、善良的他们用"阿甘精神"对待工作，尽全力将顾客的汽车洗得一尘不染，并渴望从中实现自我价值，获得社会的认可与接纳。

喜憨儿洗车坚持时间不延后、干净不打折、价格不高于市场的经营宗旨。"喜憨儿洗车中心"成立以后，生意越做越红火，因为这些特殊的员工做事都非常认真，只要顾客一到，他们就会一拥而上，热情饱满地开始洗洗刷刷。通常，一辆车由4、5名喜憨儿负责，其中会有师傅在旁指导，每个人分工明确，有的负责冲水，有的负责擦拭。虽然他们比正常人操作慢一些，但是好在他们人比较多，曹军把他们5个人编成一组，这样车一来，大家一起上，分工协作、各司其职，这样一来洗车速度也不慢，保证了洗车时间。当然，喜憨儿也会有做得不够好的时候，这时师傅会直接明了指向需要重新再擦拭的地方，教导他们需要更仔细地擦拭，但他们从不偷懒，训练时要求擦三遍，绝对不会擦两遍应付了事。门板不擦到五遍不会停下来，难以去除的顽渍也努力擦掉，哪怕客人都在旁边说："不用了不用了"。喜憨儿就像阿甘一样，单纯善良、诚实认真，尽自己最大的能力干更多的活。一开始客人是出于怜悯来这儿洗车，却因为孩子们的敬业纷纷成为回头客。曹军希望孩子们被平等相待，洗车中心价格一直保持行业正常水平，确保每一次洗车服务都是干净满意的，确保自己拿的每一分钱都是等价交换，而大门上"正常收费谢绝小费"的八个字就是对平等尊重最好的解释。喜憨儿洗车中心赢得了顾客的信任，而这份信任不是出于爱心怜悯，而是靠着孩子们一辆车接一辆车擦出来的。

当车主都好奇而来，满意而去，兴奋与骄傲在洗车店每位员工心中涌荡，喜憨儿员工的脸比任何时候都生动且丰富。没有人会想到，他们在完成工作背后付出了多少，他们中患病的轻重程度不一样，很多工作只能搭配着来完成，有的"喜憨儿"的手只会左右移动，教他画圈怎么教都教不会，于是师傅只能安排他擦玻璃；有些"喜憨儿"只能画圈，师傅就安排他专门擦洗汽车轮胎。洗车中心刚营业之初，喜憨儿会害怕、羞涩地躲在角落里，现在他们会主动跟顾客打招呼、跟顾客聊天。通过这样慢慢训练，连生活的基本保障都不能自行处理的"喜憨儿"，他们也像别人一样，每天挤公交地铁上下班，他们不再是家长的累赘，能像正常人一般地进行工作，他们完全靠自己的双手自力更生。喜憨儿洗车中心为心智障碍者等残疾人开启了一片新天地，提供一个自力更生的平台，给了他们一个包容陪伴的大家庭。

四、"喜憨儿"也有精彩人生

"喜憨儿洗车中心"不仅仅是喜憨儿们工作挣钱的地方，也是他们学习康复的地方。工作并不是全部内容，还专门有老师教他们文化课，老师甚至为此设计制定了课程表；还有体能训练，喜憨儿员工每天都要做操、打篮球，在曹军看来，持久的运动能磨砺人的意志。在洗车房的旁边，是一间简易的板房，门上写着"喜憨儿之家"，这里是喜憨儿的休息室，也是他们进行康复训练的地方。小屋温馨、明亮的墙面上，一面墙上挂着飞镖和篮球架，书架上放满了各式各样的智力图书，屋子中间有一张大大的桌子，旁边则是两台自行车以及跑步机。再往中间的区域，有个小白板，上面写明小组工作分配任务，此外，房间里还有一台崭新的电脑，墙上贴着一张"课程表"，课程包括阅读、理解、认知、书写、益智辅导、运动等。每天上课时间是上、下午各一小时，喜憨儿趁着休息时间轮流进行一对一学习。中心还给每位喜憨儿员工建立档案，对其各项技能进行评估。

曹军说，在洗车中心工作让喜憨儿变得更加自信，并且愿意与他人交流。虽然他们最初经历了各种各样的情绪和压力，但是经过一段时间的训练与调整后，他们的身体协调与沟通能力取得了巨大进步。员工可以热情地和客户打招呼，很多顾客甚至可以叫出他们的名字。刚开始有的孩子上下班还要接送，那头家长送上公交，这头老师到站点去接。后来家长和老师开始尾随，偷偷跟在后面，看着他们自己走去车站。就这样慢慢训练，现在他们根本不用管，已经能自己坐车上下班了。有个孩子还记不住站名，但他知道去哪儿乘车、到哪儿下车。洗车的工作可以防止他们一直待在家里，跟社会隔绝，时间长了就会很孤独，有的还很自闭。但在这里，有一群小伙伴，大家天天工作学习在一起，他们自己也在发生变化。能不能把洗车中心做起来，刚开始这些家长们心里并没有底，但看到孩子们的进步，悬在他们心中的这块石头终于落了地；孩子们对于工作机会的心理依赖，也成为家长们这一搏不能失败的压力。

实践证明，单纯的洗车服务盈利能力有限，如今洗车中心还在销售一些汽车配件，增加了抛光打蜡、维修保养等服务。尽可能满足不同车主的需求，这样开洗车店才能更赚钱。曹军说："有些能力比较强的孩子不仅在学习抛光打蜡，而且还在学习修补和更换轮胎呢。"为了这家洗车店，他早已辞去投资公司的工作，没有人能想象到他肩上背负的压力。汗水都没有白白付出，当为每一位喜憨儿发放工资的时候，曹军说："同志们，事实证明我们同样能依靠自己的双手养活自己，过上有尊严的生活。我们不是另类不是怪物，我们都是来自星星的孩子，以另一种方式存在，我们同样是人类重要的组成部分！"

一开始，不少"喜憨儿洗车中心"的顾客是奔着献爱心来的，看着孩子们勤勤恳恳地工作，总是不忍心拿回找的零钱。尽管洗车中心雇用的都是心智障碍员工，但曹军并不希望洗车中心成为慈善机构，而是希望它作为一家营利性的社会企业运营，通过可持续发展为员工提供一生的就业机会。

直到有个顾客问曹军能不能便宜点,曹军终于等来了梦寐以求的平等,也肯定了他们具备与同行业竞争的能力。曹军说:"客户已经没有把我们当成特殊人群看待,我觉得这是对我们最大的尊重,冲着这份平等看待,我当时就给他免了单。"洗车店经常会遇到顾客多给钱或者不要找零钱的情况,但都退了回去。这种行为有很多负面影响。一方面,对当场的其他客户而言,看到人家多给容易产生心理负担,不能绑架别人的爱心和道德,这个是最要不得的;其次,对于这个顾客本身,一次多给,那下次怎么办呢?每次多花钱洗车,不是可以长久做到的。从商业角度看,这种行为也不行。曹军真正要做的是让服务得到顾客的认可,同其他洗车行比较时,愿意成为回头客,愿意来这办卡,这才是良性的行为。如今洗车中心已经洗了五万多台车,靠着服务留住了60%的回头客。

喜憨儿洗车中心的开张,见证了曹军和他的合伙人的努力,也为智障人群开辟了一条理想的就业之路,深圳已有多家大企业邀请曹军开连锁洗车点。经过不断的探索,现在这里已经建立了一套可复制推广的经营管理模式,曹军把它无偿提供给各地政府和残联。一家洗车行能解决10多名喜憨儿的就业问题,深圳有近百个街道,如果每个街道办一家,就能解决上千名喜憨儿家庭的困难。实际上,对曹军来说,在深圳复制更多的喜憨儿洗车中心并非难事,有很多爱心企业也愿意一起来做这件事。真正难的是,洗车行运营起来的成本太高,除了员工工资,还有场地租金、特教教师的工资等不小的开支。他呼吁,有关部门出台的扶植政策能更好地落地,真正帮助他们把这种成功模式复制开来。

随着喜憨儿洗车中心赢得越来越多的赞誉,许多城市的残疾人联合会和心智障碍者的家长前来学习这里的运营模式,产生了积极的社会影响。青海省残疾人联合会于2016年8月8日在西宁成立了"青海喜憨儿洗车中心",并雇用了16名心智障碍员工。截至2018年底,类似的洗车中心在中国已经筹建了20多家,其中8家已经投入运营。这些发展极大地鼓励了曹军,他希望扩大洗车中心,并把它发展为人们可以前来研究、模仿的范例。甚至有投资者找到曹军,希望出资在中国建立更多洗车中心,但被曹军拒绝了。他解释说:"支持和帮助残疾人就业是当地政府的责任。如果私人投资者快速地在中国建立大量的洗车中心,政府会认为残疾人就业很容易,就不会重视对残疾人的政策支持。当那些私人投资者发现很难挣钱时,也可能会很快撤资。我认为,最好是推动政府介入,提供实现残疾人稳定就业的解决方案,从而为残疾人建立更加有利的政策支持环境。"喜憨儿洗车中心自成立以来还多次获得了公益奖项。2017年9月24日,喜憨儿洗车中心获得第六届中国公益慈善项目大赛金奖,在1671个申报的项目中排名第一。

虽然洗车中心取得了不错的成绩,也获得了社会的认可,但这只是曹军计划的起点。他的梦想是建立更大的社会企业,为喜憨儿的一生提供可持续的就业机会与关怀。曹军理想中的社会企业理念是"通过就业关爱心智障碍者"。这种模式一方面为心智障碍者提供了不同形式的就业机会，另一方面为他们提供了持续关爱与发展。但这也需要国家和地方政府、相关行业、各地社区、心智障碍者父母和家庭的支持。曹军认为，为了向该模式提供长期资金支持，心智障碍孩子的父母去世后可以将他们的遗产交由社会企业的信托机构管理。这样，社会企业将继续照顾他们的孩子。因此，社会企业需要建立一个透明且有效管理的信托基金。

然而，这种模式如何才能可持续下去，喜憨儿洗车中心如何才能惠及更多心智障碍者，曹军仍然在探索的路上。

五、助力残障，梦想远航

心智障碍人士要回归主流社会，单凭残疾人自身努力和残联这样的专职部门是远远不够的，还需要良好的社会氛围。政府和职能部门要多做正面的宣传和引导，使社会各界体会和理解残疾人，特别是心智障碍人士的切身困难，对他们有更全面的认识，从而能接纳和包容他们。曹军回忆，深圳喜憨儿洗车中心在创办之初，便得到了深圳各界的帮助。"2015年，福田区政府帮我们寻找场地，从汽车修理店租到了40平方米的洗车场地，不久的将来又会给我们提供一个新地址，深圳残联也给了我们方方面面的指导资助和大力支持，市、区、街道等领导也经常嘘寒问暖，主动上门服务，社会上很多爱心人士更是把洗车店当成了自己爱车的固定洗车点。"在曹军眼里，"我是幸运的，生而逢时，沐浴改革开放的阳光，在深圳有更多机会实现'弱有重扶'，实现助残就业的新模式。""残疾人就业分为庇护性与支持性两种，喜憨儿洗车中心属于后者，在与社会不脱节的情况下提供就业，对智力残疾人成长发展更有好处。"中国智力残疾人及亲友协会主席张宝林说，"希望这里的就业模式能够在成熟后推广，变成培训中心，再向全国各地复制成功样本。"这一期望与家长们的想法不谋而合，曹军计划把当前的管理模式探索成熟后，再复制推广到其他行业领域，让更多喜憨儿能真正融入社会，实现自我价值，获得应有的尊严，他把这一计划称为"梦想庄园"。"我们希望把这个庄园打理好，一定不能让孩子们衣衫褴褛流落街头。我们也会老去，希望到那一天能有更年轻的人们去管理，一代一代，薪火相传。"

实践证明，喜憨儿洗车中心的运营模式是成功的，在成立一年之际，就无偿帮助和支持青海喜憨儿洗车中心开业。在全国各地残联、慈善机构的支持下，"喜憨儿"模式已经推广至全国16座城市，共有19家门店，给几百名喜憨儿提供了就业机会，全国还有多家洗车中心处于筹备状态。通过16个地市的接力，"喜憨儿曾经是社会资源的消耗者，现在是社会服务的提供者"的全新理念得到了有力传导。对于曹军而言，他的梦想是希望在深圳开100家类似的店铺，虽然这个数字在1200万"喜憨儿"中几乎可以忽略不计，距离曹军100家洗车行的目标也很遥远，但是他们的成功，却为更多的"喜憨儿"就业提供了很好的参考。政府和社会各方的帮助和支持，用"造血"代替"输血"，用符合市场规律的方式发展壮大,"喜憨儿"的未来一定光明且精彩。

在中国有 1200 万～2000 万心智障碍者,其中只有不到 5％的人能找到工作。大部分人被圈养在家里,没有机会理解外界,也没有机会被外界理解。"残障人士也是宝贵的人力资源",这一观点引发了很多人共鸣。事实上,残障人士和其他人一样,也能够为社会发展创造巨大的价值。然而很长一段时间以来,企业和公众并没有正确认识残障人士的能力和贡献,针对残障者的歧视和偏见普遍存在,造成残障人士就业困难重重。社会普遍对心智障碍者的就业都抱有"不现实、不接受"的观念,认为他们并不能适应社会生活,喜憨儿的家属担心他们受到同事的欺负和歧视,不希望他们过多地和社会接触,普遍希望他们到残疾人集中就业单位就业。但是由于残疾人集中就业单位有限,且心智障碍者在残疾人群体中更为特殊,进入残疾人集中就业单位的机会小,由此,心智障碍人士融入社会变得更为艰难。

要改变这一现状,就必须打破存在于全社会和劳动力市场中的壁垒,消除隔离,让残障人士融入社会,为他们享有正当的工作权利开辟道路。支持性就业或许是最佳选择。洗车中心的成立并不仅仅为喜憨儿提供一份可以解决温饱的工作,更重要的是让他们实现自己的人生价值,做到真正地"洗"出自我人生,使得这些单纯、善良的喜憨儿们也能用"阿甘精神"对待工作,尽全力将顾客的汽车洗得一尘不染,并从辛勤的汗水中实现自我价值,获得社会的认可与接纳。喜憨儿洗车中心以就业与康复相结合的工作环境和方式,探索出真正适合心智障碍群体解决就业与生活问题的模式,帮助"喜憨儿"建立社会适应能力。一步一个脚印成为中国慈展会金牌社企。中国慈展会社企认证工作组指出,喜憨儿洗车中心以 16 岁以上大龄喜憨儿、脑瘫儿为主体,提供就业培训,实施以洗车服务为主的大龄喜憨儿就业,经过科学的培训方法使得其服务具有市场竞争力的同时,有效帮助心智障碍者融入社会,模式具有极强的可复制性,不断践行着社会企业"运用商业手段,解决社会问题"的重要使命,商业模式清晰可复制,收入来源稳定,具有很强的创新性。

实现残疾人对美好生活的向往,离不开他们自身拼搏,也离不开政府部门和社会组织的努力。政府通过税收、财政补贴等经济手段,激励用人单位增加对心智障碍人士就业各个环节的支持。对安排智障残疾人士就业的福利企业,给予大幅度的政策倾斜和扶持。近年来,在相关组织支持下,不少残疾人通过手艺致富,一些聋哑人凭借作品收获荣誉,说明只要找到合适舞台,残疾人不仅不是社会负担,更是价值的创造者,同样能拥有精彩人生。

尾 声

当代中国社会意识逐渐觉醒,涌现出许多社会企业。它们采用创新的营利性商业模式,在维持财务可持续性的同时,致力于解决各类艰巨的社会挑战。喜憨儿洗车中心正是中国新兴社会企业的标杆。为了完成社会使命，公司全方位重新设计了心智障碍员工的工作和培训流程。此外，公司建立了信托基金，以实现财务自由具有可持续性的商业模式。然而，这对于很多社会企业来说还远远不够。要想可持续发展，它们还需积极推动多方利益相关者的参与，不仅要确保获得经济上的支持，更要为企业实现长期成功争取其他重要资源。曹军主动与当地政府、心智障碍患儿父母乃至当地企业界建立联系，为洗车中心寻求了重要资源和支持。考虑到社会层面的竞争，喜憨儿洗车行在国内是将心智障碍者康复教育与洗车服务就业相结合的开创者，通过前期的实践探索和精力投入，已经建立了一套标准化的职业能力测评量表，有成熟的体系化流程和方案，在心智障碍者这一就业领域积累了大量经验。与商业企业明显不同，社会企业的目标在于关注社会问题的解决，因此对于"进入威胁"的态度也异于营利组织。喜憨儿洗车行一直推崇这种以洗车为代表的开放参与式的支持性就业模式，并且致力于这种模式在其他地区的复制和推广，来实现更多的心智障碍者就业。可以说在针对"进入威胁"的防范方面，喜憨儿洗车行沿着较为正确的"模式复制"道路前进，既减少了扩张的成本，又提升了这种就业类型覆盖的广度和社会影响的深度。

"就像盲人按摩一样，喜憨儿洗车中心解决就业的同时，如果还有盈利能力的话，我们最终目标想要创建一个托养中心，他们有能力工作的时候，就到洗车行来工作，当他们年龄大了、能力不足的时候，可以住进托养中心，老有所居、老有所依，从而彻底解决喜憨儿家长们的担忧和焦虑。"

喜憨儿洗车中心的本质是以产托养，这种模式可以持续地将喜憨儿的就业与托养相结合。它以自主产业为依托，发挥群体团结的优势，参与市场公平竞争，依靠政策激励和扶持，通过提供多类型就业，实现以残助残、以残养残的可持续经营发展，让喜憨儿为社会提供服务，实现自身的价值，赢得真正的尊重。

以产托养模式主要包括前端的产业部分和后端的托养部分。前端产业部分根据喜憨儿的个体特殊性安排其工作岗位，采用"分工协作、团队作业"的方式，将工作流程简化，经过职业能力测评和培训之后，让喜憨儿在教辅人员的引导下做力所能及的工作。后端托养部分以"轻度者服务重度者"的方式，由轻度者在托养中心为重度者提供清洁、洗护、陪伴、运动等服务。让这个特殊群体之间取长补短，互助友爱，结伴前行。

从2015年深圳喜憨儿洗车中心正式营业，曹军开始一步步建造他的梦想庄园。目前，曹军正在筹备做农产品市场开发，他准备先从大米入手，因为大米是刚需产品，很容易被大家接受。从种植、运输，到加工和分包，曹军在思考喜憨儿可以做哪些环节的工作。如何让这种以产托养模式可持续发展？如何让整个运营体系符合市场规律，能够参与市场公平竞争？曹军还在思索着，未来他还有很长的路要走……

参考文献

[1] 香山红叶.曹爸爸和他的 16 名"喜憨儿"[J].党员文摘,2020(7):19-21.

[2] 张向艳.浅谈心智障碍群体就业问题对中国经济发展的影响[J].营销界,2019(37):85-86.

[3] 张承蒙,冷美卿."波特五力分析"视角下的社会企业发展战略研究——以喜憨儿洗车行为例[J].山西财政税务专科学校学报,2019,21(3):33-38.

[4] 刘春鹏.通过"支持性就业"擦亮喜憨儿的未来[N].大连日报,2018-05-11(003).

[5] 陈萧军."喜憨儿"的小未来[J].中国社会保障,2016(12):64-65.

[6] Echo Wang.喜憨儿洗车中心:从洗车开始的庄园[J].中国社会组织,2016(20):35.

[7] 林维兵.喜憨儿家园:呵护"来自星星的你"[J].老年人,2016(3):30-32.

[8] 林维兵.喜憨儿路在何方?——深圳喜憨儿洗车中心启示录[J].大社会,2016(Z1):48-50.

[9] 若慈.喜憨儿之家[J].中华手工,2014(1):46.

附录

曹军访谈语录

"我们要扬长避短,把他们的优点挖掘出来,让他们能走出家门,通过劳动融入社会,不再是负担,活得更有尊严。"

"'授人以鱼不如授人以渔',让孩子们学会自食其力,让他们通过自己的双手劳动去获得报酬,远比一直为他们捐款捐物要好得多得多。"

"找到'喜憨儿'适合的,找到社会能接受的,找到市场需要的,这是一个群体问题。"

"我们想先探一条路,现在多做点,将来等我们的孩子成年时,他们的选择机会或许更多。'守望相助,薪火相传',今天我们守护别人的孩子,等将来我们老了不在了,希望还有年轻的喜憨儿父母接过这一棒,帮我们守护我们的孩子,一代一代,把这个事情做下去。"

"在这里洗车,收费、服务、顾客体验跟在其他地方一样,等待时间不延长,服务质量不打折。您选择喜憨儿洗车,就是一种支持。给我机会为您服务,帮助了我们,也改变了社会。"

"现在'喜憨儿洗车'这个品牌在残联体系内已经有了一定的知名度,这个项目已经成功推广到杭州、西宁和银川。他们曾过来深圳学习,我们也有过去指导,无偿提供运作模式和经验。北京、上海、成都、武汉等城市也正在洽谈,中国残联也先后四次来调研,计划明年在全国做推广,未来几年它会有很大的发展。"

"我会将洗车行一直做下去,直到有一天我不在了。我想要一步步把洗车行发展起来,今天是一家店,明天两家,一百家一千家店去开,还有其他的衍生品也会慢慢出现。比如说农产品的生产、一些养护和清洁服务都有在慢慢探索。"

"我还想去尝试园林绿化类的工作。由园艺师带队,孩子们在公园里做一些清扫、擦洗、倒垃圾、除草的清洁服务,也是市场本身需要的,同时公园的环境也比较适合。"

案例7　皮村工友之家:放飞文艺青年的志愿梦想[①]

引　言

皮村,听来是一个再普通不过的村庄名,它隶属于北京市朝阳区金盏乡,位于楼梓庄东侧,交通便利,地理位置优越。这在北京似乎与其他的村庄地区没什么不同,但为什么会有那么多的媒体、记者或个人争相去关心呢? 可以断定的是,这里肯定有故事。其实这里不像那些可以繁衍生息的村庄,也不类似于简龙村工业园、辛庄服装园区、新郑航空港那样的产业园区。这里是一个典型的城乡接合处,同样,这里是有打工博物馆、新工人艺术团、"工友之家"的地方!

2002年孙恒等人在皮村发起"工友之家",自此"工友之家"致力于维护工人利益、丰富工人文化、记录工人历史等工作并成为工人们的家园。十几年来,"工友之家"曾一帆风顺过,也曾风雨飘摇过,那么,"工友之家"为何会出现? "工友之家"是如何建立起来并频频出现在大众眼前? 又是如何在重重困难中坚定不移、始终如一地坚守自己的目标?

一、青年逐梦

孙恒,河南开封人。孙恒出生在陕西安康,直到中学时才被父母带回老家开封,最初由于语言不通,性格变得异常孤僻。一次元旦聚会,他结结巴巴唱了一首当时流行的《信天游》,引来全班同学哄笑。天生倔强的孙恒为了证明自己,以学英语的名义骗父亲买了一台收录机,私下天天练习唱歌,由于他的勤奋,加上他的天赋,很快他就唱得很

---

①　本案例由彭伟、孙步明根据公开资料整理,版权归原作者所有,并对原作者的贡献表示感谢。案例仅供讨论,并无意暗示或说明某种管理行为是否有效。

好。高二时的中秋节，他熬夜写下第一首歌《想家的时候就想想我》，第二天利用班长的职权之便，教大家学唱，引来邻班同学，一群孩子哭得一塌糊涂。后来这首歌的曲调，还被用于颇有影响的打工歌曲：《天下打工是一家》。1998年，孙恒从河南安阳师范学院艺术系音乐教育专业毕业，来到了开封四中担任音乐教师。不到一年，因为觉得自己的授课方式不能适应当时的教育体制，孙恒决定放弃在河南做音乐教师的工作北上进京，他想要寻找一群志同道合的朋友。秋天的时候，孙恒来到北京，繁华的首都残忍地打破了孙恒的梦，当孙恒抵达北京时，一下车就傻了，只能想到，"今天晚上住哪儿，吃啥？"就在北京西站的边上，孙恒找到一个货运站的办公室，房间的墙上挂着一把破吉他，他想，这里应该有一个喜欢音乐的人，于是，孙恒决定在这间货运站扛包。这份工作只维持了一个月，直到离开时，孙恒也没有碰过那把吉他，更没有遇到自己期待的朋友。那时的孙恒意识到自己应该继续学习，于是他在清华大学附近租了间屋子，他去打短工，去地铁、街头卖唱以维持生活，有时间就去大学里听讲座。一天中，孙恒要骑8个小时自行车，到地铁站唱歌，还要担心会不会有人抓自己。孙恒记得，当时许多地铁站附近的派出所，他都"进去过"。

为了生活，孙恒每晚都会去建筑工地卖唱，一次，他在一个建筑工地停留了三天，每天傍晚，等工人下班后为他们演唱。晚上，他在逼仄的工棚里为工友们唱歌，唱一些老歌，也唱自己编的歌谣。工友们连工装都来不及脱，手里端着饭盆，两眼盯着他，那种目光与在地铁站演唱时路人的目光天壤之别，孙恒突然明白了，这里才是他唱歌的地方。同吃同住，听工友们讲打工史，讲乡愁，讲婚恋，讲艰辛与憧憬，孙恒觉得自己成了他们中的一员。这期间，孙恒认识了一个叫彪哥的工人。彪哥黑黑瘦瘦矮矮的，很沉默，前两天他一句话也不说，只是坐在旁边静静地听歌，第三天，他向孙恒伸出他那一双粗糙不堪布满老茧的手，开始对孙恒讲心里话："我只有一双空空的手，但我要靠这双手养活家人，每天干十三四个小时特别累，累了就喝酒，喝完就想家。我不明白我们为什么从农村来到城市，用血汗建设城市，城里的人却瞧不起我们。我想拼命干活让生活更好，可是，这么多年，我还是只有这一双空空的手。"看着眼前的彪哥，孙恒想起了自己在地下道卖唱的时光，还有那些在自己身边摆地摊的伙伴。背井离乡寻找更好的生活，这是自己、地下道的伙伴们以及彪哥等无数人的共同愿望，而生活的艰难、异乡的感受也是这个庞大群体的共同经历，孙恒突然明白了，自己的人生，其实就是这个群体的人生。孙恒创作了一首歌曲《彪哥》："你说你很想家，可是只能拼命地干，才能维持老少一家安稳的生活……一天天一年年，你拥有的只是一双空空的手……"后来的一天，他再次来到工地唱给彪哥听，彪哥边听歌边用粗糙的大手抹去滚落的眼泪。彪哥，让他的创作开始发生颠覆性的变化：走出自己，关注世界和别人。

就在这段时间，孙恒还接触到了在北京打工的许多普通劳动者，被他们艰辛而乐观的生活态度所打动。渐渐地，孙恒发现市面上反映农民工生活的文艺作品很少，于是孙恒立志为底层劳动者写歌、唱歌。打了几个月零工，1999年初，孙恒带着花了800元在电影学院录音棚录制的第一张专辑《梯子》离开北京,辗转在全国十几个城市的地铁站、地下通道与高校,开始他当时所谓"民谣之旅"的个人活动。年底,孙恒回到北京,他觉得找到了自己的音乐风格——民谣,如同他喜欢的伍迪·格思里①,一辈子流浪民间为底层人民写歌,在他看来:"音乐不仅是表演给别人看,更重要的是表达自己的思想情感,对社会的认识,对生命的看法,讲述自己关注的社会议题。"确切地说,孙恒音乐风格的转变是源自于一年多的流浪生活。

1999年底,北京明圆打工子弟学校②校长在北师大开讲座,孙恒也去了。校长说:"北京每年有20万农民工子女,因为各种原因上不了公立学校;打工子弟学校条件有限,孩子们的音体美课没人上……"台下的孙恒立刻举起手:"我可以去当志愿者,教孩子们音乐。"第二天,孙恒站到了阔别已久的讲台,面对六个年级的孩子,孙恒让简陋的学校第一次传出整齐的歌声。冬去春来,每天骑着破自行车往来于学校和住处,每个月400块钱交通伙食补助是他全部的收入,然而孩子们的歌声却让孙恒坚持了3年。2001年冬天,天津科技大学的学生社团去工地慰问工友,孙恒也跟着去了。50多个人拥挤在一个简陋的工棚里,窗户飕飕地灌着冷风,屋内挂晾的衣裤呼啦啦响。严冬中,有的工友连被褥都没有,还睡光板床。站在这样的工棚里,孙恒弹起吉他,大声唱了起来,工友们由鸦雀无声到掌声如潮,最后干脆一起合唱起来。"看到他们那么开心,我突然意识到,他们需要歌声,我也需要那个舞台。"

二、志愿梦起

在北京的边缘地带有个地方叫作皮村,这个位于东北五环与六环之间的城中村有2万多人口,其中拥有北京户口的只有1000多人,其他都是外地打工者。皮村的生活环境甚至比不上这些外来打工者的老家,但这里房租便宜,生活成本低,只是要忍受不时有飞机从低空掠过的噪音。有不少人已经在皮村成家立业,或将全家老小接来,也有很多人迁出,皮村是中国农民工生活的缩影。孙恒也如大多数农民工一样,在这里落脚,并通过音乐认识了很多朋友。2001年,许多的卖唱生活已经持续了两年。9月11日那天,他背着吉他正在西直门附近的一个地下通道唱歌。不久,他认识了同在地铁站卖唱的湖北人小吴,一天,小吴跑来跟许多借钱,说:卖唱时,吉他被警察没收,需要100元赎回,许多把钱借给了他,不久后,在小吴的介绍下,许多认识了孙恒。当时,孙恒常

---

① 伍迪·格思里(Woody Guthrie,1912—1967年),俄克拉何马州俄克马(Okemah)人,美国民歌手、作曲家。作品有《这是你的国土》、《很高兴认识了你,再见》等。20世纪30年代在工会会场和流动工人营地表演,歌曲内容以经济大萧条和沙窝为主题。

② 明圆学校于2001年成立,已经发展了将近17年,学生人数最多达到700多人。但由于附近城中村改造许多务工人员被迫拆迁,现在学校人数大幅削减只有30余名学生。导致大多教室闲置、废弃,操场也随之荒废。但校长承诺只要学校能开,就不会关闭。

去北京首家"打工妹之家"当志愿者。一次,许多随孙恒参加募捐活动,将一些书和衣服运到工地送给民工,并给工友们唱歌。工棚很简陋,上下铺挂着晾晒的衣裤,很多工友仍穿着干活的脏衣服。孙恒抱着吉他,唱的是自己创作的民谣歌曲《一个人的遭遇》,内容是小吴的亲身经历。他用陕西方言唱道:"九点多钟有人来敲门,说我们没得暂住证,把我们当成任务送去翻沙子,收容到昌平。到了以后我发现,已经有好几百人在里面,想要出去有条件:你可以打电话,叫人来送钱……"许多在一旁用 DV 录像。他发觉,工友们的眼睛紧紧地盯着歌手,掌声、笑声那么真诚、质朴,跟他在地铁站里演唱完全不同,那份亲切感是他前所未见的。许多像遇见知音一样,突然醒悟,原来唱歌不仅仅是娱乐消遣,还可以服务别人,在精神上鼓舞别人。

后来,孙恒和许多认识了王德志。1995 年,王德志刚满 18 岁,他揣着从家里偷出来的 700 元钱坐上一列驶往北京的火车,王德志梦想着自己能在中央电视台的春节联欢晚会上说相声。刚到北京时,王德志满以为自己很快就能登上春晚舞台,可结果却是他连央视大门都没进去。不甘心回老家的他留在了北京,落脚在皮村。此后,他以打工维持生计,做杂工、在水站送水、发小广告……不管什么样的脏活累活,王德志都做过。2002 年初,孙恒在参与一些公益性文艺演出的时候,与王德志相识。孙恒、王德志和许多都把皮村当成落脚点,三人兴趣相投,相见恨晚,商议决定,一起用自己的文艺特长为农民工服务。他们开始从事民间歌曲创作,游吟祖国各地,他们的作品大多反映底层劳动人民的社会现实生活,立场鲜明,淳朴而真挚。

就这样,北京成为孙恒、王德志和许多等人的第二故乡,但他们却不知道如何回答这个问题:"你是干嘛的?"在他们眼中,自己不种地,不是农民;没有正式工作,不是工人;没有北京户口,也不是市民。无法确定的身份一直困扰着他们,直到 2002 年发生了转折。2002 年"五一",孙恒和王德志、许多商议创办了"打工青年艺术团",他们有了自己认定的身份:新工人。2002 年 11 月,"打工青年艺术团"以企业形式正式注册下来,成为非营利性社会公共服务企业——名字叫"农友之家",孙恒为主要负责人。他们利用节假日及工作之余的时间奔赴建筑工地、工厂、打工者聚居的社区开展丰富多彩的义务巡演活动,并以此努力探求一种与劳动者生活、生产相结合的文艺运动形式,旨在重建劳动者自己的精神文化家园。

演出队组建之初,艺术团的青年白天上班,晚上到工地、厂区或社区给农民工免费演出。他们只能自己联系演出,成功率仅为 1%。"因为很多工地存在劳资权益问题,当听到我们要为工人们演出,还不要钱,老板们难免生疑。"孙恒说。一旦获得演出机会,大家都特别卖力。没有舞台,他们就找片空地,工人坐在他们的脚边;没有灯光,工人就把工地的探照灯打开;没有麦克风架子,工人就把钢筋棍往地上一插,麦克风绑在上面。第一次演出时,演出队员在中段就唱了歌曲《团结一心讨工钱》,其中有一句是:"团结一心跟他干,条件一个结工钱!"唱到这儿,现场的工人特别激动,举着拳头一起唱。包工头见状,立刻把这个"找上门"的演出队赶跑了。为避免惹祸,此后,这首歌只好被当作收尾。两年时间,孙恒和伙伴们在北京大大小小的工地义务演出100多场次,观众有两万多人。其间,他们也吸引了不少"演员"加入,其中有修理工、保安、保姆、厨师……他们尝试创作了一些反映打工生活的歌曲、相声、小品等带到演出现场,这些文艺创作虽然粗糙,但因为真实、生动而反响热烈。每次演出后,农民工都会向他们咨询讨薪、工伤、社保及子女教育等问题。孙恒他们认为,应该帮助工友们提高维权意识。此后演出队在演出结束后,会给工友派发《劳动合同法》的宣传页,还将工人维权的案例编成相声、小品、歌曲等演出。2003年12月,孙恒与北师大"农民之子"法律服务协会和一些法律志愿者合作,创立了"民工维权服务队",为权益受侵害的打工者讨公道。孙恒也认识到,农民工当中普遍存在着权益被侵害、情感缺失归属感、精神迷茫和亲情被生活阻断等经济和精神困境,而在文化市场上,缺乏代表他们利益、表达他们声音的文化产品。所以,孙恒更加坚定了在维护底层工人利益、丰富工人文化这条路上走下去的决心。

三、扎根教育

"农友之家"进驻皮村后,孙恒发现到处都有七八岁、十来岁的孩子在游荡。原来,皮村成为农民工集聚地后,他们的子女也伴随而来。但是当时打工子女入学"门槛"多多,多数孩子无法上学。孙恒的眉心蹙在了一起,他自己也是从农村走出来的,知道教育对于人生的重要性,孙恒认为打工子女也应该享受平等的义务教育,教育问题成了孙恒心中的一块大石。

"打工青年艺术团"越来越为人所知,2004年9月,京文唱片公司为打工青年艺术团出版专辑《天下打工是一家》,专辑卖了10万张,艺术团分到了7.5万元的版税。最初孙恒并没有出专辑的想法,只是因为工友们想学唱一些歌,孙恒他们就去找了一个录音棚,录完就送给大家去传唱。在录音的过程当中认识了国内最大的一个唱片公司,里面的工作人员听到了这个专辑的小样,特别喜欢,就拿去给唱片公司的老总许钟民听,这些歌深深打动了他,因为他也做过建筑工人。许钟民让全公司的员工听,这些员工也都是各地出来的打工者,都很喜欢,因此双方在很短时间内就签了协议,将唱片在全国发行。那时,通过《实话实说》这个节目,孙恒认识了崔永元,并请他担任艺术团的顾问,帮助艺术团卖唱片,崔永元当时还专门写了倡议书,使那些唱片卖得很火。中宣部和文化部也知道了这个艺术团,他们向全国推广这些歌曲,号召专业文艺团体进入这个领域,甚至将"打工青年艺术团"编入他们直属的文化小分队,让他们去广州、上海等地演出。孙恒等人拿到了75000块钱的版税,他们第一次见到那么多钱,还开了一个星期的会讨论怎么用这笔"巨款",商量着怎么用这些钱去做有意义的事,想来想去,想到了工地上那些无学可上的孩子,大家一致同意:"既然城市的学校不好上,我们自己办个学校吧。"说干就干,工人们去找场地,最后找到了皮村的一个20世纪70年代的村办学校,后来荒废掉了，成了废弃的工艺美术厂，到处荒草丛生。房东要收一年六万块的房租，思索之后，孙恒就签了二十年协议。

至于校舍改造，由于艺术团也没有钱，只好动员大量的志愿者——大学生和工友，孙恒等人要用自己的双手为孩子们建立一所学校。当时，在"工友之家"做志愿者的沈金花正在中华女子学院读大四，有一天，孙恒告诉她，"农友之家"要办一所打工子女学校，鼓动她留下来。沈金花不敢相信，疑惑地说："我自己还是个学生呢，如何办得了学校？"孙恒说："你不是学社会学的吗？现在社会需要这样一所学校，在这里你会大有作为的。"或许是被这段话触动，沈金花真的留下来了，担任同心实验学校的年轻校长。6万元交房租，1.5万元用于建设、招人、买设备。2005年7月，在北京朝阳区文化馆以及无数志愿者的帮助下，"同心实验学校"在京郊皮村建成了，8月，同心实验学校正式开学，学校招收对象是3岁以上学龄前儿童和小学一至六年级学生。"同心实验学校"不仅在全国招聘了常规老师，还从高校和其他行业招募了志愿者，节假日、双休日学校大门也是开着的，老师或志愿者轮流来带学生做功课、做游戏，学校还聘请了专业志愿者，免费开办了摄影、绘画、舞蹈等兴趣班。学校所招的这些孩子有的从小随父母进城，有的就在北京出生，从少不更事起，他们便被自己的身份所困扰。同心实验学校把"爱"放在教育的第一位，努力让每个孩子都能健康自信地成长。一位学生在日记里写道："每天清晨一走进校园，我的心情就特别舒畅。这里没有歧视的目光，只有温暖的眼神。在这里，我时时感到被重视、被关爱，我不会因为自己的爸爸妈妈是农民工而自卑……"沈金花觉得孩子们健康自信地成长，是孩子们给学校的最高奖赏。

2006年后，根据国务院的文件中赋予农民工"是我国改革开放和工业化、城镇化进程中涌现的一支新型劳动大军"这一定义，打工青年艺术团改名为"新工人艺术团"，"农友之家"改名为"工友之家"。

四、同心互惠

通常每次演出，孙恒和伙伴们都会带上些平时收到的捐赠物品，到了工地这些东西基本都被一扫而空。一次，四双鞋被八个工友抢去，最后一人一只没办法穿又退了回来。看到这些情况，孙恒想到一个问题，城市里不需要的资源巨大，而工友们需要的资源太多，能不能建个超市，专门把城里人不用的资源回收过来，低价卖给工友们，挣的钱再用来继续各项公益事业？"二手超市"就这样在孙恒的脑子里成形。2006年7月，在社会各阶层的帮助下，第一家同心互惠二手超市出现在皮村，同心互惠超市里面的物品全是二手货，有社会各界捐赠过来的东西，经过消毒、处理、维修，最后以很便宜的价格出售给工友。超市里的商品以衣服为主，高校学生成了主要捐赠者，学生们军训穿过的迷彩服，军训一结束就不要了，捐到这里来基本还是新的，市面上卖50元，在这里只要8元，最贵的是冬季厚棉服，七八成新，在这里也只要20元。二手超市受到打工群体的欢迎，从 2006 年至 2007 年发展到周边社区开办了 7 个同心互惠超市，纯利润达到 3 万元左右，每年为外来务工者节省近 100 万元。至于商品的获赠途径，一个是和高校大学生社团建立长期合作关系，定期举办一些募捐活动。从 2011 年开始，同心互惠超市和企业开始建立合作关系，比如微软①、LG②、惠普③、联想④等大公司，他们有上千员工，公司楼里放有募捐箱，员工们上班随手就可以放进去。孙恒准备两辆车，每天从早到晚循环接收。同时，孙恒还开通了 400 捐赠热线。没过多久，通过网站、媒体报道等宣传，市民打电话的非常多，平均每天接到 20 个捐赠电话。超市安排专门的人，每天接收电话，安排接收的路线。2011 年，从宣传、募捐、接收、进入库房、进入商店，整个体系已经建立起来了，初步估算，超市毛收入大概 60 万元，除去成本，大概还有 7 万元的结余，帮助工友节约大约 500 万元的成本开支，同时解决了 20 多名工友的就业问题。

"利润有三个用途，一是维持超市自身经营，二是投入到我们的'同心实验学校'，三是在社区开展公益活动用。"孙恒说，自己也没想到无意中办了个现在很"潮"的社会企业。

五、记录历史

2007 年，一次，孙恒在外出参观博物馆时，突然想到，应该办一座反映打工生活的博物馆。"改革开放这么多年了，打工者做出了巨大贡献，他们修建了基础设施，他们为城市人们的衣食住行操劳着，他们创造了大量的物质财富，他们创造了历史，不能让这历史白白过去，我们要记录自己的文化历史。"孙恒开始打听博物馆怎么建，但得到的结果让他有点沮丧：建博物馆要符合很多条件，馆长要有本科以上学历、馆内的温度湿度需要达到标准。但孙恒很快释然了，"我们又不要挣钱，就是要做一座活的博物馆，让社会看到我们这个群体的变迁。"在皮村村委会和志愿者们的帮助下，"工友之家"又租下皮村一家废弃的厂房。2007 年，在平时服务的打工兄弟们的共同努力下，孙恒等人用

---

① 微软是一家美国跨国科技公司，也是世界 PC（Personal Computer，个人计算机）软件开发的先导，由比尔·盖茨与保罗·艾伦创办于 1975 年，公司总部设立在华盛顿州的雷德蒙德（Redmond，邻近西雅图），以研发、制造、授权和提供广泛的电脑软件服务业务为主。

② 韩国 LG 集团于 1947 年成立于韩国首尔，位于首尔市永登浦区汝矣岛洞 20 号，是领导世界产业发展的国际性企业集团。LG 集团目前在 171 个国家与地区建立了 300 多家海外办事机构。事业领域覆盖化学能源、电子电器、通讯与服务等领域。

③ 惠普（HP）是世界最大的信息科技（IT）公司之一，成立于 1939 年，总部位于美国加利福尼亚州帕洛阿尔托市。惠普下设三大业务集团：信息产品集团、打印及成像系统集团和企业计算机专业服务集团。

④ 联想集团是 1984 年中科院计算所投资 20 万元人民币，由 11 名科技人员创办，是中国的一家在信息产业内多元化发展的大型企业集团和富有创新性的国际化的科技公司。

四处募集来的材料，建成了一个小小的"打工博物馆"，建馆时，一对住在旁边搞装修的夫妇听说自己打工中用到的东西可以放在这里展览，开心得每天来帮工，昌平一家工地知道后更是连夜收集了好多东西派专人送来。博物馆主题就是农民工进城务工的历史，孙恒收集了与农民工有关的国家政策演变、媒体报道等资料。2008 年五一劳动节"打工博物馆"正式开放，暂住证、健康证、保安服、罚款单甚至工钱白条、给家人的书信……这些物品都以展品的形式出现在人们的视野中，真实记录、反映打工生活的物品，共同记录打工者自己的文化和历史，这大概是中国最简陋的博物馆。除了打工群体，还有企业白领和高校学生来参观，数亿人的庞大打工群体，终于在京郊的几间小屋里留下了自己的历史。

在区政府帮助下，2009 年起，皮村村委会与之合作的"皮村社区文化中心"在打工文化艺术博物馆的小院门口挂牌。2010 年，朝阳区文委把"打工文化艺术博物馆"也纳入到民间博物馆支持项目。

六、丰富文化

为了充实"工友之家"的文化生活，2009 年 1 月，孙恒等人在新工人剧场举办了第一届"打工文化艺术节"，全国各地十几家服务农民工的公益性机构和工友到场，大家带来了自己创作的歌曲和小话剧，对农民工的前途和命运开展平等交流讨论。孙恒将第二届艺术节更名为"新工人艺术节"，在 2009 年 10 月份举行，参加活动的人数和公益机构大大多于第一届。2010 年 9 月，第三届"新工人艺术节"增加了艺术工作坊、讨论会以及与港、台工人艺术团体的合作项目。孙恒想让工人们知道，文化并不高高在上，每个普通人都能做，人人都能参与。办春晚的念头就是办艺术节时产生的，孙恒觉得应该办一场农民工自己唱主角的春晚，名称就叫"打工春晚"！这个春晚应该由农民工自己创作，反映农民工生活和愿望，突出给农民工鼓劲、促社会和谐的主题。

2012 年 1 月 8 日下午，由工友之家与中国社会科学院新闻与传播学院、腾讯网合作举办的第一届"打工春晚"节目开始现场录制。节目由王德志和孙恒导演，录制现场就在新工人剧场，这实际上是一个经过改造的帐篷。有一次，朝阳区文化馆把一家帐篷剧团安排在皮村演出，该剧团临走时向工友之家赠送了这个铁骨架的"帐篷"。"工友之家"为这座帐篷抹上混凝土，就搭成了"新工人剧场"。剧场很简陋，没有暖气、空调，没有高档演出设备；舞台只是一块空地，铺一层粗糙的化学质地的地毯；只有 200 个座位。筹备这一届打工春晚时，全部资金只有 1500 元，为了这个春晚，他们只购买了一块化纤地毯布置舞台、两个无线话筒，花了不到 1000 元，孙恒又购置了一些灯笼，简单布置一下就用完了。演出节目共 16 个，除同心学校学生舞蹈伴唱用的是宋祖英演唱的《好运来》外，其他歌曲、相声、舞蹈、小品、诗歌朗诵、工装秀等均为农民工原创，如"木兰花开"艺术团表演的舞蹈《疯狂的清洁工》，拿着笤帚、脸盆、抹布上台，表现家政工的劳动场景；王德志创作的小品《在城市安个家》通过采访农民工小夫妻，表达他们对在城市发展的憧憬。在新工人艺术团演唱歌曲《劳动者赞歌》的时候，台上演员与台下观众互相应和，一起跟着节拍做动作，所有人都喜笑颜开，被农民工的乐观精神和积极文化所感染。《工装秀》的表演者全是皮村的农民工，大家穿着工作服装，带上铁锹、扫帚、热水瓶、铁锯、手电筒等道具，优美而自信地在台上走着模特步，把这第一次春晚带上了高潮。孙恒特别邀请了央视著名主持人崔永元与沈金花一起担任晚会主持。孙恒在演出前一个多月，发私信给崔永元邀请他，在演出半个月前确定他能来，但孙恒还是怀疑，年底了，人家也忙，直到崔永元赶到现场，说了句"我觉得这儿特别舒服"后，孙恒才彻底放心。王德志也说，晚会火了跟崔永元当然不能说没有关系，崔永元对工友的尊重和平等，引发社会关注名人的同时，也让大家看到了农民工的才华，我们也需要有自己的"文化生活"。崔永元在主持这场"春晚"的时候也说："央视春晚也有农民工的内容，而这里我们感受到的是原汁原味的真正的农民工春晚。"这场打工春晚，可谓土得掉渣，人们表演的多是自己的现实生活，这些内容都通过艺术表现在舞台上，是一种升华，他们不再将其视为低人一等的工作，而是自己生活生命的一部分，通过表演来尊重自己的劳动，并以此得到情感的抒发和表演带来的欢乐。一直到2017年，"打工春晚"年年都不会缺席，崔永元共四次为"打工春晚"主持。

尾　声

皮村的"新工人剧场"是流动工人自己动手盖的，虽然简陋，但有丰富的文化作品，"打工春晚"还有"新工人文化节"有大量的工友参与演出，同时，还有关于工人文化的理论探讨和艺术节的文化实践。"同心实验学校"虽然不如一般学校一样有着完善的体制以及优良的资源，但是也为打工子弟子女们提供了良好的教育环境。还有"同心互惠超市""打工博物馆"等，都为工人这个群体的历史增添了无数光彩，"工友之家"这十几年来，一直充当着数亿打工工人们的港湾。即使存在着很多困难，孙恒以及工友们在一些社会机构和志愿者们的帮助下，也一直坚定地维持着这个港湾的发展。

在人口大规模向城市流动的时候，农村"熟人社会"的网络支离破碎，对于初入城市的农民工来说，城市的社会结构是陌生而复杂的，他们失去了可以依靠的生活圈子。即便在城市里能够依赖"老乡"，这个网络的规模和可依赖性也远远小于老家的农村社会。大部分外来的农民工孤独地在城市里工作生活，承受物质匮乏和亲情被阻隔的困境。在这样的背景下，诸如"工友之家"这样的工友组织在城市里发挥着"组织"的功能，不仅给外来农民工提供服务，还帮助他们自我学习成长，从而有序地融入城市。

参考文献

[1] 和冠欣. 打工春晚演的都是咱身边事[J]. 工会博览，2014(3)：23.

[2] 金凤. 工友之家圆梦你我他[J]. 时代青年，2015(12)：10.

[3] 孟登迎. "打工春晚"与"新工人文化"的创造路径[J]. 文艺理论与批评，2017(3)：45-54.

[4] 王海侠，孟庆国. 社会组织参与城中村社区治理的过程与机制研究——以北京皮村"工友之家"为例[J]. 城市发展研究，2015(11)：114-119.

[5] 王乐然. 王德志，给农民工办春晚[J]. 环球人物，2013(3)：83-84.

[6] 王颖卿. 让每个人都有权得到尊重与关怀[J]. 中国周刊，2016(10)：82-85.

[7] 宋轶，宋晓雅. 王德志[J]. 艺术界，2013(5)：142-145.

[8] 孙恒：继续找寻工友之家的方向[J]. 中国发展简报，2011(1)：30-32.

[9] 杨春燕. 筹不到房租只能关门 孩子们咋办——为进城务工人员子女提供服务的"工友之家"陷入困境[N]. 西安日报，2012-5-17(6).

[10] 张媛. 北京城里的另一片天空——走进皮村"工友之家"[J]. 中国妇女(英文月刊)，2012(2)：28-31.

[11] 张黎姣，杨姣. 北京五环外的工友之家[J]. 百姓生活，2014(1)：9-10.

附录

彪哥——打工青年艺术团

词：孙恒　曲：孙恒

认识你的时候，已是在你干完
每天十三个小时的活儿以后。
大伙儿都管你叫彪哥，
你说这是兄弟们对你
习惯亲切的叫法。
喝醉了酒以后，
你说你很想家，
可是只能拼命地干，
才能维持老小一家安稳的生活。
每天起早贪黑，
你说你感到特别地累，

可是只能拼命地干，

才能维持老小一家安稳的生活。

你说你最痛恨，

那些不劳而获的家伙，

他们身上穿着漂亮的衣服，

却总是看不起你，

你说究竟是谁养活谁，

他们总是弄不清，

他们总是弄不清这个道理。

一天天一年年，就这样过去，

你拥有的只是一双空空的手，

你总说也许明天日子就会改变，

可清晨醒来后，

仍得继续拼命地干。

天下打工是一家——打工青年艺术团

词：孙恒　　曲：孙恒

你来自四川，我来自河南，

你来自东北，他来自安徽；

无论我们来自何方，

都一样的要靠打工为生。

你来搞建筑，我来做家政，

你来做小买卖，他来做服务生；

无论我们从事着哪一行啊，

只为了求生存走到一起来。

打工的兄弟们手牵着手，

打工的旅途中不再有烦忧；

雨打风吹都不怕，

天下打工兄弟姐妹们是一家。

案例 8　无障碍艺途:冲破障碍，守护星星[①]

引　言

2010 年,苗世明接受福布斯 2010 中国慈善基金榜[②]的公益创业的专访。2012 年和 2013 年,苗世明带领团队在中国公益慈善项目大赛[③]中分别获得银奖、铜奖。2013 年,在上海市"慈善之星"比赛中,WABC 无障碍艺途获得上海十大青年公益项目奖与最受市场青睐奖。2013 年同年,苗世明还获得华尔街日报[④]中国创新人物奖。

从根正苗红的中央美院科班到如今 WABC 的创始人,苗世明已带领团队在上海、北京、杭州、成都、深圳、广州、珠海等 7 个城市设立办公点,及 30 余个社区点为精智障碍特殊人群提供免费艺术治疗课程。然而,由于本身非营利性的公益性质,WABC 初创时步履维艰,它是如何招收学员,推广其自身,达到发展的目标? 同时,为了保持企业的常青,苗世明又是如何进行管理运营,让爱心事业不再是昙花一现?

---

① 本案例由彭伟、鲍志琛根据公开资料整理,版权归原作者所有,并对原作者的贡献表示感谢。案例仅供讨论,并无意暗示或说明某种管理行为是否有效。

② 中国慈善排行榜由民政部指导,公益时报社编制,得到了中国扶贫基金会、中国青少年发展基金会、北京新面孔模特学校等 26 家社会组织和地方慈善会系统的支持,每年慈善排行榜单是对上一年度中国慈善捐赠情况的一次全面总结。其作用是为了鼓励人们进行捐款。

③ 中国公益慈善项目大赛是基于中国慈展会成长起来的品牌活动,作为一个国家级、开放性的公益创投平台,为推动中国的公益创投实践开展了许多前沿探索,资助和培育了一批具有社会影响力的创新公益慈善项目,成为中国级别最高、参与最广、影响最大的公益慈善项目竞赛活动。

④ 华尔街日报(The Wall Street Journal)创刊于 1889 年,以超过 200 万份的发行量成为美国付费发行量最大的财经报纸。这份在美国纽约出版的报纸,着重在财经新闻的报道,其内容足以影响每日的国际经济活动。

一、儿时种梦，细嗅生命

自苗世明 3 岁记事起，家里父母就经常产生纷争，所以他的情感很多都是放在家以外的东西。在他印象里，他更喜欢跟外面的朋友玩，喜欢一些小动物，还喜欢看一些风景，但是就是不喜欢回家。

小时候他住在姥姥家，和舅舅、妈妈都在一个平房的院子里。有一天妈妈给他买了一只小鸭子，毛茸茸的活的小鸭子，他特别喜欢，因为小鸭子身上有一股香香的味道，生命的味道。他每天都会去闻闻它，感觉很开心。那时他 5 岁，可养了还没有几天，突然有一天中午，他就找不到这只鸭子了。他听到舅舅在喊这是谁的小鸭子，但是等他到达的时候，那只鸭子已经变成一个相片了——舅舅一不小心把它踩扁了。因为不知道怎么去表达自己的情感，他就失声大哭，就觉得手里还捧着这只鸭子。在问过 5 毛钱买来的后，舅舅就拿出一张崭新的 5 毛钱塞给他。看到这个 5 毛钱，他哭得更厉害，在他眼里钱是不能代表生命的。从那以后，他曾经很长一段时间对金钱非常厌恶。

7 岁，他开始上幼儿园大班，当时特别调皮，去的第一天就跟班上最厉害的男孩打架，打赢后老师把他关在一个小办公室里面，等妈妈晚上接他回去。一个人在屋子里，看着窗外天空渐渐暗下来，他感到很伤感、很孤独。他很想出去，很想获得自由。这时候，他看到桌上有一张纸，他开始画人生当中的第一张画，他想画一点东西让老师知道他内心的感受，让她知道不应该把他关起来。他在这张纸上画了巨大的树，画了很多小鸟，有的在飞、有的在树上。第二天老师告诉他妈妈，说应该带他去学画画。从此，他开始自己画画的历程，从那以后他也特别喜欢去创作，去通过画画表达自己的情感，并一直持续到高考。

二、画笔为船，梦想起航

2003 年，苗世明从中央美院毕业，大学毕业后他还当了三年老师，但后来感到很痛苦，因为都是应试教育，参加高考都要画得很美、很完整、很精细，对他而言，就像是一种折磨。

2009 年，苗世明策划了首届北京 798 双年展 WABC 计划，他设计了一个名为"人人都是艺术家"的创意项目，想颠覆性地让一些特殊角色来进行艺术创作，让一些社会底层的人群去学习现代艺术。但这个展览做得不是很顺利，原本他打算找些下岗工人来画画，没想到下岗工人特别忙，找不到。于是，他急中生智：可不可以从社区的阳光之家①找"特殊

---

① 阳光之家，在北京叫作"温馨家园"，是为精障和智障人群提供服务的社区平台。

需要人群"来画画呢？在与14位精神障碍、智力障碍人士交流之后，苗世明决定让他们先画画看。让他没想到的是，当看到他们交上的画作后，苗世明被狠狠惊艳了一把。他们画的许多画中都透露出惊人的想象力和天赋，折射出极为丰富的内心世界，而这14位作者，也都只卖过报纸，做过木工，在餐厅里刷过盘子……他们的现实状况深深地震撼了苗世明。于是，他试着以艺术的方式和他们交朋友，想走进他们的心灵深处。

一开始，苗世明只把它当成一段好玩奇妙的经历，而真正下定决心想做成一个公益组织，这背后又有一段特别的故事。在教学中，苗世明遇到一位40多岁的公交车女售票员。在上课过程中，他发现售票员的状态越来越好，康复也很快，遇到陌生人也能逐渐沟通了。后来，苗世明离开了一个月，回来后没见着她，一问之下才知道她自杀了。震惊过后，他分析了一下原因，其实学员在社区上课时状态很好，但一回到社会和家庭中去，就又被当成"特殊人群"来对待，什么都干不了，累积的负面情绪影响了病情。

2009年，当时的中国公益还很封闭，政府对民间自发的公益组织控制得很严格。在了解到上海有孵化平台后，苗世明风风火火地赶来了上海。在陪着市领导和民政部部长做展览时，他特意穿上一件T恤，指着T恤上智障精障人群的画作对领导说："看，他们也很有价值！你不一定只把他们局限在社区里，还可以对他们进行艺术培养。"富有感染力的绘画和真诚的说辞打动了上海市民政局的领导，领导当场表示愿意未来提供支持。

2010年8月，在上海市民政局的支持下，他在上海市民政局注册了"上海艺途无障碍工作室"，以NGO组织的形式在上海落地，并组建了机构理事会。然而，来上海的半年里，苗世明至少有过3次想要放弃，他甚至对自己说"明天就要收拾包袱回北京"，但是正因为WABC给学员带来的喜人变化，让当初的心愿变成了责任。每当听到自闭症孩子家长激动地说"画得太好了"，他觉得这份工作还是有意义的，"还能坚持"。鼓励他一直坚持的还有自愿和他一起做项目的十多个志愿者组成的团队以及闪电般建立起来却一直发挥作用的理事会。

万事开头难，有了第一次的成功后，北京、成都、杭州、广州和深圳也相继出现了"WABC无障碍艺途"的身影。在没踏入这个行业之前，苗世明从没早起过。每天十一点起床后，先画会儿画，晚上聚会回来又继续画，日子过得相当自由。而现在，他每天九点就要到工作室，打点各项事宜，接待来客。一份专注艺术的态度，一颗包容"特殊"的心，从艺术家到全职公益人士，改变的不仅仅是他自己的身份，更多的是这些残障人士的精神世界和现实生活，甚至是整个社会。

苗世明介绍，中国脑部残障群体人数目前在3000万人左右，自闭症人数在1000万人左右，是一个不可忽视的庞大群体。"这个群体目前最大的问题是公众对其'生态性的接纳'的问题，他们缺的是公众的尊重、理解和接纳。目前，他们社会的教育、医疗、就业等等方面，对于脑部残障人士非常不友好，这让这一群体很难融入社会。"苗世明说，"脑部残障群体目前只能依靠家长，造成这一现状的原因，60%在公众，40%才在孩子自己"。苗世明意识到,他们迫切需要这样一个非营利组织,去了解他们的内心世界,为这些人群去呐喊,告诉社区以外的普通人:"他们,没有大家想象的那么恐怖,那么低能,他们其实很单纯很善良,怀抱着爱与真诚。"

结合自己以往艺术培训和教学的经验,苗世明尝试以艺术的方式和他们交朋友,走进他们的心灵深处,对他而言,那是一种无比奇妙的经历。在教学过程中苗世明发现他们很多人是具有艺术天赋的,而且艺术实践也的确在一定程度上改善了他们的心理状态和情绪。在翻阅了国内外资料后,苗世明发现,在国外,人们对于精障或智障人群的偏见早已消弭。很多艺术史上的大师就被认为是"精神病患者",例如梵高①、蒙克②这样的天才人物。他也知道了"艺术疗愈"这个词,在国外也有类似的机构和组织,那中国为什么不可以有呢? 苗世明觉得这是一项值得为之奋斗的事业,虽然困难重重,但意义非凡。

三、守护原生,寻找梵高

在开发精障群体艺术潜能方面,苗世明肯定不是第一人。在西方,以精神病人为创作主体的"原生艺术"市场已相当成熟。1947年,法国艺术家杜布菲③发起成立了世界上第一个原生艺术协会。在国内,原生艺术的"拓荒者"郭海平④早在2006年就深入精神病院,召集病人作画,并著成一部《癫狂的艺术:中国精神病人艺术报告》。但还是会有人问:"这些残障人真的有艺术天分吗?"

WABC全称为World of Art Brute Culture,即"原生艺术的世界",它的想法主要是通过这种原生艺术的形式表达自己。无障碍艺途提供的艺术潜能开发课程有别于一般的美术培训课程的最大特点就在于他更注重学员的艺术启蒙和个性发展。一般机构开设的绘画培训课程多以模仿教学为主导,影响了学员的想象力和创造力。而WABC提供的艺术潜能开发课程以启发式教学为主导,尽可能地保留下学员的天然性格和艺术倾向,激发出他们的想象力和创造力,有助于创造出拥有独立风格、独立审美体系的艺术作品。"并不是每个人都擅长言语,有时,非语言形式却能更好地表达自己的内心

---

① 文森特·威廉·梵·高(Vincent Willem van Gogh,1853—1890),别名"梵高"或"梵谷",荷兰后印象派画家。出生于新教牧师家庭,是后印象主义的先驱,并深深地影响了20世纪艺术,尤其是野兽派与表现主义。

② 爱德华·蒙克(Edvard Munch,1863年12月12日—1944年1月23日),挪威表现主义画家、版画复制匠,现代表现主义绘画的先驱。

③ 让·杜布菲(Jean Dubuffet),法国画家、雕刻家和版画家。二战后巴黎派主要画家之一。其创作以摆脱观察习惯和文化条件,破除正统的表现规则和油画技艺为特征,并广泛使用各种手段(材料)创造多种风格。

④ 郭海平曾策划、发起"晒太阳"、"药"、"病:我们时代的艺术"等当代艺术展。后进入南京祖堂山精神病院三个月,召集病人作画,著有《癫狂的艺术:中国精神病人艺术报告》。

世界。脑部残障人士对艺术的感觉，是后天学也学不来的。"苗世明兴奋地发现，在国外艺术圈，这些关闭了正常沟通渠道的画者，渐渐在"原生艺术"（ArtBrut）中占据了重要的地位。有专门的画廊展示他们的作品，有学者对此开展专题研究，按国外形势来说，这些特殊艺术家完全可以用自己的灵感在社会立足。

2009 年到 2013 年，这四年时间里，无障碍艺途在这五个城市大概服务了 400 多位这样的人。他们不断地去社区里发现、培养这些特殊的群体，然后他们会定期在这些城市里做一些展览。他们还会通过一些时尚的展览项目、国际设计周、建筑双年展之类的展会，把他们的作品植入进去，作为一个跨界性比较强的工艺艺术，甚至是一些现代的概念，让这些底层的人，去和一些现代的艺术家创作结合在一起。通过这个形式，来证明这些底层人的这种不被理解的价值；通过这个方式，来改变大众对他们的看法。同时，"无障碍艺途"通过建立社区站点工作室的形式，在社区的服务中心开设艺术潜能开发课程，给喜爱绘画的学员一个展示自己、培养兴趣的机会，同时也能起到一定的辅助康复功能。艺术潜能开发课程有别于一般的美术课，它更注重学员的艺术启蒙和个性发展。苗世明说："不同病症的人群需求不一样，画的风格也不一样。"现在，他已练就一双只看绘画就能了解作者的"火眼金睛"。他说："智障人群画画偏爱简单的图案，类似3 至 5 岁孩子的创作，他们喜欢一个图案就会重复创作，接受新的知识很慢；精障人群是大师型创作，画得都很好，学习需求很强；脑瘫的孩子最接近普通人的思维方式，他们是智慧型绘画，用最简单的东西表达丰富的情感；自闭症患者的画分两类，一类是抽象画，一类是记忆型，可以把经历的事完全重复出来。"无障碍艺途的课程以启发式教学为主导，尽可能地保留学员的天然性格和艺术倾向，激发他们的想象力和创造力，慢慢帮助他们创造出风格独立的艺术作品。

在教画过程中，有件事对他改变非常大，印象特别深。有一位男士，他被车撞过，有点智力障碍，他每天只用铅笔画一些小人，但是苗世明发现他每个小人画得都不一样，这让苗世明很震惊。苗世明觉得他其实是有自己的思想，有自己的感触，有自己的情感，每一笔都发自自己的内心。他们会去表达自己的情感，不只是疯子傻子，他们有自己的意识，有自己的感受，只是别人听不懂，或者说别人看不懂。从那以后，苗世明就终于找到了一件自己喜欢做的事，就是寻找梵高。梵高也是个活着的时候并不被公众认可的人，但是他非常热情，他是一个可以用自己的鲜血去创作作品的人。

为了让更多的奇迹发生，苗世明决定从做艺术培训转向尝试艺术疗愈。然而，自闭症孩子的注意力很难集中，几分钟之后就会涣散。在 WABC 的教室里经常混杂着孩子的叫喊、妈妈的指令、老师的安抚、画具掉地、手拍打桌子等多种声音。"这是课堂的常态，对于自闭症儿童，培养他们注意力集中是第一步。"这里的老师有些是美院的专业老师，也有一些是业余兴趣爱好者。苗世明和老师在课前都会讨论教案，设计合适的课程。课程设计中，第一阶段的涂色是让他们先把注意力集中下来，第二阶段的互动是让他们注意力再一次集中，最后锻炼他们的描绘能力。每半年，苗世明和其他城市的同事就会对教案进行一次讨论，他们在摸索艺术疗愈的道路，尝试为特殊人群打造一个艺术宫殿，寻找更多的梵高。

转变在不知不觉中发生，更多自闭症孩子的注意力集中了、脑瘫学员的表达变好了、精神障碍者的症状有所缓解，艺术起到了疗愈的作用。苗世明说："这也是他们下一步发展的方向，天才有限，他们想把面辐射得更广，让精智障人士通过艺术能够得到康复和治疗。"他和同事学习研究国外艺术疗愈的内容，邀请国外的老师来华讲课，以追求更好的效果。

目前，国内的艺术疗愈处于启蒙阶段。通过对比，苗世明了解到，"治疗分两个阶段，先诊断，再治疗，目前国内诊断不健全，诊断结果非常模糊，导致治疗方式也比较模糊。"中央美术学院艺术心理、艺术治疗教师孟沛欣博士通过长期研究，也认为精神病人的非理性状态确实有利于释放潜意识。虽然并非每个有精神或智力障碍的人都有艺术天分，但10个人当中，几乎就有5个人喜欢画画，就有1个可能是天才。也就是说，艺术治疗在未来将会成为一种发展趋势。

四、画布为伞，守护"星星"

苗世明很喜欢和学员互动，大家都亲切地称他为大苗。问到这个称呼是从何而来时，大苗笑着说刚开始志愿者们都这样叫，叫着叫着便被大家沿用了。他最喜欢家访，因为在与家长和学员的聊天中，能更直面地认识这个社会问题的深刻性，看到很多家庭令人震撼的一面。

在北京，有这样一个家庭令苗世明至今难以忘怀。孩子出生时是个死胎，经过抢救后，一部分脑神经死亡，成了智障。小伙子现在长得很高大，做着洗盘子、送报纸的工作。在去家访时，苗世明发现在他的卧室里有三只大小不一样、图案相同的玩具狗。小伙子的父母说，孩子很长情，小时候必须每天抱同一只玩具狗睡觉。孩子长大后，父母俩专程找人订做了同款式、比例更大的玩具狗。放眼全家，家中所有东西都保持着30年前的样子。也就是说，自从孩子出生后，这个家庭就凝固在了那一刻。看到这一幕，苗世明忍不住泪目，回去之后，他反思了很久。一开始，他只觉得"疯子变成梵高"这事很好玩，但其实这件事很沉重，因为在每一个特殊需要人群的背后，都有一个家庭，其中，又牵扯着种种矛盾和辛酸。从那刻起，他更加坚定了为残障人士的艺术事业奋斗终身的决心。

小龙，一个20多岁的大男孩，家住上海市的卢湾区。小龙的爸爸很早就去世了，妈妈每天早出晚归工作17个小时，用每个月2000多元的工资维持着这个家。他向别人这样介绍自己："他是一个矛盾的人。爱因斯坦发现了广义的和狭义的相对论，他有时也很矛盾。"小龙一岁时，就被确诊为小儿脑瘫。小学毕业后，他就一直没去上学，用他的话说就是："以前人们都把像他这样的人送到了慈善局或者说是养老院，混吃等死。"

小龙刚来 WABC 上课时，胆小、拘谨，经常哭，一哭还流口水，画笔也拿不稳，很紧张，满头都是汗。为了缓解小龙的紧张情绪，苗世明把小龙叫到身边，用投影机和他玩"植物大战僵尸"。看着大屏幕里激烈的游戏"盛况"，小龙的情绪顿时高涨，也慢慢开始接纳苗世明了。建立信任感后，他才真正开始教小龙握画笔、描线条、学色彩。后来，小龙给苗世明画了一系列熊猫图画，"我在他心里就是功夫熊猫"，苗世明说。但与此同时，小龙笔下的自己却非常淡薄，"他画的自己就像男女厕所标志的小人一样，特别小、特别简单"。苗世明意识到，小龙可能对自他的认可度不高。但随着课程的深入，小龙的创作越来越自信，他对自他的认识也越来越丰满，笔下的人物形象都有血有肉了起来。而在课程刚开始的时候，小龙妈妈对 WABC 并不信任，送小龙来画画也只是觉得"可能有帮助"。WABC 带着小龙出去参展时，小龙妈妈与工作人员起了冲突，一种好像隐私即将被窥探的恐惧让她抵触，"让孩子抛头露脸，那么多人用异样的眼光看他，我不能接受，我不想让别人知道我有这样的孩子！"当小龙拿着自己画的母亲肖像走到妈妈面前时，小龙妈妈的心颤了一下，眼眶瞬间湿润。"他画的是母亲，她眼睛里有对孩子的担忧，也有对孩子未来美好的渴望。"小龙磕磕绊绊说出的话，一字一句地敲在小龙妈妈的心上，看着笑呵呵的孩子，她久久说不出话，"他画出了所有像他这样有特殊孩子的妈妈渴望未来的眼神"。现在，小龙妈妈是 WABC 上海总部的后勤人员，每天她都会和小龙结伴到工作室，小龙画画，她配合同事做其他工作。她向其他家长分享小龙的今昔对比，也同意小龙作为 WABC 的形象大使，"需要一两个孩子站出来为这个群体说话"。

在无障碍艺途的学员中，还有一个叫"小燕子"的女孩子，住在浦西卢湾区一个老弄堂里。2010 年 8 月加入无障碍艺途时，她画得比较普通，老师们也没觉得她的画有什么特别之处，只是画的颜色比较丰富。后来有一次，她画了一个像章鱼一样的老太太，她把它称作"章鱼大妈"，老师们看了之后，觉得她的创造力非常好。后来经过半年多的引导，她的画显示出非常独特的特质：她笔下所有的人和动物、植物，都被画成锯齿状，在一朵花的花心里，画满了黑色的小人。这种画法在西方原生艺术中被称作"通灵画法"，她脑中的世界跟普通人很不一样。像她这样的原生艺术家还有日本的草间弥生[①]。而后者，早已成为了一代艺术大师。

2011 年 10 月，学员小彬的一幅素描作品《奥巴马》通过无障碍艺途的理事转赠给了奥巴马本人。同为 2011 年 10 月，学员们与 CCTV 共同拍摄"梦想合唱团"项目，登上中央电视台"梦想合唱团"的舞台，与胡彦斌合唱《甜蜜蜜》。在 CCTV 的舞台上，小龙吃力但真诚地朗诵了自己写的《送给妈妈的诗》。2014 年，在《中国梦想秀》的舞台

---

① 草间弥生(Yayoi Kusama)，出生于日本长野县松本市，毕业于日本长野县松本女子学校。在 1956 年移居美国纽约市，并开始展露她占有领导地位的前卫艺术创作，现居住在日本东京。她曾与当代卓越的艺术家如安迪·沃霍尔(Andy Warhol)、克勒斯·欧登柏格(Claes Oldenburg)、贾斯培·琼斯(Jasper Johns)一起联展。

上，小龙作为 WABC 的形象大使，向观众讲述了他和机构的故事，而参加节目是为了筹集活动经费和画材——那一年大黄鸭来到上海，WABC 想让孩子们在黄埔江边画下大黄鸭，让更多的人关注这个特殊人群。现场 300 位梦想观察家，有 278 人为他的梦想投票，小龙的梦想实现了，孩子们的梦想实现了。

对于这些在世人眼里有些"特殊"的学员来说，这都是他们从不敢奢望的经历。而现在，通过无障碍艺途，这些来自星星的他们，都找到了各自的归属之地。小龙很为他们的这些经历感到自豪："我可不可以这样说，我们改变了一些所谓'正常人'的一些观点。我们也有一些特长，然后，我们也有一些……梦想！"

五、为爱巡游，点亮生命

2014 年 10 月 23 日，大黄鸭能游来上海，其实我们要感谢一个名叫岩岩的上海男孩。他是自闭症儿童，喜爱画画，尤其喜欢那只憨态可掬的大黄鸭，他一见到它就兴奋得又蹦又跳。他的绘画老师——苗世明去他家做家访的时候，他家里有只小鸭子，他特别喜欢小鸭子陪着他，他妈妈告诉苗世明，他喜欢香港的大黄鸭。苗世明将岩岩的愿望写成书信，托人转给了大黄鸭的设计者、荷兰艺术家弗洛伦泰因·霍夫曼，他还亲手画了一幅画，画中霍夫曼与岩岩站在江边，望着大黄鸭。他说："我有一个愿望，我希望你们在黄浦江边像这张画一样拍张照。"很快，霍夫曼回信了：他愿意来上海，看一看岩岩，还有那些和岩岩相似的孩子。

和霍夫曼先生见面前，岩岩特地理了发，换上了漂亮的衣服，非常期待这次见面。当身着深蓝色毛衣，浅蓝色围巾，棕色头发，身高 1.92 米，高大英俊的霍夫曼出现在岩岩面前时，岩岩没有什么特别表现——这也很正常，毕竟来的不是大黄鸭。霍夫曼向他伸出手，两人亲切地握了一下手。不一会儿，岩岩和"霍叔叔"熟了起来，他拉着霍夫曼的双手蹦蹦跳跳。霍夫曼和岩岩相处得融洽极了，两人拥抱、嬉闹，牵着手在外滩走，像一对相识许久的老朋友，霍夫曼像个孩子一样，跟着岩岩一起拍照在玩，看那么多人围着他去照相，去交流。"这很自然，就像我的孩子拉着我的手一样。"霍夫曼笑着说。他们依着苗世明所描绘的那样，跑到黄浦江边，重现了画中的浪漫情景。在走之前，因为岩岩说喜欢大黄鸭，霍夫曼送了一只小黄鸭给岩岩，在上面签下名字，并写下："To YanYan：All Love From Hofman."，岩岩则画了一幅可爱的大黄鸭当作回赠。

苗世明后来突然间发现，其实这个孩子是他自己，是 5 岁时的他，像那个小时候因为家庭不幸越加孤僻的自己。尤其在做了这几年项目以后，他对自己有了更多了解。这种付出也好，这种沟通陪伴也好，或者每天看他们的画对他的触动也好，他觉得他释怀了，他觉得他从小时候的阴影走出来了——不会因为这个伤痛再继续纠结和痛苦下去。

六、突破传统，砥砺前行

苗世明的工作除了教导孩子们画画之外，主要的工作内容就是和金钱打交道。因为他需要每年 150 万元来维持"无障碍艺途"的正常运营，然而没有庞大的资金支持他一直做公益，他只能通过各方面的资助来维持日常，苗世明从一个资助人变成了被资助人。

苗世明不认为做公益就要受穷，缺乏经济收益和社会地位，不仅达不到自己的艺术公益梦想，更是不能够使更多的精神障碍者得到关注。机构刚成立的时候，很多人觉得苗世明精神不正常——要教疯子、傻子画画，不会想去了解，更不会去支持，这是苗世明最艰难的时候。更有人质疑苗世明，觉得他在利用脑部残障人群做噱头、赚钱。所以苗世明就走到他们身边去，走到社区里，让人们明白他做了什么，也知道精神障碍者得到了什么。

WABC 无障碍艺途是一个非营利机构，这也就决定了机构的运作方式和商业机构不太一样。"并不是说你是签约艺术家，我们就会和你分享利润。因为我们的目标是解决特殊人群融入社会难的问题，所以我们与这些孩子的合作，更多的是募集项目资金，给他们提供免费的服务"，他说："那么资金从哪儿来，就是通过他们的宣传，通过他们的作品，去呼吁公众关注，来支持他们、筹集资金。"像很多公益机构一样，WABC 也面临资金缺乏的问题。最拮据的时候没钱发工资，他说："那个时候大家都互相鼓励，挺一挺，也许就会好起来。"

作为一个非营利性机构，苗世明坦言 WABC 解决不了心智障碍群体的就业问题，"他们真正做的是一个'赋能'的过程，让他们对自己有信心，知道他这个画还有人要，让他们有更好地融入社会的自信心，这就是他的目标"。以学员的绘画作品为起始点，由设计师志愿者进行再设计，生产和销售贴近百姓生活的相关衍生品，以此为媒介让更多的社会大众了解残障人士丰富的精神世界和独特的艺术价值，以期达到两个群体的真正融合。学员作品将在尽量保持其原作样貌的前提下，由设计师设计成衍生艺术品，比如贺卡、本子、衣服等进行销售，除去作画成本，纯利润的 5% 将以版税形式回馈给他们。2011 年，无障碍艺途还与一家美国贺卡公司合作，将学员作品制成明信片，在春秋航空公司的航班上派发。虽然目前这一部分的收入还不多，但苗世明对此非常乐观。随着影响力的扩大，很多企业如苏宁等大公司主动找到他，希望能与他们合作。

无障碍艺途目前依靠政府提供的社区培训资源，到社区内的阳光之家为残障人士提供开放式的、可重复的美术课程。这些残障人士首先有了展示自身潜力的活动舞台，在情绪上有利于恢复健康；对其中具备艺术天分的患者，其作品则进入到下一个环节，由专业的美术志愿者参与再包装、再创作，使之变成受市场欢迎的艺术衍生品。与商业组织不同，无障碍作为一个公益机构，现在正在探索一种新的就业可能，一旦形成真正的收益,不会有任何分红,捐款和盈余将用于购买培训所需材料、聘请更多的美术教师和机构的自他发展等方面,扩大受益人数。

苗世明正在运作一个价值链很长的"生意":第一步,他要从零开始培养有智力和精神障碍的学员,充分挖掘他们的艺术潜能,第一期的培训周期大约 1 年,学员们在专业教师的指导下学习并创作各类艺术习作;第二步,由大量的艺术工作志愿者负责将这批艺术习作转化成受市场欢迎的图案,或者抽取其中的部分元素进行再设计;第三步,将这些图案和经过再设计的元素运用到各种杯子、随身贴、雨伞,或者笔记本封面等物品上,并制成实用的艺术衍生品;第四步,销售这些艺术衍生品,盈余用于购买培训需要的画笔、颜料等各类材料,并聘请更多的艺术教师,以培养更多的残障艺术工作者。

以商业标准来看苗世明的想法,实在胜算太小。但是,偏偏却有上海社会创新孵化园①给苗世明提供了办公场所和展示空间。就像商业孵化器那样,给他们提供管理、业务拓展等帮助,甚至还提出了每年的"业绩"指标,即每年要培训并帮助多少残障人士获得就业机会。以类似商业组织的办法运作公益项目在中国是一项新尝试。众所周知,中国人的慈善观念仍然停留在大灾大难时的捐款捐物,虽然悲天悯人的情怀非常令人感动,但弱势群体,如各种残障人士的困难却每天都在发生。他们不仅在就业上存在困难,在社会认同和个人成就感上也严重缺乏支持。所以,如何从捐助性慈善,转向常态的公益支持,是公益慈善事业在中国的一门新课题。

2017 年 8 月 29 日,微信朋友圈被一幅幅"小朋友"画作刷屏。画作刷屏源于"意外",活动原本计划 9 月 1 日发布,而在 8 月 28 日,一名合作伙伴在没有告知主办方的情况下,将活动页面转发到了朋友圈,随后该活动迅速发酵、传播。

这次"一元购画"募捐活动由腾讯公益平台发起,而画作是由 WABC 无障碍艺途公益机构中患有自闭症、智力障碍、脑瘫等病症的特殊人群创作而成。活动前期,WABC 机构选出 50 幅画作交给腾讯公益一方,腾讯的 H5②的制作团队又从中挑选 36 幅,所有画作均获得公益组织和作者授权。用户每购买一幅自闭症儿童的画作,就相当于向腾讯公益平台上的"用艺术点亮生命"公益项目进行了捐赠。从腾讯公益平台项目列表可以看到,该项目于 8 月 17 日发起,募捐目标为 1500 万元。而在活动刷屏后,参与人数、捐款数额飞速攀升,截至当天 14 时 20 分,捐款金额已达 15028994.79 元,以惊人的速度达成目标。活动期间,参与人数超过 580 万人。

---

① 为了给残障人士提供就业及融入社会的机会,为公益性组织创设与政府、企业、志愿者及其他公益机构交流的平台,推动社会创新,受上海市民政局委托,NPI 公益组织发展中心凤巢团队负责全面运营"上海市社会创新孵化园"。同时孵化园还有展览区、会议室和多功能厅向企业和社会公众开放,可以为各种展览、沙龙、论坛、会议等活动提供场地。另外,孵化园还特意设计了"公益心体验"项目,为企业开展 CSR 活动提供选择,让员工志愿者和热心公众体验公益活动及奉献爱心。

② H5 是指第 5 代 HTML,也指用 H5 语言制作的一切数字产品。所谓 HTML 是"超文本标记语言"的英文缩写。

然而，在"小朋友"画廊刷屏中国很多人的微信朋友圈之际，"投资商捞钱"的质疑也随之而来。活动的主办方腾讯公益表示，善款将直接存入公募机构账户，用于帮助精神障碍和智力障碍的特殊人群融入社会。对于外界质疑，作为该活动的出品方，苗世明解释道，1500 万元的善款，三分之二将会用于目前十个分支机构的深入发展，帮助这些城市的分支机构更好地帮扶脑部残障群体，另外三分之一将会用于拓展新的城市，在这些城市继续开展脑部残障群体的艺术帮扶项目。苗世明还表示，目前项目组织方已与腾讯公益、深圳市爱佑未来慈善基金会进行了协商，活动后会就资金的流向、具体用途等情况向公众做更详细的发布，让捐助者能够清清楚楚地知道每一笔钱的具体用途。苗世明还称："这一次筹款，其实只是一个形式，更多的是希望筹集一个认知。为什么是一块钱呢？因为'小朋友画廊'主要想要大家认识到：精神障碍者不是傻子，更不是疯子。他们有着自己的思想，有自己的态度，只是他们看不到看不懂，或者是不愿意去看而已。"同时，苗世明丝毫不因为外界的质疑而恼怒，反而说："其实有质疑也挺好，至少大家开始探讨这个项目。"他说，他理解这样的声音，"如果分享之后，再提起帮助这些人，再提起这个项目时，大家都没了兴趣，那他们做得就有点失败。"

为了更好地解决公众的疑惑，同年 8 月 30 日苗世明开放了全国的工作室，让大家参观。他说："去质疑、去关注、去倡导，对项目来说都是好的。"当天，名为《异彩：原生艺术的一个群落》画展在上海外滩三号沪申画廊开幕。展览由艺途公益基金会①发起，同时联合日本东京的爱成会、彩虹之会、平川医院造型教室和 ABLE ART JAPAN 四家重要的同行机构共同协办，为公众献上一场特殊群体的原生艺术视觉盛宴。展览中的大多数中国原生艺术作品均出自 WABC 八年来所服务过的心智障碍人士，他们长期参与 WABC 的艺术疗愈和创作活动，展览以"个案"的形式集中展示了他们的艺术风貌。透过这些艺术图景，个案背后一个个独特的人生故事呼之欲出。

尽管这次传播的突然火爆引起了很多人的质疑，但是苗世明的成功是肯定的。他成功地让更多的人认识到了这些精神障碍者，让他们逐步地被这个社会所接纳。苗世明也明白并不是所有精神障碍者都是艺术家，但他看到艺术给大多数孩子带来了改变。也有人说，他把自闭症、脑瘫患者的生活浪漫化了。但是，如果没有这次火爆的刷屏，也就不会有现在的严肃讨论与思考。苗世明认为，心智障碍群体愿意站起来，愿意走到公众面前，看到公众给予的认可和接纳，这本身就超过了 1500 万元人民币带来的意义。同时，让心智障碍群体融入社会，需要全社会的参与，需要公众观念的转变。

---

① 基金会的宗旨是通过为残障人群提供艺术培训和艺术推广活动，为他们搭建一个展示自己、与社会交流的舞台，超越简单的物质帮扶形式，向公众传递特殊人群的存在价值，帮助两个群体更好地相互融合。基金会希望能够超越简单的物质帮扶形式，通过组织残障人士艺术展览、艺术价值传播等活动帮助特殊人群实现自己的存在价值，实现真正的社会融合。另外，基金会还将配合民政部门开展扶贫帮困工作，为促进社会和谐贡献一己之力。

尾　声

从最初的"摸着石头过河",到如今在原生艺术方面的"风生水起",苗世明和他的无障碍艺途已走过八年之久。一株小萌芽长成了参天大树,这让许多人始料未及。他们无从知晓在他身上究竟经历了多少冷暖,甚至承受了多少压力,但是在孩子们的笑容中,他们看到了未来与光明,这无不是对他们努力的最大认可。上帝关上他们的一扇门,苗世明却为他们开了一扇大大的天窗。他们的世界有色彩、有童真、有对艺术本真的理解和追求。

未来,苗世明希望无障碍艺途能更具影响力,由此一条条构想逐渐被提上议程,例如出书出教材、产品市场化……然而,由于法律法规在社会创业领域上的诸多不足,无障碍艺途在很多方面得不到相关法律、政策支持,不光是发展受限,在处理公共事务上还得不到保障。那么,面对如此境遇,苗世明又将如何带领团队去克服?面对越来越迫切的人才需求,在薪水不具备竞争力的情况下,苗世明又将如何吸引专业人才?

参考文献

[1] 陈迎炜. 中国社会创业案例集[M]. 北京:北京大学出版社,2013:121-136.

[2] 李敏霞. 孤独天使不孤单——WABC学员专访[EB/OL]. http://sh. qq. com/a/20150402/021565. htm,2015-04-02.

[3] 孙中钦. 画笔点津:无障碍艺途就在眼前[N]. 新民晚报,2014-01-05.

[4] 王晓易. "无障碍艺途"鼓励工疗员创作[N]. 青年时报(杭州),2014-05-16.

[5] 佚名. 苗世明:创建无障碍艺途机构,发现中国梵高[EB/OL]. http://home. 163. com/13/0929/00/99TANDV400104K6E. html,2013-09-29.

[6] 佚名. 苗世明揭秘:"小朋友画廊"现象级扩散背后的故事[EB/OL]. http://news. xinhuanet. com/gongyi/2017-08-31/c_129693434. htm,2017-08-31.

[7] 佚名. "小朋友"的画廊刷爆朋友圈,幕后创始人苗世明曾讲述历程[EB/OL]. http://www. guancha. cn/society/2017_08_29_424941_s. shtml,2017-08-29.

[8] 佚名. 造就·苗世明:每个人内心中都要保有那种原生的力量[EB/OL]. https://baijia. baidu. com/s? old_id=631076,2016-09-20.

[9] 佚名. "艺术治愈一切"—WABC无障碍艺途五周年[EB/OL]. http://beauty. jinti. com/jiankang_1500656581. html,2014-12-04.

[10] 佚名. "无障碍艺途"为精神残疾人士提供免费艺术培训[N]. 公益时报,2012-02-21.

[11] 佚名. 探访成都WABC无障碍艺途工作室 精神障碍患者用手指绘制作品[N].

视觉中国图播快报，2017-08-30.

[12] 张敏. 无障碍艺途公益机构：寻找中国的梵高[N]. 中国青年报，2016-12-09.

附录

附录一　上海艺途公益基金会理事介绍

1. 苗世明，上海艺途无障碍工作室，创始人。

2. 宋玉英，曾任职于河北省邯郸市邯山区滏河学校高级教师一职，现已退休。

3. 王可东，曾于上海毕马威会计师事务所任职审计师、上海联劝公益基金会任职项目总监，如今在上海艺途无障碍工作室担任运营总监。

4. 李俊峰，上海环融科技有限公司总裁；北京富基融通科技有限公司（纳斯达克上市）创始人之一，高级战略顾问；北京海淀区融爱融乐心智障碍者家庭支持中心理事。

5. 宋红方，新元资本有限公司董事长。

6. 王凯丽，上海丽安文化发展有限公司执行董事长；多本杂志主编、出版人；国际著名跨界媒体人、出品人；艺术品收藏家，多家美术馆赞助人。

7. 马良，艺术家。作品在世界各地做过 50 余次个展，以及众多的当代摄影艺术群展。被誉为中国当代摄影的代表创作者之一，目前生活和工作在上海。

附录二　小龙的诗

"我的妈妈是一个爱撒谎的妈妈，

她病了或者有什么事情都自己扛着；

妈妈是一个最辛苦的妈妈，

她早出晚归去挣钱；

妈妈是一个坚强的妈妈，

爸爸走后她依然那么开朗，

用她的双手支撑起这个家；

妈妈是一个慈祥的妈妈，

每当我犯错误的时候，

她总能原谅我。

今天，

我要站在这舞台上告诉全世界，

妈妈您是世界上最善良的妈妈，

您是世界上最勤劳的妈妈。"

案例9 欣耕工坊:"授人以渔"的模范①

引 言

弱势群体一直以来都是社会的重点关注对象,他们生活贫穷且艰难,基本都是抱着"得过且过"的心态,过着"过一天是一天"的消极日子。他们生活在贫困的"魔爪"之下,没有特殊的技能,没有谋生的办法,维持生活的也仅仅是政府的救济和一些基金的资助,物质和精神支撑的匮乏使他们对于孩子的生活状况改变更是无能为力,一代又一代,如此恶性循环。但是,欣耕工坊的创办人朱柄肇相信,"这个世界没有绝对的弱势群体"。通过欣耕工坊这一公益平台,越来越多贫穷的人们可以在属于自己的广阔天地里凭借着自己的智慧和汗水,快乐幸福地耕耘着,实现从"被助"到"自助"的华丽转变,并最终走出贫穷的阴影。

朱柄肇是一个怎样的大人物? 他创办欣耕工坊的初衷是什么? 欣耕工坊又是怎样帮助社会上所谓的"弱势群体"一步一步地脱离贫困的苦海的?

一、助人是一种本分

朱柄肇,新加坡籍华人,他是在新加坡的第三代,先后在两家跨国企业担任采购部和市场部经理,26岁开始独自创业,并先后在新加坡、马来西亚开办食品加工厂。2000—2002年,中国绿色食品出口年平均增长率为105%。而2002年,也正是中国外贸新一轮高速增长的一年。他来到中国上海,从事贸易生意,最初的目的也就是赚钱。朱柄肇在新加坡有多年食品行业经验,初到中国的他,从事食品外贸生意,为采购农产原材料,走遍了鲁西北、河南、青海、甘肃等地,这些都是一些比较贫困的地区,包括当时

---

① 本案例由彭伟、虞睿根据公开资料整理,版权归原作者所有,并对原作者的贡献表示感谢。案例仅供讨论,并无意暗示或说明某种管理行为是否有效。

一些没有脱贫的县，所以他看到中国很特殊的一个现象，就是有钱的人富得流油，比如在沿海地区，人们的生活条件一般都非常好。但是在内地，很多人的生活还过得非常辛苦。他看到很多人因贫困而生活得十分困苦，感到非常心痛。

"华人在国外是相互帮助的，我的早两辈的先人们都是在当地社区帮助周边很多人，主要是临终关怀，人死了以后帮助人料理后事。我从小就在这样的环境下长大，所以我觉得帮助人是很自然的一件事情，是我应该做的一件事情"，朱柄肇说。所以，当时他会把他赚来的钱拿去帮助他们，但是他越帮助他们的时候他自己心里就越难过、越纠结，他进行自我反思，天底下穷人那么多，仅仅靠自己赚的钱来帮助他们，他又究竟可以帮助到多少个人？这个金字塔下面，这个群体人数那么多，他可以做什么？这样的帮助方式究竟对不对？会不会有损他们的尊严？如果能够有根本的助人方式，帮助他们有一天能够自立，能够独立自主走出困境，岂不是更好的方法？不知不觉中，他的心底里萌生了"弃商从公益"的想法，而也正是受他当时所生活的互帮互助、良好的环境氛围的影响，他想要使出自己的浑身解数，站出来做一点事，帮助人们改变贫困的状况。

二、欣耕是一场误会

2006年的秋天，朱柄肇从农村采购完农产原材料，回到上海。在周末朋友聚餐的时候，一位记者朋友①从火车站直接赶到餐厅，包里还带着从河南采访搜集的资料和照片。原本欢乐的聚会，转眼就被伤感、悲痛的氛围所笼罩，大家的心情都很沉重。

河南某农村一些艾滋病感染者无法从事繁重的农活，他们为了生计从事危险的自制烟火爆竹加工，就连不少妇女和孩子也加入其中。他们只想为家里多赚点钱，因此就连生命在他们看来也不足为惜，他们已经无暇顾及自己的生命了。而这直接导致了村里爆炸事故频发，一些村民被炸伤，或是面部毁容，或是双手残疾。朱柄肇不是第一次接触艾滋病患者的资料，但艾滋病患者如此生死不顾的工作方式他还是第一次碰到，照片中的场景，深深刺痛了这个新加坡华人的心。多年的经商经验让他突然想到，如果在村里建立手工作坊，培训当地妇女手工技能，把原来的非法高险爆竹制作改成安全、干净的家庭手工艺品制作，给长期生活在父母负面情绪中的孩子以安全、温馨的成长环境，对他们的人生有着很大的影响和意义。

同情永远只有一次。朱柄肇心里清楚，他们需要走出自己的道路。这样的村子地少人多，观念传统，没有特殊产业，村民也没有特长。2006年10月，朱柄肇计划着准备组织培训村民进行缝纫及手工艺品制作，通过搭建公益产品销售平台，帮助村民改善生活收入，树立自信。他跟当地村主任商量，让村里7个年轻人到上海学习中国结手工艺品制作，回到村里再教会其他妇女。做贸易出身的朱柄肇，自然可以提供销售上的

---

① 记者朋友为解放日报的记者林颖。

帮助。

2007年2月，朱柄肇在上海过春节，看到城隍庙遍地都是中国结，而且种类繁多，价格便宜；在村子里，妇女们受教育少，对于新的手艺很难学会。更何况村民们也没有公共共享资源的概念，只关注于个人的中国结制作，难以互助。这7个小姑娘从上海带回去大量资料、图样、原材料，第二天东西就被分好，让村民各自拿回家里了。同时，朱柄肇专门请行家来村里为村民传授技艺，并号召村民赶制出一大批中国结。一个月的时间，村民们赶制出了上百个中国结，但是很快朱柄肇发现生产完中国结后问题的症结是没有销路。"在长三角地区，到处是做这种礼品的工厂，他们的东西由于是机器做的，所以做工很细致，而价格也非常低廉。大家都很享受制作产品的过程，因为他们都载着一个美好的梦，然而我却因为没有找到销路而让他们的梦濒临破碎。"在这个过程中，朱柄肇经受了严酷的现实考验。

吃一堑长一智，经过这件事后，朱柄肇发现村民虽然很穷，但是每家每户却都有一台缝纫机。原来，这里的姑娘在出嫁的时候，可以什么都没有，但是就是不能没有缝纫机。细心的针线活对这里的村民来说轻而易举，朱柄肇觉得可以从这个方向入手，于是请来了专业的团队做产品设计方案，然后对村民进行严格的培训。

转眼冬天过去了，离开河南回到上海的朱柄肇心里还惦记着那个普通的村子，也还惦记着自己的生意。2007年初，他回到新加坡，辗转中国台湾、泰国等地。一提起帮助村民的想法，朋友们就说，"老朱，你疯了，公益这一脚踩下去，可是回不了头的"。缺少朋友的支持，朱柄肇心里有些忐忑，又有些犹疑。但想起之前在农村采购农产原材料时见到的种种贫穷，他在内心许下了承诺："如果被派去上海学习中国结手工艺品制作的七个年轻人中，有一个人回来上海，我就坚持做下去。"

2007年春天，真有人回来了。

接到园园①要来上海的电话时，朱柄肇脑海里不断回放着在河南农村见到的一幕幕场景，他决定正式成立一个机构，希望为村民拓宽眼界，创造更好的生活。当园园来到上海，看到了朱柄肇为村子所做的未来计划时，早已感动得泣不成声，她咽下了所有原本想要说的话，决定一心一意跟着他做事情。直到后来，朱柄肇才知道原来圆圆当时是想来上海与他告别，准备一个月后前往深圳打工的。

然而正是这个被误会的电话成就了欣耕工坊。

三、布艺袋是一个开端

2007年5月，欣耕工坊正式成立。欣耕致力于提升弱势群体的社会生存能力，坚持"授之以渔"的理念，为其创造平等的发展机会。通过发掘弱势群体的市场机会，搭建

---

① 河南村里到上海学习中国结手工艺品制作的七个年轻人之一。

业务平台，通过产品设计、培训、生产、贸易、扶贫、再培训、再生产的方式，开创"造血式"扶贫项目，以商业化运作方式在为弱势群体创造社会竞争力、独立生存能力的同时，帮助他们重建信心，致力于从根本上解决弱势群体的社会问题。

布艺环保袋就是工坊的第一个产品。工坊组织了一批设计师和志愿者，根据客户的需求，培训村民生产纯天然、纯手工的布艺产品。朱柄肇说："工坊并不张扬，成立之初只有两户人家合作，我们就让其他人慢慢观察，他们发现做得不错，邻居一户一户过来，隔壁村的也逐渐过来了。"

幸运的是，2008 年的全国"限塑令"打开了环保袋的销路。从 2008 年 3 月开始，欣耕以"低碳生活 2008"为主题开展了环保袋家庭手工作坊项目，组织和培训更多农村妇女参加生产，使得她们从中获取收入，也让欣耕工坊走进了更多人的视野。

到 2008 年 5 月，欣耕工坊就已经成为联想公益创投计划首期支持的十六家公益组织之一，同时也成为公益组织发展中心（NPI）孵化器项目的孵化机构之一。截至 2010 年，欣耕已为多家企业和公益机构量身定做环保袋和公司礼品，如 DHL、上海映绿公益事业发展中心、北京 NPO 信息咨询发展中心、上海浦东市民中心等，设计生产的产品逐渐进入可持续发展阶段。

除了积极与企业进行合作外，欣耕工坊也热衷于公益事业。2008 年 6 月，欣耕工坊积极投入到四川汶川地震灾后重建的筹备工作中，希望通过发掘遵道镇①的年画资源，重建当地生产基地，恢复群众就业，引导灾后群众自救和政府救助相结合，实现灾区正常的经济秩序和灾后重建的可持续发展。

2008 年 7 月，欣耕工坊的主要员工带领资助方 JWDA 设计公司的员工走访欣耕工坊在甘肃白银二中的助学项目，资助那里的高中生上学。利用暑假，欣耕工坊深入学生家庭进行调研，走访师生，给予资助方可靠的资料，并继续为学生下一年度的学习费用筹资。

四、残障也是一种美丽

在上海市静安区的江宁街道，欣耕有一个团队叫"自渔自乐"，它是由一些轻度的精神病患者组成的。欣耕培训残障人士缝纫、制作手工艺品的技能，使他们能够从事生产，并从生产里面得到一些补贴。在辅助其康复治疗的同时，设计项目产品，帮助其获得就业机会。

通过开展缝纫技能与手工艺技能的培训课程，培训上海江宁街道"自渔自乐"残障人士一技之长，再通过产品设计、培训、生产、销售、再培训、再生产的运作模式，在丰富残障学员学习内容的基础上，提高残障人士社会就业竞争能力。同时，在技能培训过程

---

① 遵道镇地处四川省绵竹市西北部，当地年画资源丰富。

中,开设励志和心理辅导课程,帮助和鼓励残障学员用积极乐观的心态面对生活。此外,欣耕做着一些社区能力建设的工作,在社区里面、街道里面帮助一些其他需要帮助的群体,像智障、其他的残疾人、老人,等等。

虽说在上海,对于这样一些残障人士来说,国家或者残联都会给予他们补助,但是,如果一个家庭里面有一个这样的成员,一定会有另外一个成员必须停止工作,全天候在家里面照顾他,那么家庭收入必然成为一个问题。但是通过欣耕给予的培训平台,这些残障人士不仅有更多的机会得到收入,弥补经济紧张,而且还能减少病发率,简直是一举两得的美事。

为了满足学员综合能力提升和增加社会交往的需求,欣耕工坊于2009年开展了面向社区残障人士(主要为智障学员、精障康复期学员)的社区综合助残服务。以手工为特色的能力建设,通过基础绘画、纸艺制作、布艺制作等手工制作内容,结合趣味十足兼具康复功能的文体活动、游戏互动,帮助残疾人提高动手能力,获得愉悦的心情。为进一步提高残疾人的工作能力,帮助其建立能够相互支持、自我管理的团队,并激发他们自主创业、就业的意识,欣耕同时针对社区残障人士开展团队建设、职业教育等活动。

残疾人的身心康复和能力提高,也离不开家庭、社区的支持与鼓励。现实中,残疾人的家人在生活中仍面临大大小小的困难和挑战,渴望获得社会的关爱和支持。因此欣耕面向残疾人家属、社区助残员开展心理辅导和支持服务,倾听社区残疾人及其家人的心声,帮助他们释放压力,逐渐放下心理负担,获得健康积极的生活态度。

此外,欣耕也积极开展丰富多彩的社会融入活动,努力帮助残疾人走出生活的小圈子,走出"狭隘"的自我。与来自企业、学校、当地社区的志愿者近距离互动,不论是竞争与合作并存的团队游戏,创意缤纷的手工互动工作坊,有益身心的趣味运动会,还是好玩又长见识的户外体验活动,都为残疾人打开了另一扇窗,让他们获得了更精彩、更宽广的视野,以积极自信的面貌与他人相处,甚至实现了从"学员"到"指导者"的角色转换,帮助志愿者学习手工制作。

通过这样的活动,也帮助了不少原先很少接触残障人士的志愿者,让他们真正走近、了解了这一特殊群体,感受到了残疾朋友的快乐淳朴和对生活的乐观憧憬。这样的助残服务体验,进一步催化了志愿者心中原有的善念,让快乐公益的种子开始萌芽,并能以这种亲身经历,激励身边更多善能量的循环。

五、咖啡渣是一种宝贝

从2007年欣耕工坊开始创办到2010年,其间朱柄肇一直在反思自己做的事情是不是有价值,一开始强调社会企业要帮助这些群体,是不是真正地从根本上帮助了他们?在整理、修整自己的方向和目标后,欣耕究竟该怎么做?怎样才能做得更好?是不是有一些项目不需要做?在大量的思考之后,朱柄肇删掉了很多服务,把主要的精力放在想要做的一些项目上面，咖啡渣回收就是这样的一个项目。

2010年，朱柄肇发现上海聚集了越来越多的跨国公司、投资性公司等，而外资公司习惯在办公区为员工提供现磨咖啡。每喝一杯350毫升左右的中杯现磨咖啡，便会产生20克的咖啡渣。假设一个城市有100家咖啡馆，每天每家卖出200杯中杯现磨咖啡，一年便会产生146吨的咖啡渣。在上海，每天产生的咖啡渣可能还不止这个数量。这种新生垃圾，是怎样处理的呢？

2010年9月，朱柄肇接触到一个咖啡行业的客户。在跟客户闲聊中，朱柄肇了解到，目前国内对咖啡渣的处理主要是丢弃、填埋、焚烧等方式，成本高而且不环保。经过一番研究后，朱柄肇发现咖啡渣确实是"放错了地方的好东西"。它既可以用来做除湿、除臭的原材料，又含有丰富的养分，用途非常广泛……于是，经过仔细斟酌，他启动了咖啡渣探索项目。

在给自己的产品起名字上，朱柄肇从英文上下功夫——"蘑菇"英文为"Mushroom"、咖啡渣英文为"Coffeeground"，干脆叫MuMuCoCo。这个名字有混搭范儿，不仅听起来简洁又可爱，读起来也很有新意。"我们一直想开发像MuMuCoCo这样的项目，希望为贫困、智障、残疾等弱势人群寻找平等的工作机会，"朱柄肇说。作为一家扶贫企业，欣耕的项目旨在帮助弱势人群，因而其产品有着自身的特殊性——材料容易获得，成本低且环保无公害；操作较为简单，适合弱势群体的工作能力；同时，产品的附加值必须高，在市场上能够获得人们的认同。考虑到这几样因素，朱柄肇对咖啡渣这种东西"一见钟情"。

朱柄肇了解到外国已经有很多咖啡渣循环利用的技术后，将着力点放在"立足本地"的技术上，并最终锁定咖啡渣种蘑菇技术。"咖啡渣这么好的有机肥，如果从回收咖啡渣种植蘑菇开始，再发展到种植瓜果、蔬菜、花卉，那么既能减少垃圾排放，也能改善家庭、办公场所的环境。"在朱柄肇看来，这是一个既有趣又有意义的事情。

"菌棒配方并不复杂，主要就是咖啡渣、米糠、棉籽壳等几种东西，难度在于配比和发菌工艺。这需要通过一次次实验来调整。"朱柄肇找到上海市农业科学院①和菌菇厂，请对方帮忙做试验，"我们希望种出来的蘑菇在卫生和安全方面可以达到出口标准。为了确定最佳配比，我们耗费了一整年做试验。"当然，朱柄肇为MuMuCoCo所投入的研发经费也相当可观。在经过几番实验对比之后，终于确定了最佳的配比。

朱柄肇将回收的咖啡渣交由专门的菌菇厂进行消毒、杀菌、发酵，再加入其他天然拌料后"接种"菌丝，制成菌棒。他说，之所以选择用咖啡渣种蘑菇，是因为菌棒在经过前期处理后对种植技术要求不高，而且生长速度也比较快。

---

① 上海市农业科学院成立于1960年。经过60余年的建设，已经发展成为一个学科较齐全、设备先进、学术水平较高、成果转化能力较强、为上海和全国农业发展提供强有力支撑的地方综合性农业科研机构。

2012 年 1 月,1000 个 MuMuCoCo 被运到浦东新区塘桥街道的 6 个居委会无偿派发给居民。之后,其他街道和企业下了批量订购单。

MuMuCoCo 是一个长方体纸盒,沿盒子侧面的虚线剪出窗口,在菌棒的塑料膜上划开"V"形口子,菌菇的种植就开始了。只要室温在 13～26℃,每天喷水三四次,几天后这个只有 30 厘米高的"奶黄色小菌包"里就会钻出可食用的有机平菇。如果顾客不喜欢瓷白光洁的平菇,还可以种猴头菇、鸡腿菇或者金针菇,以此迎合广大顾客的不同需求。每根菌棒至少可以长出两茬蘑菇。如此简单的操作,不需要任何种植技术,办公室白领在上班的时候就可以培育出自己的蘑菇。朱柄肇说,"我能保证它们全部都是天然、绿色的菌菇。"

经过第一轮免费推广,在菌菇备受好评之后,欣耕工坊开始正式推广 MuMuCoCo,除了在一些社区以及单位企业展开销售,还启动了网上出售。MuMuCoCo 菌盒每个 48 元。欣耕工坊还别出心裁地推出了一项套餐:68 元可以享受一年的服务,每 3 个月重新提供一个新的菌棒。

神奇的是,在种植包内遍布蘑菇菌丝,割去一茬不久又能生出一茬。很多白领将 MuMuCoCo 种植包称为"咖啡花朵",并把它当作礼物送给亲朋好友。MuMuCoCo 种植包在收获多次后,还可将整个菌包打碎,用于园艺堆肥。如果顾客无处堆肥,欣耕工坊提供回收服务,将咖啡渣集中到市郊送给农民做有机肥,顾客也可以得到一个小型的种植杯。

新奇又好玩的 MuMuCoCo 的问世,被称为"一场都市白领的咖啡渣环保运动"。产品有了很好的销路后,对朱柄肇来说,经营中很关键的一环就是该怎样物色到一批能给自己提供咖啡渣原料的合作伙伴。意料之外的是,相对于技术研发,这简直就是小菜一碟。

由于咖啡连锁店和外资企业都觉得这个项目非常具有创意,在几次交谈之后,朱柄肇便找到了第一个"重量级合作伙伴"——香咖缤。它在上海拥有 40 多家分店,每年的咖啡渣量相当可观。合作之后,香咖缤在每家门店都设立了专门回收咖啡渣的清洁桶,欣耕工坊每周到其总部收取一次,据朱柄肇保守估计,欣耕每年可以从香咖缤回收 30 吨的咖啡渣。

随着工程的不断扩大,MuMuCoCo 又吸引了很多对其感兴趣的企业。热衷环保的 SAP、毕马威等也纷纷加入其中。不少企业还鼓励自己的员工做 MuMuCoCo 的推广志愿者。尤其是康明斯[①],不仅向朱柄肇免费提供咖啡渣,甚至向康明斯美国总部全球基金会申请资金赞助 MuMuCoCo 项目。

---

① 康明斯公司成立于 1919 年,总部设在美国印第安纳州哥伦布市,公司通过其遍布全球 160 多个国家和地区的 550 家分销机构和 5000 多个经销商网点向客户提供服务,是全球领先的动力设备制造商,设计、制造和分销包括燃油系统、控制系统、进气处理、滤清系统、尾气处理系统和电力系统在内的发动机及其相关技术,并提供相应的售后服务。

　　后来除上海外，就连苏州、杭州、南京等城市的大型咖啡店，也主动向朱柄肇提供支持和帮助。欣耕工坊开始多种经营，比如组织活动、用咖啡渣作画。绘画者只需要先用画笔画出轮廓，再用胶水将咖啡渣慢慢填入轮廓中，短短几分钟一幅栩栩如生的咖啡画就诞生了。除了拥有一般画作的美感，这些咖啡画还有咖啡的醇正香味，且创意十足，深受时尚一族喜欢。另外，"欣耕工坊"还发明了咖啡花肥、咖啡除味剂……

六、地沟油也是一种资源

　　2011年，欣耕在上海曹家渡街道成立了自渔自乐手工肥皂工作坊。手工肥皂的原材料都是和餐馆合作回收回来的地沟油。"据我们所知，上海的地沟油光一个月就有三四千吨。尽管有关部门严禁地沟油回收，但它们中的一些还是悄悄流到了不法商家的手里。"欣耕工坊的负责人朱柄肇透露说，他们要做的就是正大光明地回收地沟油，收回原材料后，由工作人员指导参与工作坊的残疾朋友，帮助他们从零开始学习手工皂的制作及包装技术。

　　制作手工皂的工艺并不复杂，残障人士也可以轻松完成。只不过即便是地沟油这样的"资源"，也极其紧缺。原来，很多餐饮企业都把收集好的地沟油卖给油贩子，油贩子再通过不正当的途径将其变成食用油。虽然，有个别具有责任心的企业情愿将地沟油贡献给欣耕工坊，但是作为规模化生产，地沟油的需要量很大。朱柄肇每天不得不为寻找"资源"而劳苦奔波，即便是苦口婆心地和餐饮企业讲这个公益项目的好处，朱柄肇嘴皮子都快磨破时，仍然有很多企业不买账。"如果不出钱，只是上门收免费的地沟油，获得的量极少。所以，我们会投入一些资金做采购，没有'油贩子'那么阔绰，但还是有很多企业愿意把油卖给我们。"朱柄肇表示，"回收咖啡渣也是同样的道理，因为欣耕工坊找到了产品的销路，所以适当花一些成本进行采购也是可以接受的。"

　　说起手工肥皂的制作，欣耕大都是和餐厅企业合作，把他们在厨房里面的老油回收回来，经过过滤、消毒以后，把这些油拿来重新做手工肥皂，"手工肥皂其实是第一个环节，我们的目标是做成洗手液和洗涤剂，在街道里面让老百姓来使用，这样可以铺开得更广，这样这些项目可以和其他公益机构进行合作，在不同街道、不同区里面，大家做一件事情"。朱柄肇如是说。手工皂虽小，但它的"分量"却不轻。它不仅见证着残疾朋友工作能力的快速提升，还是这个小小工作团队里成员间情感沟通的桥梁，也是大家对未来美好心愿的寄托。

　　在自渔自乐手工肥皂工作坊项目进行的同时，2011年3月，欣耕开展了绿色帮扶就业发展计划，主要在上海开展再生环保产品制作工坊，通过产品设计，利用再回收利乐包装材料，组织、培训残障人士及社区中年无业居民再生环保产品制作技能，实现绿色购买和帮扶就业创新性结合。帮助企业（利乐、蒙牛等）环保理念产品化、实体化，并组织、培训上海市残障人士再生环保产品制作技能；实现绿色购买与弱势群体帮扶就业的创新性结合；并通过推广和销售，提高公众环保生活理念，倡导人与自然和谐发展的良性循环。

截至2013年，手工皂系列产品已经推向市场，并深得消费者喜爱，常常这边还在制作中，那边就有人下订单。朱柄肇就是希望这些简单的东西做到最后是有产出的，能够在市场上面有很好的销售，他同时也希望能有更多像手工肥皂、利用再回收利乐包装材料这样的项目，在给残疾人提供广阔的就业平台、让他们能够自食其力的同时，又能为保护环境做出一点贡献。

七、乐活村是一种创新

2012年下半年，欣耕工坊开展了岑卜村生态文化乐活扶贫项目，旨在通过生态农业、生态教育、乡村文化创意产业及休闲活动的有机结合，生产健康安全食品、改善岑卜村村民的生活与生态环境、重塑乡村魅力、促进城乡的共荣共生。

岑卜村位于上海青浦区金泽镇，作为上海水源地保护区的它既没有工业，也没有大型养殖业，长久以来维系农村经济的种植业也因为年轻劳动力的缺乏而陷入尴尬境地。田地上忙碌耕作的只剩下年老体迈的"银发农夫"，老农们实在难有投身生态农业的体力，也缺乏获取技术与市场信息的门路。所以如果想要扩大产量，使用化肥农药就似乎是顺其自然的事情。而这不仅给土地带来伤害，也破坏了农田中的生物多样性，土壤的污染更进一步威胁原本清澈的水源。这种赚不到钱、又污染环境的恶性循环让农民朋友也深感无奈。于是，村里的年轻人一个个走出村子，抱着在城市里会有更好发展的心态，进入城市打工，即使在面临着巨大的城市生活压力时，也不愿回归乡村，回归土地，做扛起锄头种地的农民。乡村的活力随着时间被慢慢消磨。

为激发岑卜村的新活力，在农业生产方面，欣耕通过旧法灭虫、稻鸭共作、鱼菜共生、咖啡渣发酵腐熟制作有机堆肥等种种尝试，创新性地对当今生态环境保护依然意义非凡的传统农法与现代生态种植技术进行有效融合。谈及稻鸭共作，在这里有具有硕士学历、生在城市却不忘故乡故土、驻扎岑卜挽起袖子在田里亲力亲为、指导农友生态种植技术的专家顾问康洪莉。曾经，稻鸭共作是她引以为豪的生态农业推广案例，村民最初对她将鸭和稻子混搭的种植方式是半信半疑。后来稻鸭丰收、获得不错收益的结果让大家的怀疑变为由衷的佩服，村民们也开始学习这种在有限空间同时收获无公害大米和鸭肉的种养技术。这种态度转变证明，只要实实在在看得到生态种植的成果，农民都是愿意一试的。为了让更多村民受益，欣耕也陆续开展了有关农业技术、农产品加工的培训课程。通过培训，帮助村民逐步掌握经济价值高且对土地和人们健康有益的农产品生产加工技能，提高村民们的收益，同时也让健康种植得以可持续发展。

此外，咖啡渣的有机堆肥技术更具原创性，它与欣耕工坊开展的咖啡渣绿色循环项目有机结合,将从外企与咖啡馆回收的咖啡渣应用于农业,一方面用作改善土质的土壤改良剂,另一方面发酵成为对农作物来说健康安全的有机堆肥。咖啡渣的循环利用,在城市的垃圾处理难题和农村的有机种植、生态修复之间架起了桥梁。

欣耕还组织城市居民走入乡村,参与以生态教育、乡村发展为主题,融合趣味性与知识性的工作坊活动,并在岑卜设立工作坊,开展手工培训,结合当地手工艺文化特色,生产文化创意产品,既为当地妇女创造就业、创业机会,也透过手工产品展示了乡村珍贵的文化存在,弘扬了中国优秀的传统民族精神文化。

尾 声

自 2008 年以来,欣耕产品的生产者通过自己的双手辛勤劳动,生产自救,改变了贫困的生存状态,改善了生活质量,更重要的是,通过编织、缝纫和手工劳动,激发出了他们心中的潜能,改变了他们原有的思维模式和生活方式。让他们明白了,他们也可以不依靠政府和基金会的救助,可以通过自己的辛勤努力和劳动,改变自己的生活,甚至改变下一代的生活状态。这种心理和思想上的转变远比生活本身的改变更重要。欣耕工坊希望,在它的带领下,他们可以在三五年后凭借自身的能力脱离欣耕,自己寻找到谋生的方式和发展的空间,而这也是欣耕最大的成功和最诚挚的心愿。

欣耕工坊的经营所得除了维持机构正常经营和发展,改善贫困人群生活状况外,全部用于建立欣耕教育基金,资助贫困地区品学兼优的青少年完成学业,同时也架起了社会公众与贫困学子之间的桥梁,通过欣耕,把社会捐助提供给这些学生。

然而,在支持社会企业发展的政策、社会文化、经济环境并不成熟的大背景下,欣耕工坊应该在中国怎样因地制宜地发展?该如何在探索中把欣耕的规模扩大?又该如何打造品牌把欣耕推广出去呢?它又将面临哪些严峻的挑战?

参考文献

[1] 陈迎炜. 中国社会创业案例集[M]. 北京:北京大学出版社,2013:168-180.

[2] 郭洪敏. 用心关爱残障人士[N]. 浦东时报,2012-05-22(5).

[3] 刘园. 绿色欣耕[J]. 中华手工,2012(2):14-15.

[4] 罗曙辉. 欣耕工坊的"三寻"[J]. WTO 经济导刊,2013(9):78-79.

[5] 王新同. 朱柄肇:回收咖啡渣种蘑菇花朵,年赚千万[EB/OL]. (2013-08-29)[2017-09-30]. http://www.cyone.com.cn/article/article_23674.html.

[6] 魏忠杰. 理想与行动:社会企业实践逻辑探究[D]. 金华:浙江师范大学,2011.

[7] 佚名. 亲身体验"制皂"快乐[N]. 社区晨报·曹家渡,2012-01-30(2).

附录

与朱柄肇相关的访谈

刘昭吟：本期邀请您谈"社会企业在农村"，以您作为"乡愁经济"样本，一方面您是个老外，以一种单纯的心思、共同的价值参与着中国乡村建设，本身就耐人寻味；另一方面您以社会企业作为参与实体，而社会企业是当前新兴事物，我们很想听听您的经验心得。请您先跟我们介绍一下您是怎么开始做社会企业的？

朱柄肇：欣耕工坊缘起于2006年底接触河南省的一个村庄，看到80％的村民非法生产爆竹而经常发生炸死、炸伤、炸残，我们就希望可以帮他们转产、使他们过得开心一点、工作危险性小一点。实践中发现，如果要帮助他们改变生活，最重要的是改变他们的收入，所以我们就通过社会企业的方式提高他们的收入。但这是个起始，更深层次的是，我们在过程中看到他们心灵上的一些缺失，也就是他们不够自信、缺少自尊，一种从心灵到物质的弱势。于是我们更希望帮助他们克服这种问题，让他们有自信地去生活。所以欣耕工坊不说我们帮你脱贫致富，更希望是能够让我们帮助过的人找到自我。开心过日子永远比赚更多钱更重要。

刘昭吟：是否定位为社会企业便确认了欣耕工坊不以商业获利为目的，而是以受助者的进步为主要目的？您提到低收入是弱势者的表面现象，真正的问题是他看不到上升的可能，因此您更看重在增收时建立自信。那么，您以怎样的过程使受助者对自己产生新的看法？

朱柄肇：是的，我觉得"致富"是一个很不现实的词语，关键是给他另外一个环境去思考他的人生，找到自己的定位，包括对家庭、对他自身、对整个社区的认同，对自己未来的方向、对子女的期望等。弱势者的弱势有两方面，一是他的物质条件差，面临很大的生存压力，这方面我们尝试帮他找到减压的途径。二是他产生心态上的不平衡，他觉得社会亏欠了他，而有更多的索要心态。

我们希望帮助他们改变这种思维方式，就是人活着是要有尊严，你要靠努力去争取更好的生活，而不是索要。比如说我们曾经帮助精神障碍学员，教他们踩缝纫机做布艺，同时也给他们的家长做心理辅导。其中有个女孩的父亲告诉我们，由于他女儿是精障患者，邻居对他有所排斥，他往往一年内要搬好几次家。但搬家并没有使女儿病情好转，夫妻俩便只能有一人上班，一人必须在家照顾女儿，收入减半，压力倍增。他女儿到我们这里一段时间后，病情开始稳定下来，春秋两季也没有发作，主要原因是注意力集中了，她有一份工作，收入不高但有自己的零花钱，她可以支配这个零花钱去买东西，这使她的心理产生了一些变化。所以她很愿意每天都到社区中心来踩缝纫机来学习。她病情稳定了，她妈妈也就可以去上班了。所以在各种帮助下，他们的生活就改变了很多,至少在心理压力上减轻了很多。

刘昭吟:对弱势者来说,是否具有接纳度的社会环境是最重要的?

朱柄肇:这必须是"正常人"与弱势者双向学习的过程。早期我们的河南农村项目便遇到城里人对艾滋病不了解而很排斥、很抗拒,包括对于他们生产的产品碰都不敢碰,怕被感染。但这是一个教育过程,慢慢让大家知道艾滋病不会通过这样的方式传染,最终大家接受他们的产品,也不再排斥他们。"被接纳"这个词也包括弱势者自身的心态。我们常组织一些企业员工作为我们的志愿者去跟他们交流、沟通,带他们出去玩,创造接触陌生人的机会,使他们学习怎么跟陌生人打交道。

刘昭吟:您是怎样从弱势扶助转入农村建设的?通过实践,您对"三农"问题有什么体会?

朱柄肇:欣耕工坊进入农村的机缘始于我们参与上海青浦的水资源调查,发现上海农村虽然在生活上、环境上比内地农村好,基本问题还是一样的,包括农民进城务工的适应问题、留守独居老人与儿童、不安全的农业环境、生态失衡等等。尽管现在农村青年大部分已不懂得种地,更因种地没收入而不愿种地,我们认为进城务工却非最好的解决方案。并不是每个人都能在城里有很好的工作、能够真的扎根在现代化都市里,很多农民工在城市里感到迷茫,但回家又不会种地,最后造成两头不到岸的难局。也是因为这样,他们情绪上会比较负面。这些人也很需要帮助,我想给他们多一个选择,使他们不需要到陌生的城市去,而是在熟悉的家乡做熟悉的事,或者从城市撤回家乡可以开心种地、种好地。这是我做岑卜生态村的初衷。

刘昭吟:您与村庄的留守农民或进城务工农民建立什么样的关系?如何使他们相信"多一个选择"是可能的?

朱柄肇:岑卜生态村是一个试验田,测试各种食品类种植和深加工。我们尝试多种不同堆肥的有机覆土,如此可以不需要花很长的时间等土壤优化。第二步我们试验深加工和市场推广。农民单靠种植收入肯定是不高的,如何帮他们通过深加工生产成为另一种商品,才能增加利润。我们一开始并没有马上与村里直接合作,我们自己先试种,邀请村民帮我们种,这个接触使我了解村民的模式——他们的想法,他们会想怎么种,他们愿不愿意改变——这是一个了解的过程。产品试验成功后,我们就请外面的农村来做种植,通过这样的方式影响其他地方农民的种植方式。我们在 40 亩地上雇用了11 位本地村民。由于我们其中的 20 亩地用来种较不需劳动力的五谷杂粮,真正需要人手的只有 20 亩地,所以我们的劳动力雇用其实是严重超标的。

为什么我们这么做?因为我们的目的就是要让这些村民来学习。一开始他们对于我们要求不能使用除草剂、农药和化肥觉得匪夷所思,他们说你们这些城里人都是傻瓜,跟你抗议不使用这些怎么种地?我们跟他们解释,想想你们小时候也一样没有除草剂、农药、化肥,当年是怎么种植的?就这样一边抗议一边迫于工资很不情愿地开始干,慢慢地他们发觉地里的昆虫多了、蚯蚓回来了,他们内心就有些改变。开始的时候他们还说,我们的孩子都到城里面去了,你们做这样的事情是没有希望的。但是后来发觉他们的孙子回来时很喜欢这里的环境,他们是会有感觉的。以至于当我们组织城里人来这里活动时,他们会嫌我们对植物的介绍一知半解,会听不下去而主动讲解。所以我们已经成为配角,他们才是主角了。

现在他们能够很自豪、很有自信地跟城里人介绍这个农村,会把他们生活中的点点滴滴与大家分享,不是很权威性或者很知识性地讲解,但其实更加生动,让来玩的人听得津津有味。城里人越喜欢这个农村,他们就越自信。我觉得这是一件好事,是我们希望看到的,就是让他们重新找回对他们土地的认同感,对家乡的自豪感。

刘昭吟:留守老人对土地与农村产生自豪感后,有影响到外出务工的年轻人对家乡的看法吗?

朱柄肇:我们先是在夏天给农村的孩子们做免费的夏令营,一开始大家并不看好,但现在却每季度都举办,这是因为孩子们的父母都反映小朋友参加夏令营后,丰富了对农村的认识,在学校里的表现也有很大的进步。例如作文能力提升很多,所以他们很喜欢让孩子们参加夏令营。中青年看到他们的父母在村子里面的生活比以前开朗,以及孩子们参加夏令营的变化,就会在周末回到村子参加我们的活动,成为我们的志愿者,帮助我们组织活动。

刘昭吟:你是个新加坡老外,你没有农村经验,也不是农村返乡青年,你为什么要做农村服务?你以外人进入农村,有没有遭遇挫折?

朱柄肇:新加坡是一个移民城市,我的祖辈都是只身漂洋过海来新加坡求生存的,很多人生病、死亡、无人照顾,我的父母就自发成立义务的临终关怀机构。所以我很习惯每个人都可以为周边做一点事,改善周遭生存条件。我从 2002 年就来到中国,我不只生活在上海、北京这样的大城市,我也有很长的时间生活在河南、山东、甘肃的农村。既然我生活在这里,为这里做一点事是应该的,我也做得挺开心,就是这么简单。我一直认为金钱和快乐永远不成正比。我们不缺金钱,但是我们应该把快乐找回来。

在实践中,我们体会最深的是"心灵贫困"。我们现在已经不是一个贫困的社会,甚至我们比很多地方富裕很多,但是经济腾飞使得我们内心很贫困。比如说我们开始做布艺培训时,我们的原材料一到村里,半个小时内就全被瓜分了,一件不留。我们再寄过去,还是被瓜分掉。直到最后大家觉得说哎呀拿够了,才能够静下心来听你说你究竟来干嘛。农民的这种索要心态并不复杂,他只是觉得我们穷、我们欠缺。譬如家里缺窗帘就拿回去做窗帘,家里缺布做衣服就拿回去做衣服,甚至大家都在拿我不缺也要拿。这就是内心的贫困多于实际的贫困。所以我们欣耕工坊做的是心灵扶贫,帮助弱势者建立自信,帮助农村重建家乡自信。

刘昭吟:前面提到欣耕工坊的社会性是以受助者的进步来衡量,那么"企业"的意义是什么?如何从欣耕工坊的运营模式体现"社会企业"?

朱柄肇:欣耕工坊作为一个"企业",它本身必须具有生存能力,这是基本面。但是定位为社会企业,赚钱就不是最重要的环节,更多的是我们服务了什么人,我们能够为他们做些什么事情。譬如,从商业的角度,我们地里不需要聘用这么多人,布艺材料被瓜分也是不能接受的,但是为什么我们没有裁员和追究?是为了通过这样的方式,让村民参与进来而改变,因为我们是在"做人",这些投入是必要的。

我们探索社会企业的中国模式,譬如允许一定的盈利,否则很难鼓励年轻人投身社会企业。我们规定利润的30%投放社会项目,不能拿来给欣耕工坊员工发薪水。40%投入研发,因为产品的前期研发经费非常大但不会有商业或政府的支持,而研发又十分重要,所以我保留40%用作研发。剩下的30%用于分红。欣耕工坊并不希望成为大集团,我们做的是过程,所以我们有撤出机制。当我们的培训对象能够自立,譬如掌握生产能力、能自我组织管理、有稳定的市场,或是他们重新去找工作、种地,我们就把项目交给他们,我们没有必要长期占有这项目。我们撤出后仍与当地保持良好关系,有新的资源还可以对接,但是管理在他们自己手上。我们认为不是要把自己做大、让村子一直从属于我们才算成功;对我来说,是这些人不依靠我或任何人的救助,他们有能力重新回到社会,这就是成功。

(访谈来源:2015年第7期"乡愁经济1+1"人物专访栏目)

欣耕工坊的发展历程及荣誉

发展历程:

2006年10月

开展河南农村手工坊项目;

2007年5月

欣耕工坊正式成立;

2008年3月

开展环保袋家庭手工作坊项目;

2008年6月

积极投入到四川汶川地震灾后重建的筹备工作中;

2008年7月

带领资助方JWDA设计公司的员工走访欣耕工坊在甘肃白银二中的助学项目;

开展自渔自乐残疾人工作坊项目;

2009年

开展社区综合助残服务;

2010年

开始进行咖啡渣回收项目;

2011年3月

开展绿色帮扶就业发展计划;

开展自渔自乐手工肥皂工作坊项目；

2012 年下半年

开展岑卜村生态文化乐活扶贫项目。

荣誉：

2007 年

获得上海浦东新区十佳志愿者组织的称号；

2008 年 5 月

成为联想公益创投计划首期支持的十六家公益组织之一；

同时也成为公益组织发展中心（NPI）孵化器项目的孵化机构之一；

2009 年

获英国大使馆文化教育处—友成优秀社会企业奖、新工艺发展潜力奖。

欣耕工坊的主要产品图片

图 1　绿叶环保袋

图 2　That's Me 手绘陶瓷杯

图 3　用咖啡渣种植的菌菇

图 4　手工柔润皂

实训篇

实训 1 公益创业计划书的撰写

［实训任务］

公益创业计划书是开展公益创业前的一种有效工具,能够使公益创业者全面了解公益企业的经营状况,对公益企业的未来发展具有指导作用。公益创业计划书是为了更好地规划公益企业发展以及履行社会责任而对公益企业所做的全方面规划。

完整的公益创业计划书往往按照以下提纲来撰写:

(1)封面及目录。高质量的公益创业计划书一定要有独特的封面设计,这并不意味着要浓墨重彩添加夸张元素,而是要精心设计与自己创业项目主题相关的元素,且设计风格应以简约为主,让读者一目了然。这要求设计者有很好的审美能力。在主题设计上,公益创业计划书的阅读者一般不会逐字逐句对计划书进行阅读,而是只看自己感兴趣或者和自己相关的那一部分,因此目录应该具备指引作用,使阅读者能够根据目录迅速直奔主题。

(2)执行总结/摘要。执行总结/摘要既应该言简意赅,逻辑清晰,能够吸引读者兴趣,又要充满热情和憧憬,让每个读者都能感受到公益创业者的信心与决心。在执行总结与摘要的写作过程中,要注意不能只对公益企业本身的业务拓展进行描述,还要对市场进行分析,并重点说明公益企业将如何抓住市场机会,这能够帮助投资人做出正确的投资决策。

(3)公益企业描述。公益企业描述是通过对公益企业进行介绍使投资者进一步了解该企业。一方面,公益创业者需要介绍公益企业经营的基本内容,如公益企业名称、法律形式、注册地址、公益企业经营的历史及现状、公益企业经营的产品服务范围、公益企业未来发展的方向及目标规划。另一方面,公益创业者应该突出公益企业的特点,尤其是在公益企业经营的产品和服务方面,重点突出自己的竞争优势,要让投资人既充满愿景,又觉得想法切实可行。

(4)产业分析。产业分析是系统客观地评价公益企业商业机会的重要指标,因为公益企业的发展与所处产业紧密相关。公益创业者可以介绍所处产业的规模大小、产业竞争程度、产业发展趋势等。产业规模的大小能够决定公益企业未来的发展空间,产业竞争程度能够决定公益企业未来经营的难易程度,产业增长速度能够决定公益企业未来的发展速度。在这种情况下,投资人往往更愿意看到公益创业者对产业的客观分析,如果公益创业者无法对此进行有效的解释,那么这份计划书是不被认可的。

(5)市场分析。产业分析是从宏观角度进行分析,市场分析则是从微观的角度来进行分析。市场分析是公益创业计划书的重要内容,是在市场进行细分的基础上,来选择公益企业的目标市场,并对目标市场进行定位。一方面,进行充分的市场分析能够详细了解目标市场的需求特点,从而解决自己的产品特点,使产品符合消费者的需求,进而才能够真正做到适销对路。另一方面,公益创业者如果想通过计划书来筹资,则需要通过细致的市场分析向投资者传达目标市场的规模大小,只有规模大的市场才能吸引投资者的兴趣和关注。

(6)竞争者分析。"知己知彼,百战不殆",公益创业者要想在市场上获得成功,除了要了解客户需求之外,还要了解竞争对手。在对竞争者进行分析时,首先需要识别竞争对手是谁,技术的发展使得产业间的融合变得越来越普遍,企业竞争对手未必和你来自同一个行业或领域,它很有可能是跨行业或者是跨领域的,因此识别直接和间接竞争者对于公益企业来说具有重要意义。其次,公益创业者应该了解竞争者所处的市场地位,也就是其竞争力如何,优势表现在哪些方面,其未来的发展动向如何,是否存在漏洞。最后,需要了解竞争对手相比自身的优缺点,能否提供比竞争对手更好的产品和服务来满足顾客的需求,在面临威胁时可以采取哪些策略来应对。

(7)产品和服务分析。公益创业者在撰写创业计划书时,需要详细地分析产品或服务的名称和性质、该产品或服务在当前的竞争力和前沿性;该产品或服务解决了当前哪些问题,与哪些最新的技术进行了结合,给顾客带来了哪些价值等。值得注意的是,公益创业者切记不可夸大其词,过分描述产品或服务的一些未必能够实现的功能,而应该实事求是、客观地进行产品和服务描述。

(8)营销策略分析。营销策略分析在公益创业计划书中也可以叫作经营策略分析。作为公益企业来说,经营策略应该包括公益企业的产品或服务推广和公益企业的定价策略。在进行公益企业的产品或服务推广时,公益创业者应该重点阐述公益企业将会采取什么措施来推广公益企业产品和服务。在进行公益企业产品的定价时,要给自己的产品和服务进行合理的定价,公益企业进行产品服务定价不是为了获得超额利润,而是为了让公益企业更好地生存,从而给人民群众带来更大的社会价值。

(9)财务分析。一份高质量的公益创业计划书离不开合理有效的财务分析。财务分析是对公益企业所有规划内容进行的物质支持。一般而言,财务分析内容应该以财务报表的形式呈现。如果公益企业已经运营了一段时间,还需将历史财务数据在财务报表中呈现。公益创业者在公益创业计划书中需要在财务报表中表明未来的长短期规划。合理的财务分析需要公益创业者能够解决以下几个问题:公益创业预期投入的成本是多少,这些成本是如何构成的,融资渠道有哪些。

(10)团队介绍。对于公益企业来说,最重要的资源是人力资本。公益创业者在介绍创业团队时,首先要介绍团队主要成员的姓名、年龄、工作背景等信息,方便投资人对于公益企业的管理团队有清晰的认识和判断,尤其需重点介绍公益企业主要负责人的情况,主要负责人的才能及责任心等方面将决定着公益企业的未来走向。其次,公益创业者还需要对团队成员的任务分工和组织结构进行说明。

在上述公益创业计划书的基础上,由4~5位同学组成一个公益创业团队,每个团队选择一个公益项目进行分析并在此基础上完成一份公益创业计划书,并完成公益创业计划PPT。

[实训目的]

掌握公益创业计划书的撰写方法和技巧。明确公益创业计划书需要回答的5个问题:(1)公益创业项目要解决什么样的社会问题? 也就是说为什么要做这个公益创业项目? (2)公益创业项目的服务对象是谁? 你这个项目是为谁做的?(3)公益创业项目要满足客户什么样的需求?(4)公益创业项目的成果和目标是什么? 如何来衡量公益创业项目的结果和目标?(5)公益创业项目如何来实施? 具体做什么?

这5个问题是撰写公益创业项目计划书时非常重要的思维逻辑框架,如果能够用这样的思维去制定公益创业项目计划的话,不但能够使公益创业项目做得更加有效,而且可以养成一种有效的思维习惯。

[实训示例]

公益创业计划书在公益创业过程中的作用与创业计划书在商业创业过程中的作用一样。完成一份高质量的公益创业计划书对公益创业能够起到事半功倍的效果。高质量公益创业计划书的撰写需要注意以下四个方面:

(1)选择一个好的创意

公益创业者失败的原因可能与资金不足、管理经验欠缺、团队分崩离析以及创业者自身不努力等各个方面因素有关。但是大数据显示,很多新创公益企业的失败是因为没有一个符合市场需求的好创意,选择一个好的创意会让公益企业成功一半,如何选择好的创意呢? 一个好的创意不仅仅是创意本身的好与坏。要想获得社会的认可,这要求创意本身不入俗套,更要求创意符合社会需要。在公益创业创意选择上,公益创业者可以从环境层面、社会痛点和市场缝隙三个方面进行考虑。创业者应该根据经济发展状况抓住消费者需求变化,以商业模式来做公益创业;根据老龄化加剧的现实情况,开发专门针对老年人群体的公益创业；在信息化时代，利用技术手段提高效率、节约成本；通过对现有产品和服务的评估，直击社会痛点，弥补市场缝隙。

（2）进行充分的市场调研

好的创意选择只能使公益创业有好的经营想法，但好的想法必须与市场需求进行有机的结合才能被开发出来。想当然认为产品生产出来就会被人接受，只会因为一厢情愿而导致公益创业陷入困境。要想了解公益创业的市场需求，必须进行充分的市场调研。市场调研是了解消费者真正需求的重要手段。虽然市场调研可能会影响产品及服务面向市场的时间，但是正所谓"磨刀不误砍柴工"，在了解消费者需求后所提供的产品或服务，受市场欢迎的可能性就会提高，从而有利于公益创业获得成功。进行市场调研，也是帮助公益创业者进行创意筛选的重要方法，而市场调研则是告诉公益企业哪些是可以被接受的创意，哪些是无法被市场接受的，没有实现价值的创意。

（3）公益创业领导者的重视和统筹规划

公益创业计划书必须要得到公益创业者的充分重视，并亲自参与公益创业计划书的设计和撰写。一方面，公益创业领导者需要对公司未来经营有全盘的规划，并指导员工进行公益创业计划书的撰写。如果将公益创业计划书当作一个任务进行应付，或者随意将公益创业计划书交给下级员工甚至是外包，将无法充分发挥公益创业计划书的指导性作用，所以好的公益创业计划书一定是在公益创业领导者的参与下完成的。缺少了公益创业领导者重视的公益创业计划书，不过是流于形式的一纸文稿而已。另一方面，公益创业计划书是由不同部门人员配合完成的，每个部门的人员只是将涉及本部门的内容做好，但是公益创业计划书是一个整体而不是相互分割独立的。这要求公益创业领导者站在全局高度统筹规划，保证公益创业计划书的整体性。

（4）人员的合理分工及相互配合

有了好的创意，完成市场调研并得到领导者的重视后，一份好的公益创业计划书也就完成了一半。然而，一份高质量公益创业计划书的完成，离不开公益企业各部门人员的配合。充分调动公益企业不同部门人员的积极性，使他们发挥各自的才华，才能保障公益企业在发展中获得成功。公益创业计划书所涵盖的内容庞杂多样，既包括营销类知识，也包括管理及财务等方面的知识，这不是单个人能够掌握的，所以好的创业计划书一定是融合了各部门人员的意见，将各部门人员合理分工并彼此配合，最终才能完成一份高质量的公益创业计划书。

在明确公益创业目的、担当公益创业任务、习得公益创业技巧后，就应当开始公益创业计划书的撰写，示例如下：

项目基本情况介绍：2008年，湖南大学公益创业项目"滴水恩大学公益创业孵化有限公司"在第六届"挑战杯"中国大学生创业计划竞赛中荣获"挑战杯"金奖，是我国第一个获得"挑战杯"金奖的公益创业项目。

"滴水恩大学公益创业孵化有限公司"商业计划书

目录

实训 2　公益组织开办流程

［实训任务］

广义的公益创业流程通常包括一项有价值的公益创业机会从最初的构思到形成新创公益组织，以及新创公益组织的成长及管理过程。狭义的公益创业流程一般是指新公益组织从无到有的创建过程。公益创业开办流程通常是指广义上的公益创业。其中，获取资源并创办公益组织是最核心的部分。如表 1 所示，完整的公益组织创办流程通常按照时间顺序划分为三个阶段：识别与评估公益创业机会、获取资源并创办公益组织、管理新创公益组织。

表 1　公益组织的开办流程

第一阶段	第二阶段	第三阶段
识别与评估公益创业机会	获取资源并创办公益组织	管理新创公益组织
创新性 机会的评估与实际价值 机会的风险与回报 机会、创业知识与目标 竞争状态和战略环境分类	组建创业团队 撰写公益创业计划书 营销计划、财务计划、运营计划等 获取创业资源 现有资源、缺口资源	新创公益组织文化建设 创业管理（包括组织与人力资源、技术、营销、财务管理等管理职能） 新创组织战略管理 新创组织危机管理

在开办流程的不同阶段，新创组织都要经历不同的创业环境。根据每一公益创业阶段的不同情况，公益创业者需要选择不同的应对战略，实施可行的对策，推动新创组织向前发展。在创业过程中，三个阶段的各主要活动的逻辑关系如图 2 所示。

(1)识别与评价公益创业机会

识别与评价公益创业机会是个体进行公益创业活动的起点，也是公益创业过程中具有关键意义的一个阶段。许多很好的公益创业机会并不是突然出现的，而是对于积极抓住机遇的个体的"重要回报"，或是在一个识别公益创业机会的机制建立起来之后才会出现。

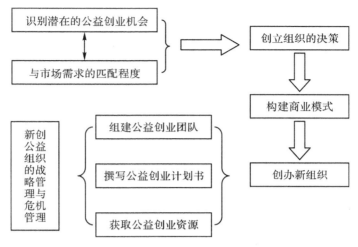

图2 公益创业组织的一般过程

①识别与评价公益创业机会。公益创业者是由公益创业机会驱动来开展公益创业的,而公益创业机会来自现存的环境中存在的某种不足。公益创业能够弥补现有市场中的不足,以更有效的方式提供产品或服务来弥补不足并获取收益、创造价值。公益创业者通过发现、评估、开发公益创业机会,与现有的组织,甚至是已确定地位且实力雄厚的商业组织展开有效的竞争或者合作。

公益创业者通过某些来源往往可以获取意外的创业机会,并在此基础上识别公益创业的机会,这些意外来源可能包括顾客、营销人员、专业协会成员或技术人员等。无论公益创业机会的设想来源于何处,都需要经过认真细致的评估。对于公益创业机会的评估,是创业者在进行公益创业过程的关键步骤。

公益创业者开展公益创业活动的动力往往是发现了一个新的尚未满足的需求,或者认为新产品能够开启新的需求。但是,并不是每个机会都需要付出行动去满足,需要公益创业者去评估这个公益创业机会所能带来的回报和风险,评估这个公益创业机会所创造的服务和产品生命周期。因而,甄别具有价值的公益创业机会相当重要,需要独特的创业知识技能识别与评估公益创业机会。

②构建公益创业运作模式。当公益创业者瞄准公益创业机会后,需要进一步构建与之相适应的公益创业模式。公益创业机会不能脱离必要的运作模式而独立存在。成功的公益创业运作模式是一座桥梁,富有潜在价值的公益创业机会能够通过这一桥梁过渡为公益创业组织。相反,如果缺乏良好的公益创业模式,机会就不能实现其价值。那么,什么是公益创业模式?如何选择适宜的公益创业模式?良好的公益创业模式,需要回答的核心问题是公益创业组织如何长期可持续发展壮大。不清晰或是方向错误的公益创业模式,对公益创业者来说是失败的征兆,公益创业者应当尽快调整战略,明确方向,重新部署公益创业模式,为识别、评估公益创业机会奠定基础。

（2）获取资源、创办公益组织

公益创业者在识别并评估公益创业机会，找到了与之匹配的公益创业模式后，会选择切实可行的公益创业机会进行开发，此时创业者考虑的是如何使公益创业机会成为现实中的公益创业活动，这才是公益创业的开始。

①组建公益创业团队。一个公益创业团队在公益创业成功中扮演着重要角色，发挥着巨大作用。一个公益创业组织的增长潜力，以及吸引资本和投资的能力，与公益创业团队的素质之间呈正相关关系。换句话说，没有高效创业团队的公益创业组织往往会失败。

良好的公益创业团队是创建公益创业组织的前提条件。公益创业活动的复杂性与动态性决定了公益创业过程中的创业事项不可能由公益创业者个人单独完成，只能通过组建创业团队分工完成。公益产品的优劣决定了公益创业是否成功，在此过程中不可避免要回答两个方面的问题：公益创业团队成员在公益创业组织中是否有适当的角色，是否具有公益创业的基本素质和创业技能；公益创业团队是否能团结合作，优势互补。

②撰写公益创业计划书。一份高质量的公益创业计划书，对于公益创业者来说是非常重要的，公益创业计划书不仅是公益创业者对公益创业机会识别的重要步骤，同时也是真正创办公益创业活动的基础。不仅如此，公益创业计划书也将使公益创业者深入分析市场的各种影响因素，能够达到基本的客观认识和评价，使公益创业者在进行公益创业之前，能够对整个公益创业流程进行有效把握，从而降低公益创业的各种风险，提高公益创业成功的可能性。公益创业计划书反映了公益创业组织的需求和要求，没有一个统一的格式和体例来规定其内容和形式。公益创业者和公益创业团队在撰写公益创业计划书时都有自己的偏好。一个全面的公益创业计划书包括封面及目录、执行总结、公益企业描述、产业分析、市场分析、竞争者分析、产品和服务分析、营销策略分析、财务分析以及团队介绍等。

③获取公益创业资源。获取公益创业资源从确定公益创业者现有资源开始。实际上，对公益创业资源状况还需进行分析，要把最重要的关键资源与次要资源加以区分，对关键资源严格使用，发挥其最大价值。在适当时机获得适当资源。另外，公益创业者不应该低估所需公益创业资源的数量及多样性，对所需公益创业资源的数量及多样性应该做出清醒的评估。

公益创业资金是一种重要公益创业资源，往往决定着公益创业的成败，公益创业融资不同于一般创业项目的融资；公益创业的价值评估，也不同于一般企业的价值评估，因此在对待公益创业时需要区别对待。

（3）管理公益创业组织

公益创业者在识别、评估到切实可行的公益创业机会后，将会进行资源整合和资源拼凑。公益创业组织在获取所需公益创业资源之后，公益创业者就可按照公益创业计划建立公益创业组织。成功建立公益创业组织以后，此时就需要考虑公益创业组织的运营问题,这里既包括公益创业组织的管理方式问题,涉及战略管理、财务管理、运营管理,也包括公益创业组织如何长久存活的关键因素。同时,公益创业者还应建立起一个危机管理控制系统,以对公益创业组织的各环节进行有效监督和防控。

①公益创业组织的战略管理。公益创业企业的组织战略作为公益创业的行动纲领,是公益创业者领导公益创业团队向市场进军的方向性定位,也是公益创业组织在运营发展中应该始终遵循的行动指南。因此,做好客观的、有价值的战略规划是公益创业组织面临的首要问题。公益创业组织的战略制定在制定过程、表达方式、传递方式以及规划运营等方面与成熟商业企业存在较大差异性。这就需要公益创业者在公益创业组织的筹备、建立、管理运营过程中针对公益创业的独特性发展不同于商业企业的独特竞争优势,并在此基础上形成公益企业的核心竞争力。

②公益创业组织的危机管理。公益创业组织从识别公益创业机会到成功运营的每个阶段都会遭遇不同类型的生存危机,这些危机以不同的程度和方式威胁着公益创业组织的成长和发展。因此,公益组织的管理者必须具备危机意识,能够居安思危,时刻关注公益组织在成长过程中面对或者将要面对的技术危机、市场危机、财务危机、人力资源危机等。此外,还应该注意的是,公益创业组织面临的危机不是一成不变的,公益创业者应当站在全局高度,统筹规划,并采取适当的应对措施,将公益组织面临的生存危机转化为组织机遇。所以,公益创业者不应该在危机面前带有畏难情绪,应该迎难而上,积极把握公益组织中的危机,为公益组织的后续可持续发展奠定基础。

在了解上述公益创业组织开办流程的基础上,由6～8位同学组成一个公益创业团队,选择一个合适的公益创业项目,撰写公益创业项目计划书,体验从识别、评估公益创业机会到获取创业资源创办公益企业再到管理公益创业组织的整个流程,模拟开展公益创业实践活动。

［实训目的］

通过学习公益创业开办流程,使学生对公益创业活动有一个初步的感性认识,帮助学生了解公益创业创办流程的基本步骤,让学生理解从识别与评估公益创业机会到获取创业资源并创办公益创业组织再到管理公益创业组织的整个过程。

学生可以从公益创业流程中了解创新创业知识,激发创业活力和创造力,进一步培养"大众创业、万众创新"的主力军,增强主人翁意识。同时,以模拟创办公益创业组织作为活动形式,深化高校公益创业教育改革,引导各高校主动对接服务国家战略和区域发展。以公益创业带动就业,促进地区经济发展,提升地区经济活力,推动区域经济高质量发展。

［实训示例］

公益创业者在识别与评估公益创业机会后，会获取创业资源，开发有价值的公益创业机会，进而创办公益组织，并加强对公益创业组织的管理。

朱学恒和他的公益创业："OOPS 计划"

朱学恒，中国台湾著名翻译，发起"开放式课程计划"（OOPS），并在世界各地招募华人志愿者，要将麻省理工学院的 1800 门开放式课程全部翻译成中文。这是中文互联网上最庞大的民间翻译计划。

朱学恒是一个有着强烈"不安定性"和"分享欲"的人。2002 年，当朱学恒第一次在互联网上注意到麻省理工学院的开放式课程时，骨子里充满创业愿望的他就在积极酝酿公益创业计划。2004 年，他辞掉之前的稳定高薪工作，将全部精力投入到"OOPS 计划"中，并将先前在工作中赚来的钱大部分投入其中。有人问他为什么愿意放弃稳定的工作来做不确定性较高的公益创业。他说有些事情现在不做，一辈子都没有机会去做了。

朱学恒刚刚做"OOPS 计划"时，从一开始外界对于这个计划的动机、可能性、价值的质疑就没有间断过。但朱学恒对自己所做的事情从来没有怀疑过。他说，知识的数量决定了一个民族的竞争力，影响着这个国家的未来发展方向。

朱学恒凭借互联网的力量，招募了一支从翻译、审校、宣传、设计到推广完全由跨国界的志愿者组成民间团队——2000 多人的协作完全通过互联网进行。这期间虽然有许多不稳定因素，但迄今为止他们已经翻译完成 178 门课程，部分完成 600 多门课程。在此期间，在麻省理工学院的带动之下，开放式教育逐渐成为国际教育界的一种趋势，比如剑桥大学、哈佛大学、东京大学等世界一流大学都在逐渐开放自己的课程。"OOPS 计划"计划也将这些大学课程纳入自己的翻译计划之内，加快了开放式课程在中国乃至全世界的传播速度。

"OOPS 计划"的创业资源极度匮乏，但他们的成绩并不逊色。2007 年，"OOPS 计划"的官方网站独立 IP 达到 184 万人次，是麻省理工学院开放式课程中流量最大的。志愿者之间根据能力高低可以有不同的分工，有人做翻译，有人做宣传，有人做编辑，有人做校对。当遇到一些非常困难、抽象的翻译时，他们就会把问题集中放到讨论区，由大家投票决定，让他们共同参与整个修正过程。从这件事中，朱学恒领悟的是众志成城的力量，胜过一个最完美的翻译。

朱学恒识别到开放式课程的契机，进而整合资源，通过"OOPS 计划"开展公益活动。在成功创办公益创业组织后，加强公益企业管理，最终组建了横跨多国的志愿者服务团队，推动了开放式课程知识的传播。

实训 3 中国"互联网＋"大学生创新创业大赛红旅赛道的参赛

［实训任务］

中国"互联网＋"大学生创新创业大赛,由教育部与政府、各高校共同主办。大赛旨在深化高等教育综合改革,激发大学生的创造力,培养造就"大众创业、万众创新"的主力军;推动赛事成果转化,促进"互联网＋"新业态形成,服务经济提质增效升级;以创新引领创业、创业带动就业,推动高校毕业生更高质量创业就业。

［实训目的］

以赛促学,培养创新创业生力军。大赛旨在激发学生的创造力,激励广大青年扎根中国大地了解国情民情,锤炼意志品质,开拓国际视野,在创新创业中增长智慧才干,把激昂的青春梦融入伟大的中国梦,努力成长为德才兼备的有为人才。

以赛促教,探索素质教育新途径。把大赛作为深化创新创业教育改革的重要抓手,引导各类学校主动服务国家战略和区域发展,深化人才培养综合改革,全面推进素质教育,切实提高学生的创新精神、创业意识和创新创业能力。推动人才培养范式深刻变革,形成新的人才质量观、教学质量观、质量文化观。

以赛促创,搭建成果转化新平台。推动赛事成果转化和产学研用紧密结合,促进"互联网＋"新业态形成,服务经济高质量发展,努力形成高校毕业生更高质量创业就业的新局面。

［实训示例］

2018 年中国"互联网十"大学生创新创业大赛（红旅赛道）部分获奖项目概况

奖项	序号	获奖项目	学校	项目简介
精准扶贫奖（红旅赛道）	1	小满良仓	西安电子科技大学	"小满良仓"建立的初衷是通过构筑覆盖农村的电商生态体系，打通农村产品与市场的"最后一公里"，解决在农产品消费升级趋势下农民低收入的问题。2015 年 12 月"小满计划"在陕西省咸阳市武功县开展，短短一个月便卖出了 9600 件礼盒装产品，营业额超过 100 万，先后被咸阳电视台、三秦都市报、新华社报道。在信息化发展的浪潮下，为了让农户更好地融入"互联网＋农业"中，完善山区农业产业链的各个环节，"小满良仓"团队与当地农业局和经销商合作，从种植到仓储、物流再到最后的销售，将资源整合，致力打造"互联网＋农业"的高度精准化信息发展模式，实现创业与精准扶贫两不误。
乡村振兴奖（红旅赛道）	1	金刚模/高端热作模具——改善农村生态、带动农民再就业	西安交通大学	这一项目依托西安交通大学国家重点实验室的技术，拥有 5 项国家专利授权以及 7 项国家发明专利。这些技术不仅把模具产品的使用寿命提升了 3 到 13 倍，更重要的是，它从源头上避免了模具产品在生产和使用过程中的环境污染，实现了污染零排放。目前，该项目已注册公司，获得山东临沂国资委 100 万元天使轮融资，为当地的模具厂提供技术和设备支持。
公益影响力奖（红旅赛道）	1	桃醉井冈——红色茅坪奔赴小康筑梦工程	江西科技师范大学	2015 年就以志愿服务为契机结缘井冈山茅坪乡的项目团队积极响应习近平总书记的号召，在学校党委的高度重视和支持下，与茅坪乡人民政府签订了精准扶贫帮扶协议书，精准对接革命老区产业发展需求，迅速成立了由园林技术、生物科学、市场营销等专业师生组成的"桃醉井冈"工作室，破解当地产业发展难题，开展文化、黄桃产业等多领域帮扶，通过打好"技术＋培训＋产业＋营销"的组合拳，开启了与当地村民共同创业的新征程。
	2	稻渔工程——引领产业扶贫新时代	南昌大学	自 2016 年 5 月以来，南昌大学"稻渔工程"团队开展了一系列的稻渔工程技术研发和推广，不仅确保了农产品的绿色、安全，还促进了当地农民增收致富，推动了精准扶贫。在"稻渔工程"团队的指导下，神农氏生态农业开发有限公司在江西余江县（现江西省鹰潭市余江区）锦江镇灌口村建起了标准化的稻鳖共生养殖基地。在基地建设过程中，灌口村 39 户建档立卡贫困户以每亩地每年 600 元的租金，把土地流转给公司。同时，贫困户在基地做工，也能获取一定的报酬。

奖项	序号	获奖项目	学校	项目简介
金奖	1	野生黑枸杞全产业链综合扶贫项目	天津商业大学	"野生黑枸杞全产业链综合扶贫项目"起源于 2013 年的国家级"大创"计划项目。创始人为艺术设计 2013 届毕业生黄俊科,他在学校努力学习科技知识,毕业后返回家乡甘肃省民勤县创业,成立甘肃集创生态农林科技有限公司,带领乡亲们致富。在学校领导的直接关心下,在指导教师的陪伴下,黄俊科带领核心团队经过五年多奋斗,完成黑枸杞全产业链贯通,拥有 7 项国家发明专利、3 项产业化突破技术,培育了两个人工种植品种。 他探索出以就业直接扶贫、基地共建扶贫、生态联动扶贫为主要内容的三级扶贫模式,建设产业扶贫车间 12600 m²,提供就业岗位 83 个;带动 416 户农户年增收 3 倍以上;压沙3000 余亩,种植 38.4 万株梭梭树,未来可减少碳排放约687 吨,带动和保护肉苁蓉、锁阳、红枣等 7 个涉农产业的蓬勃发展。他还是甘肃省青年致富带头人、甘肃省青联委员、民勤县第九届政协委员、民勤县工商联执行委员,成立民勤县大学生返乡创业协会、吸纳大学生会员企业 32 个,涉及 6 个产业,经过大家共同努力,民勤县获批省级返乡创业示范县。公司总资产 3618 万元,年销售额突破 2000万元。
	2	授粉熊蜂行业领跑者	南京大学	主要推广和销售的是授粉熊蜂,这是一种不同于普通传统蜜蜂的蜂种,它能够更加高效地对大棚农作物进行授粉,每亩能够帮助农户提升收益超过 3000 元。公司实现了繁育过程可控化,在打破滞育期这一关键环节上,采用复合刺激法,提高了熊蜂成群率,达到成群率 50% 国际一流水平;针对人工交配这一环节,用一定配比的营养液,可显著提升熊蜂交配成功率,相关技术已申请专利保护。自主设计的繁育与产品于一体化的原生态蜂箱,保证蜂群的高质量、高效率,降低成本。
	3	贵在植染——以植染技术革新助力贵州脱贫致富	常州大学	团队师生先后赴贵州、安徽、河北、陕西、福建、广西等地开展项目调研,为农户提供技术指导,与当地政府部门及企业扶贫对接。2018 年 4 月,艺染团队升级为常州市艺染生物科技有限公司,戴繁琢任董事长。公司与贵州当地企业签订战略合作协议——黔东南地区扶贫兴农专项,用公司的专利技术提取靛蓝进行染料工业化生产,打破当地技术和销售的瓶颈。贵州亘蓝母图民族布艺蜡染开发有限公司总经理张义琼称,通过这种平台带动贵州贫困山区的老百姓致富。
	4	西北梦——千百万回民兄弟的致富助力器	宁波大学	西北梦以互联网为依托,构建"伊穆家园""清食会"两大平台,是集清真原材料供应、清真食品产销、连接农牧户和消费市场为一体的全国清真餐饮服务平台。目前累计销售额高达 1.7 亿元。
	5	木吉农创——农业爆品操盘"专家"	宁波大学科学技术学院	木吉农创,致力于打造农产品爆品,用商业的方式做精准扶贫。同时通过为农产品定制人格化故事,利用各类新媒体组建媒体矩阵来进行推广。创始人罗潭蛟联合多位农创圈的资深专家成立了宁波木吉供应链管理公司。

续 表

奖项	序号	获奖项目	学校	项目简介
	6	我知盘中餐：大数据精准助农新平台	厦门大学	"我知盘中餐"创业团队的几位学生成员,他们正在为来自三明市宁化县的农户解决花生销量问题。"我们运用平台为这位农户寻找销售突破口,提供产品管理、订单管理、财务统计、数据分析等服务,帮助他的产品与消费者实现精准对接。"项目成员、厦门大学信息学院研究生江建烽说,"我知盘中餐"搭建的是一个大数据精准助农新平台,是基于大数据和人工智能技术解决农产品供销问题,为农村与农户提供种植规划服务、种植技术服务、市场营销服务和品牌建设服务。而这个项目缘起于学院老师的一个热心举动,"一开始是老师的一个亲戚有滞销的农产品,想找老师帮忙卖掉",江建烽告诉我们,"那时老师就有了建立一个农产品平台的想法,这是我们创业想法以及实践的开始。"
	7	果蔬卫士——科技扶贫,保鲜致富	厦门大学	引宇生物科技有限公司于2018年5月成立,致力于打造国内一流的果蔬保鲜品牌。引宇生物科技有限公司的商业模式针对普通农户,对农户采取免费的技术指导和产品试用,吸引其主要客户——果蔬中转商、果蔬销售商,以此来实现果蔬销售行业的全覆盖。现在引宇生物科技有限公司已走访8个省、54个县市,签署落地协议56项,为大量农户和企业带来了产品服务和技术支持,积累了大量的潜在用户。
	8	引凤计划——全国领先的乡村人才振兴服务机构	福建农林大学	福建省引凤扶贫服务中心于2017年5月12日在福建省民政厅注册成立,为民办非企单位。中心创始团队由2012年3月创办福建农林大学"三农"爱心社的核心团队逐步发展而来,通过提供系统服务,解决乡村人才匮乏问题。成立至今,中心与80多名福建省"百人计划"专家达成服务乡村的战略合作协议,并在永春、闽清等地成功引入专家项目9个,通过"三农"服务超市累计服务返乡青年及农户3000余人,成功打造板栗南瓜等单品产销联合体13个,累计引导清华大学、福州大学、福建农林大学等高校学子参与"三农"服务近2000人次,为乡村振兴战略储备人才。在服务"三农"的道路上,中心开展的工作得到习近平总书记的回信鼓舞,创始人得到了时任国务院副总理刘延东的亲切接见。中心计划在未来三年中对接金凤100名,培育玉凤1000名,引导雏凤10000名。
	9	缘蜜——助力蜂产业精准扶贫	江西外语外贸职业学院	为落实党的十九大"精准扶贫、精准脱贫"精神,江西外语外贸职业学院"缘蜜"团队连续三年通过与蜂农、蜂场以定制签约+蜂农补贴的方式定制成熟原蜜,使得2100余名蜂农坐上脱贫"高铁",翻倍增收。
	10	"草芝源"金银花精准扶贫:新品种与种植技术推广	山东中医药大学	该项目已经成功培育"华金6号"种苗375万余株,并在沂蒙、延安等革命老区推广种植13950亩,涉及农户3487户。由于"华金6号"采收成本低、产量高、品质佳,该品种种植农户每亩可增收2200元以上,共计增收效益7190万元。除此之外,该项目团队还研发出了独特的金银花种植技术体系,免费指导农户科学地种植出高品质的金银花,并为其提供销路保障,进而打造对贫困地区金银花产种销"一条龙"的帮扶模式。

奖项	序号	获奖项目	学校	项目简介
	11	一世花开:优质月季切花助力精准扶贫	山东农业大学	项目依托山东农业大学园艺学科优势和农业部黄淮海实验室攻克了北方无法生产优质月季鲜切花的难题,使较寒冷的北国也能盛开优质的月季切花,品质达国际标准。项目以山东为中心进行北方月季切花生产销售,供应北方市场,降低运输成本,提高经济效益。现已带动山东为主的6省10个贫困镇农民脱贫,产品远销京津冀等9省,农民年人均纯收入从种小麦玉米的1000元提高到种鲜切花的25000元,收入增25倍。同时为内蒙古、河北、河南、安徽、江苏、浙江、江西、福建、山东等9省总计1100余亩大棚提供种苗与技术服务,4年累计总产值达1.9亿元,累计为花店提供约2.4亿枝鲜花,为花店节省约1440万小时进货时间,为农民增收约9600万元。
	12	小康农民讲习所	河南科技大学	一方面,本项目以"教育扶贫"为基础,通过在各级贫困村设立"小康农民讲习所"前沿阵地,发现并培养当地有志农民及农民创客成为带头人,培养并教育高校大学生成为农业职业经理人,结合农业科技专家、农业生产专家、农产品渠道专家等农业产业链上下游专业组织,在小康农民讲习所开展生产种植等公益讲座,优化发展各贫困村特色产业,组织各类公益宣讲活动、扶贫农产品义卖活动,最终实现贫困村特色化发展、贫困户持续性脱贫。 另一方面,本项目通过以"产业扶贫"的方式,结合贫困地区现有产业发展情况,扶持当地农业合作社等其他经营组织,深挖当地特色农业产业,推动传统农业向现代农业的转变,提高生产效率,提高特色农产品产质量,提升农产品价值,实现以产业化发展带动贫困地区的可持续性脱贫。
	13	游鲜生——生鲜电商助力精准扶贫	湖南大学	公司主营业务是农产品供应链服务,以"为耕者谋利,让食者满意"为理念,牢牢掌握"高效、高品质与超预期体验"的发展策略,致力于成为国内领先的农产品供应链管理公司。核心团队曾受到李克强总理亲自接见,2016年销售额850万,2017年营业额1874万元,预计2018年营业额突破6000万元。项目将农业供应链与"精准扶贫"理念相融合,整合产地生产资源,为大型电商企业、平台企业、销售企业提供包含采购、加工、运输、营销、售后、资金在内的供应链管理服务,从"商业、技术、公益、产业"四个方面进行全面扶贫。团队共操盘142种水果单品,全国有85个合作基地,累计服务63家平台,覆盖客户3600万人,带动1600户贫困户就业。希望通过供应链升级,推进中国农业标准化、品牌化。

续　表

奖项	序号	获奖项目	学校	项目简介
	14	橘友生物，助力科技扶贫——环保诱蝇球，解决果蔬虫害	湖南农业大学	项目团队组建于2016年7月，2017年2月成立湖南橘友生物科技有限公司，主要产品是"橘灯笼"果蔬通用诱蝇球和诱蝇剂。产品主要将公司自主研发的高效实蝇类引诱剂涂抹在一种可降解材质球体的表面，通过引诱剂散发的生物信息素对果蔬类实蝇进行引诱，从而实现实蝇害虫的绿色防控。产品不含任何农药成分，是目前市面上唯一含高效引诱成分的球形诱杀装置，拥有自主知识产权专利5项，技术处于世界领先水平，可防控柑橘、苹果、水蜜桃、葡萄等200多种水果和蔬菜上的实蝇害虫，得到袁隆平院士的大力推荐："诱球杀虫，助果农增收"。产品质优价廉，性价比高，且耐80℃高温，耐雨水冲刷，耐紫外线照射，使用时长可达6个月，真正实现果蔬通用、南北通用、四季通用，最大程度地提升农户的种植产量，降低农户种植成本。公司已与55个县级政府部门签订了扶贫对接销售协议，纳入当地政府采购范围让利销售；免费给300家贫困户农民发放诱杀剂5000余桶，帮助贫困户家庭减少实蝇虫害经济损失达300万元左右；公司成员多次到湖南省麻阳县、祁阳县、芷江县、韶山市、广西百色地区等，免费为当地农户讲解病虫害防治知识和技术，免费发放诱捕球和引诱剂等，受到老百姓欢迎，莫博程博士也被老百姓称为"柑橘医生"。
	15	珍稀濒危中药材种苗繁育及产业化扶贫	广西医科大学	除了"娘家"药学院的鼎力支持，公司还联合了7家科研单位和10多位行业专家组成强大的科研团队作为支撑，为农户提供种苗、全程提供种植技术指导，并提供药材回收渠道。
	16	飘向贫瘠土地的"彩云本草"——乌蒙山区种植养殖领域的扶贫先锋	云南大学滇池学院	该团队依托乌蒙山区得天独厚的自然环境，致力于打造现代化互联网云端数据库下的智能化中药材种植，为人们提供优质、低价的好药材。以科技服务农业、用真诚回馈社会，"彩云本草"项目致力于以现代农业帮助中国贫困片区农民返乡创业、就业。 项目采用"政府＋农户＋公司"的模式进行经营，公司占股60%，农户占股40%，同时与地方政府相连接，在政府支持下，建立种植专业合作社，获得政府的政策支持和资金扶持。

奖项	序号	获奖项目	学校	项目简介
银奖	1	众维健康互联网＋基本公共卫生	北京大学	众维健康成立于 2015 年,由两位北大博士联合创立。公司从诞生的第一天起就以"助力基层公卫,守护大众健康"为使命。众维人扎根乡村和社区协助基层医生为辖区居民提供包括建立健康档案、慢病随访、老年人体检在内的基本公共卫生服务,帮助地方政府大幅提升公共卫生资源投入产出效率,让基层百姓的健康切实得到关爱和保障。目前公司已服务广东、浙江等地近百家基层医疗卫生服务机构,平台在线基层医生数千名,覆盖人口近千万。众维健康经过 3 年实践,探索出"互联网＋大众健康管理服务"模式,运用自主研发的服务规范性智能审核、线上服务实时监测、服务记录自动化录入三大系统,配合一支公卫专家团队和一支落地服务团队,系统解决当前全国各地普遍存在的公共卫生服务难开展、服务不规范、资金资源使用效能低、百姓获得感不强的问题,把服务落实到位,把资金用到刀刃上,让更多百姓受益。2018 年 10 月,第四届中国"互联网＋"大学生创新创业大赛上,公司的实践探索得到了孙春兰副总理的高度肯定。众维健康致力于通过推进基层卫生健康服务网络的数字化改造,不断创新健康管理服务形式和内容,让普通大众能够享受到便捷的、可靠的、可负担的、有温度的全生命周期健康管理服务,做数字健康产业的探路者、铺路人,为推动我国数字健康产业发展不断贡献力量。
	2	农厕佳——助力农村厕所升级改造	河北农业大学	厕所是人们生活必经的场所,也是产生巨大人流的场所。然而,目前大多数农村卫生生态化厕所并未完全普及,农村厕所改造迫在眉睫。给排水科学与工程专业 1601 班学生、项目组负责人韩世财说:项目从开始研究至今,师生团队付出巨大心血,获得一系列成果,如何将前期资源整合、模式创新,实现高校科研转化,是当时困扰团队的主要问题。面对困惑,指导老师告诉我们,作为农业院校的学生,时时刻刻都应该以如何为广大农民解决实际问题为前提,正如河北农业大学"崇德、务实、求是"的校训。作为农大学子,你们需将一直秉承初心,努力践行"青年红色筑梦之旅"实践活动,力争将科技送入千家万户,建设新时代美丽乡村。
	3	筑梦之藜	内蒙古农业大学	项目采用的是订单模式,即公司和农户签订订单,根据市场需求按需种植,为农户提供我们与内蒙古农业大学林麦产业研究中心多年来合作研究和选育的优良品种,在农户种植的过程中还会提供专业的技术指导。此外,就公司会包回收,这点是最重要的,因为这样可以解决农户卖粮难的问题,给他们提供最大的保障。
	4	红丝塔——中国医科大学远疆医疗帮扶项目	中国医科大学	我们的帮扶模式是一个创新性的 1314 组团式资源互补医疗帮扶模式。所谓的一就是致力于打造一个全国性的医疗帮扶平台,整合人才与资源,输入到我们所说的这些帮扶地区,三是指以学校医院红医基金为三大支撑,唯一精神是指我们团队践行扎根老少边的红医创业精神,四是指最终实现医教研产四大成果。

续　表

奖项	序号	获奖项目	学校	项目简介
	5	中药兴农——拓宽农民致富路	长春中医药大学	这个坐落在黑龙江张广才岭深处的"中药材产业扶贫项目"，充分契合了"绿水青山就是金山银山"的发展理念，将当地林业资源优势与中药材种植精准扶贫产业有机结合，探索出一条"政府＋企业＋公益基金＋扶贫产业基地＋农户＋专家"的扶贫之路，这一通过产业引导在当地提供菜单式可操作的产业扶持模式，不仅确保了当地贫困户的长远、持续增收，也创造性地建立起一个完整的产业链条。
	6	益生菌型土壤调理剂	东北农业大学	益生菌型土壤调理剂具有长效、无毒、无污染、节约能源、成本低等特点，可弥补化学肥料的缺点和不足。它含有多种高效活性有益的微生物菌，能把土壤中有害物质代谢掉，增加土壤有机质，加速有机质降解转化为作物能吸收的营养物质，大大提高了土壤肥力。该项目能在3～7天内降解除草剂的危害，15天降解蔬菜水果农药残留，有效活菌数是国家标准的162倍，技术领先。
	7	怀化市煜翔青蛙养殖专业合作社	东北林业大学	创业3年来，尹煜翔的青蛙养殖基地扩展到200亩，养殖技术人员7人，带领当地20多户农民养殖户创业增收，指导省内外养殖户上百家。目前，公司采取"公司＋基地＋合作社＋养殖户"的产业链模式，主动担负"创业农村，创富民生"的使命，致力于打造成特色农业领域的领军企业。
	8	红色筑梦，益菌时代	黑龙江八一农垦大学	"红色筑梦，益菌时代"项目用绿色兴农帮扶农民，发展功能性农业开创药食同源农产品。
	9	香草种植的创富梦	芜湖职业技术学院	校企双方合作共建，石香港作为校方创业项目负责人，在创业导师丁祖祥和金根木的指导下，历经多次调研，制定了企业的创业发展规划和生产管理办法。"利用现代农业种植、农副产品精加工、互联网营销等，为农村、农业、农民创造物质及精神财富，建设美丽乡村，带动农户共同致富，既是我们当代大学生的历史使命，也是我们的共同理想。"正是怀揣着助力乡村振兴发展，带动当地农户共同富裕的这一理想，石香港和他的团队成员将"互联网"思维注入香草农庄整体运营管理中。 经过一年多的发展，香草农庄通过土地承包、返聘留守人员、农副产品代销等多元化合作模式，实现了与当地农户深度合作、互利互惠的共赢模式，受到了农户的欢迎，也吸引了一些外出务工人员返乡就业。"目前，农庄一共与20名农户签订就业合同，临时用工达到每年10000人次，直接为农民每人每年增加5万元收入。"石香港介绍，除了提供就业岗位，农庄与周边农户共建香草种植合作社，为农户免费提供种苗和技术指导，签订收购保底价，解决了农户产品销售的后顾之忧。

奖项	序号	获奖项目	学校	项目简介
	10	荒漠绿洲——水溶性生物基材料的创制和应用	厦门大学	"荒漠绿洲"项目由尹应武教授指导,由厦门大学、宁夏大学和北京紫光英力化工技术有限公司等单位产学研联合,协同创新,多年攻关,首创了以各种生物质及矿物质为原料、生产水溶性生物基高分子磺酸盐的工艺。该项技术通过化学方法拆分生物质的重大创新,突破了生物质营养和能量成分高效完全转化为水溶性生物基高分子的世界难题,并创制出了沙漠固沙剂、盐碱地改良剂和全元水溶性肥料等系列绿色安全产品。应用评价结果表明其在设施农业、盐碱地及沙漠生态治理中提质增产和生态恢复效果显著,为"第二粮仓"的开辟及弥补我国牧草资源严重短缺、实现脱贫致富和发展生态产业带来了新希望。
	11	禾泽环保:乡村生态扶贫先行者	福州大学	"禾泽环保"创业团队是福州大学法学院研究生陈泽平依据自己的专业基础,借助学院环境法学科的优势,积极响应总书记提出的"绿水青山就是金山银山"的科学论断,招募一批从事环境生态保护产业工作的经理人和专业人士共同组建的一个环境和生态工程技术咨询的专业技术服务型团队,以致力于中国的可持续发展为己任,专注贫困地区环保生态问题,专注环境生态技术的创造与服务,以推动贫困地区可持续绿色发展,达到绿色扶贫带动精准扶贫的愿景。
	12	冻力筑梦——守护农产品源头的冷库"鲜"生	福州大学	项目致力于补齐农村冷链环节,实现精准脱贫。当前扶贫小分队已在光泽县寨里镇、李坊乡、鸾凤乡完成约 10 个可移动式冷库布点,该可移动式冷库可延长果蔬保鲜期 65 天,降低腐损率 12%。此次活动,扶贫小分队共计走访 4 乡 13 户农民,并与 37 个村委会签订了合作协议,和光泽县 28 家农贸公司及农村合作社签订了冷链服务协议,更与福建武夷纯然发展有限公司达成冷链体系战略合作协议,使当地农产品的消费群体辐射范围从 0.22 平方公里扩大到 50.96 平方公里。
	13	农丰智能——农业智能化管理解决方案服务商	福建工程学院	项目专注于农业物联网技术的研发与应用,自主研发一系列软硬件设备,面向传统设施农业提供基于农业大数据,集物联网、人工智能、云计算和大数据为一体的农业智能化管理解决方案,依托部署在现场的各种传感节点(温度、土壤水分、二氧化碳、图像等)和无线通信网络集成,实现农业生产环境的智能感知、智能预警、智能分析、远程控制,为农业生产提供精准化种植和可视化、智能化决策,从而有效降低人工投入,促进增产增效。
	14	云集智谷	福州外语外贸学院	"云集智谷"项目团队由 4 名博士、2 名硕士和 5 名本科生组成,由学校软科学研究所所长李为副教授与国家发改委城市和小城镇中心发展所所长、高级城市规划师许景权共同担任指导老师,项目定位为"点子云集致力乡村振兴,规划智谷专注扶智扶贫",为县(市、区)、乡(镇)、村等基层政府出思路、给方案、编规划,为企业提供产业发展等咨询服务,着力将智力和资源辐射到广大农村地区,推动政产学研用深度融合,助力精准扶贫和乡村振兴。

公益创业：理论、案例与实训 ≪≪

续 表

奖项	序号	获奖项目	学校	项目简介
	15	梅千寻——青梅产业扶贫	闽江学院	致力于改善永泰青梅产业现状，借助青梅深加工工艺，促进青梅产业的发展，展示大学生服务乡村振兴、精准扶贫，带动家乡农民脱贫致富的美好情怀。
	16	稻渔工程——引领产业扶贫新时代	南昌大学	团队通过攻关核心技术，采用"良种＋良法"的养殖技术，促进成果转化，并坚持以振兴乡村为使命，以产业扶贫为目标，因地制宜地开发探索出适宜当地的兴农模式，精准对接革命老区产业发展需求，通过"政府＋项目团队（公司）＋合作企业＋专业合作社＋贫困户"的运作模式进行产业扶贫，在稻田中实现"一水两用，一田多收"；探索出来的"稻渔工程"新模式，打通从高校实验室到田间地头再到市场的学研产用渠道，闯出一条人才培养、科技创新、服务产业、助力扶贫的综合发展之路。
	17	宜居筑梦——江西省智慧化乡村旅游精准扶贫广昌模式	江西师范大学	项目汇聚中国旅游研究院、江西省智慧化乡村旅游研究与推广中心、苏区振兴研究院等智库的诸多研究成果，为乡村贫困地区创意设计了500余间民宿。该项目通过线上线下旅游的智慧运营方式，成功带动广昌县莲花景区村民参与旅游产业链运营与服务，实现旅游产业链与农副产品产业链的融合，仅2018年6月22日至29日，就成功接待游客近万人，为当地实现创收近500万元。看得见的经济效益，让"宜居筑梦：智慧化乡村旅游精准扶贫"项目广受追捧，在此次活动中，就与9个乡镇和企业签订了项目合作意向书。
	18	灸火燎原，温暖天下——热敏灸健康扶贫新模式	江西中医药大学	项目团队表示将共同推进合作项目落地，让热敏灸走进千家万户。同时，也将打造"健康扶贫"的新样板，在江西这片红土地生根发芽、传播至全中国、复制到全世界。
	19	桃醉井冈——红色茅坪奔赴小康筑梦工程	江西科技师范大学	项目团队积极响应习近平总书记的号召，在学校党委的高度重视和支持下，与茅坪乡人民政府签订了精准扶贫帮扶协议书，精准对接革命老区产业发展需求，迅速成立了由园林技术、生物科学、市场营销等专业师生组成的"桃醉井冈"工作室，破解当地产业发展难题，开展文化、黄桃产业等多领域帮扶，通过打好"技术＋培训＋产业＋营销"的组合拳，开启了与当地村民共同创业的新征程。
	20	红旗智援博士团	中国海洋大学	项目团队成立于2016年，发起于中国海洋大学，起航于山东乐陵。由高校学生博士、硕士、本科生组成，为贫困革命老区引入高校博士科研资源，进行精准扶贫；结合扶贫实践开展文化宣讲，号召更多的青年学子加入乡村振兴行列。五年来，博士团走过了红色革命老区、蓝色沿海、绿色草原和多彩云南……依托扶贫实践，开展数百场红色文化宣讲，与31所高校46支科研团队3066名青年学子协力，推动政校企等投入帮扶资金94.1万元，针对山东乐陵等7个贫困县开展了34万余小时的智力帮扶。未来，博士团将携手更多青年学子，扎根祖国大地，贡献青春力量！

奖项	序号	获奖项目	学校	项目简介
	21	济南蜂菓电子商务有限公司	山东财经大学	济南蜂菓电子商务有限公司是一家基于雄蜂授粉核心技术,专门从事雄蜂授粉西红柿的种植标准化及推广销售工作的公司,也是国内第一家实现工厂化繁育和养殖野生雄蜂的公司。公司技术研究成果已被科技部专家鉴定为国内领先水平。公司与山东省植保站等合作,制定了国内首家粉柿种植标准。利用核心技术和种植标准,每亩可为农户增加收益1.3万元。公司已累计帮扶农户5600余家,累计帮扶过万亩,辐射19个省,为农户增收7750万元。
	22	科技孕茶育仙草	华中科技大学	"科技孕茶育仙草"项目,针对临翔区茶产业发展瓶颈,以需求为导向,以脱贫为目标,建立"科技＋产业"帮扶模式,育成"纯造普洱"和"叫雨山仙草"金线莲(一种珍稀药用植物)两大特色科技产业。项目孕育了蚂蚁堆茶厂,实现14个建制村、3.4万亩茶叶基地的茶农增收,产能提升近10倍,共惠及贫困户1572户。
	23	小龙虾@乡村振兴	湖北工业大学	项目以小龙虾绿色养殖为切入点,建立大数据虾稻共作生态循环链,不仅帮助农民致富,同时也为市场提供了高品质龙虾,还在湖北省国家级贫困县谷城县建设470亩高标准示范农田的小龙虾养殖基地,帮助当地近50户贫困家庭脱贫。
	24	秦巴山区北五味子产业化扶贫项目	武汉交通职业学院、中国地质大学	项目采用"互联网＋农业"的新型产业模式和"公司＋合作社＋基地"的合作模式,利用互联网这一开放平台,将社员们种植的五味子鲜果、公司收购加工的五味子红酒、五味子果茶、五味子冲剂以及其衍生加工品,销往全国各地。
	25	广州大学"100个农夫"援疆扶贫项目	广州大学	"100个农夫"团队提出在喀什成立专业的农民合作社和加工厂,将新疆优质农产品标准化、商品化、品牌化,逐步提高新疆优质农产品的附加值,并成立"100个农夫"农业发展研究院,组织各行专家对产品种植、品牌塑造等进行指导,解决新疆优质农产品滞销、农户收入低等问题,将新疆优质农产品推向更广更大的市场等方面的合作意向和发展举措。
	26	三只虫草援藏助学项目	广州大学	三只虫草援藏助学团队致力于西藏偏远地区教育问题,以帮助藏农和学生家庭直销虫草为途径,实现双赢的自我造血和输血。作为"青年红色筑梦之旅"团队,本项目组在西藏贫困地区开展教育扶贫活动,传承红色基因,用公益创新创业成果服务乡村振兴战略、助力精准扶贫。
	27	三亚困境(留守)未成年人关爱帮扶	三亚学院	项目通过关心、爱护困境(留守)未成年人,建立彼此信任机制,提升社会对这一群体关注,营造困境(留守)未成年人温馨成长的氛围。据悉,该团队已在市民政局注册成立三亚爱心公益服务社,未来将通过"科教产学"模式扎根农村基层建设,助力三亚精准扶贫工作。

续 表

奖项	序号	获奖项目	学校	项目简介
	28	唯爱公益——国内首个特校贫困生帮扶平台	重庆大学	项目团队积极响应习近平总书记的号召,对接特殊学校的贫困学生与技能培训师、爱心人士和社会爱心企业等,通过对特校贫困学生进行技能培训,创作优秀的非遗工艺品并借助社会爱心人士、爱心企业和新媒体网络平台效应等帮其销售,达到精准帮扶的目标。
	29	互联网＋智慧小镇来镇里信息化服务开放平台	重庆邮电大学	项目由广播电视编导专业学生江一、黎杨杰、尹燕辉和数字媒体艺术专业学生孙赟玉等发起,瞄准国家精准扶贫、立足乡村振兴,结合学院传媒优势与重庆邮电大学信息学科优势,研发了集党务、政务、商务、服务于一体的乡镇云服务平台。项目团队谨记习近平总书记的回信精神,在学校带领下在福建、重庆多地参与开展"青年红色筑梦活动",以大学生专业优势为各乡镇村民培训电商知识、进行产品包装,用实践助力乡村振兴。
	30	飞行医院——致力于支医扶贫的多功能移动医疗队	四川大学	项目致力于打造一支支医扶贫的多功能移动医疗队,为贫困边远地区患者进行诊断,并为当地医务人员提供医疗基础知识、临床操作等在线培训课程。项目已成立45个飞行小分队,已在31家签约县级医院进行了诊治。
	31	"互联网＋"热电联产——建设智慧新农村	贵州大学	在谈及项目灵感时,贵州大学的同学坦言,团队里的同学都有在山区的亲身经历和实际调研,他们深切地体会到西南等偏远山区供电供暖的现实问题。因此,"'互联网＋'热电联产——建设智慧新农村"项目也就应运而生。通过搭建云平台的方式,提升农村的生活品质,合理优化当地的资源配置,实现从低端农业向高端农业的转变,全面实现智慧新农村。
	32	源梦计划——让喝上一杯干净水不再是一个奢侈的梦想	陕西科技大学	团队针对不同情况研发了普惠型精准扶贫净水器,致力于以极低的造价、通俗易懂的方法教会村民自制普惠型净水器,赠送精准扶贫型净水器,为红色革命老区筑水圆梦。
	33	千万亩苹果防冰雹套袋新产品推广	陇东学院	团队研发了防冰雹易降解苹果套袋技术,试验推广研究8年,已获得国家授权专利29项,其中发明专利公开6项,新研发的专利78项。
	34	基于青海民族大学顶岗支教的互联网公益服务创新	青海民族大学	项目为青海民族大学顶岗支教提供数据与资源服务,打造一个全面的在线支教平台。

2019 年中国"互联网+"大学生创新创业大赛(红旅赛道)部分获奖项目概况

奖项	序号	获奖项目	学校	项目简介
精准扶贫奖	1	高原红·川藏青光明行——眼健康救助公益项目	温州医科大学	温州医科大学"高原红·川藏青光明行——眼健康救助公益"项目是 2012 年眼科硕博士生发起的眼健康精准医疗公益服务项目。团队自 2012 年成立以来,以让"人人看得清晰、看得舒适、看得持久"为愿景,长期致力于提高中国高原藏区眼健康服务能力,打造中国青年医学生精准扶贫公益模式。通过 8 年努力,募集公益资金 1500 多万,在全国(以川藏青藏区地区为主)共开展了 17 次光明行活动,走过了 16 个贫困县市,形成了"五三一"全面、精准眼健康公益医疗服务模式,为 5 个民族近 4 万群众建立健康档案,为高原藏区建立 4 个联合眼视光中心。光明行已成为青年医学生践行医者仁心、回馈社会的高原思政课堂。
乡村振兴奖	2	红色筑梦三项赛	上海体育学院	项目依托体育专业优势,充分挖掘乡村的人文、自然禀赋优势资源,因地制宜规划赛事,设计沉浸式体验的乡村主题赛事,以赛事为载体,为乡村引流,助力乡村振兴。项目首先立足红色革命老区,将红色和体育相结合,创新红色教育形式的同时联动乡村旅游、农家乐、餐饮、住宿等多个产业发展,助力老区振兴。项目团队还将联动学校各专业,持续打造红色体育赛事品牌 IP。
最具人气奖	3	红钻梦想新疆野生西梅全产业链扶贫项目	新疆农业职业技术学院	项目合作社积极搭建起与高校沟通的桥梁,将"产学研"平台作用发挥到最大,推动高校科技、企业资本与市场优势的对接,打通科研项目落地"最后一公里"。项目辐射带动 200 余名当地果农、1900 多亩果园,带动收入 5000 余万元。项目是学校师生几十年来扎根新疆大地,服务农业发展,将专业所学应用在农民最需要的地方,将论文写在大地上,服务脱贫攻坚的缩影。
金奖	1	夕阳再晨——全国最大的青年社区治理公益组织	北京邮电大学	夕阳再晨是一个组织大学生青年志愿者走进社区,通过科技大讲堂和一对一的"青春伴夕阳"模式教授老年人学习电脑、智能手机、网上购物、挂号、拍照、VR 视频等新技能,倡导积极老龄、快乐享老理念的公益组织,是帮助老年人跟上信息化时代、弥平数字鸿沟,以系统课程与专业服务促进社区营造、社区街道自组织孵化,并培育青年助老志愿服务团队的枢纽型机构。
	2	"光明影院"无障碍电影制作与传播项目	中国传媒大学	2017 年以来,中国传媒大学发起了"光明影院"项目,500 多名师生志愿者为视障人士制作、传播无障碍电影,构筑了一条"文化盲道"。本项目的特点是在电影对白和音响的间隙,插入对于画面的声音讲述,制成可复制、可传播的无障碍电影。
	3	高产优质刺嫩芽——照亮林区致富路	东北农业大学	项目旨在培育适宜林区种植的高产优质刺嫩芽品种,研发规模化种植技术。经过六年的研发,开创了刺嫩芽人工快速扩繁、规模化种植的先河,形成了"优质种苗繁育+规模化种植推广+种苗及鲜芽销售"三位一体的业务模式,实现农民增收 1.28 亿元,帮扶抗联后代 207 户,帮扶贫困户 1460 户。

续　表

奖项	序号	获奖项目	学校	项目简介
	4	远周——中国首家未成年公益关护基地	华东师范大学	远周服务对象为未成年群体，秉持"任重道远，周以渡人"的理念，从治理与预防两方面解决未成年犯罪问题。远周帮教模式中治理体系包括六个环节和八种方法；预防体系包括预防再犯罪的"远舟计划"和普法宣传的"远舟小课堂"等。同时，通过培训异地专业人士、异地共建远周模式、课程体系资源输送三大路径，真正辐射全国、走向世界，有力支撑起国家和民族的未来。
	6	甘草全值化技术助力治沙扶贫	南京大学	对甘草产业进行整合及布局，开展高附加值多领域应用技术研究，实现甘草及其废水废渣的90%的利用率，打造高品质、高附加值甘草全产业链，实现"绿水青山就是金山银山"的价值追求。"如果治沙的甘草能够产生效益，这对于精准扶贫来说，具有很大的意义。"
	7	橙果科技——全国领先的分布式秸秆热解气化处理技术助力乡村振兴	东南大学	江苏橙果新能源环保有限公司是分布式生物质处理解决方案提供商。公司依托全国领先的下吸式气化炉和全球独创的移动式秸秆热解制取生物油车，将我国农村广泛存在的生物质（秸秆、稻壳等）转化为生物炭/油，保护生态环境。公司投资建设以村为单位的生物质处理站，通过以200元/吨的价格收购农民生物质实现农民增收，通过渠道售卖最终产品——生物炭/油，实现公司经济价值。
	8	绿色浙江——坚守二十年的"多元共治"可持续发展模式推动先锋	浙江大学	创立于浙江大学的民间环保组织"绿色浙江"，坚持20年从无到有、从学校到社会、从中国到世界，推动"多元共治"可持续发展模式，逐渐建立起以需求为导向、以共创为形式，政府部门、专家、媒体、学校、社区、明星、社会中介组织等合力多赢的，包括发动多元主体参与、组织多元主体对话、建立多元主体平台和机制三大层面的"多元共治"可持续发展模式。与此同时，绿色浙江还有效实现了自身持续发展，成功转型社会企业。
	9	水"稻"渠成——全球功能性彩稻产业化推广运用领军者	浙江大学	水"稻"渠成项目由功能性彩色水稻推广领军者，团队"彩色水稻之父"吴殿星教授担任首席科学家，袁隆平院士担任首席顾问，拥有30多个彩稻品种，具有颜色丰富、适应性广及产量高等7项领先优势，生产的五彩米达到国家绿色优质米标准。团队还拓展了彩色油菜、彩色龙井、彩色草坪等系列彩色景观产品，实现一年多次轮种。被相关部委评为"首届中国农民丰收节全国100个特色村庄""首批全国乡村旅游重点村"。项目已推广至全国17个省的40多个县市，累计种植面积超7000亩，成绩得到了央视、人民网、新华网等媒体的广泛报道。
	10	变渣为宝——农废果渣的资源化利用	浙江工业大学	项目通过独创的复合型果胶酶解技术，在解决果渣处理问题的同时，还提取出了可用于蔬果保鲜与蔬菜病害防治的果胶低聚糖，真正实现了"变渣为宝，取之于农，反哺于农"

奖项	序号	获奖项目	学校	项目简介
	11	高原红·川藏青光明行—眼健康救助公益项目	温州医科大学	温州医科大学"高原红·川藏青光明行——眼健康救助公益"项目是 2012 年眼科硕博士生发起的眼健康精准医疗公益服务项目。团队自 2012 年成立以来,以让"人人看得清晰、看得舒适、看得持久"为愿景,长期致力于提高中国高原藏区眼健康服务能力,打造中国青年医学生精准扶贫公益模式。通过 8 年努力,募集公益资金 1500 多万,在全国(以川藏青藏区地区为主)共开展了 17 次光明行活动,走过了 16 个贫困县市,形成了"五三一"全面、精准眼健康公益医疗服务模式,为 5 个民族近 4 万群众建立健康档案,为高原藏区建立 4 个联合眼视光中心。光明行已成为青年医学生践行医者仁心、回馈社会的高原思政课堂。
	12	秸秆变形记——农林废弃物提取低聚木糖的生力军	厦门大学	团队成员由能源学院、管理学院、新闻传播学院等 10 余名本硕博学生组成。该项目致力于从农林废弃物中提取低聚木糖,变废为宝,帮助农村农户增收创收,有力缓解当前农林废弃物燃烧带来的环境问题,打造环境友好型的创业企业。
	13	博艾兴农——荒地变金山,艾草助增收	福州大学	博艾生物科技有限公司将艾草产业引入农村,通过与农户、合作社签订种植包收购协议,与政府共建艾草加工厂及休闲养生基地,实现艾草种、产、销一体化。已设计推出艾草系列产品 18 款,与 37 家企业签订合作协议,累计创造营业收入 930 万元。项目已在三明、宁德和罗源 5 个村落地推广,有效缓解了农村土地撂荒问题,大大拓宽了农民增收渠道。
	14	绿草成纤:中国草变致富宝	华中科技大学	项目通过大学生科研成果,让"草"变"宝"。"中国草变致富宝"项目令"废草"变"富宝",为当地农户打响"商战",项目负责人舒潼介绍,项目解决当地 3000 余人就业问题,5 万余人每年每户增收 2 万余元,1000 余贫困人口实现脱贫。
	15	DR-TimeRing 全生命周期的糖网(DR)智能助手	湖南大学	项目应用人工智能技术进行糖尿病视网膜病变筛查,其耗时短,操作简单且费用低。同时,二三级综合医院可上传由本设备拍摄的病患眼底图片进行快速辅助诊断,提高诊所效率。依托医联体,对于筛查后病情较为复杂的,帮助患者向上转诊。在后期的诊治及康复治疗中,也会提供方便的检测服务,更好地解决糖网诊治的问题,为患者提供更快、更省钱、更精确、更贴心和更益民的服务。
	16	伴农行者——数字孪生共享助农车间·中国数字乡村建设引领者	湖南科技学院	数字孪生技术与农业共享车间的奇妙结合,通过农民培训、金融服务、订单农业销售,在山东临沂、湖南桂东、云南临沧等地落地开花,形成合作社 16 家,带动就业 2846 人,带动农户人均增收 1490 元。

续　表

奖项	序号	获奖项目	学校	项目简介
	17	小猪豪豪——中国边疆少数民族深度贫困地区脱贫攻坚路上最靓的崽	云南大学	项目解决养殖豪猪问题,探索出政府补贴猪苗、农户标准喂养、猪场回购加工、互联网线上销售、实体店线下体验的豪猪养殖产销新模式,初步实现了布局养殖、加工、服务三大产业的目标。"豪猪不是猪,却是乡村振兴、脱贫攻坚路上最靓的崽"。
	18	脑控康复机器人——智慧引领社区城乡康养新时代	西安交通大学	西安臻泰智能科技有限公司依托西安交通大学医工交叉研究所孵化,研发的脑控智能康复机器人可实现用大脑意念控制康复设备进行主动神经训练,有效提升康复治疗效果。公司产品类型全面,可面向患者术后早、中、晚期康复需求提供全周期的康复治疗服务,助力我国三级医疗康复体系的落地和完善。公司产品已在多家三甲医院临床测试,团队获联想创投 500 万元天使投资,将进一步推进科技成果产业化转化、服务患者,造福社会!
银奖	1	霍然而愈	北京理工大学	造中国止血材料,让血液不再决堤!"霍然而愈"团队先后与当地政府、企业合作,共建科技扶贫基地,带动广霍香销量,助力"精准扶贫"。团队研发出了适用于不同创面的三款系列化可吸收高效抗菌止血核心产品——用于体表大面积出血的抗菌止血海绵、用于动脉不可控大出血的抗菌止血微球、用于弹片所致贯穿伤的快速止血装置,实现了止血材料、快速止血、强贴合性以及促愈合性的有效结合,在快速止血材料领域取得了丰硕的成果,受到行业内的广泛关注。
	2	中农动科——标准化养牛第三方技术服务平台领航者	中国农业大学	项目团队依托国家重点实验室等顶级行业资源的科研技术,形成"检测、评估、方案、培训"四位一体的服务模式,为养牛场"找问题,给方案,帮整改,做培训",坚持做独立第三方,推行标准化养牛。中农动科,为中小型养牛场保驾护航!
	3	职道接梯——中国残疾人职业生涯解决方案	天津理工大学	项目旨在帮助我国残疾人进行职业生涯规划以及岗位胜任力培训,从而实现与用人单位及岗位需求的精准对接。两年来团队成员对多位残疾人进行线上与线下培训,为解决残疾人就业的社会问题提供了新路径。
	4	为实现教育公平的《嘻呱美术盒子》	天津美术学院	项目发起自天津美术学院,服务全国,从教育公平角度出发,通过教学、教材、教案、教具等美术教育要素的高度集成,以嘻呱美术盒子为载体,实现美术基础性教育、专业美术技能教育、美术审美能力教育、非遗文化传承教育为一体的美育教学体系。品牌意在打造美育公平,是中国美育公平的倡导者。
	5	保果优	河北农业大学	保果优生态果园家庭体验计划以普及苹果知识为主题,通过体验农事管理、采摘、游乐园、儿童综合拓展训练、农家饭体验等项目,搭建起消费者和生产者之间的桥梁,消费者通过果园观光和劳动体验,了解果农、了解苹果,生产者通过与消费者接触,能了解消费者的需求,通过良性互动,最终能实现让果农增收、让消费者吃上优质安全的果品的目标。该计划将是一个长期的过程,随着活动的开展,内容会越来越丰富,观光果园范围会越来越大,果园风貌会越来越美,观光的游客和消费者会越来越健康。

奖项	序号	获奖项目	学校	项目简介
	6	科技扶贫，以麦相传	内蒙古农业大学	通过带领 100 多名师生深入走访调研革命老区、国家级贫困县及燕麦主产区，利用前期科研基础，努力解决问题，制定实施方案。近年来，在全区累计培训农户、技术人员 7600 余人，免费发放燕麦栽培培训手册 10000 余份，以刘景辉教授为首的专家团队深入田间开展燕麦栽培技术指导 20 余次。通过农户＋科研单位＋企业的方式开展订单农业。2018 年，新品种、新技术推广面积 188 万亩，新增产量 5553 万公斤，新增总产值 1.39 亿元，新增总收益 2.88 亿元，带动 4000 余户贫困户脱贫
	7	纳桑古法红糖精准扶贫项目	大连理工大学	采用特质方法熬制红糖，通过电商扶贫政策，带动少数民族贫困户就业。
	8	鸿鹄公益：教农旅综合乡村振兴模式	延边大学	项目以思政教育为核心，以实践教育为载体，引导学生通过社会实践、社会服务、帮助贫困村落制定未来发展规划等多种形式助力地方乡村发展，多年来为学校学生思政教育、地区经济发展起到了重要的推动作用。2016 年在吉林省教育厅的支持下学校对接图们市水南村，协助水南村设计完成了十余门研学实践课程，并成功申报了教育部中小学生研学基地。项目组于 2019 年圆满完成精准扶贫工作，扶贫成果得到了国务院扶贫办、教育部的高度认可。
	9	金色蜀姜——姜黄技术创新助力犍为产业精准扶贫	常州大学	团队 15 名同学跨 4 个学院近 10 个专业，利用各自所学的专业知识，在传统姜黄加工工艺基础上，打造具有自主知识产权的姜黄素绿色深加工技术，代替传统的手工清洗和煤烘炕加工技术，保证了姜黄产品的质量；研发出两种姜黄产品：解酒保肝的酒伴侣——蜀姜肽片产品和以姜黄为主的中药靶向祛痘膏；自主研发姜黄废弃物综合利用技术，将姜黄生产过程中的残渣废料做成姜黄猪饲料和甲鱼饲料添加剂。
	10	稻画乡——艺术赋能农业，稻画振兴乡村	盐城师范学院	项目由美术与设计学院、商学院联合组队，由美术学院滕秀夫、葛永峰老师担任总指导。项目从 2016 年开始培育，与革命老区盐城市五烈镇政府合作，积极挖掘当地红色文化与民俗文化，运用彩稻育种技术、稻田彩绘技术、GIS 信息分析技术等先进技术开展"稻田画"创作。项目通过打造稻田画农业休闲旅游品牌，带动彩色稻米等农产品销售，助力农民增收和乡村振兴。项目实施三年来，该镇年旅游量大幅增长，高达 36 万人次，成功脱贫 72 户，并连续获得中国乡村旅游模范村、江苏省生态文明示范镇等称号。项目还成立"稻画乡援疆基金会"，将公司每年盈利的 10% 拿出来帮助新疆贫困学子，助他们完成大学梦。
	11	乡建社——全国设计类大学生助力乡村建设领导者	浙江工业大学	响应国家战略，为未来乡村汇聚青年力量。智农三宝团队于 2018 年开创，并为美丽乡村环境整治出谋划策。智农三宝以积极发现乡村现实所需、探索"新三农"发展模式、助力乡村振兴为己任，将培养农民良才作为发展的核心，建设良居，应用良法作为践行的关键，解决新时代农民、农村、农业问题，引领"新三农"可持续发展。2020 年疫情之下，智农三宝开启网课录制、线上直播等云课堂模式，并面向浙江省各个乡村和各大高校。数字平台服务模式逐步完善，从最初的 7 个乡村发展至如今的 32 个乡村。

续　表

奖项	序号	获奖项目	学校	项目简介
	12	阿妈蜡染——苗乡精准扶贫之路	宁波工程学院	杨江从大三开始创业，来自贵州的他带领乡亲们成立了专业的"蜡染合作社"，共有会员 307 名，间接带动就业上千人。结合互联网优势，打造了一家专业的蜡染制品"蜡染铺子"电商平台，让家乡蜡染文化通过互联网成功走向全国。
	13	行知学堂留守儿童关爱帮扶计划——爱满天下，知行合一	合肥师范学院	项目以陶行知教育思想为指导，坚持深入基层、契合实际、服务大众、服务社会，通过建设实施行知讲堂、行知学堂、行知园地、行知书屋，让当地基础教育水平提起来，乡村文化氛围浓起来，群众勤劳致富的信心强起来，乡村振兴的步子迈起来。
	14	金线相"莲"金线莲有机种苗繁育及产业化扶贫	福建农林大学	团队依托兰科植物保护与利用国家林业和草原局重点实验室的技术支持，拥有四大创新技术，达到国内领先水平。团队按照"一体两翼"的运营模式，以发展与扶贫为主体，与产业上游的种苗生产企业技术共享，优势互补；与下游的金线莲销售企业建立稳定的销售渠道。团队立志成为金线莲产业的领航者，深度开发金线莲食药价值。最大化地整合林地资源，总结"金线莲"模式推广至更多植物。"变山为宝，变林为富"，实现"兴林富民"的目标。
	15	"参植大地，致富参农"——中国太子参产业扶贫实践与致富带头人	福建中医药大学	出于对专业的热忱和青春扶贫的初心，项目负责人投身到省级扶贫开发重点县、著名的"中国太子参之乡"柘荣，着力解决当地种参带毒、种质退化、品质不佳、产量低等问题。依托学校在中药学方面的权威优势，联合科研机构共同研发，该项目已然在技术、产业链、产品和模式四个方面上实现了重点突破和创新。近三年，该项目已帮助合作村实现了精准脱贫，助力了"美丽乡村"建设，促进了生态环境保护，实现了绿水青山就是金山银山的佳话。
	16	紫云·鸟生态——全新观鸟产业链，乡村振兴新引擎	三明学院	为实现"富鸟村因鸟致富"，项目团队创立了"紫云鸟生态"项目，经过 3 年的经营，打造出乡村观鸟产业链及生态农产品、全域旅游、研学基地等延伸产业。"乡村观鸟振兴方案"：打造观（建稳定观测点、规划观鸟路线）、食（当地特色农产品、生态餐饮）、宿（鸟文化主题民宿）、行（组建"村嘀"车队）的一体化服务，并带动本村和周边乡村的农民加入。
	17	普适科技——智慧湿地行动助推乡村生态振兴的排头兵	江西师范大学	项目立足于鄱阳湖流域，目标是推动农业农村可持续发展，提供湿地智慧化建设解决方案，建设美丽乡村，助推乡村振兴。
	18	林下赤茸——中国赤松茸行业的领跑者	山东农业大学	项目负责人在校期间建立创业团队，在姜淑霞老师指导下，广泛参与选育菌种、品种推广和技术服务工作，足迹遍及全国，接触了大量食用菌研发、养殖前沿技术。毕业后在国家级贫困县德州夏津县注册成立了三生万物生物科技有限公司，带领当地贫困户利用闲置林地种植赤松茸。短短两三年，就将项目推广到全国 26 个省份、65 个市，推广种植 8000 多亩，总产值达 2 亿元，户均增收 4.17 万元，累计带动 3000 余户实现脱贫。

奖项	序号	获奖项目	学校	项目简介
	19	用卫星和飞机去种田——阡陌农服	郑州大学	通过使用地理信息服务和无人机,实现了软件、硬件的结合,助力农民从传统人工植物保护(以下简称"植保")工作中解放出来,迈向无人机植保,实现农业的增产、增收。
	20	"粮食安全靠自己"——基于乡村振兴背景下的水稻抗虫育种服务	武汉大学	以总书记参观武汉大学杂交水稻国家重点实验室提出的"粮食安全靠自己"作为自己的理念,通过生物技术,绿色、安全地抗稻飞虱,实现低农药版大米饭。项目团队于2017年成立武汉禾泰青生物科技有限公司,为种业公司和科研机构提供水稻抗虫育种服务、抗虫鉴定服务、技术培训服务等。项目引起社会广泛关注,被誉为"关心国计民生,力争给农民带去实实在在的收益"的项目。
	21	绣色十八洞苗绣开发有限公司	湖南工业大学	双针锁绣、绉绣、破纱绣,这些苗绣中的独特刺绣工艺,许多濒临失传,有些绣娘只会其中一两种。项目团队多次到湘西土家族苗族自治州花垣县十八洞村"取经",挨家挨户找到绣娘讨教绣法,并整理成册,运用互联网大数据平台助力脱贫。
	22	音书——助力听障人士无障碍沟通的领跑者	华南理工大学	音书是一家致力于更美好地连接"听障人和健听人"的一家公司,用科技促进信息无障碍的发展。音书APP主要功能:远距离翻译、近距离翻译、悬浮翻译、电话助理、视频聊天、字幕速记、语训、听力测试、手写板、手语教学、手语视频、手语交友、手语预约、听障用品等。
	23	城乡破壁者——乡村振兴集成运营服务	华南理工大学	面对乡建领域普遍存在的规划难落地、设施难维护、资源难变现的现实问题,项目团队通过"3业务"——乡建项目管理、乡建人才培训、乡村业态导入,"3引人"——引技术、引人才、引资金,"1破壁"——打破城乡二元结构壁垒的"331"项目模式,带动城市先进生产力融入乡村,助力乡村振兴。
	24	隔震农居——地震中的乡村"楼坚强"	广州大学	项目团队创新性地将减隔震技术引入乡村。所谓隔震就是运用隔震垫,阻止地震作用向上传递,从而达到减弱结构地震反应的效果。在桥墩部位加入隔震垫,一层橡胶隔一层钢板,地震来时,隔震垫隔开冲击力,仿佛像太极一样借力打力,以柔克刚,让桥的主体不受损,把损坏控制在柔性部分。
	25	幸福油茶——广西连片贫困山区脱贫攻坚的"压舱石"	广西师范大学	幸福油茶团队在科技带头人邓荫伟教授的带领下,自2014年始经过6年公益实践,利用自主研发的油茶良种早实丰产技术成功解决了广西油茶产业成活率低、挂果率低、出油率低等痛点,实现了高产油茶大面积种植的可能性,帮助广西龙胜、灌阳、融水等贫困县的油茶种植户脱贫致富。
	26	不惑青春——中国首个南疆卫国老兵关爱及英雄精神传承项目	南宁学院	项目旨在关爱卫国老兵,记录英雄故事,传承英雄精神,让当代大学生青春不惑,共筑中国梦。项目的前身可以追溯到陈雄章副校长多年前开展的红色精神研究和对老兵的关爱,至今已有近20年的历史。

续　表

奖项	序号	获奖项目	学校	项目简介
	27	绿圈圈	海南大学	绿圈圈,寓意以一个个绿色环保行为连成线,圈起每个人的公益价值。无论是在学校的某个快递点捐赠过快递盒,还是在椰林小道的某个帐篷下捐赠过图书,这些点滴环保行为都可以兑换为公益积分,累计积分又可以兑换各种优惠券,以此鼓励环保行为。除此之外,绿圈圈也扎根乡村,普及垃圾分类知识,为扶贫做出努力。
	28	七色光绘梦	重庆大学	"七色光绘梦"是一个致力于帮扶特殊教育学校学生,并与多家广告公司合作,搭建爱心帮扶平台的公益项目。目前已与绘画团队、服装厂等合作,开展服装设计、生产、销售,增加特殊教育学校学生的收入。未来,"七色光绘梦"将以中西部为起点拓展爱心版图,融入非遗传承、文创周边、特校联盟等元素,逐步覆盖更多的特殊人群。
	29	农易——农业管理及保障服务解决方案提供商	四川大学	"农易"定位于农业管理及保障服务解决方案的优质提供商,致力于打造全国首创的AI+农业大数据服务平台。针对当下农业生产仍存在缺乏科学规划、生产效益欠佳、农保理赔粗放等问题,农易推出集"农监测、农调控、农保障"为一体的智能服务平台,为用户提供全周期的农业数据管理、精准资源配置方案、创新保险服务产品。
	30	千盛惠禾——小小紫土豆,扶贫大能手	四川农业大学	团队经过5年技术攻坚,获5项国家授权专利,成功实现从紫色马铃薯的品种选育、种植栽培、储藏技术、产品销售的全程陪伴式产业链条。项目现已在四川凉山、阿坝、甘孜、云南等贫困地区建立8大种植基地,种植规模超3000亩,提供就业岗位3448个,受益农户2670户,每年可促农户增收1620万元。团队用9年时间,让一颗小小的脱贫薯成为农民的致富薯。
	31	种干净"黔茶",铺致富"金路"——绿色防控技术助力脱贫攻坚	贵州大学	团队经过多年研究,逐渐摸索出"冬季药剂封园+春季免疫诱抗+两个窗口期应急+静电喷雾提高药剂利用率"的茶树病虫害防控技术模式,这一研究成果对持续控制茶园病虫灾害,保障茶叶生产安全、降低农药使用量、推进标准化生产、提升农产品质量安全水平、帮助茶农增收、促进生态环境保护起到了重要作用。
	32	智慧树医——经济林产业的守卫者	西南林业大学	利用"互联网+4/5G+物联网+GIS+大数据"的林业有害生物智慧空间大数据服务平台,林农可以上传病虫害图片后,与平台中已有的病虫害图片进行比对辨识。据该团队成员马云强介绍,林农只要在手机端上传虫害图片,后台即可精准识别害虫种类,获悉相应防治方法、农药购买地点等信息。如果是新出现的虫害,则会由专家单独解答。依托原始研究数据、监控采集数据、林农上传数据,该系统会自动生成数据列表,以颜色深浅区别某种虫害量的多少。例如,某种害虫已经识别过多少次,后台会自动统计更新,给出分析图,及时准确地发布各监测中心的主要林业有害生物发生情况,当地林业部门可以据此为林农提供防治建议。

奖项	序号	获奖项目	学校	项目简介
	33	读美教育：中国最大的专注于为少数民族贫困地区提供优质教学资源助力教育公平的教育平台	云南师范大学	公司成立于 2009 年，是一家专注于利用先进的科学技术和优质的教育资源，向学员提供一对一个性化课外辅导的省内连锁教育机构。一对一个性化课外辅导是公司的核心产品项目，课程涵盖 6～18 岁，提供小学一年级至高中三年级的全学科文化课辅导产品。
	34	与你瞳行——渐冻人智慧生活眼控轮椅	西安电子科技大学	团队研发出眼球控制的智能居家轮椅系统，通过对眼球进行识别与追踪，获取眼球视线聚焦位置、有效凝视时间等信息，通过计算可判断渐冻人当前的意图，造福更多的渐冻症患者。
	35	AI 蚊虫监测系统	西安电子科技大学	项目通过设计具有多路关注机制的深度神经网络模型，研发出一套较为完整的动物面部特征检测、追踪和识别系统"Tri-AI"，实现了适用于多物种个体识别的研究目标。
	36	新疆沙拉木商贸有限公司	陕西科技大学	新疆沙拉木商贸有限公司成立于 2013 年 4 月，公司依托吐鲁番特色葡萄资源，以加工、销售干鲜果品为主营业务。公司以加工葡萄为主，葡萄干加工生产能力达 10000 吨。产品主要针对国外市场，各种精包装葡萄干销售海内外。公司虽然起步晚，但拥有较强的技术开发团队及营销队伍，在市场开拓中不断创新，最大限度地实现葡萄干深加工，在提高产品质量和加工能力的同时，在产品创新和突出特色上狠下功夫。公司引进国外先进的加工设备，不断进行技术革新，有效地提高了产品的精品率。
	37	黑陶精灵——非遗扶贫就业工坊的引领者	青海师范大学	项目以藏黑陶国家级非遗文化为基础，致力于建立"非遗扶贫就业工坊"红色筑梦之旅项目，旨在通过在精准扶贫地建立非遗扶贫就业工作坊，实现藏黑陶烧制技艺创新和市场深度开发，是青海省省首个以研究、创新、融高新技术带动非遗文化产业化的项目。
	38	BP 壹号——抗旱耐盐有机菌肥助力乡村振兴	宁夏医科大学	项目通过先进生物科学技术分离筛选出具有抗旱耐盐性的优势菌株，经过基因手段分析鉴定为短小芽孢杆菌（Bacilluspumilus），后期采用独家技术手段最终获得一款针对性强、抗逆效果显著的微生物菌剂 BP 壹号。它是以抗旱耐盐菌株 Bacilluspumilus 为菌源的微生物菌剂，聚焦西北贫困地区农业现状的菌剂，实实在在做到了"在土地上产生效益，又使土地休养生息"。
	39	红钻梦想新疆野生西梅全产业链扶贫项目	新疆农业职业技术学院	项目积极搭建起与高校沟通的桥梁，将"产学研"平台作用发挥到最大，推动高校科技、企业资本与市场优势的对接，打通科研项目落地"最后一公里"。项目辐射带动 200 余名当地果农，1900 多亩果园，带动收入 5000 余万元。项目是学院师生几十年来，扎根新疆大地，服务农业发展，将专业所学应用在农民最需要的地方，将论文写在大地上，服务脱贫攻坚的缩影。

续 表

奖项	序号	获奖项目	学校	项目简介
	40	"即查即诊"子宫颈癌筛查新技术;呵护女性健康的保护伞	石河子大学	项目旨在开发适宜在贫困地区开展普查的子宫颈癌筛查新技术,经过四年的研发,首创了"即查即诊"子宫颈癌筛查新技术。这一技术首次将传统 Pap 和 VIA 肉眼检查两种方法合二为一,除了能达到高敏感度和高早诊率的筛查效果,而且由于价格非常低廉,更是能够使贫困地区妇女人人负担得起,基层医院家家能独立操作,具有节省国家和个人"两癌筛查"经费的巨大社会效益。

2020 年中国"互联网十"大学生创新创业大赛(红旅赛道)部分获奖项目概况

奖项	序号	获奖项目	学校	项目简介
乡村振兴奖	1	参芪草——助力西部乡村振兴的"神奇草"	广东工业大学	从解决自家药材滞销困境,到带领团队返乡创业,深耕"参芪草"扶贫项目,开启道地中药材产地振兴之路,车洲在大山中走出了一条脱贫致富的路子,成为广东工业大学深化思创融合教育改革、协同育人的生动典型。
社区治理奖	2	扶瑶织梦——瑶族扶贫之路的先行者	贺州学院	"扶瑶织梦"的"瑶"是"瑶族同胞"的"瑶",不是"摇摆不定"的"摇",在以实干帮扶瑶族同胞脱贫致富,以国家级非物质文化遗产瑶族服饰编织美丽中国梦这条路上他们走得非常坚定!他们将所学专业知识与瑶族传统文化、传统技艺相结合,既传承了非物质文化遗产,又探索出了有效可行的扶贫模式,高效地带动了瑶族贫困地区经济发展,为实现中华民族伟大复兴的中国梦而奋斗。
逐梦小康奖	3	"博士村长"——贵州脱贫攻坚的一线战士	贵州大学	贵州大学积极响应省委"冲刺 90 天打赢歼灭战"号召,组建由贵州大学教授、在校研究生和本科生组成共 70 余人的"博士村长"扶贫作战队,充分发挥高校农业科技优势,聚焦威宁蔬菜产业发展,助力威宁春耕冲刺,确保按时高质量打赢脱贫攻坚战。
最具人气奖	4	国际航空林——坚守 12 年的空乘学子生态建设公益新模式	内蒙古师范大学	项目深入践行"绿水青山就是金山银山"理念,坚持生态治沙模式,推动沙漠绿色发展。内蒙古师范大学金通学子们历经 12 载,发动众多志愿者及国际民航业人士参与,动员更多社会资源加盟,造就了中国第七大沙漠——库布齐沙漠的一片绿洲,也形成了独具特色的生态建设公益新模式。这不仅是内蒙古自治区的学子们为家乡绿色发展交上的一份最佳答卷,也是广慧金通学子们在保护生态环境、承担社会责任所做出的突出贡献。
金奖	1	金色燕麦,铸就精准扶贫产业链	天津师范大学	项目以燕麦为主线,通过"帮你种、帮你产、帮你销",构建了一条涵盖基地种植—科研技术—精深加工—品牌打造—销售服务—农业旅游的完整产业链,增强了当地农民"我能脱贫"的能力和"我不返贫"的自信,助力全国深度贫困县之一的河北尚义实现脱贫。在打造三产融合产品体系的基础上,探索出依托大健康产业,发展数字农业和助推燕麦全产业链共享经济圈形成的新路径,因地制宜实现科技扶贫、产业扶贫、行业扶贫。该项目得到了中国工程院院士、"人民英雄"国家荣誉称号获得者张伯礼教授的认可与推荐。

奖项	序号	获奖项目	学校	项目简介
	2	"成功人力"——更懂中国的人力资源专家	南京大学	成功人力资源集团是一家致力于人力资源全产业链服务的综合性企业,在公司发展中重点关注以贫困地区异地就业者为主体的蓝领群体,形成以扶志赋能为核心的全周期关怀陪跑体系。 公司就业扶贫足迹遍布 400 个国家级贫困县,与松桃、双柏、沿河等国家重点贫困县签署定点帮扶协议,实现贫困地区劳动力的就业直通模式;累计帮助贵州、甘肃、河南等地贫困地区蓝领就业超过 20 万人次,人均增收达 6 万元;在苏州市解决 400 多名残疾人的就业,受益群众超过 3000 人,实现社区治理和精准助残的有机结合,助力脱贫奔小康"一个都不能少"的目标;公司服务电子信息、高端装备、生物医药等十余个行业的 2000 多家企业,建立与头部企业的长期战略合作关系,为精准扶贫建立渠道保障和优势。 公司已经在全国布局 33 家子公司,获得了国家级人力资源服务标准化试点工作突出贡献单位、2020 中国人力资源服务机构 100 强、HRO20 强等几十项社会荣誉。
	3	渔米香——科学助力万千农民稻渔丰收	浙江大学	"渔米香"项目是由浙江大学生态学博士张剑创立,由浙江大学生态所陈欣教授团队孵化并打造出的一个现代农业领域创业项目,致力于将科研成果转化为技术扶持,将全球顶尖的稻渔综合种养技术用于实际的农业生产中。 项目运行至今,已为数十万人次提供就业或者创业岗位,尤其是吸引了大部分返乡创业的大学生们,积极投身乡村振兴建设中来,有效促进了江西、湖南、贵州、广西、宁夏等革命老区、贫困地区的农村经济发展和项目建设,推动农业结构升级和新旧动能转换,提升稻渔相关产业化聚集能力和辐射带动能力,助力脱贫攻坚,推动农村经济实现高质量发展。
	4	点"石"成金——石蛙规模化生态养殖精准扶贫领军者	浙江师范大学	项目培育出全国领先的优质种苗,研发出纯天然配合饲料和石蛙烂皮病疫苗,提供高效生态养殖技术服务,打通了石蛙养殖全产业技术链条,帮扶贫困山区农户脱贫增收,致力于为农户端上金饭碗,为乡村打造致富路!
	5	红艺轻骑—中国原创红歌红剧走基层公益传播第一团	宁波大学	"红艺轻骑"是一支致力于为社区、乡村、企事业单位等基层组织提供红歌红剧剧本创制、演艺编排等服务的公益传播团队,得到央视、人民日报等主流媒体 107 次报道,被业界称为中国原创红歌红剧走基层公益传播第一团。
	6	海蟹富盐碱——全球首创内陆盐碱地海洋牧场开拓者	宁波大学	南蟹北旅团队,全球首创的盐碱地青蟹养殖团队。通过四年探索,团队研发出逐级淡化技术和低渗选育技术以制作淡化蟹苗,并调控养殖水体离子浓度,将青蟹移植到盐碱地上养殖,精准助力河南盐碱地农户脱贫攻坚。 经过多年的实践和探索,项目团队已经突破了在盐碱地养殖青蟹的两大核心技术,即先进的青蟹育苗技术和高效的海蟹淡化技术。团队是全球首个盐碱地青蟹养殖团队,具有巨大的前景。拥有一个河南地区大量盐碱地进行养殖,具有强大的潜力。团队主要通过在沿海地区贩卖青蟹赚取从盐碱地养殖户收购青蟹的差价进行盈利。

续　表

奖项	序号	获奖项目	学校	项目简介
	7	洪宇——涉罪未成年人一站式帮教服务助力社会治理	江西师范大学	江西洪宇社会工作服务社携手江西师范大学赴黔研究生支教团，在位于贵州省黔西南布依族苗族自治州的望谟县开展了青年红色筑梦之旅系列活动，活动内容主要有未成年人犯罪社会调查、预防青少年犯罪法律知识讲座、心理游园会等。 洪宇全职人员24人，司法帮教直接挽救5318名涉罪未成年人。2016年，洪宇荣获由中央综治委、最高检、教育部等13部委授予的"全国青少年维权岗"荣誉称号。2019年，洪宇被最高检确立为全国首批未成年人检察工作社会支持体系建设试点单位。作为公益创业的代表和典范，江西师范大学社工专业毕业的何东也获得了许多荣誉和光环。2020年，何东当选为全国第十三届青联委员，入选江西省大学生创业人物，参加江西卫视《金牌调解》节目并作为观察员。
	8	郭牌西瓜	山东理工大学	项目以科学技术为先导，以领先技术设备为支撑，以固堤瓜农福祉为目标，建立起了标准化、系统化、信息化、品牌化的农产品生产销售模式，实现自身销售额的跨越式发展，并直接带动了瓜农的经济收入提升。
	9	"AI"无界：新冠肺炎AI辅助诊断助力全球抗疫	华中科技大学	在抗疫的关键时刻，项目团队38名成员怀着拳拳报国之心自主自发，通过20000多个小时的紧急科研攻关，建立了AI辅助诊断系统。该系统能发现毫米级病灶，实现肺部CT影像秒级输出和一体化诊疗，极大提升筛查效率和精度，挽救无数生命。目前，该系统已在全国近百家医院部署使用，拥有全国最大的新冠肺炎CT影像数据库，并为几十个国家提供抗疫支持。团队与剑桥大学联合建立全球共享AI辅助诊断平台，助力全球一线抗疫。11月19日，团队成员作为优秀抗疫项目代表受到国务院副总理孙春兰接见。
	10	点姜成金：黄姜皂素绿色制造	华中科技大学	黄姜皂素是全球第二大类药物，可用于生产400多种甾体激素药物，被誉为激素之母、药用黄金。项目团队追寻红色足迹，深入秦巴山区生产一线选育系列高效微生物，历经十余年科研传承，突破核心技术难题，首创全球领先的生物法绿色制造皂素技术，并获国家授权发明专利6项。生物法绿色制造皂素技术用微生物两步法替代了传统一锅煮的方式，实现黄姜皂素的绿色、低成本制造。团队已与合作企业建立了一条200吨皂素标准生产线，惠及姜农5600余户，不仅带动黄姜及相关产业重新焕发生机，更助力当地姜农脱贫致富。

续 表

奖项	序号	获奖项目	学校	项目简介
	11	"青春护航·成长相伴"	中南大学	五年来,湘雅口腔医学院冯瑶同学带领项目团队致力于让每一个乡村孩子都能接受生理心理教育,以 6～12 岁乡村孩子为服务对象,依托中南大学学科优势,从"构建全面知识体系、建立爱心传递服务链、提供一站式保护救助"三个层次开展服务。团队曾荣获全国大学生志愿服务社区示范项目等 17 项省部级以上的荣誉,得到中央广播电视总台、新华社、人民网等权威媒体广泛关注和持续报道。"青春护航·成长相伴"项目团队依托专业知识打造五大板块全面性教育核心课程,制作 56 个科普视频,创新推出五套 3D 互动漫画科普绘本,构建专业全面"知识圈";持续扎根乡村,提供长效科普服务,发展线上多元化平台与线下优质服务,累计招募千余名高校及社会志愿者传递爱心能量,建设三位一体"爱心圈";凝聚社会力量,整合医疗、心理、司法及社会资源,为潜在或已经受害的孩子们提供伤情鉴定、心理干预、司法救助、社会救援等专业有效的一站式保护与救助,打造环环相扣"保护圈"。
	12	动友公益,以"动"攻毒	华南理工大学	项目设计"2＋3"运动戒毒帮扶模式。在 3 年社会监管期间,戒毒人员出所后自由度较大,"动友公益"团队的帮扶活动,聚焦构建四元共治的公益联盟(高校、政法机关、社区、企业)。团队下社区为每一个戒毒人员提供"线上＋线下"的健康管理服务,在线上,团队基于自主开发的"云教练"APP 对其锻炼内容、效果进行持续的跟踪帮扶,为戒毒人员提供个性化的健康管理咨询与指导;在线下,团队结合社区指导站的社工组织,组织戒毒人员进行健康周末等全面建设活动,并为戒毒人员提供健康"证书",保证他们的身心健康状况能够胜任工作,使企业能用人,敢用人。 目前"动友公益"的团队成员来自华南理工大学多个专业,采用理事会管理模式,体育教育类的学生志愿者负责戒毒人员体质康复工作,计算机专业的学生志愿者负责设备研发和数据库维护,而经管类专业的学生志愿者则负责团队日常事务和志愿者招募。自团队创立至今,已经累计有 748 名大学生戒毒志愿者参与其中。
	13	聚果盆——脉冲电场助力乡村挖掘水果金矿	华南理工大学	聚果盆团队致力于水果深加工前沿技术研究,秉持"加工一种水果,带动一个产业,惠及一方经济"的理念,以水果"吃干榨净"为目标,发明了全球领先的脉冲电场水果精深加工核心技术,实现对处理物料的快速放电、破坏细胞结构,具有"高效率、高得率、高活性"的技术优势。目前已获 22 项发明专利,包括授权美国发明专利 1 项。设备可在食品、保健品、生物等行业中进行功能性成分提取,实现了低温、可连续性提取生产关键技术的突破。

续　表

奖项	序号	获奖项目	学校	项目简介
	14	海水稻——中国新饭碗	广东海洋大学	项目组在指导老师潘新祥、尹喜、陈进军、周鸿凯、郑殿峰、曾准等人带领下，经过多年积累与沉淀，厚积薄发，依托于一系列海水稻相关原创性论文、专利、品种保护权和品系等关键核心技术，该项目着重研究海水稻特异种质资源利用、功能基因挖掘、新品种培育、盐碱滩涂地生态修复、盐碱稻功能食品开发等。项目响应积极国家号召，融入乡村振兴计划，逐步探索出"科研院校＋公司＋合作社＋农户"的海水稻产业发展新模式，目前已经在全国16个省份推广种植，为海水稻优质高产育种、盐碱地改良利用，乃至国家粮食与耕地安全贡献力量。
	15	毕业后公益基金——关爱留守儿童，赋能乡村教育	广州大学	聚焦乡村留守儿童教育资源匮乏和留守孤独困境两大难题，开创"中国留守儿童精准关爱体系"解决方案。依托线下智慧素养教育空间、线上智慧陪伴平台、陪伴式关爱活动三大关爱载体，构建在校、在地、云端社会陪伴生态圈，输出素养教育、心智教育、成长档案、辅导员结对陪伴、大学生云陪伴、关爱服务基金六大核心产品服务，实现留守儿童素养提升和心灵关怀困境同步解决，赋能乡村教育，谱写留守儿童健康成长新篇章。
	16	参芪草——助力西部乡村振兴的"神奇草"	广东工业大学	参芪草项目团队自2016年起，深耕中药材为主的大健康领域，已成功开发道地药材——甘肃党参、黄芪及青海虫草三大核心产品，并搭建了完善的销售网络，取得了良好的经济与社会效益。
	17	扶瑶织梦——瑶族扶贫之路的先行者	贺州学院	项目立足五岭瑶族贫困地区，依托国家非遗瑶族服饰传承基地，由设计、营销等专业学生组成创新团队，在校内卢念念、江浩、朱晓佳等老师和校外瑶族服饰传承人的指导下，有效建立了"学校（设计研发中心）＋基地（瑶绣传承基地）＋瑶乡扶贫车间＋绣娘"的文化扶贫模式，实现500多位乡村绣娘就业，年产服饰1万件（套），各类工艺产品3.6万件，带动360多位瑶族建档立卡贫困户脱贫，年人均可增收15000元以上，有力地助推了瑶族贫困山区脱贫攻坚和乡村振兴。
	18	柑橘扶贫：四川云萃农业科技有限公司	西南大学	西南大学农学与生物科技学院的博士生陈志友组建团队，利用自身的农业技术优势，探索科技扶贫新路子。最终，他们开发出一套"全托管"模式，帮助农民在种、产、销链条上实现稳定的良性循环。他们的扶贫主要通过两个途径，如果贫困户有产业基础，也就是有地、有力的，他们就为其进行品种改良升级；如果贫困户没有产业基础，他们就将其吸纳到周边的果园去务工，或者帮助其流转土地，以此来创造收益。
	19	"博士村长"——贵州脱贫攻坚的一线战士	贵州大学	从2017年开始，贵州大学启动实施"博士村长"计划，依托学校12个农村支柱产业专家团队，组建以博士研究生为主、硕士研究生为辅的实践队，投身产业扶贫、科技服务、人才支持等活动。

奖项	序号	获奖项目	学校	项目简介
	20	滇西北支教团——一份责任,两代传承,十三年坚持	云南大学旅游文化学院	滇西北支教团十三年坚守,为爱守护成长。在滇西北小凉山等未摘帽贫困地区开展支教及助学活动,解决偏远贫困地区师资缺乏、教育不均衡等问题,带动脱贫,阻断贫困的代际传递。首创"支教＋助学"双螺旋模式,带来更好的综合成效;贯彻有"有教、友教、优教"理念,与当地教育和谐共生。
	21	蜂之蜜——打造蜂产业链升级变革与精准扶贫新模式	西北大学	项目分为 3 个板块,服务于蜂农作为第一个板块,主要是对蜂农开展养蜂技术培训,通过对蜂产业进行技术升级,提高蜂产业附加值,帮助蜂农实现脱贫致富。"蜂之蜜"项目团队经过多次实地考察,根据当地蜂农养殖技术水平和花源特点,因地制宜推广了中蜂饲养技术。依托中蜂养殖技术,蜂农不需按照传统"追花夺蜜"的方式到全国各地转场放蜂采蜜,在定点地区就可以开展工作,尤其是疫情期间交通不便,该养殖技术在中蜂养殖中发挥了重要作用。
	22	蜂巢智慧——农村人居环境智慧管家	西安交通大学	蜂巢智慧致力于通过大数据分析让废弃物回收更加高效,从而改善农村人居环境品质。 蜂巢智慧——农村人居环境智慧管家项目落地秦创原创新性驱动平台。蜂巢智慧人居环境智慧管理平台实现对农村厕所革命、垃圾分类、污水处理、村容村貌四位一体信息化管理,全方位监管人车物事,帮助政府建立人居环境长效管护机制。目前已经在北京、河北、西安等多地完成了农村厕所智慧管理平台的建设。
	23	星船——唱响长征路上的英雄赞歌	兰州大学	"星船——唱响长征路上的英雄赞歌"(以下简称"星船")项目以站起来、富起来到强起来的历史巨变为主线,根据大政方针和时事热点选择主题,去到实地采风,并进行全媒体包装,将历史巨变与国家政策以青年喜爱的方式讲述出来,同时立足纪念馆、脱贫村落等组织需求,为其提供量身定制的宣传素材。兰州大学"星船"团队成立于 2017 年,以甘肃地区学生青年为主体组成。通过实地走访全国 21 个省份,团队收集了有关长征英雄、厉行节约、脱贫攻坚、抗疫事迹等主题的千余个故事,并在原创歌曲中将这些馆藏故事融入歌词,同时将习近平总书记的重要讲话精神穿插其中,一改传统歌曲歌词内容空泛的特征,形成了独具特色的"叙事性红色歌曲"创作风格。此外,团队还正在对调研搜集的故事进行深化加工运用,已经产出了系列动画、漫画作品,通过新媒体平台与技术传播长征故事。

续　表

奖项	序号	获奖项目	学校	项目简介
银奖	1	孟子居"一棵树"公益扶贫项目	北京科技大学	孟子居创业团队成立于2015年3月,团队扎根于北京科技大学,通过建立可持续的农产品电商扶贫运营模式,在经济和知识双方面帮扶贫困地区。孟子居连续6年组织社会实践团,发动大学生500余人,走访中国27个省、自治区、直辖市,调研35个贫困县,走访了400多户贫困户,直接帮助80余户贫困户、间接帮助300余户贫困户解决就业问题,在全国签约建立20余个长期对接的社会实践基地。"孟子居"公益创业项目由经济管理学院硕士毕业生、顺德研究生院辅导员杨国庆创立,王未卿、邓张升、苏烜指导。项目依托学校暑期社会实践,连续6年发动500多名大学生深入贫困地区开展调研帮扶工作,解决农户就业问题80余项,帮扶贫困户超1000户,并总结了"三点五维"的大学生扶贫新模式。2017年,项目创始人杨国庆作为教育部首批青年红色筑梦之旅实践团队成员赴延安进行创业帮扶,作为执笔人之一给习近平总书记写信并收到回信。团队相关扶贫成果多次被新闻联播报道,并作为公益组织获得了"第十二届中国青年志愿者优秀组织奖"。
	2	助顺邮我,打造从"精准扶贫"到"乡村振兴"新范式	北京邮电大学	北京邮电大学"助顺邮我"师生团队将信息科技力量注入脱贫攻坚伟大事业,实现志智双扶。研发并落地农产品产销对接系统,以G端、C端全周期数据流实现智能撮合交易,年均订单匹配总量超3000万元;脱贫攻坚可视化数据库使7个乡镇82个自然村土地人口信息立体化;"智慧神泉"旅游导览系统累计服务当地游客30余万人次。
	3	乡村CEO计划——稳固脱贫攻坚成果与实现乡村振兴的解决方案	中国农业大学	随着各地脱贫攻坚任务逐步完成,如何巩固脱贫成果、实现乡村振兴越来越成为全社会的关切。"乡村CEO计划"秉承"以青年为核心,以村民为主体,建立现代认知,存续乡村价值"的宗旨,依托国家乡村振兴战略和精准扶贫政策,通过自主创新的方式创立乡村CEO孵化组织,加强乡村智力资源的开发与培养。项目旨在培养出既身处乡村、了解乡村,又能有效对接城市、对接市场的乡村青年领袖,帮助乡村对接现代化,挖掘乡村资源的现代价值,在开发农村优势的基础上与城市需求实现无缝对接。在为城市提供优质和现代化服务的同时,又能基于乡村自身的逻辑让村民发挥主体性,将农村资源创造的收益留在乡村。团队通过5年的驻村帮扶,摸索出了一套以赋能乡村为核心的解决方案。通过整合政府、企业和基金会等多方资源,建立"乡村CEO训练营",采取理论案例学习、成功企业实习以及入职企业等方式,手把手将乡村青年培养为高级经营管理人才,打造"乡村CEO人才库",为打造乡村现代化的产业体系、经营体系提供人才支撑,为乡村可持续发展赋能。目前,团队已经在云南省西双版纳河边村、昆明市麦地冲村和湖北恩施枫香河村等8个村开展工作,受益人数超5000人。

奖项	序号	获奖项目	学校	项目简介
	4	非遗突围——打造可持续、可复制的产业脱贫模式	南开大学	该项目发起于 2017 年,从革命老区江西省吉安县吉州窑起步,项目通过调研发现非遗发展存在地区环境闭塞、产品脱离市场、产量质量不稳定、营销支持薄弱、销售渠道单一、专业人才匮乏六大痛点。针对这些问题,项目展开了非遗"突围战",通过三年探索和实践,经历先锋突围、营销突围和影响力突围等环节,逐步探索出以县域非遗作为服务单位、为相关产业提供运营支持、打造非遗供应链、向渠道端输出、产生持续的经济效益的产业脱贫模式。三年来,该项目帮扶贫困匠人家庭 106 户,每户平均增收 3.2 万元,直接带动就业近 400 人,产业带动就业近 3000 人,销售额增加 930 万元。在 2020 年疫情最严重的 1—5 月,创造了超 200 万元的线上销售额。该项目的模式已经在河南省修武县、宁夏回族自治区西吉县等十余个县域复制。
	5	星星相希——全国首个专注于心智障碍家庭社区融合的青年社区治理公益项目	天津大学	团队通过社区科普、社群互动、社区高校志愿者联动的方式走进社区,开展家长沙龙与科普讲座,提供临时性托养"喘息服务",筹募善款,建设"互动社区",同时广泛招募社区高校志愿者,在天津市多所高校设置学生干部为校园大使,让青春在实践中开出绚丽的花。团队根据《国家孤残儿童护理指引》编写了《情系星儿——志愿服务 360 课》,课程涵盖生活技能、艺术技能、社会适应、职业技能、融合教育五个部分;设置了 90 项评价指标,包括生活自理指标、认知理解指标、社会适应指标三大类。由社区高校志愿者进行教学,课程教案细致具体,时长合理,理论科学,全国 224 家国办福利院均在使用。
	6	方兴未艾——小艾草实现扶贫大梦想	天津工业大学	项目致力于草本功能性纺织品的开发及产业化,立志成为抗菌、保健、养生的草本功能性纺织品的引领者。小艾草实现扶贫大梦想:团队首先将蕲春艾草与纺织新技术相结合,实现了新技术、多领域、新模式的突破;其次,团队依托学校世界一流纺织学科技术以及校友企业资源,通过技术与资源整合,从蕲艾种植、收购、提取物加工、纤维加工、非织造布等成品布的加工到终端产品的应用,拥有领先的技术优势和商业壁垒,形成了完整的产业链。在疫情期间,团队研发的蕲艾熔喷非织造布、蕲艾抗菌口罩等为抗疫贡献了一份力量。该项目技术、商业模式对于其他草药可复制、可持续,将为我国打赢脱贫攻坚战添砖加瓦!
	7	绿水——养殖尾水污染绿色治理,助推美丽乡村建设项目	天津师范大学	项目聚焦养殖尾水处理关键技术研发,解决农村环境污染痛点问题,进行科技创新创业,形成了高蛋白浮萍处理养殖尾水、植物反应器生产抗菌肽等核心技术。申请国家发明专利 6 项,发表科研论文 9 篇。项目创造性引入浮萍进行养殖尾水生物处理,并进行资源化开发利用,生产新型鱼虾饲料和抗菌肽,解决了生物处理材料的二次污染难题,增加农民就业岗位,推进美丽乡村建设,服务于养殖产业发展。

续　表

奖项	序号	获奖项目	学校	项目简介
	8	天山同语·民族同心	华北电力大学（保定）	"天山同语·民族同心"团队，是一支致力于在新疆推广国家通用语言文字，助力当地脱贫攻坚的公益团队，团队成员以华北电力大学在校少数民族大学生为骨干，自 2015 年起，持续在新疆南疆基层农村地区开展国家通用语言文字教学活动，团队采用"通语＋扶志""通语＋助农"双螺旋驱动服务模式，助力脱贫攻坚、维护民族团结和社会稳定。项目开展五年来影响深远，团队服务小学生群体 6000 余人次，服务地区覆盖了五个区县；培训成年学员 1.4 万余人次，助力 900 余人实现就业；帮助农户开展直播 120 余场次。
	9	国际航空林——坚守 12 年的空乘学子生态建设公益新模式	内蒙古师范大学	项目深入"践行绿水青山就是金山银山"理念，坚持生态治沙模式，推动沙漠绿色发展。内蒙古师范大学金通学子们历经 12 载，发动众多志愿者及国际民航业人士参与，动员更多社会资源加盟，造就了中国第七大沙漠——库布齐沙漠中的一片绿洲。
	10	北镇葡萄——区域公用品牌引领产业振兴发展新模式	沈阳农业大学	沈阳农业大学北镇葡萄项目团队深入北镇市农村基层，践行扶农、助农、强农的理念，坚持把论文和研究做在农村大地上，通过三年的实践，总结出来区域公用品牌引领产业振兴发展的新模式，累计带动北镇葡萄产业净增收 11.32 亿元，品牌价值提升 66.67 亿元，北镇葡萄模式被农业农村部认定为农业农村新模式。
	11	红炉——"平战结合"之中医药抗疫模式的领航者	长春中医药大学	项目重点展示了学校"红炉"队员逆行赴武汉"雷神山"、吉林舒兰等地区抗疫的医疗防护用品、特色防治药剂、签名防护服以及所获得的荣誉证书等，再现了"红炉"队员"逆行"抗疫的英勇壮举！团队是一个公益团队，平时致力于社区的慢病管理，在这个过程中来培养学生的大爱精神，让学生从医德和医术两方面全面发展，遇到突发的公共卫生事件时，团队将平时积累的经验应用其中，发挥了积极作用。防疫扶正鼻贴主要是起到扶助正气的作用，因为疫病在中医范畴里，是由于人体的正气不足导致外邪侵袭人体所致，项目的理念是建立隐形的中医屏障。"我们依托大量的古籍和文献去挖掘和整理，再与院里的专家和老师去沟通，通过他们的临床用药，先拿出组方。产品是在穴位上进行透药，再通过口鼻吸入的双重给药途径去实现它的用处。"团队负责人说。作为一名中医学子，团队并不是单纯地为做项目而做项目，希望产品最终能够落到临床上，给更多的患者带去切实的疗效，减少患者痛苦。"红炉——'平战结合'之中医药抗疫模式的领航者"由驰援武汉雷神山医院、支援吉林舒兰医疗队队员，以及博士与硕士研究生为主体，旨在弘扬伟大抗疫精神、讲好中医故事，更好地传承好、利用好、发展好中医药。以"平时"针对呼吸慢病、心脑血管病、糖尿病三种慢病，采取六大服务手段的"三六一"慢病管理服务模式；"战时"面对甲流、新冠肺炎等疫情，迅速集结、主动请缨奔赴前线，并在后方组织抗疫宣讲、病患流调、药物研发与发放等工作，17 天控制疫情，建立起"吉林—舒兰"模式，并帮助省内 30 家医院建立完整的疫情防控体系。团队所在单位

奖项	序号	获奖项目	学校	项目简介
				获得全国抗疫工作先进集体、全国先进基层党组织荣誉称号,培养出了新时代最美逆行者,勇赴一线的全国优秀共青团员,团中央抗疫青年志愿服务先进个人等优秀的青年人才;团队抗疫事迹受到了人民日报,人民网等数十家媒体上百次报道,收到团中央、吉林团省委等二十多个省市地区的感谢信。
	12	国宝"狮白鹅"——领航脱贫攻坚振兴路	黑龙江八一农垦大学	团队于2012年成立,现有成员15名,包括畜牧、兽医、经管、生物、食品等各专业硕士博士,团队负责人为兽医学博士周协琛。团队技术壁垒坚固,拥有发明专利1项、SCI论文3篇、高质量文章3篇、制定地方标准2个,凭借指导手册及多方面配套技术保障狮白鹅优质、健康、绿色生产。从鹅品种性状稳定到饲养管理、从鹅雏培育到疾病防控、从饲料研发到成本预算,从产品加工到产业链延长,各个方面技术集合,为农户规范养殖狮白鹅、低投入高产出、养鹅脱贫致富保驾护航。
	13	蓝勃·锦礼——以蓝靛果产业扶贫打造乡村振兴战略超跑模式	东北农业大学	在东北的长白山、完达山、大小兴安岭等山脉中蕴藏着丰富的小浆果资源,主要包括蓝靛果、树莓、蓝莓、黑加仑、沙棘、软枣猕猴桃、山葡萄等,具有抗寒性强,适应性广,栽培容易,适于加工、鲜食、观光和采摘等多种方式开发。其果实中含有丰富的营养物质,除含有糖、酸、维生素C外,还富含维生素E、维生素B、超氧化物歧化酶(SOD)、花青素、鞣花酸、食用纤维及锌、铁、钾、钙等矿质元素,具有抗衰老、抗氧化、防癌、降"三高"和预防心脑血管疾病,养颜、美容、抗疲劳等多种营养和保健功能,被世界上称之为"黄金水果"。团队历经十余年攻关所选育的众多优良蓝莓果品种均适合鲜食和加工,口感好,富含花青素(远高于蓝莓)和多酚等生物活性物质,有着抗肿瘤、促消化、抗疲劳、预防帕金森、清除体内重金属等多种保健功效;并在苗木培育栽培采收上多方面均取得系列研究成果。团队通过利用寒地小浆果开发利用国家地方联合工程研究中心的研发平台,对极具寒地特色的蓝靛果等小浆果新品种和栽培技术进行示范推广,同时,对小浆果贮藏保鲜和产品加工技术进行持续研发和转化,形成鲜果、冷冻果、加工产品等各种商品,结合农业院校的特色,利用平台进行宣传,实现团队科研成果的转化,鼓励扶持推广种植户种植小浆果,帮助他们尽快走上脱贫致富之路。
	14	掌上"智"村——乡村产业振兴一体化智慧服务系统	同济大学	掌上"智"村项目团队致力于打造乡村产业振兴一体化智慧服务系统,依托学校建筑与城市规划学院杨贵庆教授八年扎根黄岩的实践经验与项目团队长期积累的乡村调研数据,建立了类别丰富、推广性强的"云端"算法库与案例库。

续　表

奖项	序号	获奖项目	学校	项目简介
	15	绿格:中国荒漠化生态扶贫"嫁接模式"先行者	上海交通大学	项目从公益行动出发,经实践逐步探索中国西北部地区的治沙破题思路。项目立足于"技术推广"和"公益育人"的双轮驱动模式,不断地发动沙区和非沙区社会力量参与治沙。其中,项目所采取的"固沙植物嫁接经济作物"的治沙技术已经在多地落地,公益育人也卓有成效。目前已经被新闻联播、光明日报、学习强国等多家媒体报道。在未来,绿格将进一步落实"双轮驱动"模式,为沙区可持续发展不懈奋斗。
	16	巾帼不让"蔬霉"——真空油炸机助力新农村打造油果蔬脆片全产业链	上海理工大学	上海理工大学巾帼不让蔬"霉"创业者们秉持"我敢闯、我会创"的信念,成立科技助农小分队,决心用自己的专业知识彻底解决这些几千年来一直困扰农民的农业农产品问题,实现农业农村现代化,助力祖国打赢脱贫收官之战!他们参与研发的我国食品深加工的"新宠"——真空低温油炸机在他们不懈努力下诞生了。
	17	水肥保姆——智慧水肥托管助力乡村振兴	河海大学	本项目由农业科学与工程学院、商学院共同推报,农工院徐俊增教授、商学院周申蓓副教授共同指导,农工院18级博士生王海渝、农工院18级博士生柳真扬、商学院19级博士生李梦嫒、商学院19级博士生陈成梦、农工院19级硕士生郭航、马院17级本科生李怡陶等同学共同完成。近年来,该创新创业团队继承和创新河海大学高效用水团队十余年的研究成果,引入人工智能,开发智慧水肥保姆系统,实现了水肥科学管理,提高农业自动化与智慧程度,进一步降低生产成本、提高亩均效益、降低面源污染,在践行"农业强、农村美、农民富"的乡村振兴道路上贡献了河海青年力量。
	18	蚁巢伞——行业领先的鸡枞菌人工驯化技术赋能乡村振兴	安徽农业大学	龙雁华自2008年以来,一直以白蚁—微生物共生系统为研究重心,在"微生物与昆虫互作"领域开展了一系列研究,共发表SCI论文8篇,申请发明专利3项。鸡枞,在古籍中多次出现,肉厚肥硕,被誉为菌中之王,《舌尖上的中国》曾有过专门介绍。鸡枞菌是一类与大白蚁亚科昆虫共生的著名美味食用菌,野生鸡枞菌对生长条件的要求极其苛刻,必须依赖地下的白蚁巢而生。成熟时,蘑菇形状如伞,又名"蚁巢伞"。这种特殊的共生关系造成野生鸡枞菌十分稀少与珍贵。白蚁与共生真菌相互依赖,共同维护着蚁巢这个"家"。
	19	玉米侠——鲜食玉米的振兴者	安徽信息工程学院	玉米侠项目主要是针对鲜食玉米全产业发展借用现代化科技手和新型商业模式,实现了全产业链发展供给侧改革。产品种植过程中通过引入种植溯源体系、物联网系统整改,合作共建了"三农"大数据可视化综合管理平台,完植物病虫识别系统,实现智能化防治病虫害;同时不断优化合作模式,实现公司自有种植面积超5000亩,带动1400多户增收,全国合作种植基地超万亩,间接带动近万户农户增效。

奖项	序号	获奖项目	学校	项目简介
	20	水产"最强大脑"——智慧养殖,助力科技扶贫	厦门大学	厦门汇听科技有限公司成立于2019年7月16日。公司法人由厦门大学2018级博士生陈佳担任。公司核心成员均来自厦门大学在读的博士及硕士生。公司当前业务主要集中在水产养殖领域,是一家集技术研发、产品设计、信号处理算法等技术服务为一体的公司。公司核心产品"水产最强大脑"首次解决水产养殖病害预警和监测的行业难题,并实现水产养殖零发病率的重大突破,带动水产养殖业技术全面升级,是集疾病监测、预警和反馈为一体的综合性水产养殖物联网系统。产品率先引入水声信号处理技术,整合水声、水质、图像信息,实现了养殖户听觉、视觉和嗅觉三"维"全方面立体化感知,配备自动控制、增氧预警指令,并配套可视化信息反馈终端,实现智慧养殖。
	21	绿泽公益——水土保持生态扶贫的开创者	福建农林大学	该项目的指导老师是来自林学院的杨志坚、马祥庆、张国防和王德海老师,项目负责人是林学院2018级硕士研究生薛光宇同学,主要成员由学校有相关学科背景的博士、研究生和毕业生组成。2017年,项目开始酝酿,2019年,在学院党委、领导的支持下,校团委的关心关爱下,他们创立了中国首家水土保持公益组织——福州市绿泽源环保公益服务中心。3年间,项目从三人小团队发展至目前有日常运营成员30多人,志愿者1500多名,分布全国23个省份的公益组织。他们利用自身学科与科研资源的优势,与政府、企业、农林场和农户广泛合作,有组织地展开水土保持观念普及公益巡游,普查违法水土流失图斑与生产建设项目,针对贫困地区、红色老区的水土保持提供技术支持与监测治理服务,为乡村农场、公司、农民提供种植技术咨询指导服务,为企业提供全程风控服务,提高水土保持工程质量,防治环境破坏,最大限度地帮助贫困地区、革命老区改善水土流失情况,打通水土流失治理与林业种植的隔阂,提高林地种植经济收益,达到"治山治水,治穷致富"的目标。目前,该项目共防治水土流失面积超12万多亩,涉及农户2500多户,帮助减损增收3亿元,事迹被福建日报、福州日报等多家媒体报道。
	22	花舞茶——变山区普通茶为致富开花茶	福建师范大学	李阳结合专业知识,聚焦乡村产业脱贫面临的痛点,依托新农村现有的产业基础,毅然返乡创业。在家族茶企的基础上,她顺应"互联网＋"新趋势,发挥花舞茶在冲泡过程中能够欣赏花在杯中盛放带来视觉冲击的线上推广优势,以年轻一代的思维实现茶产业品牌打造;"扶贫必先扶志",致力于通过产业发展提升当地茶农收入,助力脱贫攻坚和乡村振兴。在花舞茶实验室,李阳通过反复测验研发新口味产品潜心研发,小小花舞茶走出国门,2008年在美国《时代》周刊上被评为"最佳食品创意"奖。

续　表

奖项	序号	获奖项目	学校	项目简介
	23	中天创客——"山海协作"产业扶贫新模式的开拓者	厦门大学嘉庚学院	该项目积极响应国家东西部协作号召,立足厦门、对口帮扶甘肃临夏回族自治州,整合东部优势资源,探索出一条"山海协作"产业扶贫新路径。项目以电子商务为抓手,以产业梳理打造为途径,通过运营实践助力消费扶贫,成功地将其成果落实到合作社及农户个人,为当地建档立卡贫困户等提供了就业创业机会、进而实现脱贫减贫的目标,走出了一条"以品牌打造带动消费扶贫,以理念输出助推市场养成"的"山海协作"产业扶贫之路。
	24	鱼米米——新型高钙鱼糜助力乡村振兴	江西师范大学	鱼米米创业团队将高钙鱼糜生产技术带到了江西省环鄱阳湖贫困农村,基于当地的渔业资源优势,与当地龙头企业进行合作,进行了高钙鱼糜的试生产,给当地的就业增长、产业脱贫带来了新动力,大大促进了当地乡村振兴的进程。
	25	草原牛事致力国际领先的高端肉牛养殖助力牧区脱贫攻坚	山东畜牧兽医职业学院	项目致力于高端肉牛养殖,助力牧区脱贫攻坚。项目全面融入内蒙古科右中旗"龙头企业＋合作社＋牧户"产业扶贫新模式新实践,与牧民实行"赊母返犊"式订单托养,"舍饲＋放牧"繁育,规模化育肥,带动牧民增收,帮助牧户脱贫,助力当地经济、社会、生态效益的全面提升。
	26	快繁技术在特色中药材种植中的应用——助力乡村振兴	河南师范大学	2017 年,董星池已经组建好团队,一起去国家级贫困村柳湾村进行社会调研时,他们有了项目的初步想法。结合柳湾村土质气候及劳动力匮乏实际情况,他们认为柳湾村适合种植抗虫耐旱、一次栽培连续多年收益的中药材,如皂荚、金银花等。团队成员开始进行研发改良植物非试管快繁技术。经过大量实验,他们发现此技术可以提高皂荚等木本植物新品种的选育速度,可以极大提高培育出的植株幼苗根系吸收营养物质的速度,农户实现科学种植,降低成本,实现中药材扶贫增收的巨大潜力。
	27	我家的地——健康定制专家,助力乡村振兴	武汉理工大学	我家的地(武汉)农业科技有限公司自 2017 年成立以来,积极响应国家号召,发展高新科技,建立智慧农业系统,致力于一二三产融合发展。团队通过产业发展带动乡村发展,吸引越来越多的农民来我家的地工作,助力解决农民就业问题,帮助农民增收;通过对荒废土地进行流转,助力解决土地闲置、污染问题;通过高校党支部、农企党支部、农村党支部共建,整合更多资源,吸引更多人才回乡就业;通过加大对农村农企宣传,吸引更多人来乡村旅游观光。项目团队积极响应国家乡村振兴战略,为解决"三农"问题,以三产构建为基础,打造有机农业＋公益的模式,结合互联网技术,实现科技脱贫,建设美丽乡村,用创新创业成果服务乡村振兴战略、聚焦脱贫攻坚、投身防疫抗疫,体现出浓厚的家国情怀和红色梦想。

奖项	序号	获奖项目	学校	项目简介
	28	让老百姓过上"干净"的日子——整治城乡人居污染环境的领跑者	湖北工业大学	农村人居环境污染的三大污染源是规模化养殖场的污粪、秸秆和城镇污泥,传统的治污技术落后。本项目能替代传统的治污方式,实现纯生物治污,治污过程无二次污染,利用污泥、秸秆和粪污,通过微生物半发酵和蚯蚓过腹处理,生产蚯蚓粪有机肥。产品按生产环节分为上游和下游两部分,上游为污染企业提供治污服务,赚取服务费;下游向客户售卖蚯蚓粪有机肥及副产品,获得利润。
	29	滴水恩——中国公益创业教育17年践行者	湖南大学	滴水恩公益社团以"公益创业"为理念,倡导大学生独立自主、自立自强,用自己的劳动回报社会,将高校公益慈善事业与大学生自主创业有机结合起来,彰显团队特色。联合滴水恩独立项目组,目前已经运作比较成熟的创业团队,滴水恩科技工作室、滴水恩数码产品销售公司和滴水恩家教服务中心开展创收业务,部分创业所得捐入滴水恩基金会,用来帮助贫困大学生完成学业,同时为广大的在校大学生提供一个锻炼自己和服务社会的平台。
	30	妙手"仁"心——科技助推春砂仁产业链的领跑者	吉林大学珠海学院	春砂仁身为中国四大南药之一、古时候的贡品,现如今却逐渐没落了。靠推广和发展春砂仁产业与当地的乡村振兴工作结合开展也是比较符合当地现状的。项目联合广州市白云区农化服务实验室,研发春砂仁栽培五大创新技术,制定春砂仁GAP标准化栽培技术方案,其中大棚仿生技术+智慧农业系统,1∶1全真还原春砂仁原始林间生长环境,成功解决了阳春市砂仁种植中存活率低、产量低及劳动强度大等痛点,推动建立南药GAP标准化种植示范推广基地。
	31	平桉菌工厂——六千万亩速生桉土壤的修复神	南宁学院	"平桉菌工厂"项目是:通过研发菌团技术修复速生桉危害的土壤,助力广西乡村振兴。
	32	为你而声	重庆大学	重庆大学"为你而声"打造"4+1"的教育模式,让学生学会"怎么学""怎么练""怎么说",让老师学会"怎么教好学""怎么教好听","目前接触了学生群体,今后会更加努力地完善语言康复流程,为他们的可爱童年带去温暖与力量。"
	33	扶"苏"YU(渝)黔——紫苏全株产业链扶贫模式引领者	重庆电子工程职业学院	项目团队扎根武陵山腹地的彭水县,进行了长达3年的深入调查,探索种产销一体的紫苏全株产业链扶贫模式,将紫苏这一植物做成带动当地脱贫致富的产业。目前,紫苏创业扶贫项目已辐射彭水及周边4个县的20多个乡镇,种植面积突破5900亩,帮扶398户建档贫困户脱贫,1600多人就业。
	34	赤纸芯——全国领先的传染病现场快速分子诊断服务	四川大学	项目致力于为结核病提供快速现场分子诊断服务,整合纸基微流控技术和等温扩增技术,将传统核酸检测所需的百万级实验室浓缩为纸芯片和保温杯,完全匹配了大山场景,解决了疾病诊断难、慢、贵等问题,赋能医疗扶贫,助力乡村振兴。

续　表

奖项	序号	获奖项目	学校	项目简介
	35	沈厅·筑梦家庭农场	电子科技大学	2020 年 2 月，疫情期间，果业商会利用青龙废弃车场首创"零接触式"中转站。通过远程视频洽谈、直播看货、监控采摘的模式，逆势助销柑橘 1500 万斤，价值 6800 万元，并极大地提振了后期 5000 多万斤的市场价，避免了价格雪崩，让当地 500 余位农场主免于亏损。随后，受到"零接触"销售模式的启发，刘沈厅又牵头打造了全省首个 B 端公益性"数字农业服务平台"。整合当前直播、小程序、公众号等矩阵资源，让政府、会员、客商和人才通过数字平台实现一站式无缝对接。目前，数字农业服务平台已入驻农场 360 余家，产品超过 500 个；线上劳务中心已入驻农民工 1000 余人；团购中心先后举办活动 10 余次，团购物资 800 多万，节省成本超过 100 余万元。果业商会、微梦志愿服务队、数字农业服务平台……构建起新的社会化服务新体系，打通"产供销金保"全产业链要素。
	36	沙地牧歌——牧区治沙复绿助力生态建设	成都理工大学	项目以自主研发的生态加固材料胶结表层沙土形成土壤"结皮"层，从而保水保湿、吸附养分为技术支撑，搭配研发筛选的地区优势物种，形成材料固土—植物固土自然……项目突破高寒草原修复需水与强烈蒸发的治沙复绿技术瓶颈，开发自渗固土、缓蒸锁水固沙系列产品，构建人工—自然演替治沙复绿技术体系，致力解决高寒草原沙化引起的水源涵养失衡、畜牧业萎缩、牧民收入减少 3 大问题，助力牧区生态建设。
	37	来自藏药宝典的致富金瓜：在高半山区推广波棱瓜种植的扶贫项目	西南民族大学	药学院师生团队通过技术支持，推动泸定县成立波棱瓜人工种植合作社，以种植基地带动个人种植户的模式开展波棱瓜种植技术推广，以合作社为平台采取四级扶贫模式，以贯穿全产业链的运作模式，帮助当地高半山地区贫困户实现脱贫致富。
	38	布拖金凤凰	四川旅游学院	项目的目标是通过新兴的直播带货模式，打造一个扶贫助农的网络 IP，通过此网络 IP 对大凉山地区的贫困户进行帮扶，帮扶当地农户开拓新的销售渠道。同时重点针对凉山彝族自治州的布拖县进行定点帮扶，以布拖县特产苦荞作为主打产品，进行精深化加工，推出一系列衍生产品以及其他特色农产品，帮助布拖县进一步增加收入，提高生活水平，促进当地农产品产业化发展。
	39	花馃馃的春天——助力西部贫困地区乡村振兴	西安建筑科技大学	90 后东乡族在校研究生马娟谨记习近平总书记对家乡的嘱托，在校成立创业扶贫工作坊，深入全国 52 个贫困县之一东乡县进行实践调研，在当地 108 种农特产品中遴选出"花馃馃"深拓产品创新，将其产业化发展，成功申报非物质文化遗产，获批成立非遗就业工坊，建立三个花馃馃巾帼扶贫生产车间，建立"扶贫产品体验馆"和"'临洮珍好'农特馆"，成立陇材云供应链平台，促进产销一体化发展，形成"区域多维布局，产业多态构建"的发展模式。疫情期间，开创"共享员工"模式与"无接触式配送"服务。历经 4 年实践探索，形成可复制的"政府＋企业＋工作坊＋品牌＋供应链"扶贫模式。项目目前总收入已达 3189.7 万元，实现了 325 名建档立卡户脱贫，带动了周边相关产业 2512 人就业增收。

奖项	序号	获奖项目	学校	项目简介
	40	画个小镇——中国西部乡村振兴设计智库与云引擎	陕西科技大学	陕西科技大学"画个小镇"团队（Rural Culture Builder）简称RCB，成立于2014年9月。团队从2014年起航，足迹踏过136个镇县、258个村落，了解乡村文化设计需求，掌握翔实的调研资料，分析乡村文化振兴需求，整合开创西部文化类乡村设计赋能数据库。深入基层田野乡间，实地调研制定策略，推进夯实乡村文化振兴落地。团队文创产品与28家机构达成合作意向，与13所高校公益组织联合，扩大了项目辐射范围。
	41	高原奶牛助力藏区乡村振兴	甘肃农业大学	动物医学院余四九教授团队自2014年开始，主要针对牦牛和当地犏雌牛生产性能下降的实际问题，筛选出原产于英格兰的小型乳用型黄牛娟姗牛，并采用人工授精技术授配当地的母牦牛，培育出高产奶性能的娟犏牛后代；同时，运用科学饲养管理、营养平衡调控和冷季补饲等手段，集成示范了一套优质高效的生产模式，提升了高寒牧区犏牛的个体生产水平，改善了当地农牧民的生活质量。
	42	格桑梅朵·支教行——青藏高原文旅MCN公益项目	青海师范大学	格桑花助学协会主要助学区域为青海、西藏、甘肃，利用网站作为平台，为西部地区贫困孩子提供资助，以贫困学生救助、物资捐助、西部支教等方式进行多方位、多角度综合助学，实行一对一捐款、捐物、个人结对、团体结对助学支教等活动，帮助西部地区贫困学生完成学业，为西部学校的教师进行支教培训，募集资金为贫困地区学校修建校舍和图书馆。格桑花的宗旨是通过网络与现实社会的互动，支持西部教育。
	43	驼咩咩——首席助农官带领宁夏好物走向全国	北方民族大学	项目由北方民族大学2017级设计艺术学院学生朱珉正发起。大学期间，朱珉正看到家里大量马铃薯卖不出去，决定休学创业。前期虽然经历了挫折，但朱珉正和团队成员们走访了20多个村镇后发现宁夏农产品因为缺乏品牌推广、销售渠道单一等原因导致了农产品销售难或者滞销的问题。他们经过数次摸索，总结出"四个一"扶贫助农创业新模式。项目团队共拥有"首席助农官"等宁夏地区9个特色农产品品牌，短视频播放总量达到8000万，直播观看人数超过120万，销售额达492.3万元。项目累计帮扶农户600户，重点帮扶的65名贫困户人均年增收超过7100元。
	44	凝"核"聚力扶贫成效再提升	塔里木大学	于2015年起就组建了"凝'核'聚力"公益团队，砥砺六年行走在脱贫攻坚一线，致力于改善当地人们生活。凝"核"方面，通过科普宣传、现场修剪、技术培训、优品引进、模式改善等方式，提高核桃种植收益；聚力方面，通过建设示范园、组建服务队、"产学研"一体化、联系企业加工销售等方式，多措并举合力扶贫。带动就业2000余人，扶贫硕果辐射面积140万亩。

实训 4 "创青春"大学生创业大赛(公益创业赛道)的参赛

[实训任务]

2013 年 11 月 8 日,习近平总书记向 2013 年全球创业周中国站活动组委会专门致贺信,特别强调了青年学生在创新创业中的重要作用,并指出全社会都应当重视和支持青年创新创业。党的十八届三中全会对"健全促进就业创业体制机制"做出了专门部署,指出了明确方向。为贯彻落实习近平总书记系列重要讲话和党中央有关指示精神,适应大学生创业发展的形势需要,共青团中央、教育部、人力资源和社会保障部、中国科协、全国学联决定,在原有"挑战杯"中国大学生创业计划竞赛的基础上,自 2014 年起共同组织开展"创青春"全国大学生创业大赛,每两年举办一次。大赛下设 3 项主体赛事:大学生创业计划竞赛、创业实践挑战赛、公益创业赛。其中,大学生创业计划竞赛面向高等学校在校学生,以商业计划书评审、现场答辩等作为参赛项目的主要评价内容。创业实践挑战赛面向高等学校在校学生或毕业未满 5 年的高校毕业生,且已投入实际创业 3 个月以上,以经营状况、发展前景等作为参赛项目的主要评价内容。公益创业赛面向高等学校在校学生,以创办非营利性质社会组织的计划和实践等作为参赛项目的主要评价内容。

[实训目的]

以"中国梦,创业梦,我的梦"为主题,以增强大学生创新、创意、创造、创业的意识和能力为重点,以深化大学生创业实践为导向,着力打造权威性高、影响面广、带动力大的全国大学生创业大赛。

以此为带动,将大学生的创业梦与中国梦有机结合,打造深入持久开展"我的中国梦"主题教育实践活动的有效载体;将激发创业与促进就业有机结合,打造整合资源服务大学生创业就业的工作体系和特色阵地;将创业引导与立德树人有机结合,打造增强大学生社会责任感、创新精神、实践能力的有形工作平台。

[实训示例]

2014 年"创青春"大学生创业大赛(公益创业赛道)部分获奖项目概况

奖项	序号	获奖名单	学校	项目简介
金奖	1	有爱青年创新公益实践中心	中山大学	有爱青年创新公益实践中心是中山大学在校生自主运营管理的公益组织,立足于闲置资源循环处理平台,专注于O2O平台的商业运营。有爱希望基于"O2O"的运营模式来处理校园闲置资源,以构建社会效益和经济效益平衡的高校社区公益产业链。有爱不仅仅是在解决闲置资源问题,更重要的是在做大学生公益梦想的加速器,让有梦想的公益青年在这里找到自己的方向。
	2	"幸福虫"公益创业计划	华中科技大学	幸福虫项目从公益性的角度出发,为武汉农村引入黄粉虫养殖这一可持续创收项目,目的是吸引农村的外出就业人群回乡创业,从而解决农村留守儿童及老人的问题。
	3	五彩石公益创业项目	重庆大学	项目是以大学生志愿者与少数民族留守儿童建立"一对一"批改作文,关注留守儿童及少数民族青少年的心理健康成长,形成志愿者与留守儿童相互陪伴一同成长的心理帮扶项目。在大量的文献查阅、实地调研的基础上,项目组成员发现处于青春成长期的留守儿童心理问题改善比物质条件的提高更为关键,而五彩石就是这样一个走心的项目。
	4	"创艺家"公益创业项目	扬州大学	"创艺家"公益创业项目源于 2012 年 10 月,是扬大数学学院大学生青年志愿者赴安徽金寨叶畈小学义务支教活动基础上,以关注山区留守儿童心理健康为主要内容的公益创业项目。它脱离了传统"花钱买公益"的陈旧集资方式,以留守儿童和志愿者制作的橡皮章为物质载体,通过 APP 宣传、淘宝店运营、公益售点、商家购买等多重销售渠道聚拢资金,再通过建设"创艺家"手工教室的方式将关爱回馈给留守儿童们,帮助留守儿童缓解心理压力,提供健康的情感宣泄渠道,提高艺术修养。后来,随着该项目的不断扩大,学校教科学院、园植学院、兽医学院、旅烹(食工)学院、美术与设计学院等也共同参与到项目中来。
	5	温州市生命相髓造血干细胞捐献宣传公益中心	温州医科大学	温州市生命相髓造血干细胞捐献宣传公益中心是经由温州市民政局登记成立,国内第一家由在校大学生担任法人的造血干细胞捐献宣传公益中心,成立十年间共有 2730 人入库,6 人成功捐献造血干细胞。

续 表

奖项	序号	获奖名单	学校	项目简介
	6	周末圆梦大学	吉林大学	周末圆梦大学是吉林大学吉禾团队发起的公益创业项目,该项目已经成功举办了25期,累计帮助2000余名农民工子女。"心系公益,为爱集合""快乐成长,回报母爱""树立理想,扬帆起航",主题在变坚持不变,吉林日报、新华网、城市晚报等众多媒体也一同见证了吉禾的公益之路。为了使钟爱的公益事业具备更持久的生命力,吉禾团队尝试着以商业运作的力量带动公益项目的发展,他们以公益版本活动为基础,推出了面向大众青少年的收费版"周末圆梦大学"活动,提供版本丰富、形式多样的深度大学体验。2014年6月吉大附中的100名同学成为首批体验学员,此次的全部收入同步补贴至第16期关爱项目。除此之外,吉禾还获得了吉林省妇联每年30万元的政府购买服务承诺和企业15万元的专项帮扶资金,至此,"周末圆梦大学"实现了社会效益和商业价值的共赢,绽放出了蓬勃的生命力。
	7	湖南Risa(锐飒)环保科技有限公司	中南大学	项目主要从事废旧电池资源化技术研发、废旧电池回收处理,氧化亚钴与氢氧化镍等电池材料的生产销售,建立了多元化的废旧电池回收体系。创业团队目前拥有国家专利8项,连续4年开展环保公益活动与实地调研,安装了超过500个回收箱,共回收废旧电池13万余节。项目曾获得中国青年报、湖南电视台等媒体的多次报道。
	8	"三心"E站农民工子女成长家园	淮南师范学院	"三心"E站农民工子女成长家园,利用网络平台进行远程资源传送,由家园中心站协调安排,在山区建立留守工作站,在高校建立远程爱心站,其中远程爱心站是嫁接在地方留守工作站上的理念、资源、师资、内容的提升和拓展。家园充分发挥师范院校资源优势、专业优势、学生优势,架设贫困山区和新兴城市之间的公益桥梁,实现高校与山区、孩子与父母、山区教育与城市教育的对接。用真诚和质量,让家长放心,孩子舒心,对未来充满信心。
	9	清源计划	清华大学	清源团队在农村地区推广生物慢滤池技术,该技术成本低廉,制造维护简单,净化效果好,非常适合农村地区推广。清源团队主要通过技术培训进行推广,让村民真正掌握解决问题的方法。从2011年起至今,清源团队已经在宁夏、山西等地成功推广了1300多个生物慢滤池,直接受益5000余人,间接影响过万人。
	10	衍爱高校公益平台	河海大学	衍爱高校公益平台是在河海大学爱心超市基础上成立的一项集公益资源集聚、创业教育实践、公益参与互动于一体的公益创业平台。该平台通过高校学生自主运营,以实体销售与电子商务并行的经营模式为特色,以整合社会公益资源、提供公益实践服务平台为目标,致力于实现物质与人文、校园公益与社会公益、爱心奉献与感恩传承的完美结合。同时,为高校公益资源集聚、公益效能提升提供了可借鉴、可复制的样本。

奖项	序号	获奖名单	学校	项目简介
	11	火炬计划	东华理工大学	随着网购的盛行和物流快递业的发展,个人姓名、地址、电话等诸多个人隐私信息通过快递单泄露,人们常无故接到各种骚扰电话,不堪其扰。东华理工大学李凤臣老师指导的"镖师傅码上保密"项目,正是在此背景下应运而生,通过将收发件人姓名及手机号设置加密,快递员通过授权安装解密软件手机进行二维码扫描,才能查看收发件人个人信息。该软件保密性强、读取快捷方便,避免收发件人的个人信息在快递过程中被多次泄露的可能,这将有效地保护个人隐私,在我国物流快递行业的推广应用前景将十分广阔。
	12	海角公益在线支教平台	上海交通大学	飞速发展的互联网让我们的生活更加便捷,教育资源更加与时俱进。但与此同时城乡间差距仍阻碍着许多孩子得到更好的教育资源。外来务工人员子女和农村留守儿童的辅导缺失已成为我们关注的话题。为帮助更多儿童获得教育辅导,同时给广大志愿者提供爱心教育平台,项目团队在 2013 年 10 月组建了海角公益组织并建立了海角教育公益网站。主要提供 1v1、1v 多在线视频辅导工具,旨在实现在线支教、爱心家教等公益事业。目前网站已有超过 300 名志愿教师,授课时长累计达 3 万个小时,社会反响良好。
	13	GPS 智能导盲手杖	东北大学秦皇岛分校	盲人如何更安全地行走,是全人类的一个大课题。如今,一个年轻的团队正试着解决这个难题。他们来自东北大学秦皇岛分校,创立的公司就叫"安步"——"安心每一步"。他们的项目叫"GPS 智能导盲手杖"。创意来自团队成员王杰一次偶然的经历。她参加了一个"走近盲人,服务盲人"的主题实践活动。在体验环节中,王杰真切体会到了作为一个"盲人"走在路上的迷茫与不安。从此,这位善良的姑娘便与盲人群体结缘。她多次到盲人学校做慈善活动,深感只有同情与关心并不是当代青年能做的全部,应该用科技的力量为他们做些什么。 回到学校后,王杰开始联系同学,组织调研,成立公司。他们的最终成果是一个手杖。这不是一个普通的手杖,它集超声波避障、GPS 定位、SOS 一键求救、夜间警示和语音报时五大功能于一身。手里有此杖,盲人离障碍物一米时,就会有警报声发出;而且,家人能够实现全天候 24 小时定位监控盲人,一旦遭遇紧急情况,盲人自己还可以通过紧急求救按钮向家人发出信号。
	14	iCoin 微公益计划	浙江大学	iCoin 团队打造的是一个专门服务于公益组织的新型公益项目,并通过利用线下微公益平台——iCoin 投币机,首先为优秀公益项目解决筹资问题。同时,一些有资金需求的企业通过和 iCoin 团队的合作也参与进来,作为回报,线下投币机可以为企业做一些品牌宣传等,而在民众参与线下投币捐款的同时,可以与企业、公益组织进行互动。

续　表

奖项	序号	获奖名单	学校	项目简介
	15	北回归爱心协会公益创业书	华北电力大学（北京）	北回归线爱心协会成立于 2009 年,名称为北回归线志愿者联盟,于 2013 年 2 月 16 日正式注册,更名为北回归线爱心协会,注册类别为社会团体。机构宗旨是提升乡村学生的生活和受教育水平以及乡村教师的专业水平,并搭建青年学生服务型学习的平台,协助志愿者通过公益获得成长并走入主流社会。活动范围目前包括云南、贵州、甘肃、宁夏四个省（自治区）。协会致力于在学校和社会中营造广泛参与公益的氛围,激励在校高中生和大学生参与志愿者活动,并提供相关志愿者能力培训。同时,为了让更多的人切实高效地参与到对弱势群体的援助之中,协会也设计可行性项目并从社会各界筹集资源,对弱势群体提供有效帮助。
	16	杯水行动——西北窖水藏水地区水质改善公益项目	中国地质大学（武汉）	项目立足于其拥有的一项国家发明专利——基于地质材料的雨水水质处理系统开展公益行动。团队发起"杯水行动",以"为西北提供一杯健康水"为宗旨,致力于改善西北窖藏水地区的饮用水水质。他们在我国西北窖藏水地区贫困农村小学发放矿化水壶,在当地家庭或学校安装净水矿化的前置设备,帮助当地居民解决饮用水细菌超标、偏碱性等问题。
	17	"戏剧实现梦想"公益项目	南京林业大学	"戏剧实现梦想"公益服务项目旨在真正实现对农民工子女群体的关怀及帮扶,并且不同于其他围绕这一群体开展的一般公益项目,引入了"平台操作＋艺术融入"的全新理念,在借助社会、企业等传统资源实现物质帮扶的同时,巧妙地依托江苏省大学生话剧社团联谊会,将戏剧艺术融入公益项目的每一个角落,从而不仅实现了对农民工随迁子女群体及留守儿童群体的精神"脱贫",还使项目能够获得足够的运作资金,实现长期运转。
	18	绽放花蕾留守儿童才艺培训计划	湖南工业大学	绽放花蕾分为留守儿童才艺培训计划和城市儿童变形计划。留守儿童才艺培训计划是由一群在校大学生利用寒暑假凝聚返乡大学生的力量,通过艺术培训来关爱留守儿童精神世界的民间公益项目。该项目倡导将城市课外艺术培训课程免费提供给乡村留守儿童,通过艺术培训,达到用"美来帮助成长,用美来洗涤心灵,用美来改变命运"的使命。城市儿童变形计划主要是面向社会公开选取富有责任感、品学兼优、才艺突出、能自主安排时间的城市中学生,经专业严格选拔（报名资料审核,现场确认）后前往预先联系好的偏远山区小学进行活动开展,城市学生与支教老师共同深入调查乡村留守儿童家庭情况。支教老师建立留守儿童档案,长期跟踪留守儿童成长,为广大农村地区留守儿童健康成长带来实质性的帮助。

奖项	序号	获奖名单	学校	项目简介
	19	济南思迈尔自闭症康复中心	济南大学	中心致力于为自闭症儿童及其家庭提供专业低廉的服务,主要为0～6岁自闭症儿童提供"一对一"的专业康复训练,同时为高校和自闭症康复机构及其从业人员提供交流平台,并通过上门指导、开发手机APP等方式为自闭症儿童家庭及社区免费提供便捷的专业服务,实现自闭症儿童康复服务的家庭、机构、社区的一体化。中心将借助与高校特殊教育专业合作的方式,增强自身可持续的造血功能,开创自闭症康复机构运营的新模式。
	20	高校正能量联盟	北京邮电大学	项目立足于对大学生公益团队的服务,通过网络平台以及线下工作团队的建立,帮助高校公益团队抱团取暖,整合社会资源对团队进行定向扶持。同时为团队提供培训、项目整合、项目宣传、项目筹款、执行监督、项目评估等服务。平台亦为优秀团队提供社会企业孵化、跨界资源筹措、融资等。
银奖	1	爱发芽教育公益频道	杭州师范大学	以网络为媒介搭建教育资源分享的平台,提高欠发达地区小学的教育水平。通过面向小学与教师共同构建"教育公益频道"这一网络平台,实现教育资源共享、欠发达地区的师资优化。
	2	不再菇独	南京师范大学	项目利用菌菇康复课程,为自闭症患者提供与外界接触的机会,从根本上提高自闭症人士融入社会的能力。团队开展针对自闭症人士社区化康复的职业体验活动,将自产的蘑菇和农民手中的蔬菜一起直接拿到社区销售,既让农民收入提升,也让社区居民得到实惠,更让在这个活动中扮演收银员等职业角色的自闭症人士们受益匪浅。
	3	栗蘑利民支农促进会	山东财经大学	栗蘑利民支农促进会项目源于山东财经大学学生在济南黄巢村调研时结识空巢老人,决定通过传授空巢老人简单易行的栗蘑种植及培养基自制技术,以己之力和公益方式帮扶老人,同时改善当地自然环境。经过近一年的实践,团队利用财经学科专业优势探索确定了公益创业的独特运营模式,使项目长期稳定运行,为老人带来一定的经济收入,同时产生了良好的社会效益。
	4	聚爱助残创业中心	山东大学威海分校	聚爱助残创业中心于2014年2月正式成立并开展服务,是一所由山东大学在校大学生创立的非营利性质的公益机构。以残疾人为主导力量,以大学生志愿者为辅助力量,统筹和整合专家、义工、志愿者服务团队,秉承助人自助的服务理念以及合作共赢的创业理念,通过"聚爱课堂""梦想工场""聚爱小站"等子项目,形成一个培训、生产、推广、销售的综合平台,并利用"聚爱之家"为残疾人提供励志教育、心理疏导、信心树立、互动交流等服务,致力打造一个技能培训、就业扶持、福利保障、休闲娱乐、互助交流一站式服务的平台,逐渐让残疾人成为中心主导力量,真正帮助残疾人提升社会生活能力、竞争能力,自立自强,融入主流社会,最终实现残疾人当家做主和残疾人自主管理、运营的公益目的。

续　表

奖项	序号	获奖名单	学校	项目简介
	5	自闭症儿童康复训练系统研究推广中心	青岛农业大学	项目主要针对目前康复机构少，自闭症儿童得不到及时、有效的康复训练这一严重问题，成立自闭症儿童康复训练系统研究推广中心，开展关于自闭症儿童康复训练的软件和设备的研发工作，旨在帮助自闭症儿童进行康复训练。项目初期，中心研发并推广"蜗牛，飞吧"自闭症儿童康复训练的公益性软件，为自闭症儿童提供相关训练的产品和服务。该软件正式版已于 2014 年 5 月 1 日上线，并在青岛圣之爱康复训练中心推广使用，并被青岛都市报、齐鲁晚报、搜狐青岛等多家媒体报道。
	6	灵水心田生命教育中心	首都师范大学	2014 年组织创建的"灵水心田"生命教育团队致力于为留守儿童提供专业生命教育服务。
	7	铜益科技公益项目计划书	北京科技大学	北京科技大学成立"铜益科技有限责任公司"，主要业务是为中小电子垃圾处理企业免费提供先进铜粉回收技术。
	8	北京集恺节水灌溉公益创业项目	北京林业大学	项目利用在较发达地区的销售收入形成整个公益项目的资金，再运用这笔资金针对水资源紧缺的灌溉区提供含有高比例补贴的设备，赞助活动和节水示范园区建设项目。
	9	餐厨垃圾资源化处理项目	河北科技大学	项目拟在河北科技大学建立餐厨垃圾处理站，将餐厨垃圾进行减量化、无害化、资源化处理，日处理量为 8 吨/天。通过旋流吹脱一体化除氨反应塔专利技术以及已成熟的单细胞蛋白饲料技术、生物柴油技术、污水处理技术、消毒杀菌技术等的综合运用，生产出单细胞蛋白饲料、生物柴油等产品，过程中的污水处理环节将污水处理后达到中水标准，可在冲厕、绿化等方面回用。
	10	天使之音科技助残有限责任公司	长春大学	项目致力于将现代信息技术应用于残障人辅助设备，帮助残障者消除在言语康复、教育学习、生活及交流中所遇到的各种障碍。
	11	鱼福满满	哈尔滨工程大学	项目团队综合文化产品市场现状和政策等因素，制定了从校内宣传到社会推广再到商业运营的三年发展规划。以传播赫哲鱼皮文化为出发点，利用大马哈鱼皮这一废弃资源，建立鱼皮工艺品产业，解决鱼皮画技艺的传承问题。
	12	Svmmer 微公益平台	上海海事大学	创业团队以"微公益"理念为核心，致力于在公益组织与社区、企业之间建立起沟通互动的桥梁，帮助他们更便捷、高效地参与公益事业。在指导老师赵大为的支持下，以学校经济管理知梦实践社为实践平台，通过社团与公益组织线下合作，社团招募志愿者，与公益组织一同完成公益项目。同时结合未来社区中的线上发布公益信息，提出线上志愿者招募的新模式，解决公益项目普遍参与度低的问题。
	13	咖啡绿植	上海财经大学	上财创行的"咖啡绿植"项目，旨在将废弃的咖啡渣转化为有机肥料，用以培育菌菇并在农产品市场销售，在减少资源浪费和环境污染问题的同时实现了经济价值。

奖项	序号	获奖名单	学校	项目简介
	14	新城市候鸟社工服务中心	浙江工商大学	新城市候鸟项目是一项针对城市流动儿童及其家庭这类社会弱势群体的公益服务。项目致力于运用社会工作专业知识，围绕流动家庭儿童生活环境、性格特点及需求，以个案工作、小组工作、社区工作三大社会工作方法为核心，开展流动儿童的成长陪伴、自我成长小组、家庭成长小组、亲子农场、图书漂流、主题夏令营等服务，解决流动儿童的教育困境、提升家庭自身的教育功能。
	15	温州童馨留守儿童服务中心	温州大学	温州大学"童馨"关爱留守儿童公益志愿服务组织成立于2011年，以丽水庆元县城东、屏都、岭头乡三所小学为实践基地，以"打工子弟、留守儿童"为志愿服务对象开展志愿关爱活动。2012年，"童馨"携手王振涛公益基金、腾讯大浙网等为庆元426名留守儿童送去价值近10万元的关怀；同年，"童馨"公益基金成立，通过义卖、募捐等方式筹款20000余元，为100多人发放了奖学金；2015年，携手杭州"春天的礼物"公益组织，在庆元龙溪乡、荷地镇等六个村镇建立流动图书馆，共发放图书6000余册。5年来，"童馨"公益服务组织的大学生志愿者达450余人，累计关爱留守儿童近3000人，"童馨"的足迹已遍布庆元县的各个乡村。"童馨"的实践也获得了社会各界的肯定和诸多荣誉，仅媒体报道就达162次，2011年"童馨"获得浙江省社会实践"优秀团队"称号，2012、2013年连续获得温州市社会实践"优秀团队"称号，2015年"童馨"还获得"创青春"全国大学生创业计划竞赛银奖等荣誉。
	16	"36.5"爱心希望通道公益创业项目	浙江师范大学	"36.5"爱心希望通道是以"每人每天一毛钱，一年36.5元钱"为理念，基于集群的高校产学研与公益一体化创业教育背景下孵化的项目。该项目以高校平台为基础，合理利用人力和环境资源，为大学生提供创业实践机会，以青年人带动青年人，让青年人帮助青年人，凭青年人影响青年人，形成一个良性循环。
	17	大爱社会工作发展中心	安庆师范学院	本项目是致力于专业帮扶失独老人的创业项目。
	18	洋里苦橘	福州大学	具有本土特点的扶农项目，结合闽侯县洋里乡苦橘产品供过于求的问题，旨在帮助果农拓宽苦橘销售渠道，解决滞销问题。充分发挥新媒体的传播效力，利用微博、微信、报刊等大众媒体宣传，打造"洋里苦橘"品牌，突出苦橘的功能价值，进行差异化销售；同时建立电商渠道、零售终端铺货体系并实现农超对接，让目标消费者能够更加便捷地买到产品。 在滞销问题得到解决后，项目组将进一步帮助果农们成立苦橘合作社，将"RPLSP"的模式（即"集资—生产—物流—销售—利润分配"模式）运用到苦橘产业的生产经营上来，规范和发展整个苦橘产业。另一方面，将完善苦橘产业结构，延长产业链，研发附加值高的副产品。

续 表

奖项	序号	获奖名单	学校	项目简介
	19	厦门手望翻译服务有限公司	厦门大学	手望项目致力于让越来越多的聋人融入有声社会。项目联合厦门市各区聋协,定期组织聋人旅行活动,让他们参与常人的生活;联系社会公共空间,定期为聋人举办专题讲座,让更多专业力量助力手望。该项目还致力于引导更多常人走进无声世界。手望长期与志愿者共赴特殊教育学校,与聋人孩子游戏、交流,让公众了解聋人,平等看待聋人。手望团队发挥专业优势,定期组织手语课堂、手语文艺演出,向社会大众普及手语。
	20	默声社	郑州轻工业学院	默声社项目由郑州轻工业学院创行团队创立发起,旨在与以中州大学聋人大学生王靖玮为代表进行合作,由聋人大学生教授聋人青少年艺术特长来提高聋人青少年的艺术教育水平,让更多的人真正了解聋人。
	21	愿未央儿童愿望实现舱	河南农业大学	愿未央公益团队秉承大学生自愿服务社会、回报社会的原则,紧紧围绕"抚孤、济困、助学、提供便利"四项工程,利用网络平台大力营造大学生公益行动的氛围。
	22	本禹志愿服务队·甘露工程	华中农业大学	本禹志愿服务队·甘露工程以为贵州贫困山区的小学教师提供来汉培训以及教改资金支持为主,以为研究生支教团成员提供侧重于音乐、体育、美术、手工艺品多方面综合素质能力培养课程为辅,通过销售贵州山区小学生制作的当地特色艺术品竹拼画、大学生兼职平台所赚取的佣金差价、本禹基金及社会支持等四个渠道筹集资金。所筹资金主要用于为贵州山区的小学教师提供培训以及教学改革的资金支持,为研究生支教团成员提供综合素质能力培养课程。
	23	武汉市逸飞社会工作服务中心	武汉理工大学	武汉市逸飞社会工作服务中心成立于2013年11月,依托于武汉理工大学国家残疾人研究基地、学校专业教授督导和社会工作专业教育资源,是一家以青少年、残障人士和老年人为主要服务群体的民办社会工作服务机构。
	24	"蓝灯行动·艺爱星星"蓝灯志愿团关爱自闭症儿童行动公益创业计划	武汉纺织大学	蓝灯志愿团成立于2011年11月,由6家高校志愿者和社会爱心人士联合发起,其开展的志愿者活动统称为"蓝灯行动",包括"蓝丝带"关爱自闭症儿童行动、"红丝带"防治艾滋病宣传、"银丝带"敬老爱老和"绿丝带"湖泊环境保护等。2013年"蓝灯行动·艺爱星星"纳入武汉童伴网咨询服务有限公司公益运营项目。2014年,申报非营利性组织——武汉守望星园自闭症家庭互助服务中心被民政局批准成立。计划3年内筹建武汉市"艺爱星星"自闭症儿童康复中心,达到政府一级康复中心建设标准,作为一家围绕改善自闭症儿童自理能力以及提高社会化能力的机构,对自闭症儿童的生活、学习进行观察和指导,进而提供生活帮扶、行为观察、学习指导、家长咨询和社会教育等服务。
	25	聚农公益计划	海南职业技术学院	聚农公益计划主要针对"三农"问题"聚焦农商""助力农商",旨在帮助农民普及电子商务知识,搭建农村热带产品交易中心,打造海南热带特色农产品品牌。具体为:组建以电子商务、网络技术等专业为主的大学生志愿者团体,下乡开展农民信息教育培训,帮助农民拓宽农产品销售渠道,开展农产品电子商务等,从而培育新型职业农民,提高农村收入,促进农业发展。

续　表

奖项	序号	获奖名单	学校	项目简介
	26	铺就富"渔"之路	西南政法大学	控制成本：建议渔户使用竹管代替 PVC 管，成本从 216 元/个降为 13 元/个；解决大鱼塘一塘混养：提出 L-SS 养殖模式，使鱼苗存活率提高 26%；降低人力成本：利用"投饵机控制机"变压器更新半自动投饲机，成本从 2000 元降为 165 元。
	27	管中窥梦有限责任公司	江西师范大学	管中窥梦项目致力于解决一次性吸管大量使用而回收利用率极其低下的问题。项目组通过联合江西师范大学校等南昌高校与南昌市区连锁快餐店（必胜客、肯德基）作为吸管回收试点，放置项目组特别设计的"小吐司"形象的人物吸管回收箱。通过线上＋线下的宣传方式号召在校大学生及青年等群体行举手之劳，将使用后的吸管投入其中。之后联合南昌市妇联、民政局等市政部门，找到低收入的家庭，为他们带来优质的工作机会，即把吸管制成清凉、透气的吸管枕头，以此实现吸管的回收再利用。最后通过电商平台＋商家代售的方式销售吸管枕头产品，来提供低收入家庭的薪酬，同时维持项目的可持续发展。
	28	爽吧果园农家直通车	西安交通大学	项目从 2012 年开始，当初创始人是因为看到果农水果卖不出去，损失惨重，所以决定用互联网的方式宣传，帮助果农缓解压力。他们经常到基层去调查考察水果的质量，帮助确实有困难的果农，与他们建立合作关系，通过网站、微信、微博等方式去宣传和销售水果。
	29	灿烂同行	新疆工程学院	项目针对日益加剧的人口老龄化问题及新疆乌鲁木齐市目前仍没有一家专门为老年人提供综合服务的公益性机构这样一个实际情况而开展的。经过一番调查，丁伟等几位师生共同讨论决定以"幸福老来乐"为名，创建一家专为老年人提供饮食起居、清洁卫生、生活护理、健康管理和文体娱乐活动等综合性服务的机构，并将作品命名为"灿烂同行"。

2016 年"创青春"大学生创业大赛（公益创业赛道）部分获奖项目概况

奖项	序号	获奖名单	学校	项目简介
金奖	1	"智慧老人"公益服务推广工作室	上海师范大学	"智慧老人"公益服务推广工作室以关注不同老年群体（普通老人、失独老人、空巢老人）在信息化时代下的智慧缺失与心灵慰藉诉求为目的，深入调查研究，根据老年人的切实需求，将课程分为"入门""沟通""生活"，免费对社区老人提供课程服务，针对特殊老年人群体则提供一对一教学服务。在不到 2 年的时间里，人文与传播学院密切关注上海老龄化的社会服务需求，在上海建立 3 处核心教学基地，与 4 所老年大学、17 家街道签订合作协议并开展服务，服务人次超过 80000 人。大学生利用自己所长教授老年人使用智能设备，既让老年人学会最为新潮的技能，也培养了 95 后大学生服务社会的责任意识。项目团队通过长期深入社区的实践和调研，创新了以"政府购买＋老年需求＋公益推广"作为公益创业模式，打造"老年教育服务＋老年信息产品推送＋老年衍生品推广"的公益运作模式。

续　表

奖项	序号	获奖名单	学校	项目简介
	2	上海华师宝贝成长指导中心	华东师范大学	上海华师宝贝成长指导中心,成员主要来自学校特殊教育专家和儿童临床干预专业研究生,致力于为广大有特殊教育需要的儿童群体提供专业而全面的教育与康复服务。中心正式注册成立于2016年4月,提供咨询、评估、康复治疗等多项服务内容;从感知、运动、认知、语言、情绪、社交等方面开展生态评估;在确定儿童问题后,从学校、家庭、机构三方面制定儿童发展的规划方案,帮助家长更清晰地了解自己的孩子所面临的问题以及应当采取的举措。
	3	扶苗计划	南通大学	"扶苗计划"公益项目起源于2012年成立的"莫文隋"爱心助教团,以城市化进程中新市民子女心理成长问题为关注重点,结合新市民子女的心理特征,构建"扶苗工作233服务模式",依托心理学、教育学专家团队和丰富的志愿者资源,以儿童心理发展的微生态系统理论为支撑,通过构建"扶苗课程体系",来改善、解决新市民子女在城市适应过程中较易出现的人际合作、学习兴趣、情绪控制等方面的问题。扶苗课程培训家长约1.8万人次,使近2万人次中小学生受益。其中,新市民子女约2000人,占南通市崇川区新市民子女总数的13%。"扶苗计划"的服务效果也获得了社会各界肯定,得到政府以及公益基金会的大力支持。
	4	"青锋"农小辅读项目	青岛大学	项目是针对农村小学教育水平有限、师资力量薄弱以及教学教具短缺现状,以义工队为基础力量,积极联系校友和社会资源,结合中国传统文化的表现形式,对农村小学进行辅助读书的教育计划。已建立青岛市高校联盟和青锋基金会,力求以青岛市农小的辅读项目为试点,逐步探索以大学生为主要力量,以辅读教学为基本形式,吸引整合社会慈善资源,通过商业销售盈利维持扩大项目规模的公益创业之路。
	5	"快乐足球"支教培训机构	江苏师范大学	2012年,李晴所在的江苏师范大学成立了"快乐足球"公益培训机构,一群退役后进入该校深造的中国女足运动员,利用开展商业足球培训所积攒的资金和装备,免费在寒暑假为农村留守儿童和城市外来务工人员子女进行足球教学。
	6	古道建筑保护协会	北京工业大学	"古道"团队利用自身的特色,致力于中国古建筑及城市风貌的保护,项目在实现保护古建筑及城市风貌公益目的的基础上,也能保持收支平衡,为社会创造价值。
	7	"雏鹰计划"高校专业文化游公益创业项目	徐州工程学院	项目是以全国首创的汉语言文学专业博物馆、机电工程专业发展展示馆、数学与物理科学展示馆等专业文化场馆为展示平台,组织农村中小学生来校参观,通过领略大学优美风光,了解大学专业发展历程,参观大学专业文化建设成果,使他们进一步树立远大理想,明确努力方向,激发学习兴趣。
	8	"清梦阳光"公益创业项目	清华大学	由清华大学学子发起的"清梦阳光"公益实践团队,致力于在日照丰富、基础设施匮乏的西部地区搭建光伏微网系统及光热一体化系统,为当地居民提供电力、热力供应,满足其基本生活需求。

奖项	序号	获奖名单	学校	项目简介
	9	融冰行动	电子科技大学	电子科技大学"融冰行动"团队的创客们将电子信息技术与公益活动相结合,为"渐冻人"研发了专用的"体感鼠标"和"眼控仪",辅助"渐冻人"通过打字输入系统与外界无阻交流,并通过良好的商业模式,以衍生产品的市场利润为"渐冻人"提供长久的、持续的免费服务。
	10	安洁残障人士卫浴用品公司	东北大学秦皇岛分校	凭借自主研发的安洁全自动牙膏器荣获公益创业赛金奖。该款牙膏器利用杠杆、真空泵、机械传动原理,不用"挤"牙膏,使用时只需轻拉牙刷,即可实现自动挤牙膏,牙膏不粘连、牙膏挤干净。洗漱完成后,将牙刷放置在正确位置,即可实现牙刷及时消毒功能。产品的研发初衷是为上肢功能性障碍人士解决生活不方便的问题,实现便捷、简单、高效、健康的公益目的。
	11	健康水源梦有限责任公司	陕西科技大学	健康水源梦公益项目自 2012 年实施以来,已经获得专利发明三项,得到了深圳市社会公益基金会、中华环境保护基金会、福特汽车、好丽友食品有限责任公司等多家企业和基金会支持,共安装各类净水设备达 400 余台,通过"爱水课堂"培训居民 2000 余人,教会居民正确的集水方法和净水器制作方法,做到"授人以渔"。经过多年的摸索,已经形成了"团队愿意、企业乐意、政府满意、群众受益"的良性循环。
	12	"至善西行"公益旅游项目	东南大学	"至善西行"公益旅游项目由"益·路"公益组织发起,联合医疗人员、支教人员、爱心公民与偏远山区村民达成帮扶行动。通过组织旅游者进入支援点进行公益旅游,获取组织主要运营资金,保护当地非物质文化遗产。同时招募支教支医志愿者,在支援点开展为期一个月左右的志愿活动,初步改善当地教育医疗状况,为后期深度援建建立基础。同时,为外界爱心人士和怀有强烈社会责任感的企业搭建帮助桥梁,引进资源,全方位建设支援点。项目自 2010 年起步,已建立贵州高芒、高武、平坝和云南官房四个支援点,引入物资 200 多万元,组织公益旅游批次 24 次,800 余人,组织支教志愿者 221 人,支医志愿者 62 人,非遗志愿者 32 人。项目目前进程已至开拓期中期,成功完成各项预设目标,后期将继续扩大公益旅游规模,引入更多社会资源,同时注重支援地人才培养。
	13	花一庭文化创意有限公司	南昌工程学院	花一庭文化创意有限公司,曾用名"花匠手工坊",成立于 2014 年 5 月 4 日。在这个时代号召青年、青年感召社会的大众创业时代,主要致力于公益创业,公司主打制作"永不凋谢"的纯手工花以及其他纯手工领域的创意礼品研发,每种产品都有各自的特色及寓意。产品主要由农村剩余劳动力及残疾劳动力制作完成。花一庭的公益性主要体现为 4 部分:第一,充分挖掘农村劳动力及残疾劳动力;第二,为校内擅长手工制作的贫困大学生提供勤工助学岗位;第三,在大学成立"花匠公益手工社团";第四,通过义卖、认购等方式为贫困学生筹集助学资金和疾病救助资金。

续　表

奖项	序号	获奖名单	学校	项目简介
	14	温州市博时急救护理公益中心	温州医科大学	从2005年始开展"博时急救"项目，通过"三进三堂"：进学校、进社区、进单位，开设急救知识公益讲堂、急救技能培训课堂、现场救护演习学堂，推广应急救护培训知识，帮助29500余人取得急救证。在上海外滩踩踏事件、高空急救、公交车上急救等紧急关头，在场志愿者第一时间参与施救。
	15	宁波市江北区清源环境观察中心	宁波大学	宁波市江北区清源环境观察中心是一家致力于环保教育推广传承、水环境专业服务和水污染源解析数据库平台建设的民办非企业单位。清源将"三维荧光光谱技术"应用于水体污染源的解析，创新检测技术。与传统的分析检测方法相比，能够分析水体主要污染类型以及时空变化规律，具有检测速度快、效率高、成本低、易操作、可推广等特点。这个技术可以运用于政府的决策咨询服务、饮用水源地保护、水环境治理工程绩效评估、突发性应急监测等多个方面。
	16	嘤鸣读书会	南京师范大学	关注当今社会青年人阅读量少、阅读社群缺失的现状，提倡多读书，读好书，并以读书为核心创立了"读书＋"模式：读书＋分享、读书＋游学、读书＋教育、读书＋乡村等特色活动。每一期读书活动中读书＋活动中，陈丹青、毕飞宇、叶兆言等名人学者，黄梵、梁雪波等著名诗人，龚鹏程、杨汝清等国学大家纷纷带领嘤鸣人思辨争鸣，同游学海。通过"读书＋"模式，嘤鸣聚集了超过五万的青年共同阅读，共同成长。
	17	侠客行——一种基于餐桌虾壳二次资源利用的环保帮扶公益项目	武汉大学	餐桌废弃虾蟹壳的丢弃污染环境，且造成极大的资源浪费，有悖生态文明建设的国家战略。基于此，侠客行迈出厨余垃圾分类回收第一步，将废弃餐桌虾壳转化为具有经济价值的虾壳粉产品，同时教会社会弱势群体虾壳处理办法，达到改善生计的目的，精准扶贫的目的。项目打造一条虾壳回收、处理、销售的绿色产业链；用自主创新的专利技术为餐桌虾壳增值，实现公益项目自我造血功能，最终扩展至厨余垃圾精准分类回收，实现环保与扶贫双赢目标。
	18	"盒未来"乡村留守儿童可移动新型智能宿舍建设公益创业团队	沈阳建筑大学	"会飞的盒子"的公益项目由公益人士邓飞发起，10余名大学生志愿者参与设计，利用众筹平台筹款，由爱心人士生产、建设，为农村学子建造移动宿舍。之所以叫"会飞的盒子"，是因为该宿舍不仅运载方便，而且能够拆装再利用。
	19	零蒸发微型水库	湖北第二师范学院	项目利用废弃塑料瓶，经过加工处理，形成储存器、导水管和引流管，两个塑料瓶平行排开作为储水仓，一个被剖开的塑料瓶作集雨面连接两个瓶身，通过收集雨水实现干旱地区农田灌溉，储水仓的雨水还能防止蒸发。实验证明，一次30毫米的降雨量，规格为5升的微型水库，可收集雨水0.3升。
	20	农梦成真公益创业项目	南开大学	来自南开大学的"农梦成真"公益创业项目团队依托互联网电子商务，构建产地直销模式，压缩中间环节，实现农民与消费者的直接对接，解决"丰产不丰收"的难题，同时向城市居民提供质优价廉的原生态初级农产品。

奖项	序号	获奖名单	学校	项目简介
银奖	1	临终关怀志愿服务	吉林大学	项目以协会、高校、医院三方联合的方式形成一种公益创业模式,在使得协会能够自身造血促进公益可持续发展的同时,扩大志愿服务的覆盖面,让社会中更多的人参与临终关怀的行动并践行尊重生命的理念。
	2	喀热宛公益教育	华东理工大学	"喀热宛(Karavan)"是维吾尔语,意思是"驼队"。他们希望搭建新疆与内地的新桥梁,因此取名为喀热宛,并用一只微笑的小骆驼作为团队的 Logo。2015 年暑假和 2016 年寒假,先后有 10 多位大学生加入团队。老师从 3 人变成了 9 人,学生则增长到 84 人,课程也包含了汉语、数学和维吾尔语。一、二年级的学生学加减法、乘法口诀、汉语拼音、维语字母。高年级的孩子则要做数学题、学演讲、写作文。小老师们还自费购买了数学题集、作文书、字母卡片和挂图等教学工具。除了实地授课,他们还建起了微信学习群,免费教成年人汉语。
	3	美丽乡愁古村传承人培养计划	同济大学	在计划中,设计了"三步走"的一个策略,第一步,进行乡土文化的挖掘梳理,在了解家乡的基础上,才能更好地去爱家乡,在未来去建设家乡。第二步开展乡土教育赋能类的活动,在前两者的基础上,在村落中开展社区文化营造活动。美丽乡愁行动的特点,在于把第二步的乡土教育和第一步的乡土文化调查、第三步的乡土文化营造结合了起来,和儿童一起来做这些事。
	4	烟杆资源开发利用公益项目	湖南科技学院	项目通过生物转化利用途径,利用烟杆生物质生产系列高附加值的绿色创新产品(可降解育苗盘、环保花盆、生物碳等),从而达到烟杆农林生物质高附加值利用,兼具经济性和环保性。
	5	秋夜青语大学生微公益志愿行动	武汉工程大学	青语创新团队以"互助创新,追求卓越"的团队文化,打造具有新媒体特色和公益特色的创新品牌。深入挖掘中华优秀传统文化蕴含的人文精神,结合时代要求继承创新,走进大美江城,体悟荆楚文明。
	6	环太·城市英雄旧衣回收项目	海南大学	环太·城市英雄项目成立于 2013 年,定位是同步型社会企业,是一个互联网＋的公益环保平台。该项目基于互联网旧衣回收生态系统,无偿为广大市民提供最易操作、方便、快捷的旧衣处理方案,对回收的衣物进行专业分类,能再穿着的部分进行精准捐赠,其他的供给至资源再生企业进行循环利用。该项目通过采取再生银行的模式构建起包括海口希尔顿酒店、海航集团等企业在内的绿色商家联盟,通过设立环太科技创意工作室探索旧衣附加值的提升以完善旧衣资源化处理,继续探索旧物附加值提升、企业 B2B 环保倡导体系、公益生态圈、互联网回收应用生态系统、城市矿产回收平台等运营方向。

续 表

奖项	序号	获奖名单	学校	项目简介
银奖	7	玖二有限责任公司	北京航空航天大学	玖二有限责任公司是一家致力于为老年人及残疾人家庭量身定制专属家居装修改造方案的公益创业公司。公司为有需要的残疾人、老年人提供专业、正规、一流、高质量的室内外装修改造服务。另外,玖二有限责任公司与政府有关部门合作,在政府部门监管下为其提供大量翔实、专业、个性化的残疾人入户调查数据。玖二在不断发展壮大的同时不忘回馈社会,热心参与公益事业。
	8	绿洲菌草生物科技有限公司	福建农林大学	绿洲菌草生物科技有限公司成立于2015年,企业法人为动物科学学院2014级草学专业研究生罗宗志。公司依托国家菌草工程技术研究中心菌草技术,以公益种草的方式,治理黄河荒漠化,改善黄河生态环境,提高农民收入。
	9	爱帮农·我为家乡代言公益助农服务计划	河北工业大学	"爱帮农·我为家乡代言"公益助农志愿服务项目,自2013年6月成立以来,重点开展了"爱帮农——我为家乡代言"大型公益活动,河北工业大学学生们通过自己的爱心与所学帮助家乡农民销售农产。
	10	万源科技——生态厕所系统商业计划	北京科技大学	项目在改善民众生活环境与条件的同时,无须政府增加技术改造成本就可以解决民众如厕难问题,同时优化民众如厕体验、保障民众健康以及保护土壤及水环境。
	11	安徽省农作物病虫监测预警有限公司	安徽农业大学	利用植保学科的技术优势,联合学校信息与计算机学院相关专家,以农业生产和技术部门需求为目标,围绕省、市、县三级植保站病虫测报业务流程,构建了集"数据上报""数据查询""实时动态""发生预测""系统通知""远程诊断"和"智能移动终端查询"等7个客户端功能模块的"安徽省农作物病虫监测预警平台",实现了安徽省农作物病虫监测预警的数字化、网络化,提升了病虫预测的时效性和准确性,为安徽省农业生产实施精准病虫防控、降低农药用量提供了可靠的技术支撑。
	12	武汉市江岸区逸云公益发展服务中心	武汉理工大学	武汉市江岸区逸云公益发展服务中心是一家民办非企业单位。针对中国走失人口众多且找回率低,而现有寻人体系又不够完善的社会现状,整合资源并提供系统完善的公益寻人服务。
	13	"萌狮行动"公益项目	梧州学院	"萌狮行动"是传承舞狮文化的公益创业项目,致力于保护、传承、研究、开发梧州传统舞狮文化。该项目创意是通过舞狮文化进校园、进社区,成立"萌狮"队伍,培养少年儿童的民族文化意识,同时开发文化创意产品,以文化产业发展促进传统文化传承。
	14	为乐乡村积极心理成长营项目	西南科技大学	项目以志愿者与儿童共同成长为目的,以乡村夏(冬)令营为形式,以"五指课堂"为内容,以自尊力、团队力、沟通力、耐挫力、创造力积极心理"五力提升"为目标,面向全国招募和128学时培训督导大学生"五指伙伴"团队,指导他们走进乡村,在孩子身边举办为期7天的"乐·加油"成长营,每营接纳20~30名乡村儿童,通过营会的复制推广覆盖全国乡村,提升乡村孩子积极心理品质为核心的综合竞争力,为他们提供公平的参与和创造未来的机会。

奖项	序号	获奖名单	学校	项目简介
银奖	15	诗情木意——国家级"非遗"软木画振兴行动	福州大学	"诗情木意"团队注意到了传统文化的保护问题；提出了解决方案——将传统的软木画与现在的电子商务结合起来，将一家一户的小作坊发展到小规模生产经营；形成自己的品牌——为以后团队可持续发展铺平了道路。
	16	"核桃小舟"环保助农公益项目	山东大学	以一个载体的形式，帮助济南的核桃农户提高收入，帮助农户找到一种可持续的商业发展模式。
	17	绿色供暖发电，助力精准扶贫——"暖鑫壹号"公益创业行动	华北电力大学（保定）	将"双热源热泵供暖空调"系统与光伏发电系统有机整合在一起，通过分布式能源上网发电，不断为贫困留守儿童带来生活资金的保障。
	18	享玩儿童陪伴计划	华南师范大学	享玩儿童陪伴计划，通过连接玩具厂商、NGO、媒体多方力量，打造以玩具分享为基础的社区互动平台，变社会消费者为公益行善者，发挥废弃玩具的公益效用。
	19	GROW 景观绿化有限责任公司	北京林业大学	GROW 景观绿化有限责任公司是一家专门从事绿化设计及施工的公益企业。精准把握社会痛点，以增绿减霾为己任，有效利用北京市 7000 万亩可用屋顶进行公益绿化，打造"城市之肺"。通过专利技术解决现有产品保水率低、维护成本高等问题，实现三年免维护、绝对无扬尘无污泥、水土零流失；通过园林设计，打造独特城市景观；通过商业营销，撬动社会资本，实现公益运转。
	20	光年——少数民族口述历史影像志公益工作室	西南民族大学	"光年——少数民族口述历史影像志公益工作室"致力于运用现代影像技术和互联网传播手段，建立影像数据库交互平台，保护和传承即将濒临消失的民族文化。
	21	公益生态魔方	桂林航天工业学院	项目能充分利用秸秆变废为宝，为'美丽中国'尽一份力量。该创业团队已经拥有了秸秆压缩制板和移动环保免冲厕所两项国家专利。
	22	医览华夏——中医药文化传播项目	天津中医药大学	"医览华夏"学生团队成立于 2014 年，旨在面向小学生和留学生群体，将中国传统文化与中医基础理论相结合，开展具有中医药文化特色的宣讲课程与活动，形成以宣讲、互动、志愿服务三位一体的公益推广模式。
	23	益起飞航模公益创业	南京航空航天大学	为 10 个省市的万余小学生带去了以航模为载体的科学课程，具体到行动就是开设与中小学对接的航模课程，通过城区小孩购买课程，实现一对一，赠送农村孩子一个课程，以这样一种形式进行公益。

续　表

奖项	序号	获奖名单	学校	项目简介
银奖	24	衣创"环保＋"公益创业项目	扬州大学	衣创"环保＋"公益创业项目起源于2014年10月，秉承"环保＋"理念，从旧衣源头出发，以家庭为起点，主推旧衣的精准捐赠和艺术改造，推广绿色、公益、艺术的旧衣再利用模式，真正赋予衣物第二次生命，使"环保＋"理念深入人心，让公益走进千家万户。
	25	"寻艺草编"工作室	上海工艺美术职业学院	将传统文化与现代元素相结合，"寻艺草编"陆续推出了杯套、花瓶、小摆件、夹脚拖鞋等工艺品，也尝试了草编与其他材料相结合，比如皮具、漆画等。
	26	善书法律诊所	西南政法大学	善书法律诊所是一个集合多方面专业法律服务资源，秉持公益创业的责任与使命，通过搭建一个更为高效便捷的线上沟通机制，开创互联网时代法律服务领域多方合作与资源共享的全国性公益法律服务平台。
	27	修然典籍保护传习工作室	金陵科技学院	修然典籍保护传习工作室是集传习、公益、收益为一体的综合性单位。工作室本着传承修复工艺、复兴公正精神、开展公益服务、弘扬传统文化的经营理念，使用传统修复技术和现代信息科技传习中国纸质文化保护，开展纸质文化遗产保护与服务的志愿活动，立志传承创造并推广文化产品，使传习、公益和收益三者形成一个良性循环。
	28	架桥不止，筑梦不息	西安交通大学	为解决农村贫困孩子上学路上的艰难，方便村民出行，西安交大"无止桥"团队已走过12年风雨。在西部多地，600余名学子先后建成"无止桥"9座、村民活动中心两座。他们还和其他高校合作，建成"无止桥"14座，4万余人直接受益。
	29	南方血缘公益组织（BBCn）——病友—医院—志工（PHS）共赢创新型医疗服务模式	南方医科大学	从学生社团起始，立足于医学生专业特色，服务于大众生活，在协调医患关系、促进遗体捐献等方面做出了相当有益的探索。
	30	基于位置服务和人脸识别的失踪人员搜寻系统：中国失踪儿童互助系统计划	北京建筑大学	采用当前最新LBS位置服务、人脸识别等技术，软件界面非常简洁，主要分为拍照、登记、地图、反馈四大功能。丢失了孩子的家长可以第一时间进入登记功能，上传自己孩子的照片、姓名、年龄、联系方式、丢失地点等信息。爱心人士遇到疑似丢失儿童可以立即拍照上传，系统后台会即时进行智能识别比对，每3秒钟就能人脸识别匹配100张照片。一旦匹配成功，会通过"反馈"功能通知孩子的家长，并通过地图显示位置信息。如今该软件下载量已超过千人次，上传儿童走失信息近百条，该软件的开发运行受到多个主流媒体报道。

奖项	序号	获奖名单	学校	项目简介
银奖	31	"疆爱传递"公益创业团队	杭州师范大学	"疆爱传递"团队作为国内高校中首个以促进新疆与内地之间民族团结与文化融合为宗旨的在校大学生公益组织,通过组织举办一系列公益活动,增进内地大学生对新疆文化的了解,让更多的新疆大学生成为传播新疆文化的使者,促进新疆与内地大学生之间的融合,也让内地更多的优质教育资源传递到新疆青少年群体中,是新疆与内地之间传递爱的"桥梁"。
	32	汉语诗歌复兴项目	上海交通大学	汉语诗歌复兴公益项目是由上海交通大学研会微博网络文化工作室主办,以"人生总要写首像样的诗"为主题,以线上品牌活动全球华语大学生短诗大赛为主要形式,配合线下诗歌论坛沙龙等活动。项目开展两年来,得到了教育部思政司、上海交通大学出版社有限公司等单位的大力支持,首创文学类比赛入围作品直播模式,逐步形成了可持续的渠道、团队、资源、支持模式,吸引了全球1560所高校2.3万大学生参与。该项目与琼瑶文化基金、上海证大喜马拉雅网络科技有限公司建立了紧密的合作关系,致力于将全球华语大学生短诗大赛打造成为一个稳定的平台,凝聚数十万全球华人诗歌爱好者,遴选一批有影响力、有号召力的诗歌创作者,推出一批有筋骨、有道德、有温度的诗歌作品,促进中华优秀传统文化的传播与弘扬。
	33	两岸爱暖"慢飞天使"康复成长帮扶行动	湖北中医药大学	该公益创业团队通过联结聚集两岸青年大学生的聪明才智,依托医药学专业背景,通过开展康复训练、社会认知、中药养生产品制作等活动,为湖北省近800名智障儿童提供康复成长帮扶服务。
	34	星萤之家·阜阳农村女童成长服务中心	阜阳师范学院	依托高校教育资源,以农村女童的教育培训为基础,通过"培训＋培养＋陪伴"三位一体的成长引领与"分类培养、长期跟踪"的"六型分析法"精准化关爱服务方案对农村女童在学习辅导、生理知识教育、心理疏导、未来规划等方面进行精准化帮扶。
	35	喀纳斯丝尔马克有限责任公司	新疆师范大学	项目瞄准的是哈萨克族非物质文化遗产"花毡"(哈萨克族语叫"丝尔马克"),该产品一般制作时间在一至两年之间,项目将时间缩短,组织牧民利用冬闲时间制作还能提高大家的收入,最重要的是传承发展了民族文化,提高了花毡的知名度。
	36	知识售卖机——My知识	香港中文大学	知识售卖机是由Vertex构想出来的产品,希望将全球公民意识带入校园,唤起大学生的同理心及好奇心,让他们主动、持续地关注议题,最后选择以行动为社会以至全球带来正面改变。机器设置于宿舍范围,配合网上讨论平台,为宿友们间制造共同话题,带来共鸣,以促进同侪间的交流。据观察,大学生大多对全球性议题了解及关注度不足,然而在各领域中,全球视野的重要性有增无减。有见及此,为提升青年人全球公民意识,一部娱乐性及教育性并重的知识售卖机即将面世,为大学生提供更优质的学习途径。

2018 年"创青春"大学生创业大赛（公益创业赛道）部分获奖项目概况

奖项	序号	获奖名单	学校	项目简介
金奖	1	青雁未成年人关护中心	南京理工大学	江苏省南京市鼓楼区青雁未成年人关护中心正式成立于2013 年 12 月,是由南京理工大学社会工作系联合南京市鼓楼区人民检察院,与鼓楼区民政局、教育局共同设立的民非机构,致力于涉罪青少年帮教及犯罪大预防服务。
	2	米公益:让天下没有难做的公益	清华大学	多拿米网络科技(北京)有限公司由清华大学 2013 级经管学院校友王子创立。"米公益"是国内首家基于移动互联网和创意,拉近企业、用户与公益组织,致力于公益众筹、对接与传播的公益枢纽型平台。"米公益"不仅满足个人用户的公益需求,还帮助企业与公益组织实现移动互联网上的无缝对接,打通公益体系中的三方,促进公益事业可持续发展。
	3	归雁·文化遗产推广工具包	同济大学	"归雁·文化遗产推广工具包",最早是张婧瑜等学生团队自发举行的文化遗产保护活动,在政治与国际关系学院钟晓华老师和数学科学学院彭婧老师的指导下,在联合国亚太遗产中心的学科合作基础上,整合了各类文化遗产推广工具,为客户提供标准化定制服务的多元工具包,已经先后为虹口区、徐汇区等老建筑群进行针对性传承推广活动。
	4	星海护航——孤独症家庭赋能计划	温州医科大学	温州市星海孤独症公益中心是一个以一站式服务为基础,以"家长课程培训＋医学专项服务"为特色的公益聚合平台;通过盈利产品自创收入,实现家长联盟运营、早期筛查诊断、安全手环发放、免费基因检测等四大医学公益服务的可持续运转;以公益为主要社会目标,培养家长多元技能,巩固孩子干预效果,引导家庭悦纳患儿,引领孤独症行业生态网络。
	6	诺百爱(杭州)科技有限责任公司	北京航空航天大学	诺百爱(杭州)科技有限责任公司,是一家专注于生物电信号领域的人工智能初创企业,以"AI 创造新的交互方式"为使命,已拥有基于肌电信号进行手势识别和手势控制的核心技术,曾获得"冯如杯"竞赛一等奖,主要应用领域包括手语翻译、VR/AR 交互等。基于蓝牙外设的"龙语"聋人接打电话解决方案,由蓝牙外设龙语盒子＋龙语 APP 组成。接打电话时,健全人士的语音信息翻译成文字显示在 APP 上,同时聋人打字经语音合成后播放给健全人,可帮助聋人解决订外卖、取快递、工作面试等需使用电话的问题,帮助他们在打电话场景下与健全人顺利沟通。
	7	音书——助力听障人士无障碍沟通	华南理工大学	音书是一家致力于更美好地连接"听障人和健听人"的一家公司。用科技促进信息无障碍地发展。音书 APP 主要功能:远距离翻译、近距离翻译、悬浮翻译、电话助理、视频聊天、字幕速记、语训、听力测试、手写板、手语教学、手语视频、手语交友、手语预约、听障用品等。
	8	明眸灵犀智能盲人眼睛	江西师范大学	这是一款针对盲人出行、阅读的眼镜。操作时,只需将眼镜连接到相应的手机 APP,即可通过语音播报获取相关信息。

奖项	序号	获奖名单	学校	项目简介
	9	江海廉友文化活动中心廉能量廉洁文化传播项目	南通大学	江海廉友文化活动中心作为江苏省唯一注册的大学生廉正社会组织，旨在让更多人关注廉洁思想、了解廉文化、加盟廉能量、营造廉氛围，让廉洁成为每个行业、每个公民的自觉意识。廉能量廉洁文化传播项目团队由南通大学文学院、商学院的学生组成。团队开发了"江海廉友"模式，线上线下的廉文化文创产品、文化服务，让廉文化摸得着、看得到、听得见，引起政府关注并购买。
	10	无止桥土生土长公益团队	西安建筑科技大学	该公益项目由香港无止桥慈善基金会资助，由西安建筑科技大学无止桥土生土长公益团队7名成员为主，联合西安交通大学、香港高等科技教育学院和筏可中学等学校的志愿者共同参与完成，通过市政设施建设工程、公共服务设施和夯土构筑物等的建造，为当地带来了实实在在的便利。
	11	校园传书——服务学习者的图书循环及知识传递公益网络	淮阴工学院	校园传书团队在充分了解目前高校教材循环流通现状和困境的基础上，确立了采取"技术驱动型公益活动"的具体实施方案，从技术角度分析并找到了可长期运行的稳定解决方案。2017年团队自行设计，通过工厂定制加工，完成第三代智能书柜，依靠 ISBN 码和独特算法来跟踪书籍存取过程，降低书柜维护成本，简化了用户使用步骤。
	12	Abe 视障儿童网络教育资源中心	济南大学	Abe 视障儿童网络教育资源中心由教育与心理科学学院郑宇红老师指导，通过爱心招募的形式获得微课视频及说书音频，致力于为6~15岁视障儿提供内容更丰富、技术更专业、形式更易接受的无障碍教育资源的公益组织。Abe 团队队员们胸怀梦想，用所学的专业服务于社会，经过多个日夜的努力付出和学院老师的多次悉心指导，从到图书馆查阅资料，到走访特殊教育学校开展调研，脚踏实地，在实践中砥砺前行。从报名到准备，从校赛到省赛，从省赛到国赛，一步一步地见证了 Abe 团队的成长，在挑战中超越自我。
	13	芯灵手巧	江西财经大学	为了更好地帮助残疾人融入社会，方便日常生活，"芯灵手巧"团队研发了一款意念智能假肢，以智能的生产方式为上肢残疾人实现正常的生活与工作。意念智能假肢是一种由生物电控制的假肢手，内部含有控制电路和电机，通过3D打印技术量身定做后，安装在手部有残疾的人的残肢上。目前可实现正常人日常的一些手势。
	14	"未来使者"可持续发展地球公民计划	浙江大学	项目通过让青少年参加自然科考，发现自然之美、科技之牛，成为一名"未来使者·发现家"；在环教基地深度体验环保科技和文化，成为一名"未来使者·改造家"；积极投身社区公益活动，身体力行服务社会，成为一名"未来使者·实践家"，推动其向未来合格地球公民蜕变。
	15	MEAP——矿工心理帮扶计划	中国矿业大学	项目分成两个部分，一方面针对一线矿工，利用小程序"煤矿移动 e 课堂"，在矿工下井前进行现场测评，并定期开展说说心理画活动和"雨中人"等投射测验，同时通过微信公众平台搭建沟通平台，缓解其不良情绪，降低安全心理惰性，防止意外发生。针对矿工家属，借助艺术疗法的理念，组织一系列团辅活动，使其正确理解矿工职业，推进矿工家庭建设。

续 表

奖项	序号	获奖名单	学校	项目简介
	16	展翼计划	北京理工大学	针对手部残障儿童定制3D打印机械义肢解决方案,研发高性能手指假肢,帮助50多名残障儿童定制机械义肢。
	17	引凤计划	福建农林大学	引凤计划将省内外创新创业领军人才(金凤)的产业项目,"嫁接"给致力于返乡创业的大中专毕业生、退伍军人、待就业青年(雏凤),落地一批引领性强、成长性好、扎根农村的创新创业企业,以"师带徒"的形式在各县领办、联办、协办各类经济实体,孵化推广,帮助扶贫开发重点县培育创业人才、发展地方产业,取得初步成效。
	18	宏益五禽操文化推广中心	江苏师范大学	宏益五禽操文化推广中心以传播优秀传统文化为己任,致力于将五禽操公益推广与关爱留守儿童和孤寡老人有机结合,将公益支教和五禽操文化商业推广完美结合。以开展五禽操商业培训、开发五禽操文化创意产品为切入点,着力打造承接政府外包服务及企业购买服务的商业运行模式,实现自我造血,通过向公益对象免费开展健身五禽操教学和五禽操文化体验活动,进而达到"自立立人,自助助人"的可期目标,自觉地担负起推动全民科学健身的伟大使命。
	19	"兰桂枝"言语矫治与语言康复服务基地	鲁东大学	"兰桂枝·言语矫治与语言康复服务基地"是为语障人群提供语障评估和语言康复训练等相关语言服务的综合性公益平台,通过科研成果与康复实践相互促进的模式,实现了"筛查—诊断—治疗—追踪"一体化的服务体系。"兰桂枝"主要服务项目包括三类:(1)语障咨询、筛查评估与矫正、康复;(2)语康研究与服务的数据支持;(3)语障相关教材、教辅产品。三类服务产品彼此既相互承接,体现了服务梯次,又相互配合,体现了互见、互补的关系。"兰桂枝"对家庭生活水平在平均线以下的病理性语障患者实施免费康复服务;每个月定期开展义诊活动,提供疗效追踪服务,已为烟台市残联、特殊教育学校和培智学校中的95名语障儿童建立了个人档案。自2017年以来,基地接收语障患者825人次;为语障个案提供多种咨询服务,累计达513人次;为语障患者提供免费诊疗服务111人次;为一般性语障提供康复服务201人次。基地通过收取语障人群诊疗咨询、评估和康复训练费用以及出售自编的教材和教辅产品、语障评估和语言康复的数据库、语料库,累计收益达188万元。
	20	格桑花·益E课堂	南京航空航天大学	"格桑花·益E课堂"项目针对藏区中小学生第二课堂教育资源匮乏、藏区中小学生缺少对外交流等问题,以格桑花青少年公益服务中心为平台开展线上线下互动的第二课堂教育,致力于打造具有汉藏人文互助关怀的第二课堂第一品牌。良好的商业模式使项目得以持久运营,资金来源包括课程包公益售卖、线上商城销售、政府购买和企事业单位赞助等途径。2017年项目商业模式运营情况良好,累计收入30余万元。同时,项目志愿者网络覆盖中国人民大学等68所高校共计1025人,教育足迹遍布西藏76所中小学,十万余藏区中小学生参与其中,线上课堂累计服务30所中小学,与航空工业南京机电等37家企事业单位合作,并肩华侨基金会等渠道发放价值50万元的爱心物资和近10万元奖学金;先后获得人民网等56家媒体报道。